Michael Felser

Jura Professionell
Das erfolgreiche Rechtsreferendariat

Michael Felser

Jura Professionell

Das erfolgreiche Rechtsreferendariat

Eine Anleitung

3., neubearbeitete Auflage

AchSo! Verlag
im Programm der Bund-Verlagsgruppe

Bibliografische Information der Deutschen Bibliothek
Die Deutsche Bibliothek verzeichnet diese Publikation in der Deutschen Nationalbibliografie; detaillierte bibliografische Daten sind im Internet über http://dnb.ddb.de abrufbar.

3., neubearbeitete Auflage 2006

Umschlag: Neil McBeath, Stuttgart
Satz und Druck: Druckhaus »Thomas Müntzer« GmbH, Bad Langensalza
Printed in Germany 2006
ISBN 3-7663-1217-0

www.achso.de

Vorwort zur 3. Auflage

Die 3. Auflage des in den Vorauflagen sehr freundlich aufgenommenen Ratgebers ist nun schon länger überfällig, wie nicht nur persönliche Anfragen von Referendarinnen und Referendaren gezeigt haben, sondern ebenso ein lebhafter Handel der Gebrauchtexemplare der Vorauflage beim einschlägigen Internetbuchhandel.

Diesem Ratgeber geht es auch in der 3. Auflage nicht um wissenschaftliche Reputation, sondern um 100%igen praktischen Nutzen für den Leser. Auch die Neuauflage besteht daher unter Verzicht auf Fußnoten zum größten Teil aus nützlichen Informationen und persönlichen Ratschlägen für eine erfolgreiche Ausbildung. Diese sind von weitergehenden Reformplänen der Länder unabhängig und damit (fast) zeitlos gültig. Naturgemäß ist dagegen die Halbwertzeit vieler Informationen zu der Situation in den einzelnen Ländern gering. Die Gesetzgeber handeln zunehmend halbherziger und damit häufiger. Um die Aktualität sicherzustellen, wird der Autor unter http://www.rechtsreferendariat.de die Situation in den Ländern sowie die Ausbildungsvorschriften stets aktuell halten. Leser dieses Ratgebers erhalten zudem durch ein monatlich wechselndes Passwort den Zugang zu exklusiven Informationen unter http://www.rechtsreferendariat.de sowie den Bezug eines informativen Newsletters mit aktuellen Informationen.

Die Juristenausbildungsreform hat leider die Ausbildungsdefizite des juristischen Nachwuchses nicht vollständig beseitigt. Auch wenn diese Feststellung banal und alles andere als neuartig ist, erstaunt das starre Festhalten an einer überkommenen Ausbildung angesichts der zunehmenden Deregulierung des Rechtsberatungsmarktes und des stetig internationaleren Wettbewerbs auch unter Juristen doch sehr. Allerdings liegt dies weniger am zunehmend anforderungsorientierten Vorbereitungsdienst als an der nach wie vor berufsfernen universitären Ausbildung.

Der Vorbereitungsdienst steht seit 2003 unter neuen Vorzeichen. Er soll flexibler, anwaltsorientierter und internationaler gestaltbar werden. Ihre Wahlmöglichkeiten wachsen daher, nutzen Sie sie!

Die Großen fressen die Kleinen und die Schnellen fressen die Langsamen, wie so widersprüchliche Entwicklungen wie die Übernahme deutscher Kanzleien durch amerikanische und englische Riesen als auch der Erfolg von kleinen flexiblen Anwaltsboutiquen belegen. Der Rest der Anwaltschaft droht als Robenträger im Gerichtssaal oder/und als Berater im Supermarkt zu enden. Damit Sie dieses Schicksal nicht erleiden, sollten Sie zwar auch die Flexibilisierungsspielräume des Vorbereitungsdienstes nutzen, aber besser schon vor dessen Beginn Eigeninitiative mit festem Blick auf Ihre berufliche Zukunft zeigen. 75 % von Ihnen werden sich auch zukünftig im Anwaltsberuf bewähren müssen. Erwerben Sie systematisch Zusatzqualifikationen und bewähren Sie sich so früh wie möglich in Ihrem Traumberuf bei Ihrem Wunscharbeitgeber. Nur so werden Sie das Ticket zum Berufserfolg bekommen, die Erstanstellung. Karriere und auch Bewerbung beginnen nicht erst nach der Prüfung. Beweisen Sie Mut und Vision: Legen Sie die immer noch starre einseitige Fixierung Ihrer Kolleginnen und Kollegen auf das durch Sie am wenigsten beeinflussbare Kriterium, das Ihren Berufserfolg bestimmen kann, ab: die Examensnote. Nehmen Sie den Prüfern Ihre Zukunft aus der Hand: Gestalten Sie Ihre Zukunft selbst. Wenn Sie selbst Ihr Wunscharbeitgeber sind, ist die Note ohnehin zweitrangig.

Der Mut der Jugend ist beeindruckend ungebrochen: Nach neuesten Statistiken steigt die Zahl der Jurastudenten wieder kräftig an.

Köln, im April 2005 — Der Verfasser

Vorwort zur 1. Auflage (Auszug)

Durch die in den letzten Jahren umgesetzte Juristenausbildungsreform ist der Vorbereitungsdienst erheblich verkürzt worden. Während das Referendariat bisher 21/2 Jahre zuzüglich Prüfung dauerte, sind es für die nach der Reform 1994 eingestellten Rechtsreferendarinnen und Rechtsreferendare zwei Jahre. Durch die inzwischen erheblichen Wartezeiten wird die Verkürzung der Ausbildung jedoch weitgehend aufgezehrt.

Im Rahmen der Ausbildungsreform sind die Hausarbeiten in allen und Wahlfachklausuren in den meisten Ländern zugunsten einer Verkürzung der sich an die Ausbildung anschließenden Prüfungsphase entfallen. Bedauerlich ist dabei insbesondere der Fortfall der Hausarbeit, die im norddeutschen Modell sicher ihre, wenn auch nicht unumstrittene, Berechtigung hatte. Mit der häuslichen Arbeit fällt der wohl wirklich einzige einigermaßen den Anforderungen der juristischen Praxis am nächsten kommende Prüfungsteil fort. Dabei wird die angebliche »Täuschungsanfälligkeit« der Hausarbeit aus durchsichtigen Motiven in den Vordergrund gestellt. Die Wahrheit ist: die Hausarbeiten werden aus Praktikabilitätserwägungen und Kostengründen abgeschafft. Es fiel den Prüfungsämtern zunehmend schwerer, für steigende Prüflingszahlen geeignete Akten und Gutachterinnen und Gutachter zu finden. Die Bearbeitungszeiten von Prüfling und Gutachter verlängern die Prüfungsphase, was wiederum Geld kostet. Die Leidtragenden sind die Rechtsreferendarinnen und Rechtsreferendare: Hausarbeiten fallen besser aus als Klausurarbeiten. In Nordrhein-Westfalen sind die ersten Prüfungstermine nach dem neuen Recht (nur Klausuren) verheerend ausgefallen, obwohl sich zur Prüfung nur Freiwillige gemeldet hatten, die sich demnach selbst als »Klausurentyp« einstuften. Man macht es sich zu leicht, wenn man diese allgemeine Tendenz auf die Täuschungsanfälligkeit der P-Arbeiten zurückführen will. Ursache scheinen vielmehr Ausbildungsdefizite bei der Bearbeitung von Klausuren zu sein, die bekanntlich Repetitoren einträgliche Geschäfte ermöglichen. Einige Länder (z.B. Niedersachsen, Nordrhein-Westfalen, Bayern) bieten inzwischen Klausurenkurse zur systematischen Examensvorbereitung an.

Bereits nach 18 bis 20 Monaten werden nach der Ausbildungsreform die Aufsichtsarbeiten geschrieben, an die sich ca. ein halbes Jahr später die ersten mündlichen Prüfungen anschließen. Dadurch verkürzt sich die Gesamtausbildung von bisher 34 bis 36 Monaten auf 25 bis 26 Monate.

Es macht die griffige Formulierung »Jura-Light« die Runde. Ob durch die Verkürzung wie vorgesehen auch tatsächlich in den Prüfungen der Prüfungsumfang reduziert wird, ist nicht sicher. Erste reine Klausurtermine in Nordrhein-Westfalen sind jedenfalls für diejenigen, die mit der Unzulänglichkeit des Übergangsrechts leben mussten, schlecht ausgefallen. Sicher ist allenfalls, dass die bereits vor 1994 kaum noch vorhandene »Gemütlichkeit« des Referendariats unter der Verkürzung weiter leidet und das Lernpensum im Wege des Selbststudiums zunimmt.

Die Verkürzung bringt es ferner mit sich, dass die Zeit, sich in den Vorbereitungsdienst einzufinden und Vorbereitungen für Zusatzausbildungen oder Spezialisierungen zu treffen, dramatisch verringert worden ist. Der Erwerb zusätzlicher Qualifikationen und Spezialisierungen, die früher erst während des Referendariats geplant und eingeleitet werden konnten, ist heutzutage nur noch bei zielgerichteter Planung vor dem Referendariat möglich. Dabei kommt zusätzlichen Qualifikationen angesichts der zu erwartenden Verengung des Arbeitsmarktes bei zunehmenden Absolventenzahlen künftig erhebliche Bedeutung zu.

Dieses Handbuch will in leicht verständlicher Form

- dabei helfen, frühzeitig ein effektives, gut geplantes Referendariat vorzubereiten,
- die Ausbildung in den einzelnen Bundesländern unter verschiedenen Gesichtspunkten vorstellen und vergleichen, um eine individuell angepasste und optimale Wahl zu ermöglichen,
- typische Fragen, die während des Referendariats auftauchen, beantworten,
- Gerüchte zerstreuen,
- unberechtigte Ängste vor der Prüfung nehmen,
- weiterführende Informationsquellen angeben (Literatur, Anschriften).

Dem Autor liegt am Herzen, die verbreitete Unsicherheit und Ratlosigkeit im Hinblick auf den Ausbildungsverlauf, den Status, die Prüfung, die Bewerbung und ähnliches zu beheben.

Eine effektive und frühzeitige Vorbereitung des Referendariats und der Prüfung wirkt sich positiv auf das Examensergebnis aus. Der Ratgeber wird Ihnen dabei nützlich sein.

Der Verfasser

Inhaltsverzeichnis

Vorwort ... 5

Abkürzungsverzeichnis ... 15

Einleitung ... 21

A. Vor dem Referendariat ... 29

I. Finanzielle Vorbereitungen ... 30
1. BAföG-Schulden verringern (Teilerlass) ... 30
2. Die richtige Krankenversicherung ... 33
a) Öffentlich-rechtliches Ausbildungsverhältnis ... 33
b) Beamtenverhältnis: gesetzlich oder privat? ... 34
3. Berufsunfähigkeitsversicherung? ... 39
4. Sonstige Versicherungen ... 42
5. Spezielle Vergünstigungen für Angehörige des öffentlichen Dienstes ... 42
a) Bankkonten ... 43
b) Einkaufsgenossenschaften ... 43
c) Versicherungen ... 44
6. Wohngeld ... 45

II. Organisatorische Vorbereitungen ... 46
1. Wie kann ich die Wartezeit nutzen? ... 46
a) Befristete Tätigkeiten im öffentlichen Dienst ... 47
b) Promotion ... 48
c) Sprachkurse/Auslandsaufenthalte ... 48
2. Juristische Vorbereitung auf das Referendariat ... 51
3. Zeitplan für den Vorbereitungsdienst ... 52
4. Checkliste: Vorbereitung auf das Referendariat ... 53

B. Der Vorbereitungsdienst ... 55

I. Die Wahl des Ausbildungsortes ... 55
1. Freie Wahl der Ausbildungsstätte? ... 55
2. Individuelle Kriterien für die Wahl ... 55
3. Übersicht über die Zahl der Rechtsreferendarinnen und Rechtsreferendare ... 57
4. Einstellungskriterien und Wartezeiten in den einzelnen Ländern ... 58
5. Auswahlkriterien und Wartezeiten in den einzelnen Bundesländern – Übersicht ... 69

II. Die Bewerbung zur Einstellung in den Vorbereitungsdienst ... 71

III. Die Einstellung 82
1. Die Einstellung als Beamtin bzw. Beamter auf Widerruf 82
2. Die Einstellung in ein öffentlich-rechtliches Ausbildungsverhältnis 83
3. Rechtsmittel gegen den ablehnenden Einstellungsbescheid 83
IV. Nach der Mitteilung des Einstellungsdatums 84
1. BAföG: Freistellung bzw. Stundung beantragen 85
2. Musterschreiben an das Bundesverwaltungsamt 87
V. Die Juristenausbildung in den einzelnen Bundesländern 88
1. Die für den Vorbereitungsdienst maßgeblichen Vorschriften in den Ländern 88
2. Die Referendargeschäftsstellen bei den Landgerichten, Oberlandesgerichten und den Mittelbehörden der Verwaltung 100
3. Allgemeine Hinweise zur Ausbildung 101
a) Die Arbeitsgemeinschaft 102
b) Die AG-Fahrt (Studienfahrt, Ausbildungsfahrt) 103
c) Die private Arbeitsgemeinschaft 105
VI. Überblick über den Ablauf der Ausbildung in den einzelnen Bundesländern 105
VII. Die Einzelausbildung 114
1. Dezernatsarbeit bei den Gerichten 114
2. Die Zivilstation 115
3. Die Strafstation 117
a) Die Staatsanwaltsstation 117
b) Die Strafstation beim Strafgericht 119
c) Besuch einer Justizvollzugsanstalt 120
d) Teilnahme an einer nächtlichen Polizeistreifenfahrt 120
4. Die Verwaltungsstation 120
5. Die Pflichtwahlstation bzw. das Pflichtwahlpraktikum 121
6. Die Rechtsanwaltsstation 122
7. Die Wahlstation 125
a) Die Schwerpunkte/Wahlfachgruppen 125
b) Übersicht zu den Wahlfachgruppen in den Bundesländern 127
c) Die Wahlstation als Auslandsstation 129
d) Übersicht über die Möglichkeiten zu Auslandsaufenthalten in den einzelnen Ländern 135
8. Zeugnisse 136
a) Inhalt und Bedeutung der Zeugnisse 136
b) Musterbeispiele 138
c) Berichtigungsmöglichkeiten 144
VIII. Arbeitsmittel während des Vorbereitungsdienstes 148
1. Ausbildungsliteratur 148
a) Dienstrecht/Referendariat 148
b) Zugelassene Kommentare während der Klausuren 149
c) Literaturauswahl zum Zivilrecht 149

d) Literaturauswahl zum Strafrecht ... 150
e) Literaturauswahl zum öffentlichen Recht ... 151
f) Literaturauswahl zum Aktenvortrag ... 152
g) Literaturauswahl zu Klausurtraining und Relationstechnik ... 152
h) Literaturtipps zum Thema Internet für Juristinnen und Juristen ... 153
i) Literatur zu Arbeitsorganisation und Zeitmanagement ... 153
2. Empfehlenswerte Zeitschriften ... 154
3. Technische Arbeitsmittel ... 155
4. Internet für Juristen ... 158
a) Internet-Adressen ... 158
b) Die Internetauftritte der Länder (Stand 5/2005) ... 163
c) Internet-Wörterbuch ... 164
IX. Dienstrecht ... 165
1. Dienstrechtlicher Status ... 165
a) Das öffentlich-rechtliche Ausbildungsverhältnis ... 165
b) Das Beamtenverhältnis ... 166
2. Der berüchtigte Dienstweg ... 166
3. Das Einkommen ... 167
a) Unterhaltsbeihilfe ... 167
b) Beamtenbesoldung ... 169
4. Sonderzuwendung? ... 170
5. Urlaubsgeld? ... 170
6. Vermögenswirksame Leistungen ... 171
7. Trennungsentschädigung und Reisekosten ... 172
8. Arbeitszeit ... 175
9. AZV-Tag ... 175
10. Erholungsurlaub ... 176
11. Sonderurlaub ... 178
12. Krankheit ... 179
13. Beihilfe (nur Sachsen und Thüringen) ... 180
14. Die Personalakte ... 182
15. Disziplinarmaßnahmen ... 184
X. Interessenvertretungen – Wer hilft mir weiter, wo kann ich mich beschweren? 186
1. Grundlegendes ... 186
2. Personalvertretungen, Ausbildungsbeiräte und Referendarvereine ... 187
3. Übersichten zur Personalvertretung in Nordrhein-Westfalen ... 192
4. Internetadressen von Referendarvertretungen und deren lokalen Infoschriften ... 195
5. Literatur zum jeweiligen Landespersonalvertretungsrecht ... 195
6. Verbände – Wer vertritt meine Interessen im politischen Raum? ... 196
a) Bundessprecherkonferenz ... 196
b) Vereinigte Dienstleistungswerkschaft Ver.di ... 197
c) Deutscher Beamtenbund ... 198

XI. Sinnvolle Ergänzungen des Referendariats 198
1. Dienstliche Fortbildungsangebote 198
2. Referendartagungen (am Beispiel Nordrhein-Westfalen) 199
3. Hochschule für Verwaltungswissenschaften Speyer 199
4. Fachanwaltslehrgänge 202
5. Der Bielefelder Kompaktkurs – Anwalts- und Notartätigkeit 205
6. Studienkurs »Einführung in den Anwaltsberuf« an der FernUniversität Hagen 207
7. Besuch von Seminaren an der Universität 208
8. Promotion 208
9. Fremdsprachenkurse 209
10. EDV-Kurse 210
XII. Nebentätigkeiten 210
1. Allgemeines zu Nebentätigkeiten für Referendarinnen und Referendare 210
2. Die dienstliche Behandlung von Nebentätigkeiten 212
3. Übersicht: Umfang der Nebentätigkeitsgenehmigung in den Bundesländern 214
4. Die Terminvertretung der Rechtsanwältinnen und -anwälte durch Rechtsreferendarinnen und Rechtsreferendare vor den Gerichten 215
XIII. Steuern 217

C. **Die Prüfung** 221

I. Das Prüfungsprogramm in den Bundesländern 222
II. Der Ablauf des Prüfungsverfahrens 224
III. Die Anteile der einzelnen Prüfungsleistungen am Gesamtergebnis 225
IV. Übersicht: Wiederholung der Prüfung zur Notenverbesserung möglich? 227
V. Übersicht: Zweite Wiederholung möglich? 227
VI. Die Examensangst 228
VII. Die Klausurtermine 229
1. Zugelassene Hilfsmittel während der Aufsichtsarbeiten 229
2. Übersicht: Stellen die Prüfungsämter die Gesetzestexte und Kommentare? 232
3. Kritzelerlasse – Anmerkungen in Gesetzestexten und Kommentaren 234
4. Klausurenblock – Wieviele Punkte sind das? 237
5. Die Vorbereitung auf die Klausuren 239
6. Das Repetitorium 240
VIII. Die mündliche Prüfung 242
1. Ein Wort vorweg 242
2. Übersicht über die Regelungen in den Ländern 244
3. Der Aktenvortrag 246
4. Der Ablauf der mündlichen Prüfung 247
5. Die Vorbereitung auf die mündliche Prüfung 250
6. Die Aktenvortragsausleihe 252
7. Die Protokolle mündlicher Prüfungen 254

IX. Die Bewertung der Prüfungsleistungen 255
1. Die Notenskala beider Staatsexamen 255
2. Ranking Noten: Ergebnisse der zweiten Staatsprüfung 257
a) 2001 (Angaben in Prozent der Kandidaten) 257
b) 2002 (Angaben in Prozent der Kandidaten) 258
c) 2003 (Angaben in Prozent der Kandidaten) 258
X. Die nicht bestandene Prüfung 259
1. Die Kürzung der Anwärterbezüge bzw. Unterhaltsbeihilfe 260
2. Fehler im Prüfungsverfahren 262
3. Die Anfechtung der Prüfung 265
4. Übersicht: Einblicksrechte und Widerspruchsverfahren 267

D. Nach dem erfolgreichen Assessorexamen 269

I. Sozialversicherungsfragen 269
1. Meldung 269
2. Der vorübergehende Bezug von Leistungen der Bundesagentur für Arbeit 271
3. Der vorübergehende Bezug von Sozialleistungen 273
4. Ich-AG und Überbrückungsgeld 274
5. Die Rentenversicherung 275
6. Die Nachversicherung für den Zeitraum des Vorbereitungsdienstes 276
7. Muster eines Antrags auf Nachversicherung an das Besoldungsamt 279
II. Der Arbeitsmarkt für Juristinnen und Juristen 279
1. Rechtsanwältin bzw. Rechtsanwalt 281
a) Berufsperspektiven 282
b) Die Zulassung zur Anwaltschaft 286
c) Literaturtipps zur Existenzgründung oder Bewerbung als Anwältin bzw. Anwalt 287
2. Juristin bzw. Jurist in der öffentlichen Verwaltung 288
3. Tätigkeiten in der Justiz 290
4. Tätigkeiten in der Verwaltung der Europäischen Gemeinschaft 291
5. Der Arbeitsmarkt in der freien Wirtschaft 293
III. Die Bewerbung 294
1. Die gelungene Bewerbung 294
2. Assessment-Center 295
3. Karrieremessen 297
4. Jobbörsen und Jobrobots 298
IV. Perspektiven der Juristenausbildung 299

Anhang: Wichtige Adressen 301

1. Justizministerien (regelmäßig auch Sitz der Justizprüfungsämter) 301
2. Oberlandesgerichte/Ausbildungsbezirke 303

Stichwortverzeichnis 307

Abkürzungsverzeichnis

a.a.O.	am angegebenen Ort
a.G.	auf Gegenseitigkeit
ABl.	Amtsblatt
Abs.	Absatz
AC	Assessment-Center
a.F.	alte Fassung
AG	Amtsgericht; Aktiengesellschaft
Anh.	Anhang
Anm.	Anmerkung
ArbG	Arbeitsgericht
ArbGG	Arbeitsgerichtsgesetz
Art.	Artikel
Aufl.	Auflage
AV	Allgemeine Verfügung
Az.	Aktenzeichen
AZV	Arbeitszeitverordnung
BAföG	Bundesausbildungsförderungsgesetz
BAG	Bundesarbeitsgericht
BAT	Bundes-Angestelltentarifvertrag
BayVBl.	Bayerische Verwaltungsblätter
BB	Betriebs-Berater (Zeitschrift)
BBG	Bundesbeamtengesetz
BBesG	Bundesbesoldungsgesetz
Bbg	Brandenburg
BDO	Bundesdisziplinarordnung
BesÜV	Besoldungs-Übergangsverordnung
BfA	Bundesversicherungsanstalt für Angestellte
BFH	Bundesfinanzhof
BFHE	Entscheidungssammlung des Bundesfinanzhofs
BGB	Bürgerliches Gesetzbuch
BGBl.	Bundesgesetzblatt
BGH	Bundesgerichtshof
BhV	Allgemeine Verwaltungsvorschrift über die Gewährung von Beihilfen in Krankheits-, Geburts- und Todesfällen
BNV	Bundesnebentätigkeitsverordnung
BPersVG	Bundespersonalvertretungsgesetz
BRAGO	Bundesrechtsanwaltsgebührenordnung

BRAK-Mitt.	Mitteilungen der Bundesrechtsanwaltskammer
BRAO	Bundesrechtsanwaltsordnung
BRKG	Gesetz über die Reisekostenvergütung für die Bundesbeamten, Richter im Bundesgebiet und Soldaten
BRRG	Beamtenrechtsrahmengesetz
BSG	Bundessozialgericht
BSK	Bundessprecherkonferenz der Rechtsreferendarinnen und Rechtsreferendare
BStBl.	Bundessteuerblatt
BU	Berufsunfähigkeit
BVA	Bundesverwaltungsamt
BVerfG	Bundesverfassungsgericht
BVerwG	Bundesverwaltungsgericht
BVerwGE	Entscheidungssammlung des Bundesverwaltungsgerichts
BVO	Beihilfenverordnung
BW	Baden-Württemberg
BZRG	Bundeszentralregistergesetz
DAG	Deutsche Angestelltengewerkschaft
DAI	Deutsches Anwaltsinstitut
DAV	Deutscher Anwaltsverein
DB	Der Betrieb (Zeitschrift)
DGB	Deutscher Gewerkschaftsbund
DÖD	Der öffentliche Dienst (Zeitschrift)
DÖV	Die öffentliche Verwaltung (Zeitschrift)
DRiG	Deutsches Richtergesetz
DVBl.	Deutsches Verwaltungsblatt (Zeitschrift)
e.G.	eingetragene Genossenschaft
e.V.	eingetragener Verein
EG	Europäische Gemeinschaften
EGH	Ehrengerichtshof
ErzUrlV	Erziehungsurlaubsverordnung
EStG	Einkommensteuergesetz
etc.	et cetera
EUrlV	Erholungsurlaubsverordnung
EUV	Erholungsurlaubsverordnung
f., ff.	folgende, fortfolgende
FG	Finanzgericht
FGG	Gesetz über die Angelegenheiten der Freiwilligen Gerichtsbarkeit
GABl.	Gemeinsames Amtsblatt
GBl.	Gesetzblatt
GG	Grundgesetz
ggf.	gegebenenfalls
GVBl.	Gesetz- und Verordnungsblatt

Hbg	Hamburg
HGB	Handelsgesetzbuch
i.V.m.	in Verbindung mit
JA	Juristische Arbeitsblätter (Zeitschrift)
JAG	Juristenausbildungsgesetz
JAO	Juristenausbildungsordnung
JAPG	Juristenausbildungs- und Prüfungsgesetz
JAPO	Juristenausbildungs- und Prüfungsordnung
JaPrO	Juristenausbildungs- und Prüfungsordnung
JMBl.	Justizministerialblatt
JPA	Justizprüfungsamt
jumag	Juramagazin für Ausbildung und Beruf (früher »REFZ«)
JuS	Juristische Schulung (Zeitschrift)
LBG	Landesbeamtengesetz
LG	Landgericht
LKV	Landes- und Kommunalverwaltung (Zeitschrift)
LPersVG	Landespersonalvertretungsgesetz
LPVG	Landespersonalvertretungsgesetz
LRKG	Landesreisekostengesetz
Ls.	Leitsatz
LSA	Land Sachsen-Anhalt
M-V	Mecklenburg-Vorpommern
m.w.N.	mit weiteren Nachweisen
MBl.	Ministerialblatt
MHz	Megahertz
MJ	Ministerium der Justiz
MuSchV	Mutterschutzverordnung
n.v.	nicht veröffentlicht
Nds.Rpfl.	Niedersächische Rechtspflege
NJW	Neue Juristische Wochenschrift (Zeitschrift)
NJW-CoR	Zeitschrift für Computerrecht – Beilage zur NJW
NJW-RR	Rechtsprechungsreport zur NJW
NPersVG	Niedersächsisches Personalvertretungsgesetz
Nr.	Nummer
NtV	Nebentätigkeitsverordnung
NVwZ	Neue Zeitschrift für Verwaltungsrecht (Zeitschrift)
NVwZ-RR	Rechtsprechungsreport zur NVwZ
NW, NRW	Nordrhein-Westfalen
NWVBl	Nordrhein-Westfälische Verwaltungsblätter (Zeitschrift)
NZA	Neue Zeitschrift für Arbeitsrecht (Zeitschrift)
o.a.	oder anderen
o.ä.	oder ähnliche(s)
OLG	Oberlandesgericht

Ver.di	Vereinigte Dienstleistungsgewerkschaft Ver.di
OVG	Oberverwaltungsgericht
PA	Prüfungsamt
PC	Personalcomputer
PersR	Der Personalrat (Zeitschrift)
RA	Rechtsanwältin bzw. Rechtsanwalt
RAFachAwV	Verordnung über Fachanwaltsbezeichnungen
Rderl.	Runderlass
REFZ	Referendarzeitschrift (ab Heft 5/6 1997 nun »jumag«)
Rn.	Randnummer
RP	Rheinland-Pfalz
RÜ	Rechtsprechungsübersicht
S.	Seite
s.	siehe
SächsPersVG	Sächsisches Personalvertretungsgesetz
SchwbG	Schwerbehindertengesetz
SG	Sozialgericht
SGB	Sozialgesetzbuch
SH	Schleswig-Holstein
StA	Staatsanwaltschaft
StGB	Strafgesetzbuch
StGH	Staatsgerichtshof
StPO	Strafprozessordnung
s.o.	siehe oben
s.u.	siehe unten
SUrlV	Sonderurlaubsverordnung
SZG	Gesetz über die Gewährung einer jährlichen Sonderzuwendung
TEVO	Trennungsentschädigungsverordnung
TGV	Verordnung über das Trennungsgeld bei Versetzungen und Abordnungen im Inland
ThürPersVG	Personalvertretungsgesetz Thüringen
TilgV	Tilgungsverordnung
u.a.	unter anderem; und andere(s)
u.U.	unter Umständen
UrlGG	Gesetz über die Gewährung eines jährlichen Urlaubsgeldes
UStG	Umsatzsteuergesetz
usw.	und so weiter
VBlBW	Verwaltungsblätter für Baden-Württemberg
VermBG	Gesetz zur Förderung der Vermögensbildung der Arbeitnehmer
VG	Verwaltungsgericht
VO	Verordnung
VV	Verwaltungsvorschrift
VV.a.G.	Versicherungsverein auf Gegenseitigkeit

VwGO	Verwaltungsgerichtsordnung
VwVfG	Verwaltungsverfahrensgesetz
z.T.	zum Teil
z.Zt.	zur Zeit
z.B.	zum Beispiel
Z.f.R.	Zeitschrift für Referendare
ZA	Zeitschriftenauswertung
ZBR	Zeitschrift für Beamtenrecht
ZfPR	Zeitschrift für das Personalvertretungsrecht
ZPO	Zivilprozessrecht
zzgl.	zuzüglich

Einleitung

Sie haben es geschafft! Vermutlich befinden Sie sich jetzt irgendwo zwischen erstem Staatsexamen und Vorbereitungsdienst. Zielstrebige Leser werden dieses Buch bereits vor dem ersten Staatsexamen in der Hand haben. Aber auch für diejenigen, die das Buch während des Vorbereitungsdienstes lesen, werden sich nützliche Hinweise ergeben.

Jedenfalls gehören Sie zu den unter 80 % der Prüflinge in den Rechtswissenschaften, die das angestrebte erste Examen auch tatsächlich erfolgreich abgelegt haben. Für die Juristinnen und Juristen ist die erste Staatsprüfung, das so genannte Referendarexamen, bekanntlich etwas ganz Besonderes. Vor dem erhofften **»Prädikatsexamen«** steht nach der Einschätzung der meisten Prüflinge eines der im Vergleich mit anderen Studienabschlüssen härtesten Prüfungsverfahren. Das wird jetzt besser. Während am ersten Staatsexamen 2003 über 27,6 % der Kandidatinnen und Kandidaten scheiterten, rissen in der zweiten Staatsprüfung »nur« 13,8 % die Latte. Gleichwohl nach langer und teurer Ausbildung fast 14 Prozent zu viel, wie ich meine!

Bevor Sie sich nun für Tipps und Rat im Hinblick auf den weiteren Werdegang interessieren, ein kurzer Blick zurück und nach vorne. Nach dem erfolgreich bestandenen ersten Staatsexamen ist der **»geprüfte Rechtskandidat«** oder **»Diplomjurist«** (eine bundesweit einheitliche Berufsbezeichnung gibt es leider immer noch nicht) jedenfalls erheblich klüger als vorher. Der erhebliche Zugewinn an Wissen und Erfahrung ergibt sich dabei nicht nur aus dem vor dem Examen im Selbststudium und/oder beim Repetitor (»Sattelmacher«) erworbenen juristischen Fachwissen. Mit dem Durchlaufen der Prüfung gewinnt der Prüfling Erfahrungen, die zur Reifung der Persönlichkeit, aber auch zu einer gewissen Abgeklärtheit führen. Die Erwartungen einiger Kandidatinnen und Kandidaten sind durch die Prüfung enttäuscht worden, andere wiederum fühlen sich – teilweise zu ihrer eigenen Überraschung – an Punkten reich beschenkt. Ein großer Teil der Prüflinge macht wohl – auch nach Bereinigung durch zwangsläufige subjektive Einfärbungen – nicht zu Unrecht die Erfahrung, dass das derzeitig praktizierte Prüfungsverfahren zur Ermittlung der Fähigkeiten und Fertigkeiten der Kandidaten nur bedingt geeignet ist. Die **Prüfungsergebnisse** decken sich häufig mit den gegenseitigen Einschätzungen der Kandidatinnen und Kandidaten aus Studium und privater Arbeitsgemeinschaft nicht.

In Nordrhein-Westfalen hat ein Arbeitsgemeinschaftsleiter einmal eine Klausur in der AG besprochen und dazu zwei Originallösungen von verschiedenen Kandidatinnen bzw. Kandidaten besprochen. Die klare Mehrheit der Referendarinnen und Referendare in der Arbeitsgemeinschaft teilte die Bewertung der Arbeiten nicht. Die lediglich mit -ausreichend- bewertete Arbeit wurde von der Arbeitsgemeinschaft gegenüber der mit einem – vollbefriedigend – ausgezeichneten Klausur als überzeugendere Lösung angesehen. Anzumerken wäre hier, dass die Originalnoten erst nach dem Votum der Arbeitsgemeinschaft bekanntgegeben wurden. Ähnliche Erfahrungen werden wohl auch andernorts gemacht (siehe Schwede in NJW 1995, XXV, der von Abweichungen bis zu sieben Punkten bei Versuchen an der Universität berichtet).

Dies sei denen zum Trost an dieser Stelle angemerkt, die sich durch die Ausbeute des **Prüfungsverfahrens** unterbewertet fühlen. Auch für diese Juristinnen und Juristen besteht kein Grund zur Entmutigung. Im zweiten Examen werden die Karten schließlich erneut gemischt und ausgegeben – das Glück fällt nicht immer auf dieselbe Stelle. Dadurch, dass immer weniger Juristinnen und Juristen im öffentlichen Dienst und der Justiz eingestellt werden, hängt auch der Erfolg im Berufsleben nicht mehr ausschließlich von der **Examensnote** ab. Selbst dort stellt die Note nicht mehr das alleinige Auswahlkriterium dar. Wer sich zum weitgefächerten Berufsbild der Juristin bzw. des Juristen berufen fühlt, wird sicher auch ohne Prädikatsexamen beruflichen Erfolg haben. Auch wenn das unrühmliche und peinliche Gezerre um die Berufung der Bundestagsabgeordneten Frau Däubler-Gmelin zur Verfassungsrichterin zeigt, dass die Examensnote späte und gänzlich unerwartete Bedeutung erlangen kann, lassen sich unzählige Belege für Karrieren von im Examen offensichtlich unterbewerteten – oder aber auch im Unterschied zu dem vorgenannten Beispiel zu Unrecht, aber erfolgreich protegierter – Juristinnen und Juristen finden.

Keinen Trost können dagegen diejenigen empfinden, denen allein auf Grund der Ungenauigkeit und **Subjektivität** des Verfahrens das zweifelhafte Vergnügen des zweiten Anlaufs beschert wird. Sicher gibt es auch einen bestimmten Prozentsatz tatsächlich ungeeigneter Kandidatinnen und Kandidaten, und selbstverständlich können bei einem Auswahlverfahren naturgemäß nicht alle Prüflinge bestehen. Im Falle des ersten Staatsexamens stellt das **Nichtbestehen** aber auch für diese Gruppe eine vermeidbare Härte dar, weil die Gescheiterten meist ein langes Studium ohne echte Befähigungsprüfungen zur Eigenkontrolle oder frühzeitigen Auslese absolviert haben. Deswegen können frühzeitige Zwischenprüfungen oder studienbegleitende Leistungskontrollen durchaus eine sinnvolle Einrichtung sein.

Diejenigen, die sich zu Recht als Opfer des Prüfungsverfahrens betrachten, sei es wegen der unvermeidlichen Subjektivität der Prüferinnen und Prüfer, sei es durch eine schlechte Tagesform während der Klausuren oder private psychische Belastungen während des Prüfungsverfahrens, werden wegen des Zeitverlustes durch das Wiederholungsverfahren und der zusätzlichen psychischen Belastung durch Selbstzweifel und gesteigerten Erwartungsdruck kaum Trost darin finden, dass im zweiten Staatsexamen eine neue Chance besteht, leistungsgerecht bewertet zu werden. Schließlich ist auch im zweiten Versuch nicht ausgeschlossen, dass die Ungenauigkeit des Verfahrens einen Teil der **Wiederholer** erneut zu Unrecht scheitern lässt. Insbesondere wegen dieser **menschlichen Tragödien** sollte das Prüfungsverfahren von Grund auf neu überdacht werden.

Diejenigen, die sich zumindest im stillen Kämmerlein zu den Gewinnern der Ungenauigkeiten und Zufälle des Prüfungsverfahrens zählen, seien an dieser Stelle beglückwünscht. Schließlich gehört »Fortune« auch zum beruflichen Erfolg im Leben. Ihnen sei aber auch ans Herz gelegt, diese interessante Erfahrung – auch im späteren Berufsleben – nicht allzu schnell zu vergessen und die Leistungsfähigkeit einer Juristin oder eines Juristen nicht ausschließlich nach den Examensnoten zu bewerten. Lebenserfahrene Menschen mit Personalverantwortung in der Wirtschaft wissen dies längst und bilden z.B. auf der Basis der Examensnoten mehrere Stapel, aus denen sie sich jeweils interessant erscheinende Bewerberinnen und Bewerber auswählen und zum Auswahlverfahren einladen.

Abgeklärter sind die meisten erfolgreichen Absolventinnen und Absolventen auch im Hinblick auf das Prüfungsverfahren im zweiten Staatsexamen. Das erste Staatsexamen hat wegen der Unabhängigkeit von Vorleistungen und der aus dem Studienablauf resultierenden Unsicherheit über den eigenen Leistungsstand für die Kandidatinnen und Kandidaten eine besondere, das Nervenkostüm belastende Bedeutung. Das im Vergleich zu anderen akademischen Prüfungen harte Auswahlverfahren hat Tradition und auch seine Gründe; schließlich tragen Juristinnen und Juristen in modernen Gesellschaften immer noch besondere Verantwortung auf Grund ihrer beruflichen Stellung. Zu den beruflichen Anforderungen gehört daher nicht selten, dass Juristinnen und Juristen »vor die Kanonen müssen«, also angstfrei mit unangenehmen Aufgaben vor die Öffentlichkeit zu treten haben. Zum **Prüfungsritus** gehört zwangsläufig die Mutprobe, d.h. das Überwinden der eigenen Angst. Diese Belastung durch den Aufbau von Prüfungsangst wird im zweiten Staatsexamen überwiegend als geringer empfunden. Die angehenden Jungjuristinnen und -juristen haben schließlich bereits einen Initiationsritus hinter sich und gehen mit einem deutlich gestärkten Nervenkostüm in die zweite Etappe der Priesterweihe säkularisierter moderner Gesellschaften. Außerdem bereitet die Ausbildung im zweiten Staatsexamen durch das – jedenfalls nach den meisten Prüfungsordnungen vorgesehene – regelmäßige Halten von Aktenvorträgen vor den Arbeitsgemeinschaften und durch erste öffentliche Auftritte in der praktischen Ausbildung auf die entscheidende »Vorstellung« im zweiten Staatsexamen besser vor.

Gleichwohl gibt das **traditionelle Prüfungsverfahren** zur Kritik Anlass. Einerseits sagt das Examensergebnis wie die meisten Testverfahren nur bedingt etwas über den späteren Berufserfolg aus. Selbst bei mehrtägigen Assessment-Centern ist es fragwürdig, ob zuverlässige Aussagen über die intensiv beobachteten Teilnehmer gewonnen werden. Um wieviel mehr muss von einer **mangelnden Zuverlässigkeit** der Prognose einer mehrstündigen mündlichen Prüfung ausgegangen werden, in der pro Prüfungsgebiet zehn Minuten pro Prüfling zur Verfügung stehen. Angesichts des erheblichen Umfangs des von den Prüflingen demgegenüber bereitgehaltenen Wissens ergibt sich hier ein bedenkliches Verhältnis. Wer kennt die typische Situation in der mündlichen Prüfung nicht, bei der der Prüfling die letzten vier Fragen hätte beantworten können, nur die ausgerechnet an ihn gestellte nicht? Wer hat sich in der mündlichen Prüfung nicht schon gefragt, was die Prüferin bzw. der Prüfer mit der unklar formulierten Frage meint bzw. hören will? Sowohl zweiwöchige Klausurmarathons als auch eintägige mündliche Prüfungen sind lediglich **Momentaufnahmen**. Selbst bei einem möglichst objektiven Prüfungsverfahren hängt vieles von der Tagesform (psychische und physische Verfassung) und vom Prüfungsglück ab. Die richtigen Klausuren und/oder die richtigen Bearbeiter und/oder die richtigen Korrektoren machen schließlich das Prädikatsexamen aus. Die konstanten Vorleistungen während des verhältnismäßig langen Referendariats führen lediglich in Ausnahmefällen und nur dann zu geringfügigen Korrekturen im Prüfungsergebnis, wenn der Leistungsstand andernfalls nicht zutreffend wiedergegeben wird. Wen wundert da noch, wenn angesichts des unsicheren Prüfungsverfahrens viele Studentinnen und Studenten und Referendarinnen und Referendare vor dem Examen die schlimmsten Befürchtungen hegen? Es ist kein Geheimnis, dass die lange Studiendauer mit der Vermeidungsstrategie der Studentinnen und Studenten zusammenhängt. Zwangsläufig war daher auch, dass der verhältnismäßig gefahrlose Freischuss zu einer deutlichen Verkürzung der »Examensvorbereitungsphase« führen würde.

Für viele Kandidatinnen und Kandidaten bedeutet die Prüfung jedoch eine Phase unnötigen psychischen Leidens. Nach Meinung der Bewerbungspäpste Hesse/Schrader sind Prüfungen und andere Bewerberauswahlverfahren sadistische Rituale. Dieses zeige sich vor allem in der völligen **Undurchschaubarkeit** der Testsituation, in den häufig irrationalen Prüfungsanforderungen sowie besonders in dem enormen Zeitdruck bei der Aufgabenbearbeitung, der systematisch Konfusion und Angst erzeugt. Prüfungen und Initiationsriten seien Ausdruck des »ewigen Kampfes der Generationen« und der Auseinandersetzung zwischen den »Mächtigen und Machtlosen in der Gesellschaft«. Auch wenn diese Analyse von Hesse/Schrader sehr pointiert dargestellt ist, werden die meisten Kandidatinnen und Kandidaten gerade die oben genannten Merkmale als subjektives Erlebnis während der Prüfungen empfunden haben.

Es ist bereits von anderen Stimmen darüber geschrieben worden, dass das Prüfungsverfahren wenig praxisnah ist. Die Bearbeitung einer Klausurakte in fünf Stunden würde Anwälte, die das Gleiche mit ihren Mandantenakten machten, zu Versicherungsfällen bei der Anwaltshaftpflicht machen. Selten muss in der Praxis eine völlig unbekannte Akte – zudem aus einem Rechtsgebiet, mit dem man nicht täglich umgeht – innerhalb einer Stunde bearbeitet und anschließend vorgetragen werden. Auch wenn Ausbilderinnen und Ausbilder dies glauben machen wollen, tatsächlich spielt ein extremer Zeitdruck in der Praxis nur selten eine Rolle – die Fähigkeit zu effektiver Organisation der Arbeit eher. Extremer Zeitdruck bei Praktikern ist meist ein Indiz für das Fehlen der anderen, wichtigeren Eigenschaft.

Klargestellt sei hier aber, dass die meisten Prüferinnen und Prüfer sich der Belastungen der Prüflinge bewusst sind und die mündliche Prüfung stressgerecht gestalten. Insbesondere die Kommissionsvorsitzenden bemühen sich im Vorgespräch deutlich spürbar um eine Lösung der Nervosität und angstlösende Signale. Das Bemühen fällt den angst- und regressionsfreien Beobachtern im Prüfungsraum auf, die sich teilweise über die Harmlosigkeit der Fragen und die sanfte bis deutliche Führung auch zu kleinen Ergebnisschritten wundern. Es macht eben einen Unterschied aus, ob man vorne oder hinten sitzt. Auch für Prüferinnen und Prüfer stellt die **Prüfungssituation** Stress dar. Eine interessante und gelungene Beschreibung aus der Sicht des Prüfers ist vor einiger Zeit in der Juristischen Schulung (Martinek, Schüchternheit in der mündlichen Prüfung – Versuch einer Aufmunterung, JuS 1994, 268) erschienen. Auch solche wirklich aufmunternden Ratschläge sollte man sich vor der Prüfung zur Entspannung durchlesen. Unangenehme und schwer zu handhabende Prüferinnen und Prüfer stellen also die Ausnahme dar. Es besteht regelmäßig kein Grund zur Angst vor der **Prüfungskommission**, höchstens vor der Unberechenbarkeit des Prüfungssystems. Natürlich gibt es durchaus unangenehme Prüferinnen oder Prüfer im Einzelfall, mit denen der eine oder andere Prüfling nicht klarkommt. Womit wir wieder bei der mangelnden Objektivität des Verfahrens infolge ungleicher Bedingungen wären. Aber so ist es wohl auch im richtigen Leben, wenn wir ehrlich sind.

Das Prüfungsverfahren kann sicherlich deutlich verbessert werden. Dies liegt nicht nur im Interesse der Prüflinge, sondern auch im Interesse einer **objektiven Bewerberinnen- und Bewerberauswahl**. Jedem Prüfungsverfahren aber wohnt eine gewisse Ungenauigkeit und Subjektivität inne, so dass 100%ige Objektivität und Gerechtigkeit nicht zu verwirklichen sind. Damit muss man sich abfinden. Nicht abfinden sollte man sich aber mit der trotz dieser Überlegungen nicht mehr gerechtfertigten Bequemlichkeit und Selbstzufriedenheit mancher zuständigen Stellen mit der aktuellen Situation. Überlegenswert sind die in einzelnen Bundesländern zugelassenen **Verbesserungsversuche** nach bestandenem ersten Versuch auch im zweiten Examen, die **Abschichtung von Prüfungsleistungen** und die **Anrechnung** eines gewissen Teils der Vornoten aus Arbeitsgemeinschaften und Stationen, ähnlich wie im Abitur bei der Anrechnung bestimmter Kursnoten aus der Oberstufe. Dadurch ließen sich leicht **gerechtere Prüfungsergebnisse** sicherstellen. Als Nebeneffekt würde vielen Kandidatinnen und Kandidaten ein guter Teil unnötigen Prüfungsstresses erspart. Nicht nur Strafrechtler sind eingeladen, jetzt einmal spaßeshalber gedanklich »Prüfungsstress als bedingt vorsätzliche Körperverletzung« zu subsumieren. Sind wirklich unnötige, weil sachlich nicht zu rechtfertigende Qualen noch zulässig?

Neben der Prüfungsgestaltung selbst erscheint aber auch die im Vergleich zu anderen Examensprüfungen merkwürdige **Notenskala**, mehr aber noch die für Nichtjuristen nicht nachvollziehbare Benotungspraxis überarbeitungsbedürftig (siehe zur Analyse von Münch, NJW 1995, 2016, im Ergebnis leider etwas schneidig und damit inkonsequent).

Vergessen werden sollte aber von Prüferinnen und Prüfern auch nicht: An einem ungerechten Ergebnis oder gar dem Nichtbestehen leiden Prüflinge häufig lange. Dabei wird leider auch von Prüflingen vergessen, dass das Examen sicher eine wichtige, aber nicht die einzige und auch nicht die letzte **Bewährungsprobe** im Leben ist. Diejenigen, die frühzeitige Zusatzqualifikationen erworben haben, können entspannter ins Examen gehen, weil sie nicht alles auf eine Karte gesetzt haben. In einer besonders üblen Lage befinden sich diejenigen, die das Assessorexamen nicht bestanden haben. In der Justizverwaltung herrscht vielfach der Glaube, ein Scheitern sei immer selbstverursacht. Kandidatinnen und Kandidaten, die im ersten Staatsexamen sehr schwach (knapp über 4,0 Punkten) abgeschnitten hätten, seien häufig unter den Gescheiterten im zweiten Examen zu finden. Belege für solche persönlichen Theorien dürften sich schwerlich finden lassen. Aus der Erfahrung des Autors sind am Examen Gescheiterte häufig auch Anwärterinnen und Anwärter, die **besondere Belastungen** durchzustehen hatten, wie z.B. Trennungen in der Examensphase. Jedenfalls befindet sich im Examen ein nicht geringer Teil der Kandidatinnen bzw. Kandidaten wegen privater Belastungen in einer akuten psychischen Schieflage. Ohne eine verhältnismäßig stabile psychische Konstitution kann das Verfahren aber nicht durchgestanden werden. Zu bedenken ist auch, ob nicht Prüflinge, die im Referendarexamen die Klippe (und zwar möglicherweise wegen der oben beschriebenen Ungenauigkeit und Subjektivität des Verfahrens zu Unrecht) erst nach einer wackeligen mündlichen Prüfung genommen haben, im zweiten Examen gerade wegen dieses Traumas gehandikapt sind.

Selbst Prüflinge, die um die Unzulänglichkeiten des Verfahrens wissen, schreiben sich häufig ein misslungenes Examen selbst zu. Hesse/Schrader weisen auch zu Recht darauf hin, dass Versagen in Testsituationen oft zu einer erheblichen Beeinträchtigung des **Selbstwertgefühls** führt.

Dieser Ratgeber bemüht sich daher auch, **unberechtigte Ängste** vor Prüfungssituationen abzubauen, aber auch Einsicht dafür zu schaffen, dass ein unerwartet schlechtes Prüfungsergebnis nicht unbedingt etwas mit der eigenen Leistung zu tun haben muss, geschweige denn mit der eigenen **Leistungsfähigkeit**.

Die meisten Leser werden bei der Lektüre dieses Ratgebers die Freiheiten des Studiums mit Wehmut, aber auch einer gewissen Erleichterung hinter sich gelassen haben. Erleichterung deshalb, weil sich die finanzielle Situation durch regelmäßige, wenn auch erneut gekürzte Bezüge für die meisten Referendarinnen und Referendare verbessert. Man wird aber schnell feststellen, dass der Lebensunterhalt dabei nur durch weiterhin **sparsame Lebensführung** einigermaßen gesichert ist. Die **Bezüge** stellen nämlich selbst nach der Rechtsprechung zum Beamtenrecht keine Vollalimentation dar. Wehmut löst dagegen der Gedanke daran aus, dass die Freiheit in der Lebens- und Studiengestaltung nunmehr deutliche Einschränkungen erfährt. Das Referendariat ist zum Teil verschult, in manchen Stagen und bei einigen Ausbilderinnen und Ausbildern ist man auch während der vollen Arbeitszeit zur Anwesenheit verpflichtet. Das übrige trägt der wenig motivierende und allen in der freien Wirtschaft anerkannten Grundsätzen von Mitarbeiterführung und Unternehmenskultur trotzende **Behördenapparat** dazu bei. War man nicht ganz artig, verspürt man sogleich den metaphorischen Tiefsinn des früher verwendeten Begriffs des »Besonderen Gewaltverhältnisses«.

Die Frage der Berufswahl stellt sich nach dem ersten Staatsexamen immer drängender, da angesichts der angespannten Arbeitsmarktlage spätestens im Referendariat entscheidende Weichen jenseits der Examensnote für das Gelingen des späteren Berufseinstiegs gestellt werden sollten. Zur eigenen **Qualifizierung** oder auch zum Hineinschnuppern in verschiedene Bereiche bietet sich die leider in vielen Ausbildungsbezirken bestehende Wartezeit zwischen dem Bestehen des ersten Staatsexamens und der Einstellung in das Referendariat an. Wird diese sinnvoll genutzt, verliert sie nicht nur ihren Zeitverschwendungscharakter, sondern kann sogar zur Bereicherung und zur Steigerung der Effektivität der Ausbildung und im Ergebnis zu deutlich besseren Berufsaussichten führen.

Die **Wartezeiten** werden in Zukunft wegen der beschränkten Mittel und damit Ausbildungsplätze bei gleichzeitig weiter zunehmenden Bewerberzahlen wohl eher ansteigen. Auch Ausbildungsorte, an denen bisher keine Beschränkungen bestanden, werden möglicherweise über das Mittel »Wartezeit« die Bewerberzahlen steuern und verteilen. Man tut daher gut daran, sich bereits unmittelbar nach dem Bestehen der ersten Staatsprüfung Gedanken über die Wahl des Ausbildungsbezirks (welches Bundesland, welcher Gerichtsbezirk), aber auch über sinnvolle Überbrückungen einer möglichen Wartezeit zu machen. Von der **Wahl des Ausbildungsbezirks** hängen die Wartezeit, die Ausbildungsinhalte und -möglichkeiten, persönliche Dispositionen, die Lebensqualität, vielleicht sogar das Examensergebnis ab. Eine sinnvolle Nutzung der Wartezeit im Rahmen eines befristeten Beschäftigungsverhältnisses, durch den Beginn einer Promotion oder der Vorbereitung auf das Referendariat durch Selbststudium kann das Referendarexamensergebnis, die spätere Berufswahl oder den Berufseinstieg und -erfolg günstig beeinflussen. Daneben können bereits jetzt frühzeitige anderweitige Überlegungen, die die meisten Referendare erst unter Zeitdruck nach dem Beginn des Referendariats anstellen, nicht schaden.

Außerdem kann man sich durch die Lektüre dieses Buches sinnvoll auf das Referendariat vorbereiten!

A. Vor dem Referendariat

Bereits vor dem Beginn des Referendariats sind wichtige Entscheidungen zur **optimalen Organisation des Vorbereitungsdienstes** zu treffen. Dazu gehört die Frage, in welchem Land, in welchem Oberlandesgerichts- bzw. Landgerichtsbezirk die Ausbildung fortgesetzt werden soll bzw. im Rahmen der dort vorhandenen Kapazitäten fortgeführt werden kann, welche Ausbildungsinhalte und Wahlfachmöglichkeiten dort bestehen und wie die Examensprüfung aufgebaut ist. Wer schon früh nach Verbeamtung strebt, kann diesen Wunsch nur noch in Thüringen und Sachsen erfüllen. Allerdings sind auch die Unterhaltsbeihilfen in den anderen Ländern unterschiedlich hoch, so dass auch hier eine bewusste Auswahl Sinn machen kann. Von Interesse kann auch sein, wie die Examensergebnisse in den einzelnen Ländern in Relation zueinander aussehen. Machen Sie einmal den von mir später vorgeschlagenen Test und rechnen Sie die Ergebnisse Ihres Ersten Staatsexamens auf andere Bundesländer um. Möglicherweise kommen Sie bereits auf diesem Wege zu einem – allerdings inoffiziellen – Prädikatsexamen. Daneben sollte bereits vorher geklärt werden, wo eine Auslandsstation absolviert werden kann und wann ein »Speyersemester« oder der »Bielefelder Kompaktkurs« Sinn macht. Finanzielle Überlegungen sind schon jetzt im Hinblick auf die Wahl der Krankenversicherung und anderer Versicherungen, der Steuerplanung und der Ermittlung weiterer Finanzierungsquellen (Wohngeld, Nebenbeschäftigung) anzustellen. Hierbei können schon durch **Planungen in der Wartezeit** finanzielle Verbesserungen des Einkommens während des Referendariats erzielt werden. Daneben kann eine gezielte Zwischenbeschäftigung während der Wartezeit oder gar darüber hinaus nicht nur zusätzliche Einstellungs- und Nebenverdienstmöglichkeiten erschließen, sondern auch zu einem **Arbeitslosengeldanspruch** nach dem Assessorexamen führen. Wenn Sie den Ratgeber schon unmittelbar nach dem ersten Staatsexamen durchlesen, werden Sie feststellen, dass die Ausgabe für den Kauf eine äußerst rentierliche Ausgabe ist, zumal dieses Buch **steuerlich absetzbar** ist.

Aber auch für die Frage, welche Ausbildung in welchem Land Ihren individuellen Neigungen entgegenkommt, wird dieser Ratgeber nützliche Informationen liefern. Entscheidend ist aber, dass Sie die hier aufgezeigten Möglichkeiten rechtzeitig kennenlernen und auch entsprechend umsetzen.

Zu guter Letzt soll dieser Ratgeber Sie dafür sensibilisieren, dass die Examensnote nicht alles ist, jedenfalls ein launischer Kandidat wie das Glück. Setzen Sie daher nicht ausschließlich auf diese Karte, sondern beginnen Sie frühzeitig mit Überlegungen zu Ihrer Berufswahl und den Anforderungen dieses Berufs spätestens jetzt. Leider denken die meisten Juristen erst nach dem 2. Staatsexamen an die Bewerbung, diese fallen dann entsprechend uniform und nichtssagend aus. Dann ist die Leitung der Pfadfindergruppe das vermeintlich erwähnenswerte Differenzierungsmerkmal. Besser als während der Arbeitslosigkeit die vom Markt gern gesehenen Zusatzqualifikationen nachzuholen ist es daher, diese bereits während des Referendariats oder noch besser schon in der Wartezeit zu erwerben. Dazu gehören beim Anwaltsberuf in jedem Fall Fachanwaltslehrgänge, die Anwaltsausbildung des DAV oder auch der Bielefelder Kompaktkurs. Es kann nicht nachdrücklich genug empfohlen werden, während des Referendariats einer Nebentätigkeit nachzugehen, um berufspraktisch zu arbeiten und Kontakte zu knüpfen. Die Zeit fehlt Ihnen bei der Examensvorbereitung nicht: Nach Untersuchungen des bayrischen Justizministeriums haben Referendare, die einer Nebentätigkeit beim Anwalt nachgehen, die besseren Examensergebnisse.

I. Finanzielle Vorbereitungen

1. BAföG-Schulden verringern (Teilerlass)

§§ Bundesausbildungsförderungsgesetz – BAföG (Sartorius I Nr. 420) sowie Verordnung über den leistungsabhängigen Teilerlass von Ausbildungsdarlehen – BAföG-TeilerlassV (abgedruckt in BAföG, Beck-Texte dtv Nr. 14)

Internet

- Amtliche Informationen des Bundesministierums: http://www.bafoeg.bmbf.de
- Amtlicher Bafög-Rechner: https://bafoeg-rechner.bmbf.de/rechner/
- Aktuelles: http://www.rechtsreferendariat.de

Im Prinzip sind Sie – sofern Sie Fördermittel erhalten haben – nach dem Referendarexamen zur Rückzahlung in monatlichen Raten von mindestens 105 € verpflichtet. Dies gilt aber nur dann, wenn Sie über entsprechendes Einkommen verfügen und das Ende der Förderungshöchstdauer fünf Jahre zurückliegt (§ 18 Abs. 3 Satz 2 BAföG), da die Rückzahlungspflicht erst nach Ablauf dieser Zeit beginnt. Das kann allerdings dann der Fall sein, wenn zwischen dem Referendarexamen und dem Referendariat eine größere Zeitspanne liegt, zum Beispiel weil sie berufstätig waren oder promoviert haben.

Darlehen, die für Ausbildungsabschnitte gewährt werden, die nach dem 28. 2. 2001 begonnen haben, müssen allerdings nur bis zu einem Gesamtbetrag von 10 000 € zurückgezahlt werden.

Näheres zur maßgeblichen Einkommenshöhe und zu Freistellung und Stundungsmöglichkeiten gemäß § 18 a BAföG bei der Darlehensrückzahlung erfahren Sie in diesem Buch in dem Kapitel »Nach der Mitteilung des Einstellungsdatums« (Seite 84ff.). Solange Sie im Vorbereitungsdienst sind, dürfen Sie sich der Rückzahlungspflicht enthoben fühlen, da die Rückzahlung voraussetzt, dass das Einkommen 960 € übersteigt.

Die erste Aktion nach bestandenem Referendarexamen kann darin bestehen, dass Sie einen **Teilerlass** nach § 18 b BAföG beantragen. Da die Referendarbezüge keine großen Sprünge erlauben und etwaige Überschüsse lieber in die eigene Qualifizierung investiert werden sollten, verbietet sich das Verschenken der erhaltenen BAföG-Fördermittel von selbst.

Die Voraussetzungen für die Gewährung des leistungsabhängigen Teilerlasses sind in § 18 b BAföG und der BAföG-TeilerlassV näher geregelt. Tipps hierzu finden Sie im Internet. Sofern Sie also

- zu den 30 % Prüfungsjahrbesten gehören und die Abschlussprüfung spätestens innerhalb von zwölf Monaten nach dem Ende der Förderungshöchstdauer beendet haben

  oder

- das Referendarexamen mindestens zwei Monate vor dem Ende der Förderungshöchstdauer beendet haben,

dürfen Sie mit dem Erlass von Darlehensbeträgen, soweit sie nach dem 31. 12. 1983 gewährt wurden, rechnen.

> **Wichtig:**
> Der Antrag ist innerhalb eines Monats nach der Bekanntgabe des Feststellungsbescheides nach § 18 Abs. 5 a BAföG zu stellen (Ausschlussfrist!).

Nach dem Ende der Förderungshöchstdauer erhalten Sie vom Bundesverwaltungsamt (BVA) einen Bescheid, in dem die Höhe der während des Studiums entstandenen Darlehensschuld und die Förderungshöchstdauer festgestellt werden. Sofern die Angaben darin nicht zutreffen, müssen Sie dagegen Widerspruch erheben, da der Bescheid feststellende Wirkung hat. Die **Förderungshöchst**dauer für das Fach Rechtswissenschaften an Universitäten und gleichgestellten Hochschulen beträgt nach der § 5 Abs. 1 Nr. 80 FörderungshöchstdauerV grundsätzlich **neun Semester**.

Sofern Sie zu der ersten obengenannten Gruppe (Prüfungsbeste) gehören, staffelt sich der Erlass nach dem Zeitpunkt des Examensabschlusses. Sie erhalten einen Teilerlass

- in Höhe von **25 %**, wenn Sie das Examen **innerhalb der Förderungshöchstdauer**
- in Höhe von **20 %**, wenn Sie das Examen **innerhalb von sechs Monaten** nach dem Ende der Förderungshöchstdauer
- in Höhe von **15 %**, wenn Sie das Examen **innerhalb von zwölf Monaten** nach dem Ende der Förderungshöchstdauer

abgeschlossen haben.

Sofern Sie zur zweiten Gruppe gehören, die zwar nicht zu den 30 % Jahresbesten gehören, aber das Studium vor Ablauf der Förderungshöchstdauer abgeschlossen haben, so werden Ihnen **auf Antrag** (einmonatige Ausschlussfrist) 2650 € (Abschluss bis vier Monate vor Ablauf der Förderungshöchstdauer) bzw. 1025 € (Abschluss bis zwei Monate vor Ende der Förderungshöchstdauer) erlassen.

Die Prüfung ist abgeschlossen, wenn ihr Bestehen oder Nichtbestehen festgestellt ist (§ 2 Abs. 2 Satz 1 BAföG-TeilerlassV). Die Wiederholungsprüfung im Falle des Nichtbestehens ist eine Abschlussprüfung im Sinne der BAföG-TeilerlassV, nicht dagegen die Wiederholungsprüfung, die lediglich zum Zwecke der **Notenverbesserung** unternommen wird (vgl. § 2 Abs. 3 BAföG-TeilerlassV). Im Klartext heißt dies, dass die Wiederholungsprüfung zur Notenverbesserung nicht zu Lasten der Antragstellerinnen und Antragsteller berücksichtigt wird. Die Prüfungsstellen haben alle Prüfungsabsolventen, die zu den 30 % Prüfungsbesten gehören, auf die Möglichkeit eines leistungsabhängigen Teilerlasses hinzuweisen, § 11 Abs. 1 Satz 1 BAföG-TeilerlassV. Es besteht Anlass darauf hinzuweisen, dass der **Hinweis** der Prüfungsstellen auch die Prüfungsbesten nicht von der fristgerechten Antragstellung auf Teilerlass gegenüber dem BVA entbindet, da diesem die Noten nicht bekannt sind. Alle anderen Gruppen müssen die für sie günstigen Umstände (früher Abschluss) innerhalb der **Monatsfrist** nach Erhalt des Feststellungsbescheids dem BVA mitteilen.

Zusätzlich zu diesen Vergünstigungen gilt die Regelung des § 18 a Abs. 5 BAföG. Danach wird für jeden Monat, in dem

- das Einkommen der Darlehensnehmerin bzw. des Darlehensnehmers den Betrag nach § 18 a Abs. 1 BAföG (Einkommensabhängige Rückzahlung) nicht übersteigt oder
- sie oder er ein Kind bis zu zehn Jahren pflegt und erzieht oder
- sie oder er ein behindertes Kind betreut und
- die Darlehensnehmerin bzw. der Darlehensnehmer nicht oder nur unwesentlich erwerbstätig ist (d.h. die wöchentliche Arbeitszeit nicht mehr als zehn Stunden beträgt),

auf Antrag das Darlehen in Höhe der nach § 18 Abs. 3 BAföG festgesetzten Rate (mindestens 105 €) **erlassen**. Die erste Rückzahlungsrate ist allerdings erst fünf Jahre nach dem Ende der Förderungshöchstdauer zu zahlen, § 18 Abs. 2 Satz 2 BAföG.

Auch denjenigen, die nachweislich Opfer politischer Verfolgung in der DDR waren, wird unter den in § 60 Nr. 2 BAföG genannten Umständen der nach dem 31. 12. 1990 geleistete Darlehensbetrag erlassen.

Daneben besteht die Möglichkeit, durch vorzeitige Rückzahlung (§ 18 Abs. 5 b BAföG) in den Genuss des höchstmöglichen Nachlasses (je nach Höhe des Ablösungsbetrages – zwischen 8 v.H. und 50,5 v.H. dieses Betrages) zu kommen. Dies setzt die nötige Liquidität allerdings voraus. Unter Umständen kann sich auch ein Kredit lohnen. Ob dies auch für Sie gilt, können Sie durch Vergleich des Nachlasses mit den Zinskosten ermitteln.

Grundsätzlich können die Erlassmöglichkeiten nebeneinander geltend gemacht werden. Rechenhilfen und weitere Tipps finden Sie unter den o.a. Internetadressen.

Woran Sie ebenfalls denken sollten: Empfänger des Darlehens nach dem BAföG sind verpflichtet, dem Bundesverwaltungsamt in Köln – auch schon vor Beginn der Rückzahlungspflicht – jeden Wohnungswechsel und jede Änderung des Familiennamens unverzüglich mitzuteilen. Kommen Sie dieser Verpflichtung nicht nach und muss Ihre Anschrift deshalb ermittelt werden, werden Ihnen hierfür pauschal 25 € in Rechnung gestellt.

2. Die richtige Krankenversicherung

Literatur
- Rechtsreferendarinfo 4/93, 5, Vom Student zum Referendar
- Merkens/von Birgelen, Gesetzliche oder private Krankenversicherung?, Beck-Rechtsberater im dtv
- Kortegaard, Zu Risiken und Nebenwirkungen, REFZ 1/2 96
- Krankenversicherung, Der totale Qualitätstest, Capital 5/1998

Internet
- http://www.rechtsreferendariat.de
- http://www.gesetzlichekrankenkassen.de/

a) Öffentlich-rechtliches Ausbildungsverhältnis

Die meisten Referendarinnen und Referendare werden in ein öffentlich-rechtliches Ausbildungsverhältnis übernommen und sind damit gesetzlich sozialversicherungs- und damit krankenversicherungspflichtig. Sie erhalten daher auch keine Beihilfe.

Unter http://www.rechtsreferendariat.de/krankenversicherung finden Sie einen interessanten Artikel zum Thema: Krankenversicherung der Rechtsreferendare, von Rechtsanwalt Henry Henning, Berlin.

Die Hälfte des Krankenversicherungsbeitrags, der zwischen 12 und 14,5 % je nach Anbieter schwankt, übernimmt dabei das Land, die andere Hälfte, also der Arbeitnehmerbeitrag, wird vom Bruttogehalt abgezogen. Da die Anbieter fast identische Bedingungen haben, sollte man angesichts der knappen finanziellen Ressourcen einen preiswerten Anbieter wählen. Geld sparen kann man dabei durch Versicherungsvergleiche in Zeitschriften und Internet, dabei sollte man unbedingt auf die Unabhängigkeit achten. Anerkannt ist z.B. der Versicherungsvergleich der Verbraucherjournalisten Biallo & Team unter http://www.biallo.de. Aber auch die Stiftung Warentest bzw. die von ihr herausgegebene Zeitschrift Finanztest vergleichen in regelmäßigen Abständen Versicherungen. Die Testergebnisse können für kleines Geld im Internet heruntergeladen werden, ohne dass man gleich die ganze Zeitung kaufen muss (http://www.warentest.de). Der letzte Versicherungsvergleich (Stand April 2005) ist unter der URL http://www.finanztest.de/online/versicherung_vorsorge/1251971.html zu finden. Aktuellere Tests finden Sie auf der obengenannten URL von www.rechtsreferendariat.de.

Die Befreiung von der Zuzahlung zu Medikamenten bei geringem Einkommen (bis 952 €) ist leider mit der Gesundheitsreform 2004 erst einmal abgeschafft worden.

b) Beamtenverhältnis: gesetzlich oder privat?

Referendarinnen und Referendare, die noch in das Beamtenverhältnis eingestellt werden wie in Thüringen und Sachsen, haben die Qual der Wahl zwischen gesetzlicher oder privater Krankenversicherung. Bereits vor Beginn des Referendariats im Beamtenverhältniss sollte man sich mit der Frage auseinandersetzen, ob die gesetzliche Versicherung oder eine private günstiger ist. Die meisten Rechtsreferendarinnen und Rechtsreferendare werden während des Studiums Mitglied in der gesetzlichen Krankenversicherung gewesen sein. Mit Beginn des Vorbereitungsdienstes sind **verbeamtete Rechtsreferendarinnen und Rechtsreferendare** von der gesetzlichen Krankenversicherungspflicht befreit (§ 6 Abs. 1 Nr. 2 SGB V). Trotzdem können auch an sich versicherungsfreie Beamtinnen und Beamte **freiwillig** in der gesetzlichen Krankenversicherung **Mitglied** werden. Die Voraussetzungen sind in § 9 SGB V geregelt. Nicht in die gesetzliche Krankenversicherung können Rechtsreferendarinnen und Rechtsreferendare, die in den letzten fünf Jahren vor Beginn des Vorbereitungsdienstes ausschließlich privat versichert waren. Referendarinnen und Referendare, die sich in einem öffentlich-rechtlichen Beschäftigungsverhältnis als **Angestellte bzw. Angestellter** befinden oder befinden werden, haben keine Wahl: Sie sind **pflichtversichert** in der **gesetzlichen Krankenversicherung**. Für diese beiden Gruppen stellt sich daher die Frage nach der Versicherungsform nicht. Allerdings können auch die angestellten Referendarinnen und Referendare viel Geld bei der Auswahl einer günstigen Krankenversicherung sparen.

Während die gesetzliche Krankenversicherung auf dem **Solidarprinzip** basiert und die Beiträge sich prozentual nach dem Bruttoeinkommen richten, hängen die Beiträge der privaten Versicherungen von Faktoren wie Anzahl der zu versichernden Personen, Eintrittsalter und Vorerkrankungen ab. Ein genereller Tipp, welche Versicherungsform günstiger ist, kann daher nicht gegeben werden.

Vorteile der gesetzlichen Versicherung sind neben den ethischen Motiven (Solidargedanke), dass es keine Haftungsausschlüsse oder Zuschläge für Vorerkrankungen gibt. Ehepartner (bei eigenem Verdienst aber nur bis zur Geringfügigkeitsgrenze) und Kinder sind im Rahmen der Familienversicherung beitragsfrei mitversichert. Nachteilig sind der schlechte Versicherungsschutz im Ausland mangels entsprechender Sozialversicherungsabkommen und die bekannten Verschlechterungen durch die Gesundheitsreform (Stufe 1) wie Rezeptgebühr, Festbeträge bei Arzneimitteln und die 2005 weiter eingeschränkten Zuschüsse (befundbezogene Zuschüsse, z. Zt. im Normalfall 50 %) bei Zahnersatz. Ein nicht zu unterschätzender **Nachteil** der gesetzlichen Krankenversicherung ist zudem, dass noch niemand die Zumutungen der künftigen Stufen der **Gesundheitsreform** kennt.

Eine Übersicht mit den Unterschieden bei den Leistungen der beiden Versicherungsarten finden Sie im Internet unter http://www.kv-infos.de/vergleich/leistungsvergleich/leistungsvergleich.html.

Auch wenn man sich gesetzlich krankenversichert hat, muss man sich nicht mit den dort angebotenen Leistungen bescheiden, weil viele Versicherer (jedenfalls die privaten Versicherungen) Zusatzversicherungen anbieten. **Zusatzversicherungen bzw. Zusatztarife** sind für die Auslandsbehandlung und das Zweibettzimmer im Krankenhaus sinnvoll. Wenig attraktiv sind dagegen die früher üblichen Zusatztarife für Zahnersatz, da die Beihilfeleistungen in diesen Punkten meist so eingeschränkt sind, dass man sich auch mit Zusatztarif keinen Zahnersatz mehr leisten kann. Anhand des konkreten Bedarfs sollte die Notwendigkeit eines Zusatztarifs für andere Sachleistungen wie Brillen etc. kritisch geprüft werden. Welche Einschränkungen bestehen, ergibt sich aus den Merkblättern, die Sie bei Ihrer Einstellung erhalten.

Nicht alle Rechtsreferendarinnen und Rechtsreferendare haben die Möglichkeit, sich in der gesetzlichen Krankenversicherung freiwillig zu versichern.

Waren Sie vor dem Beginn des Referendariats entweder die letzten sechs Monate ununterbrochen oder in den letzten fünf Jahren zwölf Monate Mitglied in einer gesetzlichen Krankenversicherung, so kann eine **freiwillige Versicherung** begründet werden (§ 9 Abs. 1 Nr. 1 SGB V). Auch wenn Sie durch den Beginn des Vorbereitungsdienstes aus der Familienversicherung der Eltern ausscheiden (§ 9 Abs. 1 Nr. 2 SGB V), ist eine freiwillige Versicherung in der gesetzlichen Krankenversicherung unproblematisch möglich.

Bei beiden Alternativen ist die **freiwillige Weiterversicherung** innerhalb von **drei Monaten** nach dem Ausscheiden aus der Pflichtversicherung (Beginn des Vorbereitungsdienstes) zu beantragen (§ 9 Abs. 2 SGB V).

Von den dürftigen Bezügen (nach der Rechtsprechung keine Vollalimentation) während des Referendariats kann niemand leben. Die fixen Kosten übersteigen regelmäßig die kargen **Bezüge**. Eine alleinstehende verbeamtete Rechtsreferendarin erhält derzeit ca. 950 € brutto. Daher wird von Referendarinnen und Referendaren auch an der Krankenversicherung gespart, also die für sie tatsächlich häufig preisgünstigere und wohl auch leistungsfähigere Alternative »**private Krankenversicherung**« gewählt (die Tarife der privaten Versicherer bewegen sich im Normalfall zwischen 30 und 50 € pro Monat, bei der gesetzlichen Versicherung liegt der Tarif dagegen deutlich darüber, bei derzeit ca. 65 € Allerdings profitiert die private Krankenversicherung von der Beihilfe, bei der das Land als Arbeitgeber einen Teil der anfallenden Kosten bei Krankheit übernimmt. Referendare mit besonderen gesundheitlichen Risiken müssen zudem mit entsprechenden Risikozuschlägen an.

Die meisten Kolleginnen und Kollegen sind vor dem Beginn des Referendariats gesetzlich krankenversichert. Viele erwägen wegen der signifikanten Prämienunterschiede einen **Wechsel** in die private Krankenversicherung. Es sprechen sicher gewichtige Gründe wie der Solidargedanke u.ä. gegen einen Wechsel. Dennoch ist ein gewisser Zwang zur Flucht aus der gesetzlichen Versicherung infolge der solchen Belastungen nicht angepassten Bezüge nicht zu verkennen. Trotz Bedenken wechseln daher viele Rechtsreferendarinnen und Rechtsreferendare in die private Krankenversicherung.

Die meisten **privaten Krankenversicherer** bieten für Rechtsreferendarinnen und Rechtsreferendare **Sondertarife** für die Dauer des Vorbereitungsdienstes an. Die private Krankenversicherung ist vor allem für Ledige oder Doppelverdiener und bisher Gesunde sowie u.U. für Brillenträger günstiger.

Nachdem Sie sich einen Überblick über die Konditionen der in Betracht kommenden privaten Anbieter verschafft haben, muss ein Antrag gestellt und damit ein Formular ausgefüllt werden. Darin wird u.a. auch nach **Vorerkrankungen** gefragt; je nach Angaben ergeben sich daraus Modifikationen der regulären Versicherungskonditionen. Die Fragen nach den Vorerkrankungen sind ernst zu nehmen (d.h. ehrlich zu beantworten) und können einen **Leistungsausschluss** oder eine **Prämienerhöhung** zur Folge haben. Daher sollte man sich vorher unter Angabe der Vorerkrankungen ein Angebot machen lassen. Nach einer Entscheidung des OLG Koblenz (Az.: 10 U 586/94) muss ein Versicherungsnehmer allerdings nicht von sich aus **jede** Erkrankung mitteilen. Eine **Offenbarungspflicht** besteht nach der zu einem Lebensversicherungsvertrag ergangenen Entscheidung nur dann, wenn der Versicherte selbst wegen der Erkrankung »mit einem erheblichen Risiko der Lebensverkürzung rechnet«. Im entschiedenen Fall hatte der Versicherte eine Herzerkrankung nicht angegeben, weil er auf den Erfolg einer Therapie vertraute. Die Entscheidung kann auf Krankenversicherungsverträge und Berufsunfähigkeitsversicherungen übertragen werden. Zu berücksichtigen ist aber, dass der Versicherungsnehmer bei diesen andersartigen Risiken darauf vertrauen muss, dass es wegen der Vorerkrankungen insoweit nicht zum Leistungsfall kommen werde. Daraus ergibt sich, dass bei Krankenversicherungen eine Anfechtung wegen arglistiger Täuschung eher möglich sein wird, weil sich das Risiko aus nicht mitgeteilten Vorerkrankungen leichter realisiert als im Falle einer Lebensversicherung. Verhandeln Sie aber in jedem Fall mit der Versicherung, die teilweise happige Zuschläge für akute Erkrankungen in der Vergangenheit verlangt, mit deren – über das normale Risiko hinausgehende – Auftreten kaum noch zu rechnen ist. Es liegt auf der Hand, dass für Grippeerkrankungen in der Vergangenheit, die zum normalen Risiko gehören, ein Zuschlag nicht verlangt werden kann. Für die Versicherungen sind Rechtsreferendarinnen und Rechtsreferendare immer ein Zuschussgeschäft, aber eine später sehr interessante Zielgruppe. Machen Sie daher den Abschluss der Versicherung davon abhängig, dass kein Risikozuschlag fällig wird. Fragen Sie andere Versicherungen, ob die von Ihnen angegebenen Vorerkrankungen zu einem Zuschlag führen. Es wird sich immer eine Versicherung finden, die für 24 Monate auch einmal großzügig bleibt, um in künftig möglicherweise profitablem Kontakt miteinander zu bleiben.

Vorteile privater Versicherungen sind neben den geringeren Kosten bessere Leistungen beim Krankenhausaufenthalt (Zweibettzimmer etc.), bei der Inanspruchnahme von Zahnbehandlungen sowie bei der Kostenerstattung von Sehhilfen (Brille und Kontaktlinsen) und die mögliche Beitragsrückerstattung für den Fall, dass man die Versicherung nicht in Anspruch nimmt. Außerdem sind die Bedingungen für den Auslandsversicherungsschutz günstiger.

Nachteile sind vor allem der Verlust aller Rechte in der gesetzlichen Krankenversicherung (dazu aber unten) mit dem Risiko der Verteuerung der Krankenversicherung bei Alter, Veränderung des Familienstandes, Vergrößerung der Familie etc.

Viele Vorteile sind zudem durch Beihilfeänderungen in den meisten Bundesländern (Festbeträge für Arzneimittel, Rezeptgebühr, Wartefristen bei Zahnersatz) beseitigt oder eingeschränkt worden. Während früher Rechtsreferendarinnen und Rechtsreferendare den Vorbereitungsdienst in Einzelfällen zur Vergoldung der Zähne nutzten, ist diese Möglichkeit durch die Wartefristen praktisch ausgeschlossen.

Die privaten Versicherungen bieten **Zusatztarife** für Heilpraktikerbehandlungen, Brillenträger, Zahnbehandlungen und stationäre Heilbehandlung u.ä. an, die die auch die Beihilfe ergreifenden Einschränkungen bei den vorgenannten Leistungen teilweise wieder aufheben oder den Leistungsumfang insgesamt erweitern. Auch hier lohnt sich ein Vergleich.

Ein weiterer, nicht unerheblicher Vorteil der privaten Krankenversicherung ist, dass Verdienstaufbesserungen durch **Nebentätigkeiten** nicht zu einer Erhöhung der Prämie führen. Bei der gesetzlichen Krankenversicherung dagegen werden die Einkünfte aus Nebentätigkeit in voller Höhe bei der Berechnung des Beitrags berücksichtigt. Im Einzelfall ist allerdings zu prüfen, ob die Nebentätigkeit wegen ihres Umfanges noch unter die Versicherungsfreiheit fällt. Die Versicherungsfreiheit beschränkt sich nämlich nur auf das Beamtenverhältnis. Bei Beamtinnen und Beamten, die außerhalb ihres beamtenrechtlich geregelten Beschäftigungsverhältnisses einer Beschäftigung nachgehen, ist allein nach sozialversicherungsrechtlichen Vorschriften zu entscheiden, ob eine solche Beschäftigung versicherungsfrei ist oder nicht (Scheerbarth/Höffken/Bauschke/Schmidt, Beamtenrecht, § 30 II Nr. 1). Versicherungsfreiheit besteht nur bei **zeitlicher oder entgeltlicher Geringfügigkeit, vgl. § 8** SGB IV). Danach sind Nebenbeschäftigungen im Rahmen von Minijobs beitragsfrei.

Fazit: Es hängt von den individuellen Vorgaben ab, welche Versicherungsform günstiger ist. Wenn Sie sich für eine private Krankenversicherung entscheiden sollten, kündigen Sie die studentische Pflichtversicherung erst zum Ablauf des dem Einstellungstermin vorhergehenden Tages.

Schön wäre, wenn sich die **Normaltarife** (ohne Vorerkrankungszuschlag) der wichtigsten privaten Krankenversicherer gegenüberstellen ließen. Wegen der unterschiedlichen Beihilferegelungen in den einzelnen Bundesländern ist dies aber nicht möglich, da hierzu jeweils eigene Tarife der Krankenversicherer existieren. Schreiben Sie daher die Versicherer vor dem Beginn des Referendariats unter Angabe des Ausbildungslandes an und bitten Sie um Auskunft, wie hoch der normale Tarif liegt. Fragen Sie auch nach, welche Leistungen in den Tarifen enthalten sind, welche Zusatztarife mit welchen Aufschlägen existieren und ob es eine Beitragsrückerstattung bei Leistungsfreiheit bereits in den ersten Jahren gibt. Daneben können Sie sich auch an freie Makler wenden, die Ihnen die Beiträge verschiedener Gesellschaften im Vergleich darstellen können. Erst nach Vorliegen dieser Informationen können Sie die für Sie günstigste Versicherung ermitteln. Verlassen Sie sich dabei nicht auf den Rat einer Kollegin oder eines Kollegen, der vielleicht andere Kriterien anlegt. Hilfreich ist auch die Durchsicht von Testberichten in der Zeitschrift Capital oder den Zeitschriften Test und

Finanztest von der Stiftung Warentest. Diese können in Stadtbibliotheken regelmäßig eingesehen werden. Daneben werden die Zeitschriften der Stiftung Warentest auch bei den Verbraucherberatungsstellen zur Einsicht ausgelegt. Die REFZ enthält einen ausgezeichneten Artikel (»Zu Risiken und Nebenwirkungen«). Das Heft kann gegen einen Unkostenbeitrag in Briefmarken bestellt werden bei: mediaLog Fachverlag Jura, Gabelsbergerstr. 9, 80333 München, http://www.jumag.de .

Nicht ganz uneigennützige Vergleiche zwischen privater Krankenversicherung und gesetzlicher Krankenversicherung finden Sie **im** Internet. Hier können auch Testergebnisse aus Manager-Magazin, Capital und Test abgerufen werden. Anschriften von Anbietern der privaten Krankenversicherungen finden sich im Anhang.

Problematisch wird es dann meistens, wenn das Ende der Referendarzeit naht und sich die oder der eine oder andere mit der Familienplanung beschäftigt. Das Problem ist nämlich, dass nach dem derzeitigen Stand langfristig die gesetzliche Krankenversicherung die günstigere Alternative darstellt, jedenfalls, wenn man Familie und Kinder haben will. Diese sind in der gesetzlichen Krankenversicherung beitragsfrei mitversichert, bei den Privaten müssen für jedes Kind eigene Beiträge gezahlt werden. Private Krankenversicherungen werden zudem mit dem Alter tendenziell und unberechenbar teurer. Die niedrigen Tarife in jungen, krankheits- und kinderlosen Jahren verführen denn auch viele zum nicht mehr reversiblen Wechsel. Diese Praxis ist von Verbraucherverbänden und -zeitschriften (Capital, Test) wiederholt kritisiert worden. Die Gesellschaften bieten daher nunmehr Rentnern verbilligte, aber auch bei den Leistungen entsprechend abgespeckte Tarife an, damit diese die Beiträge überhaupt noch bezahlen können.

Für die meisten, für die sich eine private Versicherung nur während der Referendariats lohnt, gilt daher der Rat: Mit Beginn des Referendariats rein in die private, mit dem Ende des Vorbereitungsdienstes und im Falle der Arbeitslosigkeit im Regelfall raus aus der privaten und rein in die gesetzliche Krankenversicherung.

Nach dem Referendariat gelangt man nämlich wieder in die gesetzliche Krankenkasse, wenn man sich kurzzeitig arbeitslos meldet. Die Arbeitsagentur meldet Arbeitslose dann wieder bei der ursprünglichen gesetzlichen Krankenkasse an. Das neue Kassenwahlrecht erlaubt aber generell die freie Wahl der Krankenkasse. Wenn Sie also mit Ihrer bisherigen gesetzlichen Versicherung unzufrieden waren, nutzen Sie die Gelegenheit des neuen Wahlrechts und suchen Sie sich eine Krankenkasse nach Wahl aus.

Es ist zwar zu hoffen, dass dieser GAU nicht eintritt, der Vollständigkeit halber aber ein Hinweis zur Kürzung der Anwärterbezüge bei Nichtbestehen des Assessorexamens: Die höheren Krankenversicherungsbeiträge in der gesetzlichen Krankenversicherung sind bei der Kürzung nach § 66 BBesG kürzungsmindernd zu berücksichtigen.

3. Berufsunfähigkeitsversicherung?

Literatur

- Risikofall: Berufsunfähigkeit, Z.f.R. Ausgabe Dezember 1993, 20
- Ein Schnäppchen bei viel Sicherheit, REFZ 5/6 1995, 21

Bei der Frage, ob eine Berufsunfähigkeitsversicherung sinnvoll ist, besteht häufig große Unsicherheit unter den Referendarinnen und Referendaren. Eine Absicherung ist nur dann sinnvoll, wenn das Risiko »**Berufsunfähigkeit**« als versicherungswürdig eingeschätzt wird. Sorglosere Naturen denken in jungen Jahren ungern an solche Dinge. Zu Recht wird jedoch darauf hingewiesen, dass Juristinnen und Juristen während ihrer Ausbildung, die 1/4 der Lebensarbeitszeit dauert, praktisch nicht gegen Berufsunfähigkeit versichert sind. Bis zum Referendariat haben Sie bereits sechsstellige Summen in die eigene Ausbildung gesteckt, die im Falle einer Berufsunfähigkeit unwiederbringlich verloren sind.

Wie sieht die Absicherung im Referendariat aus? Wer in ein **öffentlich-rechtliches Ausbildungsverhältnis** eingestellt worden ist, ist zwar grundsätzlich sozialversicherungspflichtig, aber gemäß § 5 Abs. 1 Nr. 1 SGB VI i.V.m. den landesrechtlichen Ausbildungsvorschriften in der gesetzlichen Rentenversicherung versicherungsfrei. Dafür gewährleistet das Land Anwartschaft auf Versorgung bei verminderter Erwerbsunfähigkeit und im Alter sowie auf Hinterbliebenenversorgung. Damit sind die im Angestelltenverhältnis beschäftigten Referendarinnen und Referendare im Hinblick auf Rente und Berufsunfähigkeit nach wie vor wie Beamte geschützt. Das hilft aber nicht wirklich: Bei unfall- oder krankheitsbedingter Dienstunfähigkeit folgt die Entlassung unter Nachversicherung bei der BfA. Da die Wartezeit nach § 43 SGB VI aber im Regelfall nicht erfüllt sein wird, vermittelt die Regelung keinen echten Schutz. Es gilt daher das zum Beamtenverhältnis gesagte auch für Sie. Bei Arbeitsunfällen und Wegeunfällen kommen Sie dagegen in den Genuss der gesetzlichen Unfallversicherung durch die Berufsgenossenschaften und sind hinreichend abgesichert.

Auch der **Beamtenstatus** gewährt eine angemessene Versorgung aber lediglich im Falle einer Berufsunfähigkeit infolge eines **Dienstunfalls**. Nur selten sind aber Fälle von Berufsunfähigkeit auf Dienstunfälle zurückzuführen. Bei **Freizeitunfällen** (z.B. Sport-, Haushalts- und Verkehrsunfällen) und bei Berufsunfähigkeit infolge von **Erkrankungen** (nach Angaben von Versicherungen ca. 90 % aller Invaliditätsfälle) hingegen tritt das Land nicht ein. Vielmehr wird in diesen Fällen das Beamtenverhältnis beendet und damit auch die Zugehörigkeit zur Versorgung. **Freizeitunfallversicherungen** treten auch bei **krankheitsbedingter Invalidität** nicht ein. Auch die nach dem Ausscheiden aus dem Vorbereitungsdienst erfolgende Nachversicherung bei der Bundesversicherungsanstalt für Angestellte führt regelmäßig nicht zu einer angemessenen Absicherung vor den Folgen der Berufsunfähigkeit.

Voraussetzung für eine **Berufsunfähigkeitsrente** aus der gesetzlichen Versicherung ist nämlich, dass vor dem Eintritt der Berufsunfähigkeit (BU) eine **versicherungspflichtige Beschäftigung** ausgeübt wurde und die allgemeine **Wartezeit** von fünf

Jahren erfüllt ist, § 43 SGB VI. In der Regel wird bereits die fünfjährige Wartezeit nicht erfüllt sein. Aber auch bei Erfüllung der Wartezeit erhält man keine angemessene Rente, weil von dem »**bisherigen Beruf**« auszugehen ist. Der Ausbildungsstatus im Referendariat vermittelt ebenso wie das erste Staatsexamen keinen »bisherigen Beruf«.

Wer deswegen meint, sich gegen Berufsunfähigkeit auf jeden Fall versichern zu müssen (z.B. jene, die früher oder später das Familieneinkommen sicherstellen bzw. sicherstellen sollen), kann unter mehreren Alternativen wählen. Berufsunfähigkeitsversicherungen werden alleine, in Verbindung mit einer **Risikolebensversicherung** und in Verbindung mit einer **Kapitallebensversicherung** d.h. mit Berufsunfähigkeitszusatzversicherung angeboten. Die Vielfalt der Angebote und die unterschiedlichen Leistungen sind unüberschaubar. Für Rechtsreferendarinnen und Rechtsreferendare kommt während der Ausbildung regelmäßig der Abschluss einer Kapitallebensversicherung wegen der hohen Kosten nicht in Betracht. Eine Kapitallebensversicherung ist auch gar nicht erforderlich.

Bei der **selbstständigen Berufsunfähigkeitsversicherung** wird wie bei der mit einer Risikolebensversicherung kombinierten **Berufsunfähigkeitszusatzversicherung** im Versicherungsfall (der hoffentlich nie eintreten möge) eine feste Rente gezahlt. Die Höhe hängt natürlich von der Höhe der gezahlten Beiträge ab. In der Regel ist eine selbstständige **Berufsunfähigkeitsversicherung** teurer, da die Versicherungen auf Grund eigener Statistiken davon ausgehen, dass die selbstständige Berufsunfähigkeitsversicherung häufiger in Anspruch genommen wird als die Berufsunfähigkeitszusatzversicherung. Aus diesem Grunde können bei einer selbstständigen Berufsunfähigkeitsversicherung die Prämien je nach Schadensentwicklung angepasst werden, während sie bei der Kombination mit einer Risikolebensversicherung unabänderlich vereinbart werden.

Daneben sichert die **Risikolebensversicherung** (bei einem Vertragsabschluss in jungen Jahren) für recht geringe Beiträge zusätzlich den Todesfall ab, was für unterhaltspflichtige und über das eigene Dasein hinaus verantwortungsbewusste Kolleginnen und Kollegen von Bedeutung sein kann. Der Abschluss einer **Risikolebensversicherung** kommt nur nach einer **Gesundheitsprüfung** in Betracht. Die Versicherungen erwarten dabei, dass alle für das versicherte Risiko relevanten Erkrankungen angegeben werden. Im Prinzip ist dies wie bei der privaten Krankenversicherung. Geben Sie ehrlich auf alle Fragen Auskunft, auch wenn es albern erscheint, die Grippeerkrankungen der letzten Jahre aufzuführen. Sie sind nach der zum Thema »Krankenversicherung« zitierten Entscheidung des OLG Koblenz allerdings nicht zur Angabe jeder **Vorerkrankung** verpflichtet. Ratsam ist eine Angabe aber dann, wenn die Vorerkrankung zu einer spezifischen Erhöhung der Wahrscheinlichkeit eines Eintritts des Leistungsfalles führt. Dies wird man bei Grippeerkrankungen wohl verneinen dürfen.

Die Entscheidung für die **kostengünstigere Risikolebensversicherung** ist nicht endgültig: Die Risikolebensversicherung kann ohne erneute Gesundheitsprüfung innerhalb von zehn Jahren in eine **Kapitallebensversicherung** umgewandelt werden. Deswegen kann es sogar günstiger sein, in jungen Jahren die geringen Beiträge einer Risikolebensversicherung zu zahlen, weil die Tarife für die Kapitallebensversicherung bei höherem Alter im Zeitpunkt des Vertragsschlusses entsprechend steigen.

Egal, wofür man sich entscheidet, es lohnt sich auf jeden Fall, die Angebote der anwaltlichen Standesversicherung (Deutsche Anwalts- und Notarversicherung – DANV), der Selbsthilfeeinrichtungen des öffentlichen Dienstes oder der speziellen Beamten- oder Akademikerversicherungen einzuholen, da diese auf Grund der Zusammensetzung der Versicherten und/oder des B-Tarifes gute Leistungen bzw. ein günstigeres Preis-Leistungs-Verhältnis bieten. Für Rechtsreferendarinnen und Rechtsreferendare bietet die Hamburg-Mannheimer Versicherungs-AG spezielle Einsteigerkonditionen mit reduzierten Beiträgen in der Beamten- und Akademikerversicherung an. Die darin während des Referendariats angesparten Beiträge können später ohne Verlust in die anwaltliche Standesversicherung mitgenommen werden. Von beiden Versicherern werden sowohl Berufsunfähigkeitsversicherungen mit und ohne zusätzliche Altersversorgung angeboten. Sie sollten aber kritisch prüfen, ob Sie bereits Modelle mit Ansparungen benötigen bzw. die natürlich höheren Beiträge bezahlen können und wollen. Davon ist grundsätzlich abzuraten, zumal die Renditen der Lebensversicherer seit Jahren auf wackeligen Beinen stehen.

Generell gilt auch: Versicherungen streben nach Beiträgen, nicht nach der Zahlung von Versicherungsleistungen. Daher empfiehlt sich ein Studium der Versicherungsbedingungen, insbesondere daraufhin, wann die Versicherungen Versicherte auf andere Tätigkeiten verweisen können, um ihrer **Eintrittspflicht** zu entgehen. Während die normalen Versicherungen eine so genannte **Verweisklausel** in ihre Vertragsbedingungen aufgenommen haben (§ 2 BB-BUZ) und damit Versicherte im Leistungsfall auf jede andere Tätigkeit verweisen können, die »auf Grund der Ausbildung und Erfahrung ausgeübt werden kann und der bisherigen Lebensstellung entspricht«, gilt bei der Standesversicherung eine **Nichtverweisbarkeitsklausel**. Diese besagt, dass im Leistungsfalle nur auf die Fähigkeit zur Ausübung des bei Abschluss der Versicherung maßgeblichen Berufs abzustellen ist, bei noch nicht abgeschlossener Ausbildung gilt der angestrebte Beruf als maßgeblicher Beruf. Dies bedeutet im Klartext: Rechtsreferendarinnen und Rechtsreferendare, die ihrer juristischen Tätigkeit (z.B. wegen Sprach- oder Gedächtnisverlust oder extremen psychischen Störungen) nicht mehr nachgehen können, können nicht auf nichtjuristische Möglichkeiten einer Weiterbeschäftigung verwiesen werden. Maßgeblich ist die angestrebte Tätigkeit als Volljuristin bzw. Volljurist. Bei der normalen Berufsunfähigkeitsversicherung werden dagegen Einkommenseinbußen von bis zu 30 % als zumutbar angesehen. Bei der Standesversicherung bleiben im Leistungsfall anderweitig erzielte Einnahmen unberücksichtigt, während dies bei der normalen Berufsunfähigkeitsversicherung zum Leistungsausschluss führen kann. Weitere Vorzüge der Standesversicherung lassen sich in den oben angegebenen Aufsätzen nachlesen. Schriftliche Informationen können bei der DANV angefordert werden (Adresse im Anschriftenteil).

Außerdem sind Referendare eine potenziell interessante Zielgruppe, weil Juristinnen und Juristen nach Erhebungen des Instituts der Deutschen Wirtschaft aus Köln zu den Spitzenverdienerinnen und Spitzenverdienern noch vor den Medizinerinnen und Medizinern gehören. Trotz dieser guten Aussichten sollte man aber auf dem Boden bleiben und einen günstigen Tarif wählen und während des Referendariats nur das Mindestmaß an Lebensunterhalt absichern. Für eine monatliche Berufsunfähigkeitsrente von je 500 € muss man mit Beiträgen zwischen 20 und 30 € monatlich rechnen. Ein Qualitätskriterium für den Abschluss einer Versicherung mit langer Bindung ist sicherlich neben den Tarifen eine gute Beratung. Vergleichen Sie auch insoweit und schließen Sie nicht das erstbeste Angebot ab.

4. Sonstige Versicherungen

Die Deutschen sind die Weltmeister bei der Zahl der abgeschlossenen Versicherungen. Die Nation sichert sich gerne gegen jegliches Lebensrisiko ab. Welche Versicherungen braucht man nun unbedingt während des Referendariats? Unerlässlich sind wohl Hausrat- und Privathaftpflichtversicherung. Hier spart man auch am falschen Ende, wenn diese Felder unversichert bleiben. Als Student ist man regelmäßig in der Haftpflichtversicherung der Eltern mitversichert. Mit der Einstellung in den Vorbereitungsdienst entfällt diese Mitversicherung. Beide Versicherungen sind bereits für wenig Geld zu haben. Ein unversicherter Schaden kann demgegenüber eine verheißungsvolle Karriere durch erhebliche finanzielle Belastungen beeinträchtigen.

Man sollte wissen, dass auch Partner nichtehelicher Lebensgemeinschaften wie Familienangehörige in bestimmte Versicherungen einbezogen werden können. Es reicht daher, wenn ein Partner rechtsschutzversichert ist oder den gemeinsamen Hausrat versichert hat. Eine Einbeziehung des Lebenspartners setzt allerdings eine entsprechende Benachrichtigung der Versicherungsgesellschaft voraus. Da man gegen Dienstunfälle durch das Land abgesichert ist, kommt je nach individuellem Schutzbedürfnis oder Risikobereitschaft im Privatleben (Freeclimberinnen und Freeclimber, Drachenfliegerinnen und -flieger, Motorradfahrerinnen und -fahrer) eine Absicherung gegen Freizeitunfälle in Betracht. Holen Sie sich auf jeden Fall Angebote von Versicherungsgesellschaften mit Sondertarifen für Angehörige des öffentlichen Dienstes ein. Leistungsvergleiche finden sich regelmäßig in Verbraucherzeitschriften wie Test (Stiftung Warentest), Finanztest (Stiftung Warentest) und Capital.

5. Spezielle Vergünstigungen für Angehörige des öffentlichen Dienstes

Für viele Bereiche bieten Selbsthilfeeinrichtungen der Beschäftigten des öffentlichen Dienstes Sonderkonditionen, mit denen der übliche Markt kaum mithalten kann. Ihre Berechtigung (Status als Angehörige des öffentlichen Dienstes) weisen Sie durch eine entsprechende Bescheinigung nach, die Sie sich bei Ihrer Referendarsgeschäftsstelle besorgen. Allerdings unterbieten die meisten Versicherer diese Tarife sogar bei geschicktem Verhandeln. Gerade in der KfZ-Versicherung gibt es für alles mögliche inzwischen Rabatte, vor allem aber für hartnäckige Hinweise, dass ein anderer Versicherer deutlich günstiger ist.

a) Bankkonten

Während des Studiums wurde das Girokonto regelmäßig kostenlos von der Hausbank geführt. Mit Eintritt in das Referendariat verlangen die meisten Banken die üblichen Kontoführungsgebühren. Dabei können je nach Bedingungen und Nutzung Kontoführungsgebühren in Höhe von 5 € und mehr anfallen. Günstigere Konditionen bieten berufsständische Genossenschaftsbanken für Angehörige des öffentlichen Dienstes, zu denen Sie nun zählen. Diese führen die Konten gegen Zeichnung eines Anteils kostenlos oder zumindest zu deutlich günstigeren Konditionen als der Markt. Als erste Adresse kommt hier die mit zahlreichen Niederlassungen (e.G.) in größeren Städten vertretene SPARDA-Bank in Betracht, daneben die Beamtenbanken der einzelnen Bundesländer. Nähere Informationen zu den Sparda-Banken erhalten Sie unter http://www.sparda.de/, die einzelnen Filialen finden Sie im Internet unter http://www.sparda.de/indeutschland.html. Aber auch die bekannten Internetbanken führen Konten inzwischen kostenlos oder zahlen sogar dafür wie die comdirectbank. Erkundigen Sie sich bei ihrer Interessenvertretung (Referendarverein, Personalrat) nach weiteren Informationen und Tipps. Eine weitere Möglichkeit besteht darin, mit der eigenen Hausbank eine Verlängerung des »Ausbildungstarifs« auszuhandeln.

b) Einkaufsgenossenschaften

In Mode gekommen sind Einkaufsgenossenschaften, die mit kräftigen Rabatten bei ausgewählten Anbietern in allen möglichen Segmenten des Konsumsektors (Auto, Haushaltsgeräte, TV, Hifi, Möbel, Reisen, Dienstleistungen etc.) um Mitglieder werben. Gewarnt sei an dieser Stelle vor Genossenschaften aus zweifelhaften Kreisen der Finanzwirtschaft, die zeitweilig die Vermögensanlage nach dem Vermögensbildungsgesetz mit **Mitgliedschaften in Einkaufsgenossenschaften** kombiniert haben. Diese Einrichtungen dienen vor allem dazu, die »Finanzhaie« durch saftige Tantiemen aus den Genossenschaftsgremien und Provisionen bei Einkäufen zu versorgen.

Seriöse Anbieter sind die berufsständischen Selbsthilfeeinrichtungen des öffentlichen Dienstes wie das Beamtenselbsthilfewerk (Mainstr. 5 in 95444 Bayreuth, Telefon 01805 – 2 79 25 82 0, Telefax (09 21) 8 02-300, http://www.bsw.de). Gegen einen niedrigen Jahresbeitrag werden den Mitgliedern Rabatte bei Einkäufen bzw. eine Gewinnausschüttung geboten. Bei Pkw-Kaufverträgen bewegen sich die Rabatte über 10 %. Solche Rabatte sind bei Autokäufen jedoch auch teilweise nach Marktlage durch zielgerichtetes Verhandeln mit den Verkaufsniederlassungen der Autofirmen zu erzielen.

Lassen Sie sich den **Einkaufsführer** kommen und prüfen Sie selbst, ob für den Konsumbedarf während des Vorbereitungsdienstes (die Bezüge sind beschränkt!) angesichts der konkreten Rabatte eine Mitgliedschaft lohnt.

c) Versicherungen

Spezielle Versicherer für den öffentlichen Dienst bieten teilweise konkurrenzlose Bedingungen für den Versicherungsbedarf der Rechtsreferendarinnen und Rechtsreferendare. Die **niedrigen Tarife** hängen einerseits mit der ehrenamtlichen Vertriebsstruktur und der kleinen Verwaltung, andererseits aber wohl auch mit geringeren versicherten Risiken zusammen (fahren Angehörige des öffentlichen Dienstes sicherer?). Mit Verhandlungsgeschick ist aber noch mehr durch Hinweise auf Vergleichsangebote anderer Versicherer herauszuholen; das gilt jedenfalls für die Versicherung des PKW. Günstigere Bedingungen bieten dabei nicht nur die Kfz-Versicherer, die einen speziellen »B-Tarif« anbieten. Auch bei Haftpflicht, Hausrat und Unfallversicherung gibt es Spezialangebote bzw. Versicherungen nur für Angehörige des öffentlichen Dienstes. Beispielhaft seien hier einige Versicherer und Selbsthilfeeinrichtungen aufgeführt, die Sonderbedingungen für den öffentlichen Dienst und damit auch für Rechtsreferendarinnen und Rechtsreferendare anbieten:

VPV Versicherungen
Mittlerer Pfad 19
70499 Stuttgart
Telefon: 0 18 03/45 55 34* (*0,09 €/Min.)
Telefax: 0 18 03/45 55 34 99* (*0,09 €/Min.)
http://www.vhv.de

Debeka
56073 Koblenz
Telefon (02 61) 4 98-0
Telefax (02 61) 4 98-15 31
http://www.debeka.de

DEVK
Riehler Str. 190
50735 Köln
Telefon (02 21) 7 57-0
Telefax (02 21) 7 57-22 00
http://www.devk.de

HUK-Coburg
Bahnhofsplatz
96444 Coburg
Telefon (0 95 61) 96-0
Telefax (0 96 51) 96 36 36
http://www.huk.de

Holen Sie daher für Ihren gesamten bisherigen oder zukünftigen Versicherungsbedarf Angebote aller Anbieter ein und vergleichen Sie. Prüfen Sie auch, ob sich ein Ausstieg aus Ihren bisherigen Versicherungen für die Dauer des Vorbereitungsdienstes (ca. 25 Monate) lohnt. Schließlich müssen die anderen Verträge gekündigt werden. Dieser Vorschlag mag vielleicht lästig erscheinen, wirkt sich aber auf Ihren Geldbeutel aus. Bei der Prüfung ist zu berücksichtigen, ob Sie auch nach dem Referendariat eine Tätigkeit im öffentlichen Dienst anstreben. In diesem Fall lohnt sich der Ausstieg immer.

6. Wohngeld

§§ Wohngeldgesetz – WoGG (Sartorius I Nr. 385) und Wohngeldverordnung – WoGV (Sartorius I Nr. 386)

Internet
- Broschüre des Bundes: http://www.bmvbw.de/Anlage19934/Wohngeld-2004-Ratschlaege-und-Hinweise.pdf
- Aktuelles: http.//www.rechtsreferendariat.de

Wenn Sie ledig sind und einer lukrativen Nebenbeschäftigung nachgehen, können Sie dieses Stichwort getrost überlesen, denn dann haben Sie dann kaum Aussicht auf Zahlung von **Wohngeld**. Die meisten Referendare dürften allerdings nach der Umstellung auf Unterhaltsbeihilfe anspruchsberechtigt sein. Verheiratete Rechtsreferendarinnen und Rechtsreferendare mit einem nicht oder nur geringfügig hinzuverdienenden Ehepartner jedoch sollten in jedem Fall prüfen, ob ein Anspruch besteht, und gegebenenfalls einen entsprechenden **Antrag** stellen. Dieser Ratschlag gilt erst recht für den Fall, dass während des Referendariats Kinder zu versorgen sind. Das Wohngeld mindert die Miete um ca. 25 %.

Wohngeld wird nur auf entsprechenden **Antrag** und zunächst für die Dauer eines Jahres gezahlt. Für eine erfolgreiche Beantragung gilt auch hier, dass darauf zu achten ist, dass alle möglichen **Freibeträge** und **Abzugsposten** berücksichtigt werden. Auskünfte zur Anspruchsberechtigung erteilen die örtlichen Wohngeldämter, die auch zur Hilfe bei der Antragstellung verpflichtet sind. Wohngeld wird im Voraus gezahlt, jedoch nicht rückwirkend, sondern erst ab dem Monat der Antragstellung. In der Regel dauert die Bearbeitung allerdings mehrere Monate, so dass paradoxerweise die Miete verauslagt werden muss, obwohl das später ausgezahlte Wohngeld nur für die Miete verwendet werden darf. Stellen Sie sich also auf eine gewisse Wartezeit ein, bis die erste Wohngeldzahlung überwiesen wird. Lassen Sie sich auch nicht von den üblichen Anforderungen der Beibringung jeder nur erdenklichen **Nachweise** abschrecken. Eine gewisse Erschwerung bei der Antragstellung darf man ruhig als systematisch ansehen, auch wenn nicht alle Wohngeldämter über einen Kamm geschoren werden sollen. Wer in Sozialämtern und ähnlichen Einrichtung seine Verwaltungsstation ableistet, weiß aber, dass dort in vielen Fällen »informelle Anweisungen« zur Eindämmung der Inanspruchnahme der Sozialleistungen bestehen. Eine gewisse Hartnäckigkeit und Aufmüpfigkeit bei nicht nachvollziehbaren Verlangen durch das Wohngeldamt stört daher den Verwaltungsbetrieb nicht, sondern ist oberste Bürgerpflicht. Die arme Oma mit der kleinen Rente bringt diese Hartnäckigkeit und Kraft leider meist nicht auf.

Der Anspruch auf Wohngeld hängt von der Zahl der im Haushalt lebenden Familienmitglieder, der Höhe des Familieneinkommens und der zu berücksichtigenden Miete ab (Tabellen in Anlage 3 – 7 des Wohngeldgesetzes).

Aktuelle Tabellen finden Sie im Internet unter den oben genannten URL. Einen interaktiven Wohngeldrechner finden Sie auf den Seiten von http://www.rechtsreferendariat.de oder bei Biallo (http://www.biallo.de/finserv/rechnerinframe/Soziales/Wohngeldrechner.php)

Zum **Jahreseinkommen** zählen Einkommen aus Erwerbstätigkeit einschließlich der Sonderzuwendungen, Weihnachts- und Urlaubsgeld. Mutterschafts- und Erziehungsgeld werden nicht dazugerechnet.

Neben den Pauschalen, die von den Familieneinkommen abgezogen werden, sind Werbungskosten, vermögenswirksame Leistungen und **Freibeträge** für bestimmte Personengruppen abzuziehen. Daneben werden Unterhaltsleistungen abgezogen. Machen Sie, was Sie gelernt haben, und schlagen Sie das Wohngeldgesetz auf! Oder besorgen Sie sich die kostenlose Broschüre der Bundesregierung im Internet.

Folgende Unterlagen müssen Sie bei der Wohngeldstelle vorlegen:

- Antrag auf Wohngeld
- Bescheinigung des Vermieters (Angaben zum Baujahr des Hauses und zur Wohnungsgröße)
- Verdienstbescheinigung
- Bescheide der Bundesagentur für Arbeit oder der ARGE
- Schulbescheinigung bei Kindern über 16 Jahren
- Rentenbescheid
- BAB- oder BaföG-Bescheid
- Nachweis über Unterhalt
- Nachweise über Kapitalerträge (Kopie Kontoauszüge, Sparbücher o.ä.)
- Schwerbehindertenausweis
- Bescheid über Pflegegeld

II. Organisatorische Vorbereitungen

1. Wie kann ich die Wartezeit nutzen?

In den einzelnen Bundesländern bestehen je nach individuellen Merkmalen (Note erstes Staatsexamen, Erfüllung von Härtefallkriterien, Wehr- oder Ersatzdienstzeiten etc.) unterschiedlich lange Wartezeiten. Diese Zeit sollten Sie nicht ungenutzt verstreichen lassen. Sinnvoll ausgefüllt, kann die Wartezeit sogar einen Vorteil gegenüber einem unvorbereiteten Hineinstolpern in den Vorbereitungsdienst darstellen. Im Folgenden werden einige Hinwiese gegeben, wie Sie die Zeit zu Ihrem Vorteil nutzen können.

a) Befristete Tätigkeiten im öffentlichen Dienst

Bundes- und Landesbehörden mit akutem Handlungsbedarf nehmen gerne die befristeten Dienste von »geprüften Rechtskandidatinnen und -kandidaten« in Anspruch. Die **Vergütung** richtet sich nach BAT und liegt in der Regel irgendwo zwischen Vergütungsgruppe BAT V b bis maximal BAT II a für einen wissenschaftlichen Mitarbeiter. Verbreiteter sind aber die Jobs im Bereich Vergütungsgruppe BAT V b bis IV a. Die vorübergehende Tätigkeit im öffentlichen Dienst während der Wartezeit oder auch darüber hinaus hat gewisse Vorteile, weil bei bestimmten Leistungen während des Referendariats **Beschäftigungszeiten** bei anderen öffentlichen Arbeitgebern anerkannt werden. Dadurch können sich Erhöhungen des Urlaubsgeldes und der Sonderzuwendung ergeben.

Außerdem kann die befristete Tätigkeit im Rahmen einer Wartezeit für die Zeit nach dem Referendariat zu einem Anspruch auf Zahlung von **Arbeitslosengeld** führen (dazu mehr unter dem Kapitel »Der vorübergehende Bezug von Leistungen der Bundesagentur für Arbeit« ab Seite 271). Diese Überlegungen müssen daher frühzeitig angestellt werden, um die gewünschten Effekte zu erzielen.

Die Arbeitgeber, die für solche befristeten Tätigkeiten in Betracht kommen, sind regional verschieden. Genannt seien hier nur das Bundesamt für Zivildienst und das Bundesverwaltungsamt in Köln. Daneben sollten bei Promotionsvorhaben auch die Universitäten als Arbeitgeber (wissenschaftliche Mitarbeiterinnen und Mitarbeiter o.ä.) in Betracht gezogen werden. Auch diese Tätigkeiten können die oben genannten erfreulichen Nebenwirkungen erzielen (»Fragen Sie Ihren Arzt oder diesen Ratgeber«).

Ein weiterer Nebeneffekt dieser Tätigkeit sind die sozialrechtlichen Folgen in der **Rentenversicherung**, da die hier angesprochenen sozialversicherungspflichtigen Beschäftigungen angerechnet werden. Ein weiterer nicht zu unterschätzender Aspekt ist die Tatsache, dass öffentliche Arbeitgeber ebenso wie im Übrigen auch private Arbeitgeber bei der **Bewerbung** nach dem Assessorexamen gerne auf Juristinnen und Juristen mit Erfahrung im öffentlichen Dienst zurückgreifen. Möglicherweise kommt sogar eine Bewerbung bei der Behörde in Betracht, bei der man zuvor befristet beschäftigt war. Die persönlichen Kontakte aus der Zeit einer befristeten Tätigkeit können daneben genutzt werden, um Insiderinformationen zu erhalten (Wann werden wo welche Stellen frei? Kommt angesichts erwarteten spontanen Einstellungsbedarfs auch eine Initiativbewerbung in Frage? usw.). Wer ohnehin nach dem Referendariat im öffentlichen Dienst arbeiten will, ist daher nicht schlecht beraten, während der Wartezeit eine befristete Tätigkeit anzunehmen. Die Zeit wird bei vielen tariflichen Leistungen des öffentlichen Dienstes voll angerechnet. Sie stellt also keinen Verlust dar. Andererseits kann durch die Vergütung ein Reservepolster für das Referendariat angelegt werden, um kostspielige Auslandsaufenthalte oder Fachanwaltslehrgänge u.ä. während des Referendariats zu finanzieren. Auch die Bewerbungsphase kann auf diesem Wege bei Beachtung der Regelungen des SGB III (siehe dazu das Kapitel »Der vorübergehende Bezug von Leistungen der Bundesagentur für Arbeit«, ab Seite

271 ff.) komfortabler abgepolstert werden als bei unmittelbarem Einstieg in das Referendariat nach dem ersten Staatsexamen.

b) Promotion

Eine **Promotion** kann neben einer befristeten Tätigkeit (s.o. oder als wissenschaftliche Mitarbeiterin bzw. wissenschaftlicher Mitarbeiter) begonnen oder als Vollzeitbetätigung im Rahmen einer Wartezeit oder freiwilligen »Verschnaufpause« vor Beginn des Vorbereitungsdienstes in Angriff genommen werden. Wenngleich die Sinnhaftigkeit der Anfertigung einer solchen Arbeit in letzter Zeit immer wieder diskutiert worden ist und eine Promotion auch sehr hohe Anforderungen an den Doktoranden stellt, ist sie doch für wissenschaftlich interessierte Juristen und Juristinnen eine gute Möglichkeit, sich Bonuspunkte für eine spätere Einstellung etwa bei Großkanzleien oder in Unternehmen zu erarbeiten. Das Für und Wider einen solchen Arbeit muss aber in jedem Fall individuell gegeneinander abgewogen werden. Denn immerhin ist es eine Entscheidung für einen langen Zeitraum, in dem hohes persönliches Engagement erwartet werden und häufig große psychische Belastungen entstehen. Ob Sie eine Promotion auch während des Referendariats schaffen können, ist eine individuell zu prüfende und beantwortende Frage. Allgemeingültige Empfehlungen sollten Sie unter Berücksichtigung Ihrer Erfahrungen und Situation kritisch hinterfragen.

Auch die Finanzierung einer Promotion muss gesichert sein. Auf die klaren Vorzüge einer befristeten Tätigkeit vor dem Vorbereitungsdienst wurde bereits hingewiesen; daneben können lukrative **Stipendien** beantragt werden. Eine Sammlung großzügiger Einrichtungen in der Bundesrepublik findet sich im Internet jeweils unter den Adressen http://www.studentenwerk.de (unter dem Menüpunkt Studienfinanzierung), http://www.bmbf.de (Förderung) und http://www.daad.de (Stipendiendatenbank).

Es existieren Stipendien, die Promovenden mit entsprechend passenden Themen mit über 1000 € monatlich fördern.

Gerüchteweise wird immer wieder vernommen, dass Rechtsreferendarinnen und Rechtsreferendare mit einem Doktortitel bei »neidischen« Ausbilderinnen und Ausbildern Probleme bekommen könnten oder in der Prüfung Nachteile haben könnten. Solche Gerüchte gehören in die Kategorie der Legenden wie »Die Spinne in der Yuccapalme« und beleben das Referendariat mit einem Wahrheitsgehalt, der dem Eiweißanteil im Mineralwasser entspricht.

c) Sprachkurse/Auslandsaufenthalte

Jetzt ist auch die Zeit günstig, das in Vergessenheit geratene Schulenglisch oder -französisch wieder aufzufrischen. Dies kann entweder durch Ganztageskurse geschehen, was vor allem dann Sinn macht, wenn eine Beschäftigung im Ausland oder der EG angestrebt wird, oder in Abendkursen, die auch neben einer befristeten Beschäftigung besucht werden können. Es kann nicht oft genug wiederholt werden, dass die deutschen Juristinnen und Juristen verhältnismäßig schlecht auf die zukünftige Bedeutung des Europäischen und Pazifischen Wirtschaftsraums für die Wirtschaft und Anwaltschaft Deutschlands vorbereitet werden. Deshalb wurde durch die Reform der Juristenausbildung auch die sprachliche Fortbildung zum obligatorischen Ausbildungsinhalt erhoben. Bei denjenigen, die noch nicht diesem Zwang unterlagen, ist nun Eigeninitiative angezeigt. Zukünftig werden insbesondere Anwältinnen und Anwälte Vorteile haben, die sich international gut verständigen können und entsprechende Kontakte haben oder anknüpfen können. Auslandserfahrung verbessert zudem die Einstellungschancen (JuS 1997, XXI). Dabei spielt – wegen der Bedeutung persönlicher Kontakte für Geschäftsbeziehungen – die eigene sprachliche **Ausdrucksfähigkeit in Fremdsprachen** eine erhebliche Rolle. Angeboten werden Kurse von den Sprachinstituten der jeweiligen Landesvertretungen (z.B. Institut Français) oder den in vielen Großstädten vorhandenen Kulturinstituten der Länder sowie von privaten Anbietern (Helliwell, Berlitz u.a.). Vorteilhaft ist der Abschluss anerkannter Diplome (Abschluss der Universität Sorbonne am Institut Français), da dadurch die häufig behaupteten außergewöhnlichen **Fremdsprachenkenntnisse** »unter Beweis« gestellt werden können (dass die Beweisbarkeit ausschlaggebend ist, lernen Sie in der Anwaltsstation). Preisgünstige Möglichkeiten bieten häufig auch die Universitäten an den jeweiligen sprachwissenschaftlichen Fakultäten. Erkundigen Sie sich dort nach offenen Kursen, die sich an nicht an der Hochschule eingeschriebene Interessenten richten. Nötigenfalls ist auch eine Einschreibung überlegenswert.

Besonders geeignet zum Erlernen von Fremdsprachen ist auch die in den letzten Jahren immer häufiger gewählte Alternative eines Ergänzungsstudiums an einer ausländischen Universität (etwa im Rahmen des sog. LL.M-Programms). Letzteres hat den Vorteil, dass neben dem Ausbau der Sprachkenntnisse auch Kenntnisse aus fremden Rechtssystemen vermittelt werden. Bedenkt man etwa die Bedeutung des amerikanischen Rechts für den Internationalen Geschäftsverkehr, kann dies ein nicht zu unterschätzender Vorteil gegenüber anderen Bewerbern bei der späteren Stellensuche sein. Allerdings ist auch bezüglich solcher Auslandsprogramme nicht ausnahmslos positive Resonanz zu verzeichnen und die Kosten sind in der Regel verhältnismäßig hoch. Auch hier ist daher das Für und Wider ganz individuell gegeneinander abzuwägen. Zur persönlichen Entscheidungsfindung zu empfehlen sind die Artikel von Poppelbaum und Rader im JURAcon-Jahrbuch 2002/2003. Dort findet man auch viele weitere nützliche Adressen.

Der Phantasie sind keine Grenzen gesetzt. Denkbar ist auch die Überbrückung einer Wartezeit durch **Praktika** oder **Berufstätigkeiten** im Ausland. Damit lassen sich zwei Fliegen mit einer Klappe schlagen (sprachliche Qualifikation und Erwerb des Lebensunterhalts). Informieren Sie sich bei der Bundesagentur für Arbeit (Zentralstelle s.u.), beim Deutschen Akademischen Austauschdienst (DAAD) oder auch bei ELSA über entsprechende Möglichkeiten.

Die **EU-Kommission**, das Europäische Parlament und weitere Einrichtungen der EU bieten mehrmonatige Praktika für Hochschulabsolventen an. Dadurch, dass diese bei verschiedenen Sekretariaten und Einrichtungen angeboten werden, kann auch eine Übereinstimmung mit dem Schwerpunktgebiet/Wahlfach hergestellt werden. Das Praktikum beginnt regelmäßig im März und im Oktober. Das Auswahlverfahren ist hart, aber trainierbar. Bewerbungsunterlagen sind erhältlich bei den Einrichtungen selbst. Auskünfte über Praktikantenstellen erhält man unter folgenden Adresse: http://www.europa.eu.int/epso/working/training_de.htm.

Weitere Informationen, Bewerbungsunterlagen und Adressen findet man unter der Internetadresse http://www.europarl.eu.int/stages/default_de.htm. Darüber hinaus findet man im Internet auch einen interaktiven Test für die Auswahlverfahren der Kommission: http://www.europa.eu.int/epso/competitions/test_interactif_de.cfm.

Anschriften:

EG-Kommission
Praktikantenbüro
Rue de la Loi 2000
B-1049 Brüssel
Telefon (0 03 22) 2 99 23 39
http://www.europa.eu.int/comm/stages/index_de.htm

Robert-Schuman-Institut
Adenauerallee 35
53113 Bonn
Telefon (02 28) 3 91 86-0
Telefax (02 28) 2 61 87 81
http://www.rsib.uni-bonn.de

Europäische Gemeinschaften –
Kommission
Vertretung in der Bundesrepublik
Deutschland
Unter den Linden 78
10117 Berlin
Telefon: (030) 22 80-20 00
http://www.eu-kommission.de

Institut Français
Sekretariat Dir.
Schillerstr. 11
55116 Mainz
Telefon: (0 61 31) 2 82 29-0
Telefax: (0 61 31) 2 82 29-23
http://www.kultur-frankreich.de/instituts/index.php?institut=Mainz

Deutscher Akademische
Austauschdienst e.V.
Kennedyallee 50
53175 Bonn
Telefon (02 28) 8 82-0
http://www.daad.de

Zentralstelle für Arbeitsvermittlung
53107 Bonn
Telefon: (02 28) 7 13-0
Fax: (02 28) 7 13-2 70-11 11
E-Mail: Bonn-ZAV@arbeitsagentur.de
http://www.arbeitsagentur.de

Möglichkeiten einer sinnvollen Nutzung der Wartezeit sind auch dem Aufsatz von Müller in der JuS 1992, 803 zu entnehmen.

Weitere Tipps für Auslandspraktika mit Literaturhinweisen und Adressen finden Sie in der Liste nützlicher Internetlinks ab Seite 158.

2. Juristische Vorbereitung auf das Referendariat

Der Ablauf der ersten Ausbildungsmonate ist aus den landesrechtlichen Vorschriften zur Juristenausbildung ersichtlich.

Eine sinnvolle Vorbereitung kann daher darin bestehen, sich in der Wartezeit bereits bei einem Anwalt zu bewerben und schon einmal etwas Praxiserfahrung zu sammeln. Die Anwaltsschaft ist gegenüber Eigeninitiative meist aufgeschlossen und daran interessiert, den eigenen Nachwuchs möglichst frühzeitig kennenzulernen.

Sie können sich auch einführende Literatur zu den ersten Stationen beschaffen und anschließend im **Selbststudium** und/oder im Rahmen einer privaten Arbeitsgemeinschaft diesen Stoff schon einmal erlernen. Hierzu ist bereits der Kauf der üblichen Anleitungsbücher zu empfehlen (z.B. Anders/Gehle, Das Assessorexamen im Zivilrecht o.ä.). Notwendig ist eine solche Vorbereitung des Referendariats sicher nicht. Machen Sie sich aber keine Illusionen darüber, dass Sie während der Ausbildung in Arbeitsgemeinschaften und Stationen wirklich alles lernen, was auch in der Prüfung auf Sie zukommt. Der **Eigenanteil der Prüfungsvorbereitung** ist sehr hoch. Deswegen kann eine frühzeitige, aber lockere Vorbereitung des Referendariats jedenfalls nicht schaden.

Auch die Bearbeitung und das **Halten von Aktenvorträgen** in einer privaten Arbeitsgemeinschaft und/oder vor einem Camcorder erleichtern die Bewältigung des ersten Aktenvortrags in der Referendararbeitsgemeinschaft erheblich. Insbesondere kann so die typische Hemmschwelle vor dem Halten des ersten Aktenvortrags vor den noch nicht so vertrauten neuen Kolleginnen und Kollegen abgebaut werden. Entsprechende Literatur zur Vorbereitung wird in dem Kapitel »Literaturauswahl zum Aktenvortrag« (Seite 152) vorgeschlagen.

Ferner schadet der **Besuch amts- und landgerichtlicher Verhandlungen der Zivil- und Strafgerichte** nicht, da er das vorher Angelesene praktisch veranschaulicht. Lerntheoretisch wird materielles Wissen besser verarbeitet und behalten, wenn es praktisch erfahren oder umgesetzt werden kann. Auch dies macht natürlich in der Gruppe mehr Spaß.

3. Zeitplan für den Vorbereitungsdienst

Erstellen Sie einen Zeitplan für die Referendarzeit, in dem Sie die Ausbildungsstationen den jeweiligen konkreten Monaten zuordnen. Dieser könnte z.B. so aussehen (am Beispiel Berlin):

Monat	Zeitraum	Station	Arbeitsgemeinschaft	Anmerkung
1	1. 3. 06–31. 3. 06	Ordentliches Gericht in Zivilsachen	Einführungslehrgang Zivilrecht am LG	
2 bis 4	1. 4. 06–30. 6. 06	Ordentliches Gericht in Zivilsachen	Arbeitsgemeinschaft (Zivilrecht II) am LG	
5	1. 7. 06–7. 7. 06	Staatsanwaltschaft oder Gericht in Strafsachen	Einführungslehrgang (Strafrecht I) am LG	
5 bis 7	8. 7. 06–30. 9. 06	Staatsanwaltschaft oder Gericht in Strafsachen	Arbeitsgemeinschaft (Strafrecht II) am LG	
8 bis 10	1. 10. 06–31. 12. 06	Verwaltungsbehörde	Arbeitsgemeinschaft (Öffentliches Recht I) beim Regierungsbezirk	
11 bis 20	1. 1. 07–31. 10. 07	Rechtsanwältin bzw. Rechtsanwalt	Arbeitsgemeinschaft (Zivilrecht)	Festlegung der Stelle für die Wahlstation; im 19. Monat erfolgt die Meldung zur Prüfung.
21 bis 23	1. 11. 07–31. 1. 07	Wahlstation	keine Arbeitsgemeinschaft	Im 21. Monat 2 Wochen Examensklausuren.
danach	Tag X	Mündliche Prüfung		Viel Glück!

Die jeweiligen aktuellen Ausbildungspläne können Sie den Ausbildungsvorschriften des für Sie maßgeblichen Bundeslandes entnehmen (siehe hierzu ausführlich Seite 88ff.). Sie finden alle Juristenausbildungsgesetzte und -ordnungen im Internet unter http://www.rechtsreferendariat.de.

4. Checkliste: Vorbereitung auf das Referendariat

Die Checkliste ist nur ein beispielhafter Vorschlag mit typischen Notwendigkeiten. Sie enthält auch nicht alle in diesem Handbuch angesprochenen Punkte. Ihnen werden mit Sicherheit weitere Punkte zur Ergänzung der Checkliste einfallen.

Optimal ins Referendariat			
	Handlung	erledigen bis	erledigt
Ausbildungsorte festlegen	▪ Auswahl eines oder mehrerer Ausbildungsorte (individuelle Kriterien festlegen wie Prüfungsfächer, Notenspiegel, Schwerpunktgebiete, Möglichkeiten für Auslandsaufenthalte etc.) ▪ OLGe anschreiben wegen derzeitiger Wartezeiten ▪ Entscheidung fällen		
Wartezeit nutzen	▪ Überlegungen, welche Beschäftigung günstig ist (RA, öffentlicher Dienst, Ausland, Wirtschaft) ▪ Bewerbungen schreiben ▪ Lehrgänge/Sprachkurse besuchen ▪ Promotion beginnen ▪ Stelle an der Uni suchen		
Einstellung vorbereiten	▪ Beschaffung der notwendigen Unterlagen ▪ ggf. Wohnung suchen		
Ausbildungsplan erstellen	▪ Stationenplan nach Muster ▪ Erwerb anderer Qualifikationen und Spezialisierungen planen ▪ Promotion? ▪ Fremdsprachenkurse?		
Versicherungen planen	▪ Versicherer anschreiben, aktuelle Konditionen erfragen ▪ Bedarf und Finanzkraft analysieren ▪ Notwendigkeit einer Berufsunfähigkeitsversicherung prüfen ▪ Entscheidung welche Krankenversicherung? ▪ Günstige Ausbildungs-/Öffentlicher Diensttarife bei Versicherern erfragen		

Geldsparmöglichkeiten nutzen	▪ Prüfung, ob Bankwechsel sinnvoll ist ▪ Prüfung, ob der Beitritt zu einer Einkaufsgenossenschaft zweckmäßig ist ▪ Zweckmäßigkeit einer Geldanlage nach dem Vermögensbildungsgesetz (vermögenswirksame Leistungen) prüfen ▪ Wie sieht es nun mit einer vielleicht bereits seit langem geplanten Heirat aus? ▪ Steuer planen – Steuerfreibeträge eintragen lassen		
BAföG	▪ Erlass beim BVA beantragen ▪ Freistellung/Stundung beantragen ▪ Unterlagen zusammenstellen		
Wohngeld beantragen	▪ Rechtzeitig bei der Wohngeldstelle Antrag stellen ▪ Unterlagen zusammenstellen		
EDV/technische Ausstattung	▪ Ausrüstungsbedarf prüfen und ggf. erneuern		
Literatur	▪ Bücherliste erstellen und kaufen bzw. Kauf während des Referendariats planen		
Zeitschriften	▪ Bedarf analysieren ▪ Anschaffungsliste erstellen ▪ Referendarrabatt nicht vergessen		

B. Der Vorbereitungsdienst

I. Die Wahl des Ausbildungsortes

Literatur
- Thieme, Die freie Wahl der Ausbildungsstätte in der Rechtsanwaltsausbildung, ZRP 1997, 239

1. Freie Wahl der Ausbildungsstätte?

Geprüfte Rechtskandidaten haben wegen Art. 12 GG einen **Anspruch auf Aufnahme in den Vorbereitungsdienst**. Dieser Anspruch ist nicht auf das Bundesland beschränkt, in dem die erste Staatsprüfung bestanden wurde. Es besteht daher die Möglichkeit, den Vorbereitungsdienst in einem anderen Bundesland zu absolvieren, um den eigenen Erfahrungshorizont zu erweitern. In diesem Fall sind die Ausbildungsordnungen wegen Prüfungsanforderungen und Wahlmöglichkeiten sorgfältig zu vergleichen, um eine den eigenen Plänen möglichst weit entgegenkommende Ausbildung zu erreichen. Daneben sind mögliche Konsequenzen bei der Besoldung (Stichwort: neue Bundesländer – Besoldungs-Übergangsverordnung) zu bedenken. Ein **Einstellungsanspruch** an einem bestimmten Ausbildungsbezirk besteht dagegen nach der Rechtsprechung nicht (VGH Mannheim, Beschluss vom 29. 7. 1993 – 1 TG 1767/93, NVwZ-RR 1994, 92). Das **Gebot der Kapazitätsauslastung** ist auch bei der Referendarausbildung zu beachten. Die Berechnungskriterien der Ausbildungskapazität können von der Rechtsprechung überprüft werden. Es sind äußerste Belastungen der Ausbildungskapazität hinzunehmen (vgl. OVG Schleswig, Beschluss vom 30. 9. 1994 – 3 M 49/94, NVwZ-RR 1995, 279). Die meisten Bundesländer haben inzwischen entsprechende Zulassungsverordnungen erlassen, die die Rangfolge bei der Einstellung regeln.

Wenn Sie sich nicht in einem Bundesland ausbilden lassen, in dem Sie Ihren bisherigen Lebensmittelpunkt hatten, müssen Sie sich auf eine verlängerte Wartezeit einrichten. Grundsätzlich genießen Sie aber eine weitreichende **Wahlfreiheit** im Hinblick auf Ihren Ausbildungsort.

2. Individuelle Kriterien für die Wahl

Wer die Wahl hat, der hat die Qual. Sie können sich dabei von individuell verschiedenen Kriterien wie Wartezeit, Status (Verbeamtung oder öffentlich-rechtliches Ausbildungsverhältnis und Entgeltbedingungen, Großzügigkeit bei den Examensnoten,

Nebenverdienstmöglichkeiten, Wahlmöglichkeiten (Möglichkeiten für und Dauer bei Auslandsaufenthalten, Lage und Dauer der Anwaltsstation bzw. Möglichkeit einer Ausdehnung der Ausbildung beim Anwalt in den anderen Stationen, Neigung bei Wahlfachgruppen bzw. Schwerpunktgebiete etc.) durch die Ausbildungsvorschriften, derzeitiger Wohnort, persönliche Beziehungen, Größe und Überschaubarkeit der Ausbildungseinheiten, Beschäftigungssituation in Justiz, Verwaltung und Anwaltsschaft, kulturelles Angebot, Freizeitmöglichkeiten, geografische Lage oder Qualität der Ausbildung leiten lassen.

Bei der Auswahl des Bundeslandes bzw. des Oberlandesgerichts kann also eine Vielzahl von Kritierien zu beachten sein:

Die **Wartezeiten** in den Ländern differieren stark, teilweise sogar unterschiedlich je nach Einstellungsbezirk (Oberlandesgericht) oder Ausbildungsbezirk (Landgericht). Kleinere Länder mit wenigen Gerichten und damit auch geringeren Ausbildungskapazitäten wie Bremen oder Hamburg haben es schwieriger, immer genügend Plätze im Vorbereitungsdienst für den an den Universitäten ausgebildeten Nachwuchs zur Verfügung zu stellen als bevölkerungsreiche Länder wie Bayern und NRW mit vielen Gerichten. Logisch ist auch, dass in NRW die Ausbildung am Landgericht Köln sehr beliebt ist und in Bayern am Landgericht München. Die Wartezeit richtet sich daher auch immer nach dem gewünschten Ausbildungsbezirk, sofern eine Wahl möglich ist. Hier herrscht in den Ländern eine große Vielfalt bei den Möglichkeiten oder Unmöglichkeiten. Je nachdem, ob Sie den Vorbereitungdienst zügig absolvieren wollen oder ob Ihnen die Dauer einer Wartezeit für anderweitige Pläne entgegenkommt, dürfte Ihre Wahl des Ausbildungsbezirkes ausfallen. In manchen Ländern führt die Ablehnung eines Einstellungsbescheides dazu, dass Sie sich nicht mehr oder nicht mehr an diesem Gericht oder in diesem Oberlandesgerichtsbezirk bewerben können. Sie können aber auch dann eine künstliche Wartezeit für Promotion, Auslandsaufenthalt o.ä. einbauen, indem Sie sich einfach später bewerben. Allerdings sehen einzelne Bundesländer auch eine Höchstdauer zwischen Bestehen des ersten Staatsexamens und Bewerbung in den Vorbereitungsdienst vor.

Zu klären ist auch die **Statusfrage**. Sie haben neuerdings die Wahl zwischen Einstellung als Beamter auf Widerruf oder in das öffentlich-rechtliche Ausbildungsverhältnis, das früher nur denjenigen eröffnet war, die mangels deutscher Staatsangehörigkeit oder aus anderen Gründen nicht in den Staatsdienst berufen werden konnten. Den Vorbereitungdienst im Beamtenverhältnis bieten allerdings nur noch Thüringen und Sachsen an, in allen anderen Ländern wird nur noch der Vorbereitungsdienst im öffentlich-rechtlichen Ausbildungsverhältnis angeboten. Der Status hat weitreichende Folgen, u.a. für die wirtschaftliche Situation. Das Beamtenverhältnis führt grundsätzlich durch die Sozialversicherungsfreiheit zu einem günstigeren Nettoeinkommen; nachteilig wirkt sich dies noch bei einer sich an den Vorbereitungsdienst anschließenden Arbeitslosigkeit aus. Zu berücksichtigen ist dabei allerdings, dass die Anwärterbezüge in Thüringen und Sachsen noch nicht an die Regelungen der alten Bundesländer angeglichen sind, sondern zur Zeit erst 92,5 % erreichen. Aber selbst die Ausbildungsbedingungen im örAV differieren in den einzelnen Bundesländern stark.

So schwanken die Grundvergütungen um ca. 100 € (zur Zeit der Drucklegung zwischen ca. 850 und ca. 950 €); in einzelnen Bundesländern werden keinerlei Nebenleistungen übernommen, d.h. auch keine Reisekostenerstattung und kein Trennungsgeld.

Nicht zuletzt sollten Sie für Ihre **persönliche berufliche Zukunft** bereits jetzt entscheidende Weichen stellen. Da die meisten von Ihnen den Beruf des Anwaltes als Wunsch- oder Gelegenheitsberuf ergreifen werden, spielen die Möglichkeiten eine Rolle, die die Ausbildung Ihnen bietet, um sich gründlich auf die Herausforderungen dieses Berufsbildes vorzubereiten. Dazu gehören Dauer und Lage der Anwaltsstation, aber auch die Angebote, in der Wahlstation oder anderen Stationen ebenfalls beim Anwalt oder anwaltsnah ausgebildet werden zu können.

Wer eine Anstellung in einer Großkanzlei anstrebt, der sollte einen Ausbildungsplatz an den bevorzugten Standorten dieser Kanzleien anstreben, also in Berlin, Hamburg, Köln/Düsseldorf, Frankfurt und München und vielleicht noch Stuttgart. Weder Baker Mc Kenzie noch Linklaters & Co. werden Sie in Aachen oder Augsburg finden, obgleich beides wunderschöne Städte sind, die ebenfalls, aber andere Karrierechancen bieten. Dadurch lassen sich Kontakte durch Nebentätigkeit oder Anwaltsstation aufbauen, die später zu einer Anstellung führen können.

Andererseits ist der Wettbewerb in den Metropolen, vor allem dann, wenn Sie auch noch Juristen an der Universität ausbilden, durch die schlichte Zahl der noch nicht sehr mobilen Nachfrager schärfer als in den Großtädten ohne juristische Fakultät oder Kleinstädten.

Ebenfalls bedeutsame Kritierien sind die Möglichkeiten, die bei Nebenbeschäftigungen bestehen. Die Gelegenheiten hierzu sind in Metropolen meistens größer als an gemütlichen Ausbildungsbezirken. Zu beachten sind auch die von Land zu Land unterschiedlich strengen Restriktionen bei der Nebentätigkeitserlaubnis.

Was die **Größe und Überschaubarkeit** angeht, so sieht die Situation in den einzelnen Ländern derzeit wie folgt aus:

3. Übersicht über die Zahl der Rechtsreferendarinnen und Rechtsreferendare

Bundesland	Zahl der Referendare am 1. 1. 2003	Zahl der Referendare am 1. 1. 2004
Baden-Württemberg	2043	1952
Bayern	3269	2969
Berlin	1863	1666
Brandenburg	585	585
Bremen	173	169

Hamburg	862	769
Hessen	1972	1978
Mecklenburg-Vorpommern	312	297
Niedersachsen	1381	1419
Nordrhein-Westfalen	5708	5698
Rheinland-Pfalz	1177	1175
Saarland	246	235
Sachsen	962	902
Sachsen-Anhalt	305	305
Schleswig-Holstein	980	984
Thüringen	592	535
Gesamtzahl bundesweit	**22430**	**21638**

Quelle: Ausbildungsstatistik des BMJ

2003 sind bundesweit 9610 **Referendare in den Vorbereitungsdienst** eingestellt worden; 2002 waren es noch 10 086 und 2001 sogar 10 240. Dieser Trend wird sich am Arbeitsmarkt allerdings nicht auswirken. Zum einen ist ein Sättigungsgrad selbst in der Anwaltschaft erreicht, der nur noch einen kleinen Teil der Berufsanfänger aufnehmen kann; zum anderen steigt die **Zahl der Jurastudenten** nach Jahren des Rückgangs wieder an. Noch nie haben sich so viele Studenten ins Fach Rechtswissenschaften eingeschrieben wie im Jahre 2003, nämlich 21 631.

4. Einstellungskriterien und Wartezeiten in den einzelnen Ländern

Literatur
- Balke, Hürden vor dem Eintritt in den juristischen Vorbereitungsdienst, JuS 1994, 621

Grundsätzlich besteht ein Anspruch auf Einstellung in den Vorbereitungsdienst, der auf dem staatlichen **Ausbildungsmonopol** beruht und sich aus Art. 12 GG ergibt. Problematisch ist hierbei aber, dass die Ausbildung auf Grund der Kompetenzzuweisung des Art. 98 Abs. 3 Satz 2 GG in den einzelnen Ländern erfolgt. Einzelne Länder haben nämlich auf Grund eines Bewerbungsüberhangs **Zulassungsbeschränkungen** eingeführt. Man kann sich vorstellen, was geschehen würde, wenn die Länder hierdurch insgesamt unter Bedarf ausbildeten und sich gegenseitig die Schuld in die Schuhe schieben würden. Zwar wird die Einstellung von Bewerberinnen und Bewerbern bei Bewerbungsüberhängen nicht abgelehnt, aber durch **Einstellungskriterien** und die Einführung von **Wartezeiten** reguliert. Inzwischen gibt es Bundesländer mit Wartezeiten von bis zu zwei Jahren (z.B. in Hamburg). Hintergrund ist, dass die starken Studienjahrgänge ins Referendariat drängen. In einzelnen Ländern besteht auch die fragwürdige Praxis, auswärtige Bewerberinnen und Bewerber durch abschreckende Schreiben auf Anfragen nach der Möglichkeit einer Einstellung in den Vorbereitungsdienst von förmlichen Anträgen auf Einstellung abzuhalten. Üblich sind Kapazitätsermittlungen anhand der vorhandenen Zahl der Ausbilderinnen und Ausbilder. Nach der Rechtsprechung sind wegen des staatlichen Ausbildungsmonopols äußerste Belastungen der **Ausbildungskapazität** hinzunehmen (so auch Thieme, ZRP 1997, 239). Nachdenklich machen in diesem Zusammenhang die unterschiedlichen Schlüssel (Relation zwischen Richterstellen und Ausbildungsplätzen). Bedenklich ist aber auch die Zunahme von Kapazitätsbeschränkungen auf Grund **haushaltsmäßiger Begrenzung der Ausbildungsplanstellen**. Diese Praxis wird jedenfalls dann verfassungswidrig, wenn ein Land seiner anteiligen Verpflichtung zur Bereitstellung von Ausbildungsplätzen nicht mehr nachkommt. Es wäre wohl rechtswidrig, wenn sich ein Bundesland unter Berufung auf freie Kapazitäten in anderen Bundesländern seiner Ausbildungspflicht entzöge und die Ausbildungsplätze auf Kosten anderer Länder einschränkte.

Die **Ausbildungsbezirke** an den Oberlandesgerichten sind bei Bewerberinnen und Bewerbern selbstverständlich unterschiedlich begehrt. Wer macht sein Referendariat wegen des tatsächlich oder vermeintlich unterschiedlichen Freizeit- und Kulturangebotes nicht lieber am LG Köln als am LG Wuppertal? Typischerweise haben auch die Ausbildungsbezirke Überhänge, an deren Standort größere juristische Universitäten den Nachwuchs ausbilden. Verständlich ist, dass die erfolgreiche Jurastudentin aus Bonn auch gerne am LG Bonn den Vorbereitungsdienst absolvieren möchte. Schließlich hat sie dort seit dem Beginn des Studiums ihren Wohnsitz und ihr soziales Umfeld. Da die Ausbildungskapazitäten aber durch die Zahl der Richterinnen und Richter begrenzt sind, kommt es gerade in Universitätsstädten zu **Überhängen** von Bewerberinnen und Bewerbern. In anderen Ausbildungsbezirken sind dagegen Ausbildungskapazitäten ungenutzt. Die Einstellungsbehörden stehen daher vor der Notwendigkeit, den Strom der Bewerberinnen und Bewerber zu lenken. Hierbei bieten sich verschiedene Möglichkeiten an.

Theoretisch könnte nach dem Motto verfahren werden, wer zuerst kommt, mahlt zuerst („first come, first serve"). Dies würde z.B. am LG Köln oder LG München zu immer längeren Wartezeiten führen, da der Zustrom der Bewerberinnen und Bewerber wegen der großen juristischen Fakultät traditionell und anhaltend größer ist als die Zahl der zur Verfügung stehenden Ausbildungsplätze.

Daneben ließen sich Auswahlkriterien für die Einstellung an den beliebten Bezirken heranziehen. Nahe läge hierbei die Heranziehung der Kriterien des Art. 33 Abs. 2 GG (Bestenauslese, Leistungsprinzip). Danach würden Bewerberinnen und Bewerber mit besseren Ergebnissen aus dem Referendarexamen bevorzugt eingestellt (»Die Guten ins Töpfchen …«). Folge wäre die Bildung von **Eliteausbildungsbezirken** an begehrten Standorten. Dies ist erfreulicherweise bei allen Beteiligten unerwünscht.

In den meisten Ausbildungsbezirken wird daher ein prozentualer Mix aus **Härtefällen**, **Bestenauslese** (Note des ersten Staatsexamens) und Berücksichtigung der **War-**

tezeit praktiziert. Daneben finden Kriterien wie Ableistung des Dienstes bei der Bundeswehr und im Rahmen des Zivildienstes oder der Entwicklungshilfe Berücksichtigung. Diese **Auswahlkriterien** sind von der Rechtsprechung bestätigt worden. Von Bedeutung ist mitunter auch, ob Bewerberinnen oder Bewerber eine wissenschaftliche Stelle an der Universität innehaben. Auch dies sollte man angeben bzw. gezielt herbeiführen, sofern dies die Einstellungschancen am Wunschort erhöht.

Es kommt auch vor, dass die gebürtigen Landeskinder oder Einwohner des Einstellungsbezirkes bevorzugt berücksichtigt werden. Ein solches **Landeskinderprivileg** wird überwiegend wegen Unvereinbarkeit mit Art. 12 GG für unzulässig gehalten (Rehborn/Schulz/Tettinger, § 20 JAG NW Rn. 2; vgl. auch die vom BVerfG geäußerten Zweifel bzgl. einer entsprechenden Regelung bei der Vergabe von Notarstellen, BVerfG vom 20. 9. 2002 – 1 BvR 819/01; NJW-2003, 203). Die Behörden sind aber erfinderisch: Bekannterweise erteilen Verwaltungen in rechtlich unübersichtlichen oder anfechtbaren Situationen nur ungern einen angreifbaren Bescheid. Auswärtige Bewerberinnen und Bewerber wurden bzw. werden daher mancherorts – so wird es einzelnen Bundesländern jedenfalls nachgesagt – in einem formlosen Anschreiben oder persönlichen Gespräch auf die Chancenlosigkeit einer förmlichen Bewerbung hingewiesen. Wer nicht unnötig Zeit verlieren will, verzichtet dann meist auf eine entsprechende Antragstellung, so dass die rechtswidrige Praxis ohne Sanktionierung bzw. Aufhebung durch die Verwaltungsgerichte bleibt.

Nachstehend sind die **Einstellungsregelungen in den einzelnen Bundesländern** aufgeführt.

Baden-Württemberg: Die Einstellungen orientieren sich auch in Baden-Württemberg an der verfügbaren Ausbildungskapazität und an den verfügbaren Haushaltsmitteln. Einstellungen erfolgen jeweils zum 1. 4. und 1. 10. des Jahres, und zwar

- im Bereich des OLG Karlsruhe an den Landgerichtsbezirken

Baden-Baden	Mannheim
Freiburg (Engpässe)	Mosbach
Heidelberg (Engpässe)	Offenburg
Karlsruhe	Waldshut-Tiengen
Konstanz (Engpässe)	

- im Bereich des OLG Stuttgart an den Landgerichtsbezirken

Ellwangen	Rottweil
Hechingen	Stuttgart (Engpässe)
Heilbronn	Tübingen (Engpässe)
Ravensburg	Ulm

Es besteht kein Anspruch auf Zuweisung zu einem bestimmten LG-Bezirk oder auf einen bestimmten Einstellungstermin. Grundsätzlich gibt es derzeit keine Wartezeiten in Baden-Württemberg. Sobald ein Bewerberüberhang entsteht, wäre das Verfahren wie folgt: 60 % der zur Verfügung stehenden Ausbildungsplätze werden Bewerbern zugeteilt, die eine Dienstpflicht oder eine gleichwertige Tätigkeit (Art. 12 a GG) erfüllt haben. Von den verbleibenden 40 % der verfügbaren Ausbildungsplätze werden 65 % nach Eignung und Leistung, 10 % nach persönlichen oder sozialen Härtefällen und die übrigen nach Wartezeit verteilt. Zu beachten ist, dass bei einer Wartezeit von jeweils 6 Monaten ein Notensprung um 0,5 erfolgt, d.h. die Chancen, durch Leistung und Eignung einen Ausbildungsplatz zu bekommen, steigen mit zunehmender Wartezeit. Daneben wird auch eine von einer Universität bescheinigte **Tätigkeit als wissenschaftliche Hilfskraft** berücksichtigt, nicht dagegen Promotionsvorhaben, Zweitstudium oder die Tätigkeit als Korrekturassistent. Auch Verlobungen, Mietwohnung und andere bestehende Verbindungen am Wunschort bleiben außer Betracht. Rechtsreferendarinnen und Rechtsreferendaren wird daher empfohlen, neben dem Wunschort weitere Gerichtsbezirke in der Bewerbung zu nennen, da andernfalls davon ausgegangen wird, dass keine anderen besonderen Zuweisungswünsche bestehen. Das Bewerbungsformular sieht entsprechende Angaben auch standardmäßig vor.

Bayern: Auch in Bayern gibt es Landgerichtsbezirke, die besonders begehrt sind und an denen ein Bewerberüberhang besteht (etwa LG München). Landesweit betrachtet, verfügt der Freistaat aber über hinreichende Ausbildungskapazitäten. Angesichts stetig steigender Bewerbungszahlen bleibt abzuwarten, ob dies so bleibt. In Bayern besteht kein Rechtsanspruch auf Aufnahme in einen bestimmten OLG-Bezirk oder Regierungsbezirk. Wenn auch in zunehmend geringerem Maße, werden aber doch Wünsche berücksichtigt, wenn die Bewerberin bzw. der Bewerber durch **längeren Familienwohnsitz oder sonstige engere Beziehungen** mit dem Gerichtsbezirk verbunden ist. Einstellungen erfolgen jeweils am ersten Freitag im April oder Oktober.

Berlin: Zurzeit beträgt die Wartezeit in Berlin nahezu 24 Monate. Auswahlkriterien sind Leistung (1. Staatsexamen: gut/sehr gut), Härtefälle, persönliche Bindungen und bisherige Wartezeit. Daneben können durch Rechtsverordnung weitere ausbildungsfremde Zeiten zur Wartezeit hinzugerechnet werden (z.B. Erziehungszeiten für Bewerberinnen mit einem Kind unter 18 Jahren). Einstellungsmonate sind Februar, Mai, August und November. Bis zu 10 % der Ausbildungsplätze sind Bewerberinnen und Bewerber mit der Gesamtnote »gut« oder »sehr gut« im Referendarexamen vorbehalten. Weitere 10 % der Ausbildungsstellen sind Bewerberinnen und Bewerbern vorbehalten, für die die Zurückstellung eine außergewöhnliche Härte bedeuten würde. Von den verbleibenden Plätzen können durch Rechtsverordnung bis zu 70 % solchen Bewerberinnen und Bewerbern vorbehalten werden, die enge Bindungen an Berlin haben. Erfüllt wird diese Voraussetzung dann durch ein erstes Examen und eine mindestens zweisemestrige Studienzeit in Berlin. Im Falle des Erlasses einer solchen Rechtsverordnung werden die restlichen 30 % der Referendarsplätze an sonstige Bewerberinnen und Bewerber verteilt, sortiert nach der Länge der Wartezeit. Bei gleicher Wartezeit ist das höhere Lebensalter maßgeblich. Auf den Internetseiten des Kammergerichts Berlin findest sich eine hervorragende und sehr ausführliche Ausbildungsbroschüre, die beispielsweise auch Adressen von für die Wahlstation in Frage kommenden Einrichtungen enthält.

Brandenburg: In Brandenburg beträgt die Wartezeit mittlerweile 6 Monate bei steigender Tendenz. Es wurde eine Verordnung über die Ausbildungskapazität und das Vergabeverfahren für den juristischen Vorbereitungsdienst im Lande Brandenburg (JurVDKpV) vom 13. 4. 1995 (GVBl. II 1995 S. 364) erlassen. Danach bestimmt sich die Ausbildungskapazität grundsätzlich nach der Zahl der Lebenszeitrichter an den Amts- und Landgerichten multipliziert mit 2,0. 20 % der so ermittelten Ausbildungsplätze werden nach dem Ergebnis der ersten Staatsprüfung vergeben. Weitere 10 % der Stellen sind für Härtefälle vorgesehen. Eine berücksichtigungsfähige Härte liegt insbesondere vor, wenn die Bewerberin oder der Bewerber schwerbehindert ist oder gegenüber einem minderjährigen Kind oder einer nicht erwerbsfähigen und abhängigen Person allein unterhaltspflichtig ist. Die danach verbleibenden Plätze werden nach der zurückgelegten Wartezeit vergeben. Rangverbessernd innerhalb der Gruppen wirkt sich die Ableistung des Wehr- oder Ersatzdienstes oder anderer gleichwertiger Tätigkeiten (Entwicklungshilfe, soziales Jahr) aus. Im Rahmen der verfügbaren Ausbildungsplätze soll die Aufnahme an einem Ausbildungsort ermöglicht werden, dem die Bewerberin bzw. der Bewerber durch längeren Wohnsitz oder sonstige engere Beziehungen verbunden ist. Einstellungstermine sind der 1. Februar, der 1. Mai, der 1. August und der 1. November.

Bremen: Das Land Bremen bildet nur wenige Rechtsreferendarinnen und Rechtsreferendare (25 pro Einstellungstermin) aus. Die Wartezeit beträgt mittlerweile bis zu zwei Jahre. Wie in Hamburg ist neben dem Versagungsgrund »Kapazitätsauslastung« auch die »Mittelerschöpfung« im Vorbereitungsdienst-Zulassungsgesetz aufgeführt. Das bedeutet, dass eine Zulassung zum Referendariat nicht nur versagt werden kann, wenn die Ausbildungskapazität der Gerichte ausgelastet ist, sondern auch dann, wenn die im Haushaltsplan ausgewiesenen Mittel für die Zulassung aller Bewerberinnen und Bewerber nicht ausreichen. 15 % der zur Verfügung stehenden Ausbildungsplätze werden an »Härtefälle« vergeben, 45 % an Bewerber, die sich bereits erfolglos um die Zulassung beworben haben, die restlichen Plätze nach dem Ergebnis der ersten juristischen Staatsprüfung. Bewerberinnen und Bewerber, die sich länger als zwei Jahre erfolglos um die Zulassung zum Vorbereitungsdienst beworben haben, werden – Härtefälle ausgenommen – vor allen anderen bevorzugt berücksichtigt. Eine besondere Härte ist dann gegeben, wenn eine Benachteiligung durch gesundheitliche, familiäre oder soziale Umstände vorliegt. Eine Härte liegt insbesondere dann vor, wenn eine Schwerbehinderung vorliegt, die Bewerberin oder der Bewerber auf Grund gesetzlicher Verpflichtung Unterhalt gegenüber einem minderjährigen Kind oder einer nicht erwerbsfähigen Person leistet, wenn ohne das Einkommen der Bewerberin oder des Bewerbers der Unterhalt nicht gewährleistet ist. Daneben finden der Wehr- oder Zivildienst sowie das freiwillige soziale Jahr als Wartezeit Berücksichtigung. Einstellungstermine sind 1. Januar, 1. Mai und 1. September.

Hamburg: Die Wartezeit in Hamburg beträgt derzeit mehr als 28 Monate, und zwar nicht etwa aus Kapazitätsgründen, sondern weil die finanziellen Mittel nicht ausreichen, um die Referendargehälter für mehr Anwärterinnen bzw. Anwärter zu zahlen. Eine gegen die Wartezeit gerichtete Verfassungsbeschwerde eines Referendars, der bei sofortiger Einstellung sogar auf die Bezüge verzichten wollte, ist vom BVerfG ohne Begründung nicht zur Entscheidung angenommen worden. Am 1. 8. 2003 betrug bei der Leistungsquote die Mindestpunktzahl ohne Dienstzeit 13,07 Punkte. Über die auf dieser Grundlage gebildeten Leistungsliste werden 18 % der Einstellungen vorgenommen. Weitere 10 % der Einstellungen erfolgen auf Grund eines anerkannten Härtefalles, die restlichen auf Grund der Wartezeit. Als Härtefall gilt etwa eine gegenüber einem Kind bestehende Unterhaltspflicht. Innerhalb der Warteliste wird ein abgeleisteter Wehr- oder Ersatzdienst mit einem Bonus von bis zu drei Monaten honoriert. Einstellungstermine sind Februar, April, Juni, August, Oktober und Dezember.

Hessen: Auch die Hessen müssen neuerdings mit Wartezeiten von bis zu acht Monaten leben. Einstellungen erfolgen an den Landgerichtsbezirken Darmstadt, Frankfurt, Fulda, Gießen, Hanau, Kassel, Limburg, Marburg und Wiesbaden Die Einstellungen erfolgen in einem zweimonatigen Rhythmus beginnend mit Januar. Selbstverständlich werden auch in Hessen Härtefälle bevorzugt berücksichtigt. Der Begriff der besonderen Härte ist in der zu Grunde liegenden Ausbildungsordnung legaldefiniert. Besondere Härtefälle sind danach eine Schwerbehinderung, besondere soziale und familiäre Umstände, nicht zu vertretende Verzögerungen bei Aufnahme und Durchführung des Studiums (z.B. Mitarbeit in studentischen Selbstverwaltungsgremien) und die Erfüllung einer Dienstpflicht oder einer gleichwertigen Tätigkeit (freiwilliges soziales Jahr, Entwicklungshilfe). An diese Kriterien erfüllende Personen werden 15 % der zur Verfügung stehenden Plätze vergeben. Die Verteilung der restlichen Stellen erfolgt zu 50 % auf Grund der im 1. Examen erbrachten Leistung und zu 35 % auf Grund der Wartezeit. Mit Glück kann man auch eine »green card« erringen, also einen Platz im reinen Losverfahren – ohne bestimmte Kriterien erfüllen zu müssen.

Mecklenburg-Vorpommern: Im hohen Norden der »neuen« Bundesländer gibt es bereits einen Bewerberinnen- und Bewerberüberhang. Das Land hat daher eine Kapazitätsverordnung – KapVO vom 24. 3. 1993 – erlassen. Die Ausbildungskapazität beträgt hiernach das 1,5-fache der normalen Zivilrichterinnen und -richter (ohne Direktorinnen und Direktoren, Schwerbehinderte, Vorsitzende etc.). Auch Mecklenburg-Vorpommern macht die Ausbildungskapazität von der Haushaltssituation abhängig. Die Wartezeit beträgt derzeit bis zu 12 Monate. Es werden drei Gruppen gebildet, innerhalb derer noch einmal Rangfolgen gebildet werden. 35 % der Ausbildungsplätze werden vorab nach der Gesamtnote des ersten Staatsexamens vergeben. Bei gleicher Leistung entscheidet die Wartezeit, im Zweifel auch das Los. 10 % der verbleibenden Plätze werden an »Härtefälle« vergeben. Der Begriff Härtefälle ist in § 7 KapVO legaldefiniert. Berücksichtigungsfähig sind eine Schwerbehinderung sowie Unterhaltspflichten. Innerhalb der Gruppe entscheidet bei einem Bewerbungsüberhang das Lebensalter. 90 % der nach Abzug der über die Leistungsliste vergebenen Plätze werden nach der Dauer der Wartezeit vergeben. Bei gleicher Wartezeit entscheidet das Prüfungsergebnis, bei gleichem Ergebnis das Los. Eine abgeleistete Dienstpflicht wird im Rahmen der Wartezeit durch fiktive Erhöhung derselben berücksichtigt.

Achtung: Die Wartezeit beginnt nicht mit der Stellung des Antrags, sondern mit dem auf den ordnungsgemäßen **Antrag** folgenden ersten Einstellungstermin. Einstellungen erfolgen am 1. Juni und 1. Dezember.

Niedersachsen: Die Ausbildung in Niedersachsen erfolgt an den drei Ausbildungsbezirken OLG Braunschweig, OLG Celle und OLG Oldenburg. Die Zahl der Einstellungen und das Verfahren richtet sich nach der Verordnung über die Ausbildungskapazität und das Auswahl- und Zulassungsverfahren für die Einstellung in den juristischen Vorbereitungsdienst (KapVO-Jur) vom 24. 8. 1999 (Nds.GVBl. S. 329). Nach dieser Verordnung ergibt sich die Zahl der zur Verfügung gestellten Ausbildungsplätze nach der Ausbildungskapazität und den im Haushalt bereitgestellten Anwärterstellen. Zunächst werden 10 % der Ausbildungsplätze an Härtefälle vergeben. Die verbleibenden Ausbildungsstellen werden zu 60 % nach der Leistung (Ergebnis des ersten Staatsexamens) und zu 40 % nach der Wartezeit der Bewerberinnen und Bewerber vergeben. Wartezeiten bestehen zur Zeit lediglich für Bewerberinnen und Bewerber mit knapp durchschnittlichen oder schlechteren Examensergebnissen. Die Wartezeit liegt derzeit bei ca. einem Jahr. Angesichts der zunehmenden Bewerbungszahlen ist aber auch hier mit einer Verschlechterung zu rechnen. Ein absolvierter Wehr- oder Ersatzdienst findet ebenso wie die Geburt eines Kindes im Rahmen der Berechnung des Lebensalters, das dann fiktiv erhöht wird, Berücksichtigung. Das Lebensalter wird entscheidend, wenn Bewerber die gleiche Wartezeit und Leistung haben. Fiktiv abgesenkt wird das Lebensalter übrigens, wenn der Bewerber mehr als zwei Semester über die Förderungshöchstdauer hinaus studiert hat.

Eingestellt wird noch jeweils zum 1. Februar, 1. Mai, 1. August und 1. November, ab Beginn des Jahres 2004 jeweils einen Monat später.

Das Land Niedersachsen hat eine **ausgezeichnete Mappe** für Rechtsreferendarinnen und Rechtsreferendare zusammengestellt, die alle wesentlichen Rechtsvorschriften, Ausbildungspläne, Runderlasse, Hinweise zum Prüfungsverfahren und Anschriften enthält. Leider ist diese derzeit noch auf dem Stand des Jahres 2001, wird aber vermutlich demnächst überarbeitet.

Nordrhein-Westfalen: Rechtsreferendarinnen und Rechtsreferendare werden in Nordrhein-Westfalen an den drei OLG-Bezirken Düsseldorf, Hamm und Köln ausgebildet. Am OLG-Bezirk Köln beträgt die Wartezeit derzeit bis zu elf Monate; dabei ist aber eine frühere Einstellung für den LG-Bezirk Aachen möglich. Fällt die Wahl auf den OLG-Bezirk Düsseldorf, muss man sich auf eine Wartezeit von ca. sechs Monaten einrichten. Am OLG-Bezirk Hamm ist ebenfalls mit einer mehrmonatigen Wartezeit zu rechnen. Eine Kapazitätsverordnung gibt es derzeit noch nicht. Nordrhein-Westfalen leistet sich aber wie mittlerweile auch andere Bundesländer eine Regelung, die im Endergebnis Landeskinder zumindest im Rahmen der Verteilung auf die einzelnen OLG-Bezirke bevorzugt. In § 30 Abs. 3 JAG NW hat die bereits früher im Rahmen des Ermessens durchgeführte Praxis des OLG Köln nunmehr eine gesetzliche Rechtfertigung gefunden. Nach § 30 Abs. 3 JAG NW soll die Einstellung »im Rahmen der verfügbaren Ausbildungsplätze … unter Berücksichtigung der Ausbildungserfordernisse in dem Oberlandesgerichtsbezirk ermöglicht werden, mit dem die Bewerberin oder der Bewerber durch längeren Wohnsitz oder sonstige engere Beziehung dauerhaft persönlich verbunden ist«.

Am OLG Köln wurde auch schon früher als ein maßgebliches Kriterium für die Auswahl unter den Bewerbungen die **dauerhafte persönliche Beziehung** (familiäre Bindung – Herkunft zum OLG-Bezirk bzw. Nebentätigkeiten, die andernorts nicht ausgeübt werden können, vgl. Rehborn/Schulz/Tettinger, § 20 JAG NW Rn. 6) herangezogen. Als **Nebentätigkeit** wird eine Stelle an der Uni anerkannt. Dagegen reicht eine Promotion nicht aus. Die im Rahmen des § 30 Abs. 3 JAG NW zu berücksichtigende **Herkunft** bedeutet die »von den Vorfahren hergeleitete soziale Verwurzelung, nicht die Zugehörigkeit zu einer bestimmten sozialen Schicht, die sich aus den persönlichen Lebensverhältnissen ergibt« (so BVerfG vom 22. 1. 1959 – 1 BvR 154/55, BVerfGE 9, 124). Unter das Kriterium der dauerhaften persönlichen Bindung fällt daher (jedenfalls nach bisheriger Praxis und Rechtsauffassung der Verwaltung) nicht die durch ein Studium an den Universitäten Köln und Bonn eingetretene Verlagerung des Lebensmittelpunktes. Solche, von den Kölnern als »Imis« (sinngemäß für Eingewanderte) bezeichnete Bewerberinnen und Bewerber fallen nicht unter das in § 30 JAG NW genannte Kriterium. Vielmehr wird darauf abgestellt, ob die Bewerberin oder der Bewerber dem Bezirk des OLG Köln entstammt, also ob die Eltern dort wohnen (eingeborene Rheinländer). Hintergrund dieser Lösung ist, dass die Ausbildungskapazität des OLG-Bezirks Köln mit den Landgerichten Aachen, Bonn und Köln deutlich geringer ist als die Zahl der Absolventen der großen rechtswissenschaftlichen Fakultäten in Köln und Bonn. Selbst durch Wartezeiten lässt sich dieser Überhang nur zeitweilig verschieben, dagegen nicht wirklich abbauen. Deswegen soll wohl gerade der Gesichtspunkt der Verlagerung des Lebensmittelpunktes auf Grund des Studiums bei den Auswahlkriterien unter den Bewerbungen vermieden werden. Die rheinische Soziallehre steht auch dem der **Bestenauslese** (Art. 33 Abs. 2 GG) entsprechenden Notenkriterium kritisch gegenüber, das im Ergebnis zu »Eliteausbildungsbezirken« führen würde. Die einschränkende Auslegung des Begriffs der dauerhaften persönlichen Bindung wird daher wohl vornehmlich durch die Notwendigkeit bedingt, ein in den zahlenmäßigen Auswirkungen zu den Ausbildungskapazitäten passendes Kriterium zu finden.

Diese sicher nicht völlig zweifelsfreie Auslegung der »dauerhaften persönlichen Bindung« kann zu schwer nachvollziehbaren Entscheidungen führen: So könnte es möglicherweise passieren, dass einerseits der erfolgreiche alleinlebende Studienabsolvent aus Berlin einen Ausbildungsplatz im gewünschten OLG-Bezirk erhält, weil seine verwitwete Mutter im Bezirk des OLG Köln lebt, zu der er seit seinem 18. Lebensjahr keinen Kontakt mehr hat, andererseits dagegen die Absolventin des Jurastudiums aus Köln, die bereits seit sechs Jahren in Köln lebt und dort seit vier Jahren in einer nichtehelichen Lebensgemeinschaft mit einem jungen OLG-Richter lebt, nicht die Anforderungen des § 30 Abs. 3 JAG NW erfüllt. Tatsächlich sollte es einen solchen Fall aber nicht geben, da auch eine nichteheliche Lebensgemeinschaft als dauerhafte persönliche Bindung an einen Ort anzusehen ist. Das ändert aber nichts daran, dass jedenfalls die Verwurzelung durch die Studienzeit alleine bedenklicherweise nicht berücksichtigt wird.

Es war mehr als fraglich, ob solche Auswahlkriterien überhaupt rechtlich zulässig sind (Art. 33 Abs. 2 GG). Nach langer ermächtigungsloser Praxis hat der nordrhein-westfälische Gesetzgeber diese Verwaltungspraxis mittlerweile aber auf gesetzliche Beine gestellt und ausdrücklich sanktioniert (§ 30 Abs. 3 JAG NW). Es erscheint aber weiter zweifelhaft, ob sich der Begriff der »**dauerhaften persönlichen Beziehung**« auf die Herkunft oder Nebentätigkeit oder Ehe mit einer Rheinländerin bzw. einem Rheinländer reduzieren lässt. M.E. lässt der Begriff dies nicht zu. Auch ein **Verlöbnis** oder eine nichteheliche Lebensgemeinschaft (s.o.) kann wohl zumindest dann, wenn eine langjährige Beziehung vorausgegangen ist, eine dauerhafte persönliche Beziehung darstellen.

Der Vollständigkeit halber bleibt noch zu erwähnen, dass auch in NRW ein Wehr- oder Ersatzdienst durch fiktive Erhöhung der Wartezeit berücksichtigt wird.

Auch das Landesjustizprüfungsamt NRW stellt eine sehr hilfreiche Ausbildungsbroschüre auf seinen Internetseiten zur Verfügung.

Rheinland-Pfalz: An den OLG-Bezirken Koblenz und Zweibrücken betragen die Wartezeiten derzeit in der Regel nicht länger als sechs Monate. Es erscheint allerdings möglich, dass sich zukünftig mehr und höhere Wartezeiten ergeben. Wünsche hinsichtlich eines konkreten Einstellungsortes sollen nach den für die Einstellung maßgeblichen Rechtsvorschriften berücksichtigt werden, können es in der Praxis aber in der Regel nicht. Wenn die Zahl der Bewerbungen die Zahl der vorhandenen Ausbildungsplätze übersteigt oder die zur Verfügung stehenden Haushaltsmittel nicht ausreichen, richtet sich die Zulassung zum Vorbereitungsdienst nach den Bestimmungen der auf Grund § 224 a LBG ergangenen Verordnung über die Zulassung zum juristischen Vorbereitungsdienst vom 13. 12. 2000. Ein bestimmter Schlüssel für die Relation zwischen Richterstellen und Ausbildungsplätzen ist in der Verordnung nicht genannt. Die Zahl der Ausbildungsplätze wird vor jedem Einstellungstermin (zum auf den 1. Mai und 1. November folgenden Arbeitstag) im Justizblatt Rheinland-Pfalz veröffentlicht.

Bis zu 20 % der Ausbildungsplätze entfallen auf Bewerberinnen und Bewerber, für die die Versagung der Zulassung **eine außergewöhnliche, insbesondere soziale Härte** bedeuten würde. Von den verbleibenden Ausbildungsplätzen werden 60 % nach der **Qualifikation** (Gesamtnote des ersten Staatsexamens) und die übrigen nach der seit dem ersten Zulassungsantrag verflossenen Zeit **(Wartezeit)** vergeben. Hier ist also eine zügige Antragstellung vorteilhaft. Bei der Auswahl nach der Wartezeit wird für jeden in Rheinland-Pfalz gestellten Zulassungsantrag, dem nicht entsprochen worden ist, ein Wertungspunkt zugeteilt. Wer die Voraussetzungen des LBG Rheinland-Pfalz erfüllt, bekommt für jedes vollendete halbe Jahr der zu berücksichtigenden Zeit einen Wertungspunkt zugeteilt. Hierzu gehören die Erfüllung einer Dienstpflicht oder einer entsprechenden Dienstleistung ebenso wie die Betreuung oder Pflege eines Kindes unter 18 Jahren oder eines nach ärztlichem Gutachten pflegebedürftigen sonstigen Angehörigen, wenn sich die Betreuung oder Pflege über einen Zeitraum von mindestens einem Jahr erstreckt. Bei gleicher Zahl von Wertungspunkten erfolgt die Zulassung in der Reihenfolge der im ersten Examen erzielten Prüfungsgesamtnote, wobei diese bei denjenigen Bewerbern, die das erste Examen frühzeitig im Sinne des § 5 d Abs. 5 DRiG abgelegt haben, fiktiv um einen Punkt erhöht wird.

Auch Rheinland-Pfalz hat eine sehr vorbildliche Ausbildungsmappe für Rechtsreferendarinnen und Rechtsreferendare zusammengestellt, die allgemeine Informationen zu Vorbereitungsdienst, rechtliche Grundlagen der Juristenausbildung und wichtige Anschriften enthält.

Saarland: Einstellungstermine im Saarland sind der 1. Februar, 2. Mai, 1. August und 2. November jeden Jahres. Die Dauer der Wartezeit beträgt derzeit 6 Monate. Der saarländische Gesetzgeber hat ein »Gesetz über die Beschränkung der Zulassung zum Vorbereitungsdienst für Rechtsreferendare« erlassen, einzusehen beispielsweise im Internet beim Landesjustizprüfungsamt. Auch in diesem Gesetz wird die Zulassung von Rechtsreferendarinnen und Rechtsreferendaren nicht nur durch die Ausbildungskapazität, sondern auch durch die im Haushaltsplan zur Verfügung stehenden Mittel beschränkt (§ 2 des Gesetzes). Allerdings ist dort bei der Ausweisung der Haushaltsmittel wenigstens eine Abwägung mit dem verfassungsrechtlich geschützten Ausbildungsanspruch der Bewerberinnen und Bewerber vorgesehen.

Bis zu einem Zehntel der Stellen werden nach dem Zulassungsbeschränkungsgesetz an **Härtefälle** vergeben. 60 % der nach der Härtefallregelung verbleibenden Stellen werden nach dem **Ergebnis der ersten juristischen Staatsprüfung**, 40 % nach der **Dauer der Wartezeit** seit dem Einstellungstermin, zu dem der Antrag auf Einstellung erstmalig gestellt wurde (§ 3 Abs. 2 des Gesetzes), verteilt. Bei gleichem Ergebnis wird die Ableistung eines Dienstes nach Art. 12 a Abs. 1 oder 2 GG ebenso wie die Erziehung eines Kindes vorteilhaft berücksichtigt. Bei gleichem Rang der Bewerber entscheidet das Los. Erfolglose Bewerberinnen und Bewerber werden spätestens nach zwei Jahren berücksichtigt. Beim Einstellungstermin August 2003 betrug die Wartezeit mindestens 13 Monate.

Sachsen: Im Land August des Starken können Bewerberinnen und Bewerber derzeit noch **ohne Wartezeit** in den Vorbereitungsdienst übernommen werden. Soweit im Vergleich zu den zur Verfügung stehenden Ausbildungsplätzen ein Überhang an Bewerbern bestehen würde, müsste ein Auswahlverfahren nach der Verordnung der Sächsischen Staatsregierung der Justiz über die Beschränkung der Aufnahme in den juristischen Vorbereitungsdienst vom 7. 3. 1996, geändert am 3. 7. 2002 (JVDKapVO) erfolgen. Danach würden die Ausbildungsplätze zu 60 % nach der Note im ersten Examen, zu 30 % nach der Dauer der Wartezeit und zu den restlichen 10 % nach Härtefallgesichtspunkten vergeben. Dabei würde ein Zivil- oder Wehrdienst eine Rangverbesserung im Vergleich zu anderen Bewerbern bewirken. Bei der Geburt eines Kindes und daraus folgender Unterhaltsverpflichtung wäre im Einzelfall zu prüfen, ob diese als Härtefall anerkannt wird.

Einstellungen in Sachsen erfolgen jeweils zum 1. Mai und zum 1. November eines jeden Jahres.

Sachsen-Anhalt: Rechtsreferendarinnen und Rechtsreferendare werden zur Zeit ohne Wartezeit zum 1. April und 1. Oktober eines jeden Jahres eingestellt. Die Einstellung kann um bis zu 24 Monate hinausgeschoben werden, wenn die Zahl der für einen Einstellungstermin fristgemäß eingereichten Bewerbungen die Zahl der vorhandenen Ausbildungsmöglichkeiten übersteigt. Das Justizministerium hat von seiner ihm durch § 7 Nr. 6 JAG-LSA eingeräumten Verordnungsermächtigung Gebrauch gemacht und die »Verordnung über die Zulassung zum juristischen Vorbereitungsdienst vom 20. 7. 1994 (GVBl. LSA Nr. 39/1994 S. 900)«, geändert durch Verordnung vom 28. 2. 2002 erlassen. Danach errechnet sich die Ausbildungskapazität aus der mit dem Faktor 1,5 vervielfältigten Zahl der in Zivilsachen tätigen Richterinnen und Richter an Amts- und Landgerichten (§ 3 Abs. 1 der Verordnung). Die Ausbildungskapazität wird jedoch durch die im Haushaltsplan zur Verfügung stehenden Stellen und Mittel für die Ausbildungsplätze begrenzt (§ 1 Nr. 1 der Zulassungsverordnung).

Nach der Verordnung werden bis zu 45 % der Ausbildungsplätze nach **Leistung**, also dem **Ergebnis der ersten Staatsprüfung** (Gesamtnote), bis zu 40 % nach der Dauer der **Wartezeit** und die verbleibenden Ausbildungsplätze an Bewerberinnen und Bewerber, für die die Versagung der Zulassung eine **besondere Härte** bedeuten würde, vergeben. Antragstellerinnen und Antragsteller, die sich länger als 24 Monate erfolglos um eine Zulassung zum Vorbereitungsdienst in Sachsen-Anhalt beworben haben, sind mit Priorität vor den Einstellungskriterien des § 4 Abs. 1 zu berücksichtigen (vgl. § 4 Abs. 2 der Zulassungsverordnung).

Der unbestimmte Rechtsbegriff der **»besonderen Härte«** ist in § 6 der Zulassungsverordnung legaldefiniert. Eine besondere Härte ist dann gegeben, wenn die Bewerberin bzw. der Bewerber durch gesundheitliche, familiäre, soziale, wirtschaftliche oder sonstige persönliche Umstände anderen Bewerbungen gegenüber so erheblich benachteiligt ist, dass sie bzw. ihn die Versagung zum Vorbereitungsdienst unzumutbar belasten würde. Eine solche Härte liegt insbesondere vor bei schwerbehinderten Bewerberinnen und Bewerbern und Gleichgestellten im Sinne des SGB IX. Die **Rangfolge** der Bewerberinnen und Bewerber, die nach der **Wartezeit** eingestellt werden, ergibt sich aus der Zahl der erfolglosen Bewerbungen in ununterbrochener Folge um Zulassung zum Vorbereitungsdienst des Landes Sachsen-Anhalt. Bei gleicher Wartezeit entscheidet das höhere Lebensalter. Die Ableistung der Dienstpflicht nach Art. 12 a Abs. 1 oder 2 GG oder einer zweijährigen Tätigkeit als Entwicklungshelfer oder einer Tätigkeit im Rahmen des freiwilligen sozialen Jahres führt zu einer Rangverbesserung im Rahmen der Warteliste. Auch eine Verzögerung der Einstellung einer Frau in den Vorbereitungsdienst infolge einer Geburt führt zu einer Verbesserung des Wartelistenrangs, wenn sich die Frau innerhalb von zwei Jahren nach der Geburt um eine Einstellung in das Referendariat bewirbt.

Schleswig-Holstein: Die Wartezeit in Schleswig-Holstein beträgt zur Zeit etwa 15 bis 16 Monate. Zukünftig ist eher mit einer Zunahme der Wartezeiten zu rechnen. Das

Land hat den Zugang zum Vorbereitungsdienst durch eine Kapazitätsverordnung beschränkt. Mit einer Wartezeit müssen alle rechnen, denen es nicht gelingt, über die Leistungsliste (bis zu 20 % der Ausbildungsplätze) oder als besonderer Härtefall (bis zu 10 % der Ausbildungsplätze) eingestellt zu werden. Als Härtefall gilt auch die gesetzliche Verpflichtung zur Unterhaltsleistung. Günstig wirkt sich auf eine Wartezeit die Ableistung eines freiwilligen sozialen Jahres, eines Entwicklungs-, Wehr- oder Zivildienstes aus. Wenn diese Bewerber noch keinen Nachteilsausgleich beim Hochschulzugang in Anspruch genommen haben, gilt für sie Folgendes: Sie müssen nur diejenige Wartezeit erfüllen, die sie bei einer Bewerbung zu einem um die Dauer des Dienstes zurückverlegten Zeitpunkt hätten hinnehmen müssen. Bei der Festsetzung dieser Wartezeit ist die durchschnittliche Wartezeit aller Bewerberinnen und Bewerber zu Grunde zu legen, die in demjenigen Halbjahr eingestellt worden sind, in das der zurückverlegte Zeitpunkt fällt.

Eingestellt wird jeweils im Februar, April, Juni, August, Oktober und Dezember.

Thüringen: In Thüringen werden Rechtsreferendarinnen und Rechtsreferendare in der Regel **ohne Wartezeit** in den Vorbereitungsdienst aufgenommen. Nur einzelne Bewerber können zu einem bestimmten Termin nicht berücksichtigt werden, erhalten dann aber eine Stelle zum nächsten Einstellungstermin. Es bestehen lediglich Einschränkungen im Hinblick auf die Zuweisung zu einem bestimmten Ausbildungsbezirk. Diesen Wünschen kann wegen der unterschiedlichen Bewerbungen für einzelne Landgerichtsbezirke und den Ausbildungskapazitäten nur teilweise entsprochen werden. Sofern ein Bewerberüberhang existiert, wird nach folgenden Kriterien ausgewählt: Über eine Leistungsliste werden 40 % der Plätze vergeben, über die Warteliste 50 % und die verbleiben 10 % sind für Härtefälle vorbehalten. Vorab erhalten alle diejenigen eine Stelle, die bereits dreimal in Folge abgelehnt wurden. Dienstzeiten und Geburten finden wiederum im Rahmen der Warteliste Berücksichtigung und führen dort zur Rangverbesserung. Einstellungstermine sind der 1. Mai und der 1. November.

5. Auswahlkriterien und Wartezeiten in den einzelnen Bundesländern – Übersicht

Land	Wartezeit	Auswahlkriterien	Einstellungstermine
Baden-Württemberg	keine	Zunächst 60 % vorab für abgeleistete Dienstpflicht; Leistung (65 der verbleibenden 40 %), Härtefälle (10 der 40 %), Wartezeit (25 der 40 %)	1. April und 1. Oktober
Bayern	Keine	Keine	Jeweils 1. Freitag im April und Oktober

Land	Wartezeit	Auswahlkriterien	Einstellungstermine
Berlin	bis zu 24 Monate	Leistung (10 %, mind. „gut"), Härtefälle (10 %), Bindung an Berlin (bis zu 70 %) Wartezeit (Rest)	Jeweils zu Beginn Februar, Mai, August, November
Brandenburg	Bis zu 6 Monaten	Leistung (20 %), Härtefälle (10 %), Wartezeit (70 %)	1. Februar, 1. Mai, 1. August und 1. November
Bremen	Bis zu 24 Monaten	Härtefälle, Wartezeit, Leistung	1. Januar, 1. Mai und 1. September
Hamburg	Bis zu ca. 28 Monate	Härtefälle (10 %), Leistung (18 %), i.ü. Wartezeit	Februar, April, Juni, August, Oktober, Dezember
Hessen	Bis zu 8 Monaten	Härtefälle (15 %), Leistung (50 %), Wartezeit (35 %)	Jeweils am 1. Arbeitstag im Januar, März, Mai, Juli, September, November
Mecklenburg-Vorpommern	Bis zu 12 Monate	35 % vorab nach Leistung, dann 10 % der restlichen für Härtefälle, 90 % Wartezeit	1. Juni und 1. Dezember
Niedersachsen	Bis zu einem Jahr	Härtefälle (10 % vorab), vom Rest 40 % Wartezeit, 60 % Leistung	1. März, 1. Juni, 1. September und 1. Dezember; bis 2004 jeweils 1 Monat früher
Nordrhein-Westfalen	9 bis 11 Monate je nach OLG	Wartezeit, Härtefälle	OLG Köln, OLG Düsseldorf und OLG Hamm monatlich, für einzelne LG-Bezirke verschieden (LG Köln monatlich, LG Bonn alle drei Monate)
Rheinland-Pfalz	Bis zu sechs Monaten	20 % Härtefälle vorab, 60 % der restlichen Leistung, 40 % der restlichen Wartezeit	Nächster Arbeitstag nach dem 1. Mai/1. November
Saarland	13 Monate	Bis zu 10 % Härtefälle, vom Rest 60 % Note, 40 % Wartezeit	1. Februar, 2. Mai, 1. August, 2. November
Sachsen	Keine	Ggf. Leistung (60 %), Wartezeit (30 %), Härtefälle (10 %)	Mai und November
Sachsen-Anhalt	Keine	Wartezeit (40 %), Leistungen (45 %) und Härtefälle (15%), § 4 JAG	1. April und 1. Oktober

Land	Wartezeit	Auswahlkriterien	Einstellungstermine
Schles-wig-Hol-stein	Ca. 15 Monate	Härtefälle (10 %), Leistung (20 %), Wartezeit (Rest)	Im Februar, April, Juni, August, Oktober und Dezember
Thüringen	i.d.R. keine	Härtefälle (10 %), Leistung (40 %), Wartezeit (50 %)	Mai und November

II. Die Bewerbung zur Einstellung in den Vorbereitungsdienst

Wenn Sie sich für einen bestimmten Einstellungsort entschieden haben, ist die Bewerbung vorzunehmen.

Zuständig für die Einstellung in den juristischen Vorbereitungsdienst sind regelmäßig die Präsidentinnen und Präsidenten der Oberlandesgerichte bzw. des Kammergerichts (s. Aufzählung der Oberlandesgerichte im Adressenlistenteil, Seite 303 f.). Hat man sich schließlich für einen bestimmten Oberlandesgerichtsbezirk bzw. einen bestimmten Landgerichtsbezirk entschieden, folgt die Bewerbung. Dazu sind je nach Bundesland unterschiedlich umfangreiche Unterlagen beizubringen, die im nachfolgenden soweit bekannt aufgeführt sind. Zu beachten ist dabei, dass in den meisten Bundesländern eine Bewerbungsfrist für die Einstellungstermine zu beachten ist (bis zu fünf Monate im Voraus). Erkundigen Sie sich dazu vor Ort.

Die Auflistung soll eine **frühzeitige Beschaffung** der erforderlichen Unterlagen ermöglichen, damit nicht unnötig Zeit zwischen erstem Staatsexamen und Einstellung in den Vorbereitungsdienst verloren geht. Insbesondere Unterlagen, die beantragt werden müssen (Führungszeugnis) oder die eine Terminierung erfordern, (Gesundheitszeugnis) können zum Versäumen eines Einstellungstermins führen. Das Führungszeugnis (Belegart O) beantragen Sie bei dem Einwohnermeldeamt Ihres Wohnortes. Bedenken Sie, dass die Bearbeitung und Übersendung von **Führungszeugnis** und **Gesundheitszeugnis** regelmäßig zwei bis drei Wochen in Anspruch nimmt. Planen Sie die Beantragung daher rechtzeitig.

Wenn Sie keine Zeit verlieren wollen und auch keinen Wert auf eine sinnvoll genutzte Wartezeit legen: Bewerben Sie sich bereits vor der Beendigung des ersten Staatsexamens, und zwar entweder zum ersten möglichen Termin oder zu Ihrem Wunschtermin. Neben der Wartezeit zählt nämlich auch der zeitliche Eingang der Bewerbung. In den meisten Ländern ist dies unproblematisch möglich. Der Vorteil ist, dass der Antrag rechtzeitig vor dem frühestmöglichen Einstellungstermin eingeht oder aber der frühzeitige Antragseingang sich günstig auf die Wartezeit auswirkt. Erkundigen Sie sich bereits während des ersten Staatsexamens an Ihrem Wunschausbildungsbezirk, ob eine solche vorzeitige Bewerbung möglich ist.

Baden-Württemberg: Wie in fast allen Bundesländern werden auch in Baden-Württemberg Referendare nicht mehr als Beamte auf Widerruf, sondern in einem öffentlich-rechtlichen Ausbildungsverhältnis eingestellt. Die Höhe der monatlichen Unterhaltsbeihilfe beträgt 887,88 €, gegebenenfalls zuzüglich eines Familienzuschlages.

Der Aufnahmeantrag in den juristischen Vorbereitungsdienst ist unter Verwendung eines bestimmten Vordrucks (vorher beim OLG Karlsruhe oder OLG Stuttgart anfordern) an den Präsidenten des OLG Karlsruhe bzw. des OLG Stuttgart zu richten. Bewerbungen für den Einstellungstermin April müssen bis zum 30. November des Vorjahres, Bewerbungen für den Einstellungstermin Oktober bis zum 31. Mai desselben Jahres eingegangen sein. Es handelt sich dabei um Ausschlussfristen. Auf Wunsch der zuständigen Stellen sollten die Bewerbungen allerdings auch nicht mehr als sechs Monate vor dem Einstellungstermin verschickt werden. Dem Antrag sind beizufügen:

- ein handgeschriebener und unterschriebener Lebenslauf neuen Datums
- eine Begründung für einen besonderen Zuweisungswunsch
- ein Lichtbild in Passbildgröße, ebenfalls neuen Datums und auf der Rückseite mit Namen versehen
- das beglaubigte Zeugnis des ersten Staatsexamens (oder vorläufige Bescheinigung; dazu noch unten)
- Ggf. beglaubigte Kopie eines Nachweises über die Schwerbehinderteneigenschaft oder über abgeleistete Dienstzeiten
- eine beglaubigte Kopie des Reisepasses oder Personalausweises
- ein Führungszeugnis der Art »für eigene Zwecke« nach § 30 Abs. 1 Satz 1 BZRG. Bei Einstellung darf dieses nicht älter als 8 Monate sein
- Ggf. Kopie eines Ablehnungsbescheides des Oberlandesgerichts Karlsruhe oder Stuttgart mit Wartezeitanrechnung sowie eine amtlich beglaubigte Abschrift/Fotokopie der Endnote, auf die die Wartezeit angerechnet wurde

Die genannten Unterlagen sind mit dem Antrag vorzulegen. Bis zum Ablauf der mit der Eingangsbestätigung gesetzten Frist nachgereicht werden kann eine amtlich beglaubigte Abschrift/Fotokopie des Zeugnisses oder ein Original/eine amtlich beglaubigte Abschrift/Fotokopie der vorläufigen Bescheinigung über das Bestehen der Ersten juristischen Staatsprüfung (vorläufige Bescheinigung in Baden-Württemberg, erhältlich nach Ablegung der mündlichen Prüfung bei der jeweiligen Außenstelle des Landesjustizprüfungsamts). Sind seit der Ablegung der Prüfung mehr als 3 ½ Jahre vergangen: Nachweise über die zwischenzeitliche Tätigkeit.

Bayern: Der Grundbetrag der Anwärterbezüge in Bayern ist einheitlich, d.h. altersunabhängig auf zur Zeit 927,11 € festgesetzt. Hinzu kommen Familienzuschlag (für verheiratete Referendare 100,78 €, für das erste und zweite Kind jeweils 86,21 €, ab dem dritten Kind jeweils 220,74 €), ergänzende Fürsorgeleistung und vermögenswirksame Leistungen in entsprechender Anwendung der beamtenrechtlichen Vorschriften.

Das Einstellungsgesuch ist an die Präsidentin bzw. den Präsidenten des Oberlandesgerichtsbezirks zu richten, in dessen Bezirk der Vorbereitungsdienst abgeleistet werden soll. Einstellungen erfolgen am Anfang der Monate April und Oktober mit den üblichen Bewerbungsunterlagen. Die einzelnen Formblätter sowie nähere Angaben zu den beizufügenden Anlagen erhalten Sie bei den Einstellungsbehörden. Die Ausbildung erfolgt in einem öffentlich-rechtlichen Ausbildungsverhältnis. Die für die Bewerbung zum Vorbereitungsdienst einzuhaltenden Bewerbungsfristen werden von den für die Einstellung zuständigen Präsidenten der Oberlandesgerichte festgesetzt. Regelmäßig betragen sie etwa 2 ½ Monate. Welche Frist zu einem bestimmten Zeitpunkt konkret einschlägig ist, lässt sich der Homepage des jeweiligen OLG entnehmen.

Berlin: Einstellungen werden jeweils zu Beginn der Monate Februar, Mai, August und November vorgenommen. Über den Antrag entscheidet die Präsidentin oder der Präsident des Kammergerichts Berlin. Dem Antrag, der mindestens zwei Monate vor dem gewünschten Einstellungstermin vorliegen sollte, sind die auch in den anderen Bundesländern üblichen Unterlagen beizufügen.

- das Zeugnis über das Bestehen der ersten juristischen Staatsprüfung,
- das ausgefüllte und unterschriebene Personalblatt für Referendare/Referendarinnen, nebst Zusatzerklärung über Zwangsvollstreckungsmaßnahmen (Vordruck Inn II 800c)
- ein aktuelles Lichtbild (für das Personalblatt), das auf der Rückseite mit Ihrem Namen zu versehen ist,
- ein unterzeichneter – möglichst maschinengeschriebener – tabellarischer Lebenslauf,
- Ihre Geburtsurkunde,
- (gegebenenfalls) die Bescheinigung über abgeleisteten Wehr-, Zivil- oder Ersatzdienst,
- (gegebenenfalls) Heiratsurkunde, rechtskräftiges Scheidungsurteil (ohne Tatbestand und Entscheidungsgründe),
- (gegebenenfalls) Geburtsurkunden der Kinder,
- (gegebenenfalls) Urkunden über die Verleihung akademischer Grade,
- (gegebenenfalls) Nachweis über Schwerbehinderung,
- ggf. Einbürgerungsurkunde

An Stelle der Originalurkunden sollten beglaubigte Kopien verwendet werden.

Das Nähere erfahren Sie bei der Anforderung der Bewerbungsunterlagen. Hilfreich ist auch eine sehr ausführliche Broschüre, die auf den Internetseiten des Kammergerichts Berlin (http://www.kammergericht.de) eingesehen werden kann. Diese enthält nicht nur Nützliches zu der Bewerbung, sondern auch ansonsten sehr viel Innovatives. So zum Beispiel auch eine aktuelle Liste über potenzielle Ausbildungsstellen in der Wahlstation.

Die Einstellung erfolgt in einem öffentlich-rechtlichen Ausbildungsverhältnis.

Brandenburg: Das Gesuch um Aufnahme in den Vorbereitungsdienst ist an die Präsidentin bzw. den Präsidenten des Brandenburgischen Oberlandesgerichts zu richten. In Brandenburg bestehen Ausbildungsbezirke in Cottbus, Frankfurt (Oder), Neuruppin und Potsdam. Einstellungen erfolgen jeweils zum 1. Februar, 1. Mai, 1. August und zum 1. November. Der Bewerbung sind die in den jungen Bundesländern üblichen Unterlagen und Erklärungen beizufügen. Nähere Informationen teilt die Einstellungsbehörde mit, wenn Sie um Übersendung der Bewerbungsunterlagen bitten. Beachten Sie bitte, dass am Auswahlverfahren nur teilnimmt, wer innerhalb der Bewerbungsfrist vollständige Unterlagen vorgelegt hat oder diese innerhalb der Nachfrist vervollständigt hat. Es werden nur solche Umstände berücksichtigt, die schriftlich dargelegt und nachgewiesen sind (§ 2 JurVDKpV). Der Schlusstag für die Entgegennahme von Bewerbungen wird jeweils durch die Ausbildungsbehörde öffentlich bekannt gemacht.

Die Einstellung erfolgt in einem öffentlich-rechtlichen Ausbildungsverhältnis. Es wird eine Unterhaltsbeihilfe in Höhe von derzeit 870 €, ggf. zuzüglich eines Familienzuschlags wie für Beamte auf Widerruf im Vorbereitungsdienst der Besoldungsgruppe A13, gewährt.

Bremen: Das Land Bremen stellt an drei Terminen, nämlich zum 1. Januar, 1. Mai und 1. September eines jeden Jahres Rechtsreferendarinnen und Rechtsreferendare ein. Fordern Sie wegen der Bewerbungsfristen rechtzeitig die Bewerbungsunterlagen an. Das Zulassungsgesuch ist unter Beifügung der geforderten Nachweise an den Präsidenten des Hanseatischen Oberlandesgerichts in Bremen zu richten.

Auch in Bremen werden Bewerberinnen und Bewerberin in ein öffentlich-rechtliches Ausbildungsverhältnis aufgenommen, § 34 JAG.

Hamburg: Hamburg gehört neben Berlin, Bayern und Nordrhein-Westfalen (OLG Köln) zu den Ländern, denen nachgesagt wird, durch abschreckende Briefe zu versuchen, auswärtige Bewerberinnen und Bewerber zu einer Ausbildung in einem anderen Bundesland zu bewegen (so Bürgerschaftsdrucksache 15/2899 vom 23. 2. 95). Nahezu 40 % aller Bewerber für den Vorbereitungsdienst kommen mittlerweile nicht aus Hamburg. Dennoch, eine Ortsbindung wird bei der Einstellung nicht berücksichtigt; es kommt nicht darauf an, ob das erste Examen in Hamburg oder in einem anderen Bundesland absolviert wurde. Die Bewerbungsunterlagen sind beim Präsidenten bzw. der Präsidentin des Hanseatischen Oberlandesgerichts anzufordern (möglichst unter Beifügung eines frankierten DIN-A4-Rückumschlags; Achtung: Seit Oktober 2003 hat das Hanseatische Oberlandesgericht eine neue Adresse!). Die mit der Bewerbung einzureichenden Unterlagen und Erklärungen sind in den Bewerbungsunterlagen aufgeführt. Die typischerweise vorzulegenden Unterlagen können Sie bereits zeitgleich beschaffen (siehe oben). Einstellungstermine sind Februar, April, Juni, August, Oktober und Dezember. Ausschlussfristen für die Bewerbung gibt es nicht. Nach der Zulassungsverordnung werden Bewerbungen erstmalig berücksichtigt, wenn sie nach Bestehen des ersten Examens und bis zum Ersten des dem Einstellungstermin vorangegangenen Monats eingegangen sind. Mit Ablauf von drei Jahren erlischt die Bewerbung. Wenn innerhalb dieser drei Jahre eine angebotene Stelle nicht angenommen wird, ist eine erneute Bewerbung erforderlich.

Seit dem 1. 1. 2002 stehen Referendare in Hamburg in einem öffentlich-rechtlichen Ausbildungsverhältnis und erhalten eine monatliche Unterhaltsbeihilfe von 850 € brutto monatlich. Weitere Leistungen werden nicht gewährt.

Hessen: Das an das Ministerium für Justiz auf einem von diesem herausgegebenen Formular zu richtende Gesuch auf Einstellung in den Vorbereitungsdienst ist zwei Monate vor dem jeweiligen Einstellungstermin bei dem Landgericht einzureichen, in dessen Bezirk die Antragstellerin oder der Antragsteller wohnt. Einstellungen werden jeweils zum ersten Arbeitstag der Monate Januar, März, Mai, Juli, September und November eines Jahres vorgenommen. Im Antrag ist anzugeben, bei welchem Landgericht der Vorbereitungsdienst vorzugsweise absolviert werden soll. Diejenigen, die keinen Wohnsitz in Hessen haben, reichen den Antrag bei dem Landgericht ein, dessen Bezirk sie zugewiesen werden möchten. Neben dem Wunschausbildungsort sollten zwei weitere, ersatzweise in Betracht kommende Landgerichtsbezirke benannt werden. Ein Anspruch auf Einstellung zu einem bestimmten Bezirk oder einer bestimmten Ausbildungsstelle besteht nicht.

Dem Antrag sind die auch in den anderen Bundesländern üblichen Unterlagen beizufügen. Unter anderem ist ein vergleichsweise ausführlicher Fragebogen auszufüllen sowie eine Erklärung über den Gesundheitszustand abzugeben.

Auch in Hessen erfolgt die Einstellung in einem öffentlich-rechtlichen Ausbildungsverhältnis. Den Referendaren wird eine Unterhaltsbeihilfe in Höhe von 885 € zzgl. gegebenenfalls eines Familienzuschlags gemäß dem BBesG gewährt.

Mecklenburg-Vorpommern: Einstellungen erfolgen am 1. Juni und 1. Dezember eines jeden Jahres. Der Antrag auf Zulassung kann frühestens nach Bestehen des ersten Staatsexamens gestellt werden. Der Antrag ist an den Präsidenten des Oberlandesgerichts Rostock zu richten. Berücksichtigung finden nur ordnungsgemäße Anträge, die keine Vorbehalte im Hinblick auf den Zeitpunkt der Einstellung und den Ort der Zuweisung geltend machen (§ 2 KapVO). Gründe für die Berücksichtigung als Härtefall sind bereits mit den Antrag geltend zu machen.

Achtung: Bei Nichtberücksichtigung der ersten Bewerbung müssen die Bewerberinnen und Bewerber schriftlich spätestens 8 Wochen vor dem nächsten Einstellungstermin mitteilen, ob die Bewerbung aufrechterhalten wird, ansonsten wird der Ausbildungsplatz weitergegeben (§ 11 KapVO).

Die Zuweisung erfolgt an die Landgerichtsbezirke Neubrandenburg, Rostock, Schwerin und Stralsund. Neben den auch in den alten Bundesländern üblichen Erklärungen (über Dienstzeiten und Staatsangehörigkeit, Straf- und Disziplinarverfahren) haben die Bewerberinnen und Bewerber auch eine sog. MfS-Erklärung abzugeben. Für einen ordnungsgemäßen Antrag, der spätestens 6 Wochen vor dem Einstellungstermin bei der zuständigen Stelle (s.o.) eingegangen sein muss, müssen Sie bereits bei Antragstellung folgende Unterlagen einreichen:

1. ein Lebenslauf mit Lichtbild,
2. eine beglaubigte Kopie Ihrer Geburtsurkunde oder Abstammungsurkunde;
3. eine beglaubigte Kopie des Zeugnisses über die Erste Juristische Staatsprüfung oder eine vorläufige Bescheinigung über das Bestehen (im Original oder als beglaubigte Kopie), wenn das Zeugnis noch nicht vorliegt,
4. ein aktuelles polizeiliches Führungszeugnis (nur im Original) **gemäß § 30 Absatz 5 BZRG** (zu beantragen bei der Meldebehörde, bei der Sie mit Haupt- oder Nebenwohnung gemeldet sind); dieses wird direkt an den Präsidenten des Oberlandesgerichts übersandt,
5. beglaubigte Kopie des Reisepasses oder Personalausweises, in Zweifelsfällen ein Staatsangehörigkeitszeugnis,
6. die Anlagen 1 und 2 zur Sicherheitsüberprüfung, (Anlage 1 nur, sofern Sie vor dem 12. 1. 1972 geboren sind),
7. eine Erklärung darüber, ob wegen eines Verbrechens oder Vergehens ein gerichtliches Strafverfahren, ein staatsanwaltschaftliches Ermittlungsverfahren anhängig ist oder war und ob eine Disziplinarstrafe verhängt wurde sowie über die Staatsangehörigkeit (Anlage 3),
8. beglaubigte Kopie der Wehr- oder Zivildienstbescheinigung, über den Zeitraum des Einsatzes im Entwicklungsdienst oder die Leistung eines freiwilligen sozialen Jahres (Anlage 4); sofern eine Ableistung des Dienstes als Soldat auf Zeit erfolgt ist, ist eine beglaubigte Ablichtung der Ernennungsurkunde vorzulegen,
9. Personalbogen (Anlage 5),
10. bei Schwerbehinderung im Sinne des SGB IX:
beglaubigte Kopie des Schwerbehindertenausweises,
11. bei der Beantragung eines Härtefalles gemäß § 7 KapVO ist der Antrag durch aussagekräftige Unterlagen zu belegen.

Der Vorbereitungsdienst wird in einem öffentlich-rechtlichen Ausbildungsverhältnis absolviert.

Das Land Mecklenburg-Vorpommern hat eine zu empfehlende Ausbildungsbroschüre herausgegeben. Zu finden ist sie auf den Internetseiten des Justizministerium des Landes unter dem Menüpunkt »Organisationsstruktur« und weiter unter »Landesjustizprüfungsamt«.

Niedersachsen: Einstellungen in den in einem öffentlich-rechtlichen Ausbildungsverhältnis abzuleistenden Vorbereitungsdienst erfolgen jeweils zum 1. Februar, 1. Mai, 1. August und 1. November eines jeden Jahres an den drei Oberlandesgerichten, die auch für die Einstellung zuständig sind. Mit Beginn des Jahres 2004 erfolgen die Einstellungen jeweils einen Monat früher. In Niedersachsen sind einer frühzeitigen Bewerbung die entsprechenden Unterlagen wie auch in den anderen Bundesländern beizufügen. Nähere Hinweise zur Bewerbung und den beizufügenden Unterlagen erteilt das für die Ausbildung gewählte OLG, bei dem auch entsprechende Antragsformulare erhältlich sind.

Nordrhein-Westfalen: In NRW ist ebenso wie anderswo seit 1999 der Beamtenstatus abgeschafft worden und auch die weihnachtliche Zuwendung entfallen. Hierdurch reduziert sich insbesondere das Nettoeinkommen erheblich. Derzeit erhält man ca. 900 €.

Zuständig für die Einstellung in den Vorbereitungsdienst sind die Präsidentinnen und Präsidenten der Oberlandesgerichte Düsseldorf, Hamm und Köln. Der Antrag ist an den Bezirk zu richten, an dem die Ausbildung stattfinden soll. Der Oberlandesgerichtsbezirk Hamm hat die größte Ausbildungskapazität, gefolgt von Köln und Düsseldorf. Die Oberlandesgerichtsbezirke stellen jeweils monatlich ein, wobei die Zuweisung zu den einzelnen Landgerichtsbezirken als Stammdienststellen in anderen Rhythmen erfolgt. Bei besonderen Wünschen muss man sich insoweit bereits deshalb auf Wartezeiten einstellen. Am LG Bonn z.B. wird die Referendarausbildung in dreimonatigem Rhythmus durchgeführt, am LG Köln monatlich.

Das OLG Düsseldorf stellt kurzfristig freigewordene Ausbildungsplätze in das Internet. Wenn man Glück hat, kann man über diesen Weg sehr schnell mit den Referendariat beginnen.

Der Bewerbung sind die üblichen Unterlagen beizufügen. Für die Einstellung werden das Zeugnis des ersten Staatsexamens, ein Lebenslauf, Passfotos, Führungszeugnis, verschiedene Erklärungen sowie das Abiturzeugnis benötigt. Daneben sind ggf. Unterlagen wie Geburtsurkunde, Heiratsurkunde, Geburtsurkunde der Kinder oder eine Bescheinigung über Wehr- oder Zivildienstzeiten einzureichen. Beim Justizprüfungsamt des Landes NRW ist eine sehr ausführliche und hilfreiche Ausbildungsbroschüre erhältlich.

Rheinland-Pfalz: Einstellungen in das öffentlich-rechtliche Ausbildungsverhältnis werden zweimal jährlich zum auf den 1. Mai und 1. November folgenden ersten Arbeitstag vorgenommen. Ausschlussfristen für die Bewerbung existieren nicht. Anträge sind an die Präsidentin bzw. den Präsidenten des Oberlandesgerichtsbezirks Koblenz, über den bzw. die die Verteilung der Plätze ausschließlich erfolgt, zu richten. Für den Antrag ist ein Formblatt zu benutzen, das bei den Oberlandesgerichten erhältlich ist. Um das Verfahren zu beschleunigen, sollten folgende Unterlagen (beglaubigte Kopie reicht bei Urkunden aus) bereits vorbereitet bzw. beschafft sein:

- zwei mit Namen versehene Passbilder,
- unterschriebener Lebenslauf,
- Abschrift der Geburtsurkunden, auch gegebenenfalls von Kindern,
- gegebenenfalls Heiratsurkunde (Abschrift),
- Reifezeugnis (Abschrift),
- Nachweis über Wehr- oder Zivildienst, Entwicklungshilfe oder freiwilliges soziales Jahr,

- Zeugnis des ersten Staatsexamens (amtlich beglaubigt),
- Nachweis über einen Freiversuch (das betrifft nur auswärtige Bewerber),
- Nachweis im Hinblick auf die Geltendmachung einer Härte.

Nach Übersendung des Zulassungsantrags an den Präsidenten des OLG Koblenz ist noch ein Führungszeugnis der Belegart 0 (zur Vorlage bei einer Behörde) zu beantragen. Nach der Landesverordnung über die Gewährung von Unterhaltsbeihilfen an Rechtsreferendarinnen und Rechtsreferendare vom 3. 2. 2000 erhalten Rechtsreferendarinnen und Rechtsreferendare während ihres Vorbereitungsdienstes eine Unterhaltsbeihilfe, die derzeit 904,31 € beträgt. Dieser Grundbetrag wird jeweils um den gleichen Prozentsatz und zu dem gleichen Zeitpunkt angepasst, wie der nach dem Bundesbesoldungsgesetz gewährte höchste Anwärtergrundbetrag. Hinzu kommt ein Familienzuschlag in entsprechender Anwendung der Regelungen des BBesG.

Saarland: Einstellungen erfolgen viermal jährlich, und zwar zum 1. Februar, 2. Mai, 1. August und 2. November. Das Zulassungsgesuch ist an das Ministerium der Justiz zu richten und sollte dort vier Wochen vor dem Einstellungstermin vorliegen. Dem Antrag beizufügen und wegen der Wartezeiten daher frühzeitig zu beschaffen sind:

- ein eigenhändig geschriebener Lebenslauf,
- zwei Geburtsurkunden,
- Bescheinigung über einen abgeleisteten Wehr- oder Zivildienst,
- eine beglaubigte Kopie des Zeugnisses über das erste Staatsexamen oder eine vorläufige Bescheinigung,
- eine beglaubigte Abschrift des Reifezeugnisses,
- die Erklärung über das Nichtbestehen von Ermittlungs- und Strafverfahren,
- ein Führungszeugnis des Bundeszentralregisters,
- eine Erklärung der Bewerberin bzw. des Bewerbers zur Staatsangehörigkeit,
- alles was eine Zulassung als Härtefall rechtfertigt,
- ggf. Heiratsurkunde und Geburtsurkunde der Kinder.

Über die Einstellung entscheidet das Ministerium der Justiz. Ausbildungsbezirk ist der Bezirk des Landgerichts Saarbrücken, der das gesamte Saarland umfasst. Die Gesamtausbildung leitet der Präsident des Oberlandesgerichts, der die Dienstaufsicht hat.

Alle Antragstellerinnen und Antragsteller werden in einem öffentlich-rechtlichen Ausbildungsverhältnis eingestellt. Sie erhalten monatliche Bezüge in Höhe von etwa 890 € brutto.

Sachsen: In Sachsen werden Referendarinnen und Referendare noch mit Einstellung in das Beamtenverhältnis auf Widerruf berufen. Sie erhalten eine monatliche Bruttovergütung in Höhe von ca. 900 €. Hinzu kommt ggf. ein Familienzuschlag. Nur diejenigen Bewerber, die die Voraussetzungen für die Aufnahme in das Beamtenverhältnis nicht erfüllen, leisten den Vorbereitungsdienst in einem öffentlich-rechtlichen Ausbildungsverhältnis.

Zuständig für die Aufnahme in den Vorbereitungsdienst ist der Präsident des Oberlandesgerichts Dresden. Ausgebildet wird an den Landgerichten Chemnitz, Dresden und Leipzig. Seit Herbst 1995 sind auch die Landgerichte Bautzen, Görlitz und Zwickau Ausbildungsgerichte. Einstellungen werden zum Mai und November eines jeden Jahres vorgenommen. Ein Rechtsanspruch auf Aufnahme in den Vorbereitungsdienst an einem bestimmten Ort besteht nicht. Im Rahmen der verfügbaren Ausbildungsplätze soll jedoch die Aufnahme an einem Ort ermöglicht werden, dem die Bewerberin bzw. der Bewerber durch längeren Familienwohnsitz oder sonstige engere Beziehungen verbunden ist. Vor Antragstellung sind die Antragsformulare formlos beim OLG Dresden anzufordern. Dem Antrag sind die in den anderen jungen Bundesländern üblichen Unterlagen beizufügen.

Am Auswahlverfahren für die Referendarstellen kann nur teilnehmen, wer seine vollständigen Bewerbungsunterlagen bis spätestens zum 20. Februar für den Einstellungstermin 1. Mai und bis spätestens zum 31. Juli für den Einstellungstermin 1. November vorlegt oder sie innerhalb einer im Einzelfall gesetzten Nachfrist vollständig hat. Da derzeit ein Auswahlverfahren nicht stattfinden muss, werden auch verspätete Bewerbungen noch angenommen. Allerdings erfolgt dann keine Zuweisung zu den erfahrungsgemäß stark frequentierten Landgerichten Dresden und Leipzig mehr.

Sachsen-Anhalt: Die Einstellungen in Sachsen-Anhalt erfolgen zum 1. April und 1. Oktober eines jeden Jahres. Der Antrag auf Zulassung zum Vorbereitungsdienst ist unter Verwendung eines Vordrucks an das Oberlandesgericht Naumburg zu richten. Er muss zwei Monate vor dem Einstellungstermin vorliegen. Aus organisatorischen Gründen sollen die Bewerbungsunterlagen aber auch nicht mehr als drei Monate vor dem Einstellungstermin abgeschickt werden. Zuweisungswünsche werden nach Möglichkeit berücksichtigt, ohne dass ein Anspruch auf Zuweisung zu einem bestimmten Ausbildungsort besteht. Zulassungsanträge müssen spätestens zwei Monate vor dem jeweiligen Einstellungstermin mit den erforderlichen Unterlagen beim Oberlandesgericht eingegangen sein. Nicht rechtzeitige oder unvollständige Bewerbungen können zurückgewiesen werden.

Dem Antrag sind **zumindest** beizufügen ein eigenhändig geschriebener Lebenslauf, eine beglaubigte Abschrift des Zeugnisses über das erste Staatsexamen sowie bei ausländischen Bewerberinnen und Bewerbern eine Erklärung zur Staatsangehörigkeit. Reichen Sie im eigenen Interesse vollständige Unterlagen ein, insbesondere, wenn Sie das Erfüllen von Zuteilungskriterien im Sinne der Zulassungsordnung geltend machen wollen. Nach § 2 Abs. 3 der Zulassungsverordnung werden nur solche Umstände bei der Auswahl der Bewerberinnen und Bewerber berücksichtigt, die mit der Bewerbung oder den nachgereichten Unterlagen schriftlich dargelegt und nachgewiesen worden sind.

Ein ordnungsgemäßer und vollständiger Antrag beinhaltet die Einreichung folgender Unterlagen:

- eigenhändiger und unterschriebener Lebenslauf,
- ein Passbild, auf der Rückseite mit Namen versehen,
- eine Aufenthaltsbescheinigung (bei Ausländerinnen und Ausländern),
- Selbstauskunft wegen etwaiger MfS-Tätigkeit,
- ein Behördenführungszeugnis (Belegart O),
- eine Erklärung über den Gesundheitszustand und über die Schuldenfreiheit,
- eine beglaubigte Kopie des Zeugnisses des ersten Staatsexamens,
- eine beglaubigte Kopie der Exmatrikulationsbescheinigung,
- eine beglaubigte Kopie der Geburtsurkunde,
- gegebenenfalls eine beglaubigte Kopie der Heiratsurkunde,
- gegebenenfalls eine beglaubigte Kopie eines Auszugs aus dem Familienbuch bei Bewerberinnen und Bewerbern, die dem Ehenamen ihren Geburtsnamen voranstellen,
- gegebenenfalls eine beglaubigte Kopie der Geburtsurkunden der Kinder,
- eine beglaubigte Kopie des Bescheids über eine Minderung der Erwerbsfähigkeit und sonstiger Bescheinigungen im Zusammenhang mit der Härtefallregelung,
- eine beglaubigte Kopie einer Bescheinigung über die Ableistung eines Dienstes nach Art. 12 a GG oder einer gleichgestellten Tätigkeit.

Die Annahme des Ausbildungsplatzes ist innerhalb einer Frist von zehn Tagen nach Bekanntgabe der Zulassung zu erklären, § 9 Zulassungsverordnung. Andernfalls wird der Ausbildungsplatz anderweitig vergeben.

Gemäß § 33 Abs. 2 JAPrO LSA können auch Rechtsreferendarinnen und Rechtsreferendare eingestellt werden, die **den Vorbereitungsdienst in einem anderen Bundesland** begonnen haben, wenn noch mindestens die Hälfte des Vorbereitungsdienstes zu leisten ist.

Sämtliche Rechtsreferendare im Land Sachsen-Anhalt werden in einem öffentlich-rechtlichen Ausbildungsverhältnis eingestellt und erhalten eine Unterhaltsbeihilfe in Höhe von 848,23 €, ggf. zuzüglich eines Familienzuschlages, der demjenigen der Besoldungsgruppe A13 entspricht.

Schleswig-Holstein: In Schleswig-Holstein wird sechsmal im Jahr (alle zwei Monate, beginnend mit dem 1. Februar) eingestellt. Die näheren Einstellungsvoraussetzungen ergeben sich aus der Kapazitätsverordnung des juristischen Vorbereitungsdienstes. Die Kapazitätsverordnung wurde auf Grund eines Beschlusses des OVG Schleswig, das einem Anordnungsanspruch eines Referendars auf Einstellung stattgab, nachgebessert (siehe OVG Schleswig vom 30. 9. 94 – 3 M 49/94, NVwZ-RR 1995, 279). Die Voraussetzungen für die Leistungsliste oder die Anerkennung als Härtefall sind nachzuweisen. Anträge sind an den Präsidenten des Schleswig-Holsteinischen Oberlandesgerichts zu richten. Dem Antrag sind die auch in anderen Bundesländern üblichen Unterlagen beizufügen. Ausschlussfristen für die Bewerbung gibt es nicht.

Die Referendarinnen und Referendare werden in einem öffentlich-rechtlichen Ausbildungsverhältnis eingestellt und erhalten eine monatliche Unterhaltsbeihilfe in Höhe von 848,23 €.

Thüringen: Thüringen ist die zweite Ausnahme bezüglich derjenigen Bundesländer, die Referendarinnen und Referendare regelmäßig noch als Beamte auf Widerruf berufen. Es wird zweimal im Jahr, nämlich zum 2. Mai und zum 1. November, eingestellt. Einstellungsanträge müssen mindestens **drei Monate** vor dem gewünschten Einstellungstermin vorliegen. Möglich ist in Thüringen auch eine Bewerbung bereits vor der Beendigung des ersten Staatsexamens. Der Antrag auf Einstellung in den juristischen Vorbereitungsdienst ist in zweifacher Ausfertigung beim Thüringer Justizministerium einzureichen. Ausbildungsbezirke sind die Landgerichtsbezirke Erfurt, Gera, Meiningen und Mühlhausen. Nicht allen Wünschen auf Zuweisung zu einem bestimmten Bezirk kann entsprochen werden. Gleichzeitig mit der Angabe eines Erstwunsches sind daher zwei weitere Ausbildungsbezirke anzugeben.

Dem Antrag auf Einstellung sind beizufügen:

- Ein eigenhändig geschriebener und unterschriebener **Lebenslauf** (einfach + Kopie);
- Eine – beglaubigte – **Geburtsurkunde**, gegebenenfalls Heiratsurkunde sowie Geburtsurkunde der Kinder und falls Sie geschieden sind, den Tenor des Scheidungsurteils (je zweifach);
- Beglaubigte Abschrift (nicht die Urschrift) des **Zeugnisses über die erste juristische Staatsprüfung** (zweifach); diese Urkunde kann innerhalb eines Monats nachgereicht werden, falls Sie Ihnen zum Bewerbungszeitpunkt noch nicht vorliegt. Wenn Sie Ihre erste juristische Staatsprüfung in Thüringen ablegen, ist die Vorlage entbehrlich; bitte geben Sie dann den Tag der mündlichen Prüfung an.
- **Fragebogen** (gemäß Runderlass der Thüringer Landesregierung, Thüringer Staatsanzeiger 1992, 1122), der sorgfältig auszufüllen und zu unterschreiben ist (in der Regel: einfach; zweifach nur, wenn Geburtsdatum vor dem 12. 1. 1972).

  Nach § 6 Abs. 1 Nr. 4 2. Hs. ThürBG hat sich die von den Bewerbern um die Aufnahme in den Referendar-Dienst abzugebende Erklärung, ob Tatsachen i.S.v. § 6 Abs. 1 Nr. 3 oder § 8 Abs. 3 ThürBG vorliegen auf Sachverhalte nach Vollendung des 18. Lebensjahres zu beschränken.

  Bewerber, die **nach dem 12. 1. 1990 das 18. Lebensjahr** vollendet haben, brauchen in dem Fragebogen nur die **Fragen 10 und 11** zu beantworten.
- **Zwei Lichtbilder** aus neuester Zeit (bitte Namen auf der Rückseite eintragen);
- Die persönliche Versicherung **gesund** zu sein (zweifach);
- Den Nachweis über die Beantragung eines **Führungszeugnisses (Belegart O)**, das vom Bundeszentralregister ausgestellt und dem TJM unmittelbar übersandt wird. Das Führungszeugnis darf nicht älter als drei Monate sein.

Sie müssen das Führungszeugnis persönlich bei der Meldebehörde beantragen und dabei das Thüringer Justizministerium, JPA 4, Werner-Seelenbinder-Straße 5, 99096 Erfurt als Empfangsbehörde angeben.

Beantragen Sie das **Führungszeugnis rechtzeitig**, da mit einer Bearbeitungsdauer von bis zu vier Wochen gerechnet werden muss. Ist es nicht spätestens zwei Monate vor dem angestrebten Einstellungstermin eingegangen, kann Ihre Bewerbung erst zum darauf folgenden Einstellungstermin berücksichtigt werden.

- Nachweise über **Wehr- oder Zivildienst** oder eine Erklärung des zuständigen Kreiswehrersatzamtes, dass mit Ihrer Einziehung während des Referendariats nicht gerechnet werden muss (zweifach).

Ablichtungen der einzureichenden Unterlagen werden bei persönlicher Abgabe am Landgericht oder auch von Thüringer Amtsgerichten kostenlos beglaubigt. Das Führungszeugnis kann über Ihre zuständige Einwohnermeldebehörde beantragt werden. Sind die Unterlagen nicht rechtzeitig (drei Monate) vor dem Einstellungstermin eingegangen, wird Ihre Bewerbung erst bei dem folgenden Einstellungstermin berücksichtigt.

Alle Bundesländer: Wenn Sie ganz sicher gehen wollen im Hinblick auf die Aktualität der Informationen über die Einstellung und Zulassung in den einzelnen Bundesländern, sollten Sie sich direkt bei dem zuständigen Justizprüfungsamt informieren. Hilfreich sind oft auch deren Internetseiten oder die von fast jedem Bundesland zur Verfügung gestellten Informationsbroschüren. Die Links sowohl zu den Einstellungsbehörden als auch zu den aktuellen Einstellungsbedingungen finden Sie unter http://www.rechtsreferendariat.de

III. Die Einstellung

1. Die Einstellung als Beamtin bzw. Beamter auf Widerruf

Die Einstellung in das Beamtenverhältnis als Anwärter gibt es zur Zeit der Drucklegung nur noch in Sachsen und in Thüringen. Vor einigen Jahren war die Verbeamtung während des Vorbereitungsdiensten noch der Normalfall. Obwohl also die Einstellung als Beamter auf Widerruf erheblich an Bedeutung verloren hat, soll sie hier dennoch zunächst kurz dargestellt werden, bevor im Anschluss auf den aktuellen Regelfall eingegangen wird.

In den beiden Bundesländern, in denen es die Einstellung als Beamter auf Widerruf noch gibt, erhält man nach erfolgreicher Bewerbung die Mitteilung, dass die Einstellung zu einem bestimmten Termin beabsichtigt sei mit der Bitte, sich an einem bestimmten Tag zur **Aushändigung der Ernennungsurkunde** einzufinden. Die Übernahme in den Vorbereitungsdienst setzt die vorherige Ernennung zur **Beamtin auf Widerruf** bzw. zum **Beamten auf Widerruf** voraus. Mit diesem Schreiben wird man zugleich einem Landgericht als Stammdienststelle zugewiesen. Mit dem Erhalt der Ernennungsurkunde wird das Beamtenverhältnis begründet. Der Einstellung ging früher regelmäßig (sofern das Gesundheitszeugnis nicht bereits vorher eingereicht werden musste) noch ein Gesundheitscheck bei einer Amtsärztin oder einem Amtsarzt voraus. Heute genügt auch in den Ländern, in denen die Einstellung noch als Beamter auf Widerruf erfolgt, die persönliche Versicherung, gesund zu sein. Die **Vereidigung** erfolgt regelmäßig bei Dienstantritt.

2. Die Einstellung in ein öffentlich-rechtliches Ausbildungsverhältnis

Die Einstellung in ein öffentlich-rechtliches Ausbildungsverhältnis stellt demgegenüber heute den Normalfall dar. In 14 von 16 Bundesländern werden Referendarinnen und Referendare nicht mehr verbeamtet. Auch in den beiden Bundesländern (Sachsen und Thüringen), die noch die Berufung der Referendarinnen und Referendare als Beamte auf Widerruf kennen, kann es zu dieser Alternative bei der Einstellung kommen, wenn die Voraussetzungen für eine Ernennung zum Beamten bei einem Bewerber nicht vorliegen. Im öffentlich-rechtlichen Ausbildungsverhältnis erhalten die Referendarinnen und Referendare keine Anwärterbezüge, sondern Unterhaltsbeihilfe und sind gesetzlich in der Krankenversicherung und in der Arbeitslosenversicherung pflichtversichert; sie sind zwar nicht rentenversicherungspflichtig, sondern erhalten eine Versorgungsanwartschaft in der Rentenversicherung. Außerdem besteht die gesetzliche Pflege- und Unfallversicherung. Die Sozialversicherungspflichtigkeit wirkt sich leider negativ auf das Nettoeinkommen aus, das nur noch um 800 € beträgt. Die Interessenvertretungen der Rechtsreferendarinnen und Rechtsreferendare haben daher die Umstellung der Einstellungsmodalitäten kritisiert. Das BVerwG hat diese Praxis allerdings bereits früher sanktioniert (BVerwG, Beschluss v. 30. 11. 1992 – 2 B 188/92, NVwZ 1993, 780). Nach dieser Entscheidung erfordert im Falle eines von einem EG-Angehörigen in einem sozialversicherungspflichtigen Ausbildungsverhältnis abgeleisteten Vorbereitungsdienstes dies nach dem BVerwG aber nicht die Gewährung eines Ausgleichs für die Versicherungsbeiträge zusätzlich zu einer brutto in Höhe der Anwärterbezüge gewährten Unterhaltsbeihilfe.

Die in ein öffentlich-rechtliches Ausbildungsverhältnis Eingestellten führen ebenfalls die Dienstbezeichnung »Rechtsreferendarin« bzw. »Rechtsreferendar«. In dienstrechtlicher Hinsicht gelten für sie die für die verbeamteten Kolleginnen und Kollegen geltenden Regelungen entsprechend, soweit nichts anderes in der Juristenausbildungsvorschriften geregelt ist. Ansprüche auf Gewährung von Beihilfen in Krankheits-, Geburts- oder Todesfällen stehen diesen Kolleginnen und Kollegen nicht zu. Als Vergütung erhalten sie eine Unterhaltsbeihilfe. Wegen der Sozialversicherungspflichtigkeit sind die Nettobezüge deutlich geringer.

3. Rechtsmittel gegen den ablehnenden Einstellungsbescheid

Der ablehnende **Einstellungsbescheid** stellt einen Verwaltungsakt dar, der mit Widerspruch und (Verpflichtungs-) Klage vor dem Verwaltungsgericht angegriffen werden kann.

Umstritten ist dabei soweit ersichtlich immer noch, inwieweit die Verwaltungsgerichte in diesem Zusammenhang überprüfen dürfen, ob nicht noch mehr als die zu Grunde gelegten Ausbildungsstellen eingerichtet werden könnten und müssten und deshalb auch dem klagenden Bewerber eine Stelle zuzuteilen ist. So ist man teilweise der Auffassung, von einem Bundesland müsse eine äußerste Auslastung der **Ausbildungskapazität** hingenommen werden (Rehborn/Schulz/Tettinger, § 20 JAG NW Rn. 6 m.w.N.).

Bedenklich sind in diesem Zusammenhang die unterschiedlichen, von Land zu Land variierenden Ausbildungsplatzschlüssel und die Begrenzung der Ausbildungskapazitäten durch den Haushaltsplan. Im Ergebnis kann die Begrenzung durch den Haushaltsplan, wenn die Beispiele Schule machen, zur Aushöhlung des Anspruchs auf die Ableistung des Vorbereitungsdienstes führen. Damit ist ein Spannungsverhältnis zwischen der Finanzhoheit der Länder einerseits und dem Grundrecht aus Art. 12 GG andererseits aufgezeigt.

Wenn Sie planen, gegen einen ablehnenden Einstellungsbescheid vorzugehen, lesen Sie sich den Beschluss des OVG Schleswig, NVwZ-RR 1995, 279 durch. Das OVG hat dort den **Einstellungsanspruch** eines abgelehnten Bewerbers bejaht, weil die Ausbildungskapazität nicht ausgeschöpft wurde. Da damit feststand, dass mindestens ein weiterer Ausbildungsplatz zur Verfügung steht, erhielt der Antragsteller den freien Platz, und zwar unabhängig von seiner Position auf der Warteliste. Die kritische Haltung des OVG Schleswig ist zwischenzeitlich durch den VGH Kassel (NJW 1997, 959) bestätigt worden. Auch der VGH war der Meinung, dass der geltend gemachte Zulassungsanspruch des Bewerbers unabhängig von dessen Rangstelle in der Warteliste besteht. Andererseits sollte man auch ein Urteil des Hessischen Verwaltungsgerichtshofes (Beschluss vom 27. 2. 1998 – 1 TG 742/98) nicht übersehen. Dort führt das Gericht aus: »Teilhaberechte, zu denen der Anspruch auf Aufnahme in den juristischen Vorbereitungsdienst gehört, stehen grundsätzlich unter dem Vorbehalt des Möglichen …«. Dies zu beurteilen, ist in erster Linie Aufgabe des Gesetzgebers, der bei seiner Haushaltswirtschaft unterschiedliche Belange des Gemeinwohls zu berücksichtigen hat. Es gehört nicht zu den Befugnissen der Gerichte, die Stellenbewilligungspraxis des Haushaltsgesetzgebers unter Zweckmäßigkeitsgesichtspunkten durch eigene Prioritäten bei der Vergabe von Haushaltsmitteln zu ersetzen«.

IV. Nach der Mitteilung des Einstellungsdatums

Nach der Mitteilung des Einstellungsdatums können Sie alle Vorplanungen umsetzen, die mit dem Beginn des Referendariats zu Änderungen führen. Schauen Sie sich diesbezüglich nochmals die oben abgedruckte »Checkliste: Vorbereitung auf das Referendariat« an.

1. BAföG: Freistellung bzw. Stundung beantragen

§§ Bundesausbildungsförderungsgesetz – BAföG (Sartorius I Nr. 420) sowie Darlehensverordnung – DarlehensV (abgedruckt in BAföG, Beck-Texte dtv Nr. 9)

Internet
- Amtliche Informationen: http://www.bva.bund.de/aufgaben/bafoeg/rueckzahlung/fr/
- Freistellungsantrag online: https://www.bva.bund.de/php/formulare/bafoeg/antrag_auf_fr.htm
- Aktuelles: http://www.rechtsreferendariat.de

BAföG-Empfänger, die Darlehen nach dem Bundesausbildungsförderungsgesetz erhalten haben, sind nicht unerheblichen Rückzahlungsverpflichtungen ausgesetzt, die das ohnehin karge Anwärterbudget weiter schmälern. Dagegen ist Abhilfe möglich. Nach § 18 a BAföG besteht die Rückzahlungsverpflichtung nämlich nur, wenn bestimmte Einkommensgrenzen überschritten werden. Liegt das Einkommen unterhalb bestimmter Grenzen, besteht keine Rückzahlungsverpflichtung. Übersteigt das Einkommen diese Grenzen geringfügig, so besteht zwar grundsätzlich eine Rückzahlungsverpflichtung. Allerdings wird in diesem Fall eine Freistellung mit verminderten Raten gewährt, so dass die Belastung mit Ratenzahlungen erträglich bleibt. Für die meisten Referendarinnen und Referendare (ohne Unterhaltspflichten) kommt zumindest die letzte Möglichkeit in Betracht. Bei Anwärterinnen und Anwärtern mit höheren Belastungen (Unterhalt für Ehegatten und Kinder) wird regelmäßig eine völlige **Freistellung** von der Rückzahlungsverpflichtung erfolgen. Die Freistellung sollte bereits vor der Einstellung (u.U. auch bereits unmittelbar nach dem Referendarexamen für die Wartezeit) beantragt werden, damit die Raten auch tatsächlich vom ersten Tag der Ausbildung reduziert werden. Zu beachten ist, dass rückwirkend eine Freistellung nur für vier Monate gewährt wird. Leider machen nicht alle Referendarinnen und Referendare von der Freistellungsmöglichkeit Gebrauch, weil diese Regelung nicht allgemein bekannt ist.

Im Einzelnen gilt Folgendes: Vom Einkommen (Anwärterbezüge bzw. Unterhaltsbeihilfen und Nebeneinkünfte) werden verschiedene Beträge abgezogen. Abzugsfähig sind eine Pauschale für Werbungskosten nach § 9 a EStG sowie 12,9 % der positiven Einkünfte für nichtrentenversicherungspflichtige Beschäftigte nach § 21 Abs. 2 BAföG. Außerdem mindern die monatlich gezahlte Einkommens- und Kirchensteuer sowie die vermögenswirksamen Leistungen in der vollen Höhe (Arbeitnehmer- und Arbeitgeberanteil) das zu berücksichtigende Einkommen (§ 21 Abs. 4 BAföG). Voraussetzung ist natürlich, dass tatsächlich **vermögenswirksame Leistungen** angespart werden. Daneben sind freiwillige Aufwendungen zur Sozialversicherung und für eine private Kranken-, Unfall- oder Lebensversicherung in angemessenem Umfang vom Einkommen abzuziehen (§ 21 Abs. 1 Satz 3 Nr. 4 BAföG). Auch erhöhte Werbungskosten können unter Umständen das Einkommen mindern. Erkundigen Sie sich beim Bundesverwaltungsamt (BVA) nach den Möglichkeiten – die Sachbearbeiterinnen und Sachbearbeiter sind zur Hilfe und Auskunft verpflichtet.

Unterschreitet das danach verbleibende Einkommen den individuellen Freibetrag nach § 18 a BAföG, so besteht keine Rückzahlungsverpflichtung. Derzeit beträgt der Grundfreibetrag 960 €, die Freibeträge für den Ehegatten 480 € (zzgl. zu dem Grundfreibetrag), für unterhaltspflichtige Kinder, die das 15. Lebensjahr noch nicht vollendet haben, je Kind 435 €. Daneben wird auf besonderen Antrag hin ein Freibetrag für Aufwendungen nach § 33 b EStG (Pauschbeträge für Behinderte, Hinterbliebene und Pflegepersonen) gewährt.

Die Voraussetzungen des § 18 a BAföG sind geltend und glaubhaft zu machen, § 18 a Abs. 1 Satz 4 BAföG. Ohne Antrag wird also keine Freistellung gewährt. Die Glaubhaftmachung richtet sich (über die entsprechende Verweisung) nach § 294 ZPO. »Glaubhaftmachung« bedeutet (Lieblingsfrage in der mündlichen Prüfung im zweiten Staatsexamen!) nicht, dass lediglich eine eidesstattliche Versicherung in Betracht kommt. Zweckmäßiger und zulässig ist die Beifügung anderer Beweismittel, wobei die unbeglaubigten Kopien von Schriftstücken ausreichen (Thomas-Putzo, § 294 ZPO Rn. 1).

Auf den Antrag hin erfolgt die Freistellung in der Regel für ein Jahr. »In der Regel« bedeutet, dass Sie eine Ausnahme beantragen können. Tun Sie das unter Berufung auf die Dauer des Referendariats und die voraussichtliche Gleichmäßigkeit der Bezüge! Rückwirkend erfolgt eine Freistellung für längstens vier Monate vor dem Antragsmonat, § 18 b Abs. 5 BAföG (rückwirkende Freistellung und Rückerstattung (!) gegebenenfalls beantragen!). Sind bereits entsprechende Rückzahlungsbeiträge abgebucht, rufen Sie diese über Ihre Bank zurück, da das BVA nach eigenen Angaben aus technischen Gründen eine Erstattung von Überzahlungen nicht immer vornehmen kann.

Der Vollständigkeit halber soll hier nicht unerwähnt bleiben, dass Anschriften- und Namensänderungen dem BVA zur Vermeidung kostenpflichtiger Anschriftenermittlung unaufgefordert mitzuteilen sind. Auch Veränderungen im Hinblick auf Einkommen und Familienverhältnisse sind Gegenstand einer Mitteilungspflicht, deren – auch fahrlässige (Vergesslichkeit) – Verletzung einen Bußgeldtatbestand verwirklicht (§ 12 Abs. 1 Nr. 4 DarlehensV, § 58 Abs. 1 BAföG).

Sollten Sie weitere Fragen haben, erkundigen Sie sich beim BVA in Köln-Rodenkirchen. Dort wurde eine BAföG-Hotline eingerichtet, die erreichbar ist über Telefon: 01 88 83 58-45 00, Telefax: 01 88 83 58-48 50, E-Mail: Bafoeg@bva.bund.de.

Durch eine vorherige Rückfrage ist auch die Aktualität der oben gemachten Angaben garantiert. Im Hinblick auf Aktualisierung bzw. die aktuellen Daten empfiehlt sich jederzeit ein Blick ins Internet. Die entsprechenden Links sind in dem Kapitel »BAföG-Schulden verringern (Teilerlass)« (Seite 30 ff.) aufgeführt.

Anschrift zu nachfolgendem Musterschreiben:

Bundesverwaltungsamt
Eupener Straße 125
50933 Köln
http://www.bundesverwaltungsamt.de

2. Musterschreiben an das Bundesverwaltungsamt

Briefkopf Antragsteller

An das
Bundesverwaltungsamt
Eupener Straße 125
50933 Köln

Darlehensverwaltung und -einzug nach dem
Bundesausbildungsförderungsgesetz
Freistellung von der Rückzahlungsverpflichtung nach § 18 a BAföG
Geschäftszeichen (Aktenzeichen der bisherigen Bescheide des BVA einsetzen)

Anlage: Kopie des Einstellungsbescheids des OLG (Name des zuständigen OLG einsetzen), weitere Kopien zur Glaubhaftmachung der abzugsfähigen Beträge

Sehr geehrte Damen und Herren,

mit Datum vom (Datum der Einstellung) werde ich als Referendarin/Referendar beim Oberlandesgericht (Name des OLG) ausgebildet. Ab diesem Zeitpunkt erhalte ich Anwärterbezüge/Unterhaltsbeihilfe in Höhe von (individuelle Anwärterbezüge/Unterhaltsbeihilfe einsetzen, nachzufragen beim Besoldungsamt oder der Referendarabteilung der Einstellungsbehörde).

Folgende abzugsfähige Tatbestände bitte ich zu berücksichtigen:

Unterhalt für meine Ehefrau
(Persönliche Daten der Ehefrau angeben)
Unterhalt für meinen Ehemann
(Persönliche Daten des Ehemannes angeben)
Mein Ehepartner hat folgende Einkünfte
(Einkünfte der Ehefrau sind, sofern vorhanden, anzugeben)
Mein Ehepartner hat keine Einkünfte
(Nachweis: Lohnsteuerkarte des Ehepartners)
Unterhalt für das Kind – die Kinder
(Persönliche Daten der Kinder, auch Alter wegen Unterhaltspflicht)
Aufwendungen gemäß § 33 b EStG
Vermögenswirksame Leistungen in Höhe von … € monatlich

gesetzliche Versicherung bei der (Krankenkasse einsetzen) in Höhe von (…) € monatlich
Private Krankenversicherung bei der (Krankenkasse einsetzen) in Höhe von (…) € monatlich
Unfallversicherung bei der (Versicherungsgesellschaft einsetzen) in Höhe von (…) € monatlich
Lebensversicherung bei der (Versicherungsgesellschaft einsetzen) in Höhe von (…) € monatlich
Berufsunfähigkeitsversicherung bei der (Versicherungsgesellschaft einsetzten) in Höhe von (…) € monatlich

Weitere erhöhte Werbungskosten (bei über 1000 € jährlich Nachweis erforderlich)

Mein danach verbleibendes geringfügiges Einkommen dürfte eine Rückzahlung nicht zulassen. Ich beantrage daher, mich von der Rückzahlungsverpflichtung freizustellen. Sobald mir die erste Besoldungsbescheinigung vorliegt, werde ich diese nachreichen.

Mit freundlichen Grüßen

– (Name Antragstellerin/Antragsteller) –

Wenn Sie es sich noch einfacher machen wollen, nutzen Sie den Onlineantrag des Bundesverwaltungsamtes, füllen diesen aus und senden ihn online an das Amt ab.

V. Die Juristenausbildung in den einzelnen Bundesländern

1. Die für den Vorbereitungsdienst maßgeblichen Vorschriften in den Ländern

Bundes-land	Gesetz	Hyperlink (stets aktualisiert unter http://www.referendariat.de)
Baden-Würt-temberg	**Juristenausbildungs-gesetz (JAG BW)** vom 16. 7. 2003 (GBl. S. 354)	http://www.baden-wuerttemberg.de/sixcms/detail.php?id=6872
	Juristenausbildungs- und Prüfungsordnung 2002 vom 8. 10. 2002 (GBl. S. 391 ff.), geändert durch Verordnung des Justizministeriums zur Änderung der Juristen-ausbildungs- und Prü-fungsordnung vom 20. 4. 2005 (GBl. S. 402)	http://www.jum.badenwuerttemberg.de/servlet/PB/menu/1155514/index.html
	Verordnung über die Gewährung von Unter-haltsbeihilfen an Rechts-referendare vom 29. 6. 1998 (GBl. S. 398); zuletzt geändert durch VO vom 1. 8. 2000 (GBl. S. 623)	http://www.jum.badenwuerttemberg.de/servlet/PB/menu/1153272/index.html

Bundes-land	Gesetz	Hyperlink (stets aktualisiert unter http://www.referendariat.de)
	Verordnung über Zulassungsbeschränkungen für den juristischen Vorbereitungsdienst vom 24. 1. 1997 (GBl. S. 57)	http://www.jum.baden-wuerttemberg.de/servlet/PB/menu/1153273/index.html
Bayern	**Ausbildungs- und Prüfungsordnung für Juristen** (JAPO) vom 13. 10. 2003 (BayGVBl. S. 758)	http://www.justiz.bayern.de/ljpa/japo/JAPO_2003_Bayern.pdf
	Gesetz zur Sicherung des juristischen Vorbereitungsdienstes (SiGjurVD) vom 27. 12. 1999 (GVBl. S. 529), zuletzt geändert durch Gesetz vom 7. 12. 2004 (GVBl. S. 498)	
Berlin	**Gesetz über die Ausbildung von Juristinnen und Juristen** im Land Berlin vom 23. 6. 2003 (GVBl. S. 232) (Berliner Juristenausbildungsgesetz – JAG), zuletzt geändert durch Gesetz vom 9. 6. 2004 (GVBl. S. 237)	http://www.berlin.de/senjust/Ausbildung/JPA/jag2003.html
	Ausbildungs- und Prüfungsordnung für Juristinnen und Juristen im Land Berlin (JAO) vom 4. 8. 2003 (GVBl. S. 298)	http://www.berlin.de/senjust/Ausbildung/JPA/jao2003.html
	Verordnung über die Ausbildungskapazität und das Vergabeverfahren für den juristischen Vorbereitungsdienst (JKapVVO) vom 19. 12. 2003 (GVBl. S. 619), geändert durch Art. II des	http://www.kammergericht.de/ref_abteilung/1_bewerbung/Kapazitaets-verordnung/E3JKapVVO.pdf

Bundesland	Gesetz	Hyperlink (stets aktualisiert unter http://www.referendariat.de)
	Gesetzes vom 9. 6. 2004 (GVBl. S. 237)	
	Verordnung über die Erhebung von Gebühren in der zweiten juristischen Staatsprüfung (PrüfGebO) vom 19. 4. 1997 geändert durch Verordnung vom 13. 9. 2001	http://www.berlin.de/senjust/Ausbildung/JPA/guv_pruefgebo.html
	Verordnung über die Erhebung von Gebühren für Widerspruchsverfahren in juristischen Staatsprüfungen (Widerspruchsgebührenordnung juristische Prüfungen – JurPrüfWiGebO) vom 11. 4. 2005	http://www.berlin.de/senjust/Ausbildung/JPA/guv_pruefwigebo.html
Berlin, Brandenburg	**Staatsvertrag über die Errichtung eines Gemeinsamen Juristischen Prüfungsamtes** der Länder Berlin und Brandenburg vom 19. 5. 2004	http://www.berlin.de/imperia/md/content/rbm-just/jpa/80.pdf
Brandenburg	**Gesetz zur Modernisierung der Juristenausbildung im Land Brandenburg (JAG)** vom 4. 6. 2003 (BbgGVBl. I 2003, 166) zuletzt geändert durch Gesetz vom 29. 7. 2004	http://www.brandenburg.de/media/1466/gestz.pdf und http://www.brandenburg.de/media/1466/juristenausbildungsgesetz.pdf
	Ausbildungs- und Prüfungsordnung für Juristen im Land Brandenburg (Brandenburgische Juristenausbildungsordnung – BbgJAO) vom 6. 8. 2003 (GVBl.II/03	http://www.mdje.brandenburg.de/Landesrecht/gesetzblatt/texte/K31/316-04.htm

Bundes-land	Gesetz	Hyperlink (stets aktualisiert unter http://www.referendariat.de)
	S. 438), geändert durch Gesetz vom 29. 6. 2004 (GVBl.I/04 S. 278, 279)	
	Verordnung über die Ausbildungskapazität und das Vergabeverfahren für den juristischen Vorbereitungsdienst im Land Brandenburg (Kapazitätsverordnung – JurVDKpV) vom 6. 8. 2003 (GVBl.II/03 S. 449)	http://www.mdje.brandenburg.de/Landesrecht/gesetzblatt/texte/K31/316-05.htm
	Verordnung über die Erhebung von Gebühren für Widerspruchsverfahren in juristischen Staatsprüfungen (Widerspruchsgebührenordnung – WiGebO) vom 20. 11. 2004	http://www.berlin.de/imperia/md/content/rbm-just/jpa/119.pdf
Bremen	**Bremisches Gesetz über die Juristenausbildung und die erste juristische Prüfung** – JAPG vom 20. 5. 2003 (GBl. S. 251)	http://www.jura.uni-bremen.de/pdf/juristenausbildung.pdf
Bremen, Hamburg, Schleswig-Holstein	**Übereinkunft der Länder Freie Hansestadt Bremen, Freie und Hansestadt Hamburg und Schleswig-Holstein über ein Gemeinsames Prüfungsamt und die Prüfungsordnung für die zweite Staatsprüfung für Juristen** (HmbGVBl. 1972 S. 119) zuletzt geändert durch Staatsvertrag vom 20. 4. 2005 (HmbGVBl. 2005 S. 141)	http://hh.juris.de/hh/JurPrAmtUebkStVtr_HA_rahmen.htm

Bundesland	Gesetz	Hyperlink (stets aktualisiert unter http://www.referendariat.de)
Hamburg	**Hamburgisches Juristenausbildungsgesetz (HmbJAG)** vom 11. 6. 2003 (HmbGVBl. 2003 S. 156) zuletzt geändert durch Gesetz vom 20. 4. 2005, HmbGVBl. 2005 S. 141	http://hh.juris.de/hh/JAG_HA_rahmen.htm
	Juristenausbildungsordnung vom 10. 7. 1972 (HmbGVBl. Seiten 133, 148 und 151), zuletzt geändert am 3. 7. 2002 (HmbGVBl. Seite 122)	http://fhh.hamburg.de/stadt/Aktuell/justiz/gerichte/oberlandesgericht/juristenausbildung-staatspruefungen/erstes-examen/service/jao-htm,property=source.html
	Verordnung zur Regelung der Aufnahme in den juristischen Vorbereitungsdienst vom 27. 1. 2004 (HmbGVBl. S. 35)	http://www.luewu.de/2004/5.pdf
	Verordnung über die Unterhaltsbeihilfe für Rechtsreferendare vom 30. 7. 2002 (HmbGVBl. 2002 S. 216, zuletzt geändert durch Verordnung v. 23. 12. 2003 (HmbGVBl. 2004 S. 1)	http://hh.juris.de/hh/gesamt/RRefUBV_HA.htm
Bremen, **Hamburg,** Schleswig-Holstein	**Übereinkunft der Länder Freie Hansestadt Bremen, Freie und Hansestadt Hamburg und Schleswig-Holstein über ein Gemeinsames Prüfungsamt und die Prüfungsordnung für die zweite Staatsprüfung für Juristen** (HmbGVBl. 1972 S. 119) zuletzt geändert	http://hh.juris.de/hh/JurPrAmtUebkStVtr_HA_rahmen.htm

Bundesland	Gesetz	Hyperlink (stets aktualisiert unter http://www.referendariat.de)
	durch Staatsvertrag vom 20. 4. 2005 (HmbGVBl. 2005 S. 141)	
Hessen	**Gesetz über die juristische Ausbildung** Juristenausbildungsgesetz – JAG –) vom 12. 3. 1974 (GVBl. I S. 157) in der Fassung vom 15. 3. 2004 (GVBl. I S. 158)	http://www.hessenrecht.hessen.de/gvbl/gesetze/32_oeffentlicher_dienst/322-67-JAG-neu/jag.htm
	Verordnung zur Ausführung des Juristenausbildungsgesetzes (Juristische Ausbildungsordnung – JAO –) vom 25. 10. 2004 (GVBl. I S. 316)	http://www.hessenrecht.hessen.de/gvbl/gesetze/322_Fortbildung/322-124-JAO/JAO.htm
	Verordnung über die Zulassung zum juristischen Vorbereitungsdienst vom 26. 5. 1998 (GVBl. I S. 224)	http://www.hessenrecht.hessen.de/gvbl/gesetze/32_oeffentlicher_dienst/322-115-zulass_juristen/zulass_juristen.htm
	Verordnung über die Gewährung von Unterhaltsbeihilfen an Rechtsreferendarinnen und Rechtsreferendare vom 12. 7. 2002 (GVBl. I S. 418)	http://www.hessenrecht.hessen.de/gvbl/gesetze/322_Fortbildung/322-119-VO-Unterhaltsbeihilfen/VO-Unterhaltsbeihilfen.htm
Mecklenburg-Vorpommern	**Gesetz über die Juristenausbildung im Land Mecklenburg-Vorpommern** (JAG M-V) vom 16. 12. 1992, zuletzt geändert durch Gesetz vom 21. 6. 2004 (GVOBl. M-V S. 278)	http://www.mv-regierung.de/laris/daten/306/1/0/306-1-0-lr0.htm

Bundesland	Gesetz	Hyperlink (stets aktualisiert unter http://www.referendariat.de)
	Verordnung zur Ausführung des Juristenausbildungsgesetzes (Juristenausbildungs- und Prüfungsordnung – JAPO M–V) vom 16. 6. 2004 (GVOBl. M-V S. 281)	http://www.mv-regierung.de/laris/daten/306/1/5/306-1-5-lv0.htm
	Verordnung zur Regelung der Unterhaltsbeihilfe für Rechtsreferendare	Leider nicht veröffentlicht
	Verordnung über die Beschränkung der Aufnahme in den juristischen Vorbereitungsdienst (Kapazitätsverordnung des juristischen Vorbereitungsdienstes – KapVO-) vom 24. 3. 1993 (GVOBl. M-V S. 227), geändert durch Verordnung vom 19. 12. 1995 (GVOBl. M–V 1996 S. 52)	http://www.mv-regierung.de/laris/daten/306/1/2/306-1-2-lv0.htm
Niedersachsen	**Niedersächsisches Gesetz zur Ausbildung der Juristinnen und Juristen** (NJAG) in der Fassung der Bekanntmachung vom 22. 10. 1993, in der Fassung vom 15. 1. 2004 (Nds.GVBl. Nr. 2/2004 S. 7)	http://www.recht-niedersachsen.de/3121001/njag.htm
	Verordnung zum Niedersächsischen Gesetz zur Ausbildung der Juristinnen und Juristen (NJAVO) in der Fassung der Bekanntmachung vom 2. 11. 1993 (Nds. GVBl.	http://www.jura.uni-hannover.de/studium/NJAVO25092003-2.pdf

Bundesland	Gesetz	Hyperlink (stets aktualisiert unter http://www.referendariat.de)
	Nr. 31/1993 S. 561) zuletzt geändert durch Verordnung vom 25. 9. 2003 (Nds. GVBl. S. 356)	
	Gesetz über die Beschränkung der Zulassung zum Vorbereitungsdienst (KapG) vom 27. 10. 1977 (Nds. GVBl. S. 537) sowie **Verordnung über das Zulassungs- und Auswahlverfahren für die Einstellung in den juristischen Vorbereitungsdienst** vom 24. 8. 1999 (Nds. GVBl. S. 329)	http://www.justizministerium.niedersachsen.de/Ausbildung/Juristenausbildung/Kapazitatsverordnung/kapazitatsverordnung.html (katastrophale Seiten, Gesetz und VO nicht einmal vollständig veröffentlicht!)
Nordrhein-Westfalen	**Gesetz über die juristischen Prüfungen und den juristischen Vorbereitungsdienst (JAG NRW)** vom 11. 3. 2003 (GV. NRW. S. 135), zuletzt geändert durch Gesetz vom vom 30. 11. 2004 (GV. NRW. S. 752)	http://www.justiz.nrw.de/JM/landesjustizpruefungsamt/aktuelles/pdf/jag.pdf Eine Juristenausbildungsordnung gibt es in NRW zukünftig nicht mehr
	Verordnung über die Gewährung von Unterhaltsbeihilfen an Rechtsreferendare vom 20. 4. 1999 zuletzt geändert durch VO v. 5. 11. 2004 (GV. NRW. S. 680)	http://www.recht.nrw.de/gesetze/Gesetz4822/4822.pdf
Rheinland-Pfalz	**Landesgesetz über die juristische Ausbildung (JAG)** vom 23. 6. 2003 (GVBl. 2003 S. 116)	http://rlp.juris.de/rlp/gesamt/JAG_RP_2003.htm

Bundes- land	Gesetz	Hyperlink (stets aktualisiert unter http://www.referendariat.de)
	Juristenausbildungs- und Prüfungsordnung (JAPO) vom 1. 7. 2003 (GVBl. 2003 S. 131)	http://rlp.juris.de/rlp/ JAPO_RP_2003_rahmen.htm
	Landesverordnung über die Zulassung zum juristischen Vorbereitungsdienst vom 13. 12. 2000 (GVBl. 2000 S. 569)	http://cms.justiz.rlp.de/justiz/nav/929/ broker.jsp?uMen=712ba976-a39e-11d4-a736-0050045687ab
	Landesverordnung über die Gewährung von Unterhaltsbeihilfen an Rechtsreferendarinnen und Rechtsreferendare vom 3. 2. 2000 (GVBl. 2000, 99)	http://cms.justiz.rlp.de/justiz/nav/929/ broker.jsp?uMen=712ba990-a39e-11d4-a736-0050045687ab
Saarland	**Juristenausbildungsgesetz (JAG)** vom 6. 7. 1988, zuletzt geändert durch das Gesetz vom 11. 12. 2003 (Amtsbl. 2004 S. 2).	http://www.justiz-soziales.saarland.de/ justiz/medien/inhalt/301-4.pdf
	Ausbildungsordnung für Juristen (JAO) vom 3. 10. 1988, in der Fassung der Bekanntmachung vom 8. 1. 2004 (Amtsbl. S. 90).	http://www.justiz-soziales.saarland.de/ justiz/medien/inhalt/301-4-1.pdf
	Gesetz über die Beschränkung der Zulassung zum Vorbereitungsdienst für Rechtsreferendare vom 23. 4. 1986, zuletzt geändert durch das Gesetz vom 26. 1. 1994 (Amtsbl. S. 509).	http://www.justiz-soziales.saarland.de/ justiz/medien/inhalt/301-3.pdf

Bundes-land	Gesetz	Hyperlink (stets aktualisiert unter http://www.referendariat.de)
	Verordnung über die Gewährung von Unterhaltsbeihilfe an Rechtsreferendarinnen und Rechtsreferendare (Amtsblatt des Saarlandes (Nr. 31) vom 19. 7. 2001 S. 1224)	Leider nicht veröffentlicht
Sachsen	**Gesetz über die Juristenausbildung im Freistaat Sachsen** (Sächsisches Juristenausbildungsgesetz – SächsJAG) vom 27. 6. 1991 (GVBl. S. 224), zuletzt geändert durch Gesetz vom 15. 8. 2003 (GVBl. S. 318)	http://www.saxonia-verlag.de/recht-sachsen/305_1bs.pdf http://www.justiz.sachsen.de/gerichte/homepages/olg/docs/refjapo.pdf
	Ausbildungs- und Prüfungsordnung für Juristen des Freistaates Sachsen (SächsJAPO)) vom 9. 9. 2003	http://www.saxonia-verlag.de/recht-sachsen/305_1_1bs.pdf
Sachsen-Anhalt	**Gesetz über die Juristenausbildung** im Land Sachsen-Anhalt (Juristenausbildungsgesetz Sachsen-Anhalt – JAG LSA) vom 16. 7. 2003 (GVBl. LSA S. 167).	http://www.justizministerium.sachsen-anhalt.de/ljpa/files/jag_neu.pdf
	Ausbildungs- und Prüfungsverordnung für Juristen (JAPrVO) vom 2. 10. 2003 (GVBl. LSA S. 245) i.d.F. der Berichtigung vom 4. 12. 2003	http://www.justizministerium.sachsen-anhalt.de/ljpa/files/japrvo03.pdf

Bundes-land	Gesetz	Hyperlink (stets aktualisiert unter http://www.referendariat.de)
	Verordnung über die Zulassung zum juristischen Vorbereitungsdienst vom 20. 7. 1994 (GVBl. LSA S. 900) zuletzt geändert durch Verordnung vom 1. 10. 2003 (GVBl. LSA S. 244)	http://www.justizministerium.sachsen-anhalt.de/ljpa/files/zulass_vo.pdf
	Verordnung über Unterhaltsbeihilfen an Rechtsreferendare, vom 1. 4. 2003 (GVBl. LSA Nr. 9/2003 (S. 80)	http://www.justizministerium.sachsen-anhalt.de/ljpa/files/unterhalts_vo.pdf
Schleswig-Holstein	**Gesetz über die Ausbildung der Juristinnen und Juristen** im Land Schleswig-Holstein (Juristenausbildungsgesetz – JAG) vom 20. 2. 2004 (GVOBl. Schl.-H. 2004 S. 66)	http://www.landesregierung-sh.de/landesrecht/301-11.htm
	Landesverordnung zur Einführung der reformierten Ausbildung der Juristinnen und Juristen und zur Regelung des Übergangsrechtes in der Juristenausbildung vom 19. 3. 2004 (GVOBl. Schl.-H. 2004 S. 88)	http://www.landesregierung-sh.de/landesrecht/301-11-1fr.htm
	Landesverordnung über die Ausbildung der Juristinnen und Juristen (Juristenausbildungsverordnung – JAVO) in der Fassung der Bekanntmachung vom 19. 1. 2005 (GVOBl. Schl.-H. S. 103)	http://www.landesregierung-sh.de/landesrecht/301-11-2fr.htm

Bundes-land	Gesetz	Hyperlink (stets aktualisiert unter http://www.referendariat.de)
	Landesverordnung über die Unterhaltsbeihilfe an Rechtsreferendarinnen und Rechtsreferendare vom 11. 1. 2002 (GVOBl. Schl.-H. 2001 S. 14) zuletzt geändert durch Verordnung vom 19. 11. 2003, GVOBl. S. 611)	http://193.101.67.34/landesrecht/2030-5-131.htm
	Landesverordnung über die Beschränkung der Einstellung in den juristischen Vorbereitungsdienst (Kapazitätsverordnung des juristischen Vorbereitungsdienstes – KapVOjVD –) vom 27. 9. 2004 (GVOBl. Schl.-H. 2004 S. 397)	http://193.101.67.34/landesrecht/2030-5-143H.htm
Bremen, Hamburg, **Schleswig-Holstein**	**Übereinkunft der Länder Freie Hansestadt Bremen, Freie und Hansestadt Hamburg und Schleswig-Holstein über ein Gemeinsames Prüfungsamt und die Prüfungsordnung für die zweite Staatsprüfung für Juristen** (HmbGVBl. 1972 S. 119) zuletzt geändert durch Staatsvertrag vom 20. 4. 2005 (HmbGVBl. 2005 S. 141)	http://hh.juris.de/hh/JurPrAmtUebkStVtr_HA_rahmen.htm

Bundesland	Gesetz	Hyperlink (stets aktualisiert unter http://www.referendariat.de)
Thüringen	**Thüringer Gesetz über die juristischen Staatsprüfungen und den juristischen Vorbereitungsdienst (Thüringer Juristenausbildungsgesetz – ThürJAG –)** vom 29. 9. 1992 (GVBl. S. 483) in der Fassung der Neubekanntmachung vom 28. 1. 2003 (GVBl. 2003 S. 33 ff.)	http://www.thueringen.de/de/justiz/jpa/referendariat/u2/u_start.html
	Thüringer Juristenausbildungs- und Prüfungsordnung (ThürJAPO) vom 16. 2. 1993, in der Fassung vom 24. 2. 2004	http://www.thueringen.de/imperia/md/content/text/justiz/134.pdf
	Thüringer Verordnung über die Beschränkung der Einstellung in den juristischen Vorbereitungsdienst (Thüringer Kapazitätsverordnung des juristischen Vorbereitungsdienstes – ThürKapVOjVD –) vom 15. 10. 1999	http://www.thueringen.de/de/justiz/jpa/referendariat/u5/u_start.html

2. Die Referendargeschäftsstellen bei den Landgerichten, Oberlandesgerichten und den Mittelbehörden der Verwaltung

Für die dienstliche Betreuung der Rechtsreferendarinnen und Rechtsreferendare sind die Referendargeschäftsstellen bei den o.g. Verwaltungen zuständig. Hier können Sie Antragsformulare abholen, Anträge sowie **Krankmeldungen** abgeben und Auskünfte erhalten. Ein guter Rat vorweg: Begegnen Sie den Menschen in den Referendargeschäftsstellen auch bei ärgerlichen Angelegenheiten freundlich und unvoreingenommen. Erstens werden Sie und Ihr Anliegen dann genauso behandelt, zweitens erhalten Sie dann möglicherweise den einen oder anderen Tipp oder eine Information, die Sie ansonsten nicht erhalten hätten. Juristinnen und Juristen neigen je nach Persönlichkeit auf Grund ihrer Ausbildung zur »Parteistellung«; machen Sie sich dies vorher bewusst. Die nach den Freiheiten des Studiums besonders deutlich spürbare Einengung durch die Eingliederung in einen Beamtenapparat steigert zudem die Reizbarkeit, weil manche bürokratischen Vorschriften und Verfahren als unnötig und damit als »unfreundliches Verhalten« empfunden werden. Trotzdem: Steigern Sie sich nicht in ein Freund-Feind-Schema hinein, wenn etwas nicht so läuft, wie Sie sich das vorgestellt haben. Lassen Sie sich die Gründe und Hintergründe für bestimmte Verfahrensweisen erklären. Bitten Sie gegebenenfalls um ein Gespräch mit Ihrer **Referendardezernentin** bzw. Ihrem **Referendardezernent**. Dies sind zumeist junge Richterinnen und Richter, deren Ausbildung auch noch nicht so lange zurückliegt und die deswegen in der Regel ein gutes Einfühlungsvermögen in die Probleme der Rechtsreferendarinnen und Rechtsreferendare besitzen.

Wenn Sie allerdings trotz aller Freundlichkeit schlecht behandelt werden sollten, wenden Sie sich vertrauensvoll an Ihre **Interessenvertretung** vor Ort. Dies ist auch dann angeraten, wenn Sie Anregungen zum Abbau unnötiger Hürden oder Verfahrensweisen oder andere Verbesserungsvorschläge haben. Lassen Sie sich davon auch nicht durch vermeintlich kluge Ratschläge einzelner Kolleginnen und Kollegen abbringen (»Was bringt das denn?«). Durch Resignation verändert sich tatsächlich nichts. Das schlimmste, was einem Rechtsstaat passieren kann, wären Juristinnen und Juristen, die selbst in einem demokratischen Rechtsstaat nicht mehr an Gerechtigkeit glauben und dafür eintreten und mit dieser Einstellung beruflich tätig würden.

Die **Referendargeschäftsstellen** sind für sämtliche Fragen und Anträge zuständig, die mit der dienstlichen Stellung und der Ausbildung zusammenhängen, also Urlaubs- und Sonderurlaubsfragen, Anträge sowie Fragen zur Nebentätigkeitsgenehmigung. Für Fragen zur Prüfung sind die **Justizprüfungsämter** zuständig, aber natürlich haben auch die Mitarbeiterinnen und Mitarbeiter bei den Referendargeschäftsstellen Erfahrungswissen in solchen Fragen. Im Zweifelsfall erfahren Sie dort, wohin Sie sich mit Ihrem Anliegen wenden können. Da jede Form reduzierter Kommunikation Ursache von Missverständnissen sein kann, suchen Sie die Geschäftsstellen anlässlich eines ohnehin notwendigen Besuchs des entsprechenden Gerichts lieber persönlich auf, anstatt telefonisch anzufragen. Beachten Sie dabei, dass die Geschäftsstellen meist **Sprech- und Besuchszeiten** haben, damit die Bearbeitung der Akten nicht zu kurz kommt.

Je nach Ausbildungsstation sind unterschiedliche Geschäftsstellen für unterschiedliche Fragen zuständig. Im Zweifel ist die Geschäftsstelle bei Ihrer **Stammdienststelle** der richtige Anlaufpunkt. Fragen zur Ausbildung in der Verwaltungsstation können natürlich die Geschäftsstellen bei den zuständigen Ausbildungsbehörden (z.B. Regierungsbezirke) kraft Natur der Sache besser beantworten.

3. Allgemeine Hinweise zur Ausbildung

Die Ausbildung wird im Wesentlichen durch die Teilnahme an den verschulten Arbeitsgemeinschaften und durch die Einzelausbildung in der Praxis an den Ausbildungsstellen gewährleistet.

a) Die Arbeitsgemeinschaft

Mit der Einstellung werden Sie einer Referendararbeitsgemeinschaft zugewiesen, in der die theoretische Ausbildung in der Gruppe wie im Schulunterricht in einem Klassenverband vermittelt wird. Auf die Zuweisung haben Sie keinen Einfluss. Die Arbeitsgemeinschaften finden meistens an den Landgerichtssitzen, der die Ausbildung in der Verwaltungsstation koordinierenden Verwaltungsbehörde oder am Oberlandesgericht statt. Wenn Sie einer ortsfernen Arbeitsgemeinschaft zugewiesen sind, scheuen Sie sich nicht, die Ausbildungsleitung aufzusuchen, um eine gemeinsame Lösung zu finden. Die Arbeitsgemeinschaftsleiter referieren den Ausbildungsstoff (im Wesentlichen also das Verfahrensrecht sowie Relations- und Klausurentechnik). In der Arbeitsgemeinschaft schreiben Sie zur Prüfungsvorbereitung zahlreiche Klausuren und halten regelmäßig mündliche Aktenvorträge.

Früher – wenn man älteren Jahrgängen glauben darf – wurde die **Anwesenheitspflicht** selten praktiziert und noch seltener kontrolliert bzw. beanstandet. Dies scheint sich jedenfalls in den letzten Jahren geändert zu haben. **Fehlzeiten** werden – auch wenn dies zunächst nicht so aussieht, man ist ja schließlich nicht in der Schule – genauestens registriert und ggf. am Ende der Arbeitsgemeinschaft vorgehalten mit der Möglichkeit, die entsprechenden fehlenden Entschuldigungen beizubringen. Unentschuldigtes Fernbleiben führt im Regelfall auch zum Verlust der Bezüge bzw. der Unterhaltsbeihilfe. Die Ausbildungsvorschriften sehen entsprechende Kürzungsregelungen vor. In den Ausbildungsvorschriften ist ausdrücklich geregelt, dass die Arbeitsgemeinschaften jedem anderen Dienst vorgehen.

Normalerweise ist die Anwesenheit in der Arbeitsgemeinschaft auch durchaus sinnvoll und ausbildungsförderlich. Es sei denn, die Zeit wird gelangweilt abgesessen, weil die Ausbilderin bzw. der Ausbilder erkennbar wenig Lust an der Veranstaltung hat. Wie immer im Leben sind auch hier die Qualität und das Engagement sehr unterschiedlich; schließlich sind auch AG-Leiter nur Menschen. Selbst bei einer uninspirierten AG-Leitung ist die Flucht in die Abwesenheit der schlechteste Weg; besser erscheint ein Gespräch zwischen Arbeitsgemeinschaft, Interessenvertretung und Ausbilderin bzw. Ausbilder, um diesen Zustand für die Zukunft zu ändern.

Die Arbeitsgemeinschaften begleiten die Ausbildung in den **Pflichtstationen** und sollen die theoretische Ausbildung neben der praktischen Schulung durch die Einzelausbilderinnen und -ausbilder leisten. In der Regel laufen die Arbeitsgemeinschaften daher auch inhaltlich parallel zur Einzelausbildung. Die Pflichtstationen beginnen meist mit einem so genannten **Einführungslehrgang**. Dabei handelt es sich um eine Intensivausbildung in den für die aktuelle Pflichtstation benötigten Rechtsmaterien. Die für die Arbeitsgemeinschaft vorgesehene Wochenstundenzahl ist während der Einführungslehrgänge deutlich erhöht; teilweise wird an fünf Tagen die Woche geschult. Regelmäßig fällt daher die **Einzelausbildung** in dieser Zeit aus. Urlaub wird in dieser Zeit nicht gewährt und häufig gibt es Restriktionen bei der Nebentätigkeitsgenehmigung.

Die Noten aus den Arbeitsgemeinschaften werden durch einen Mix aus Klausurbewertungen, Benotung gehaltener **Aktenvorträge** sowie der mündlichen Beteiligung am Unterricht ermittelt. Nehmen Sie jede Gelegenheit wahr, Aktenstücke für den Ernstfall, also die mögliche Prüfung, risikolos zu trainieren, nicht nur als Aktenvortrag. Melden Sie sich also spontan, wenn mehr oder weniger »freiwillige« Berichterstatterinnen und Berichterstatter gesucht werden. Das Training in der Arbeitsgemeinschaft wird Ihnen mit Sicherheit im Ernstfall während der Prüfung nützen. Dies gilt entsprechend für die Teilnahme an den angebotenen Übungsklausuren. Gelesenes und Gehörtes, selbst Gesehenes behält das menschliche Gehirn deutlich schlechter als Bearbeitetes. Eine aktive Teilnahme an der Arbeitsgemeinschaft spart den Repetitor! Am Ende der Arbeitsgemeinschaft erhalten Sie ein **Zeugnis**, in dem eine Gesamtnote unter Berücksichtung der oben genannten Teilleistungen festgesetzt wird. Außerdem sind dort die Fehlzeiten aufgelistet. Die Zeugnisse liegen der Prüfungskommission bei der mündlichen Prüfung mit Ihrer Akte vor. Bei Unzufriedenheit mit Ihrer Benotung gilt das später zu den Stationszeugnissen Gesagte entsprechend.

Die Arbeitsgemeinschaften enden regelmäßig nach den Pflichtstationen, um Ihnen mehr Zeit für die Prüfungsvorbereitung zu geben. Außerdem sind viele Kolleginnen und Kollegen nach den Pflichtstationen im Ausland oder erneut beim Anwalt, so dass die Durchführung von Arbeitsgemeinschaften auch wenig Sinn machen würde. Das gilt aber nicht überall: In Rheinland-Pfalz und in Niedersachen z.B. werden auch während der Wahlstation **Schwerpunktarbeitsgemeinschaften** angeboten. Bei einer Wahlstelle außerhalb des Landes kann man sich befreien lassen, wenn die Anreise zur Arbeitsgemeinschaft unverhältnismäßig wäre.

b) Die AG-Fahrt (Studienfahrt, Ausbildungsfahrt)

Viele Arbeitsgemeinschaften sind in den letzten Jahrzehnten einmal jährlich eine Woche lang gemeinsam weggefahren, um sich besser kennen zulernen und das Juristische im Rahmen einer Studienfahrt einmal von anderen Seiten zu beleuchten. Die AG-Fahrt ist eines der wenigen Highlights im ansonsten sehr lernintensiven Vorbereitungsdienst. Ein nicht zu unterschätzender Anreiz für das Fernweh stellt die Gewährung von mehreren Tagen (3 bis 5, je nach Bundesland) **Sonderurlaub** jährlich für solche Fahrten dar.

Erkundigen Sie sich in Ihrer Ausbildungsbehörde nach der Handhabung der Sonderurlaubsregelung. Voraussetzung für die Genehmigung von Sonderurlaub ist in jedem Fall eine Teilnahme der meisten Arbeitsgemeinschaftsmitglieder sowie ein ausbildungsförderliches Programm. Im Hinblick auf die Mindestteilnehmerzahl werden je nach Land unterschiedliche Auflagen gemacht (z.B. 17 Teilnehmer mindestens oder 2/3 der Arbeitsgemeinschaft). Unter Umständen muss das Programm der Fahrt auch thematisch eng an die jeweilige Stage angepasst sein. Die Anforderungen scheinen sich auch hier zu verschärfen. Einige Ausbildungsstellen verlangen zur Gewährung von **Sonderurlaub** neuerdings, dass die AG-Leiterin bzw. der AG-Leiter mitfährt.

Schafft die Arbeitsgemeinschaft es nicht, einen genehmigungsfähigen Antrag einzureichen, gibt es für die Reise keinen Sonderurlaub. Aber selbst ohne Sonderurlaub lohnt eine solche Fahrt die Mühe.

Fahren Sie möglichst im ersten halben Jahr zum ersten Mal gemeinsam weg, sonst wird die AG-Fahrt auch in Zukunft nur ein Plan bleiben. Dies lehrt die Erfahrung, da in der ersten Zeit das »Neue« am Vorbereitungsdienst für ein enges Zusammengehörigkeitsgefühl sorgt, aber schon bald jeder in der Einzelausbildung seinen individuellen Weg geht und Zeit ein immer knapperes Gut wird. Außerdem ist die Organisation der Fahrt eine gute Aufgabe für die gerade gewählten AG-Sprecher. Die Organisation ist zwar viel Arbeit, aber wie gesagt lohnend. Verschenkt werden bei mangelndem Interesse Sonderurlaub, unvergessliche Erlebnisse mit der AG, ein besserer Zusammenhalt und vielleicht sogar Freundschaften fürs Leben. Sie werden sich darüber wundern, wie anders die Kolleginnen und Kollegen sein können als in der Arbeitsgemeinschaft. Werden Sie initiativ und schlagen nach den ersten AG-Stunden die Organisation einer solchen Fahrt vor. Sie werden es nicht bereuen!

Von Spezialanbietern, die die Zielgruppe Referendare entdeckt haben, werden AG-Fahrten nach Prag, Straßburg, Paris, Brüssel, Amsterdam, Wien, aber auch Florenz, Malta und Istanbul etc. angeboten. Die Anbieter unterstützen bei der Einreichung eines genehmigungsfähigen Antrages durch einen entsprechenden Programmplan. Auffällig ist bei den meistbesuchten Zielen das lokale Zusammentreffen einer Häufung von Justizgebäuden mit einer entsprechenden Konzentration von Brauereien.

Eine Auswahl von Anbietern finden Sie auf www.rechtsreferendariat.de oder nachstehend:

Intercontact
In der Wässerscheid 49
53424 Remagen
Telefon: (02 64 42) 2 00 90
http://www.ic-gruppenreisen.de

IRIS-Reisen
Georgstr. 26
53111 Bonn
Telefon: (02 28) 63 19 95
http://www.iris-reisen.de

moveo studienreisen
Franzstr. 11
53111 Bonn
Telefon: (02 28) 9 65 27 07
http://www.moveo.de

c) Die private Arbeitsgemeinschaft

Die meisten Rechtsreferendarinnen und Rechtsreferendare bereiten sich auf das Examen neben der dienstlichen Ausbildung im Rahmen einer privaten Arbeitsgemeinschaft vor. Das macht nicht nur mehr Spaß als Einzelkämpfertum, sondern fördert die soziale Kompetenz und die Kommunikationsfähigkeit. Als vorteilhaft bei der Gruppenarbeit haben sich Größen von drei bis vier Teilnehmerinnen und Teilnehmern erwiesen. In der **Privatarbeitsgemeinschaft** kann materielles Recht oder der Stoff der dienstlichen Arbeitsgemeinschaft wiederholt und vertieft werden. Sinnvoll ist auch das gemeinsame Schreiben und Besprechen von Klausuren und Üben formvollendeter Aktenvorträge. Hierzu können Sie Aktenstücke aus den Ausbildungszeitschriften oder Aktenvorträge aus dem Fundus der Interessenvertretungen entnehmen.

Zweckmäßig ist das ein- oder zweimalige Treffen pro Woche für mehrere Stunden. Anders als bei der Arbeitsgemeinschaft am Gericht besteht in der privaten Arbeitsgemeinschaft natürlich kein Anwesenheitszwang. Dennoch sollte man sich im Interesse des eigenen Ausbildungserfolgs und auch im Interesse der anderen AG-Teilnehmer zur regelmäßigen Teilnahme verpflichtet fühlen.

VI. Überblick über den Ablauf der Ausbildung in den einzelnen Bundesländern

Baden-Württemberg

Zeitraum	Ausbildungsstation	Anmerkungen
1. bis 6. Monat	Zivilstation	Sechs Monate bei einem AG oder LG (zwei Monate RA möglich)
7. bis 10. Monat	Strafstation	Vier Monate StA oder zwei Monate StA und zwei Monate Strafgericht (zwei Monate Ausland möglich)
11. bis 15½. Monat	Verwaltungsstation	Fünfeinhalb Monate bei Behörde, Verband, VG oder VGH, Speyer (zwei Monate Ausland der RA möglich)
15½. bis 19½. Monat	Rechtsanwaltsstation	Vier Monate RA (zwei Monate Ausland möglich)
danach	Schriftliche Prüfung	Acht Klausuren
19½. bis 24. Monat	Wahlpflichtstation	Zahlreiche Möglichkeiten
Tag X	Mündliche Prüfung	Viel Glück!

Bayern

Zeitraum	Ausbildungsstation	Anmerkungen
1. bis 6. Monat	Zivilstation (Zivilgericht, ein Monat bei einem Amtsgericht als Familiengericht oder einem Gericht der Freiwilligen Gerichtsbarkeit)	5. und 6. Monat können bei RA im Ausland absolviert werden
7. bis 9. Monat	Strafstation	Ausbildung bei der StA oder einem Strafgericht
10. bis 16. Monat	Verwaltungsstation	Ausbildung in einer Behörde beim Landratsamt, bei einer kreisfreien Stadt oder bei einer Großen Kreisstadt; die letzten beiden Monate können bei der Regierung, beim Bezirk, beim Verwaltungsgericht, der Landesanwaltschaft, einem Rechtsanwalt oder im Ausland absolviert werden
17. bis 20. Monat	Rechtsanwaltstation	Ausbildung bei RA
20. Monat	Schriftliche Prüfung	11 Klausuren
21. bis 24. Monat	Pflichtwahlpraktikum	Ausbildung in einer Wahlstelle im Schwerpunktgebiet – auch ausländische Stellen. Zahlreiche Adressen ausbildungsbereiter Wahlstellen finden Sie im Internet unter http://www.jura.uni-muenchen.de/LJPA/Stellen-Pflichtwahlpraktikum.htm
Tag X	Mündliche Prüfung	Viel Glück!

Berlin

Zeitraum	Ausbildungsstation	Anmerkungen
1. bis 6. Monat	Zivilstation	Sechs Monate bei einem AG oder LG
7. bis 9. Monat	Strafstation	Drei Monate bei einem AG oder LG oder der StA
10. bis 12. Monat	Verwaltungsstation	Drei Monate bei einer Verwaltungsbehörde
13. bis 15. Monat	Rechtsanwaltsstation oder Wahlpflichtstation	Drei Monate bei RA oder Pflichtstation nach Wahl (Speyer möglich)

(Fortsetzung Berlin)

Zeitraum	Ausbildungsstation	Anmerkungen
16. bis 20. Monat	Wahlpflichtstation oder Rechtsanwaltsstation	Fünf Monate bei Pflichtstation (Speyer möglich) oder RA
vor dem 20. Monat	Schriftliche Prüfung	Acht Klausuren
21. bis 24. Monat	Wahlstation	Wahlstelle in den Schwerpunktbereichen
Tag X	Mündliche Prüfung	Viel Glück!

Brandenburg

Zeitraum	Ausbildungsstation	Anmerkungen
1. bis 6. Monat	Zivilstation	Sechs Monate bei einem Zivilgericht, auch drei Monate ArbG möglich
7. bis 9. Monat	Strafstation	Drei Monate bei der StA oder einem Strafgericht
10. bis 15. Monat	Verwaltungsstation	Sechs Monate bei einer Verwaltungsbehörde, davon mindestens drei Monate bei der Kommunalverwaltung; auch drei Monate bei einem VG, FG oder SG sowie Speyer möglich
16. bis 19. Monat	Rechtsanwaltsstation	Vier Monate bei RA
Ab dem 18. Monat	Schriftliche Prüfung	Acht Klausuren
20. bis 24. Monat	Wahlstation	Fünf Monate bei einer Wahlstelle, aufteilbar in drei und zwei Monate, auch Speyer und Uni mögliche
Tag X	Mündliche Prüfung	Viel Glück!

Bremen

Zeitraum	Ausbildungsstation	Anmerkungen
1. bis 4. Monat	Strafstation	Vier Monate bei einem Strafgericht oder der StA
5. bis 8. Monat	Zivilstation	Vier Monate bei einem AG oder LG

(Fortsetzung Bremen)

Zeitraum	Ausbildungsstation	Anmerkungen
9. bis 12. Monat	Verwaltungsstation	Vier Monate bei einer Verwaltungsbehörde oder einem VG, FG oder SG (Ausland möglich)
13. bis 16. Monat	Rechtsanwaltsstation	Vier Monate bei RA (Ausland möglich)
17. bis 20. Monat	Wahlpflichtstation	Vier Monate bei Pflichtstation (vier Monate Speyer oder Ausland möglich)
bis 20. Monat	Schriftliche Prüfungen	Acht Klausuren
21. bis 24. Monat	Wahlstation	Wahlstelle in den Schwerpunktbereichen (Ausland möglich)
Tag X	Mündliche Prüfung	Viel Glück!

Hamburg

Zeitraum	Ausbildungsstation	Anmerkungen
1. bis 3½. Monat	Strafstation	Dreieinhalb Monate bei einer StA oder einem Strafgericht
5. bis 7½. Monat	Zivilstation	Vier Monate bei einem AG oder LG
7½. bis 12½. Monat	Verwaltungsstation	Fünf Monate bei einer Behörde (Kürzung um zwei Monate möglich) – Ausland möglich
12½. bis 16½. Monat	Rechtsanwaltsstation	Vier Monate bei RA – Ausland möglich
16½. bis 20. Monat	Wahlweise, Zivilstation, Strafstation, Verwaltungsstation, Arbeitsgericht, OLG oder RA-Station	Dreieinhalb Monate Pflichtwahlstation mit verschiedenen Möglichkeiten; Splittingmöglichkeit (Kürzung um einen Monat möglich)
vor 20. Monat	Schriftliche Prüfung	Acht Klausuren
21. bis 24. Monat	Wahlstation	Ausland möglich
Tag X	Mündliche Prüfung	Viel Glück!

Hessen

Zeitraum	Ausbildungsstation	Anmerkungen
1. bis 7. Monat	Zivilstation	Sieben Monate bei einem AG oder LG
8. bis 10. Monat	Strafstation	Drei Monate bei der StA oder einem Strafgericht (eineinhalb Monate im Ausland möglich)
11. bis 14. Monat	Rechtsanwaltsstation	Vier Monate bei RA (zwei Monate im Ausland möglich)
15. bis 20. Monat	Verwaltungsstation	Sechs Monate in der Verwaltung (drei Monate im Ausland möglich – Speyer möglich
vor 20. Monat	Schriftliche Prüfung	Acht Klausuren
21. bis 24. Monat	Wahlstation	Vier Monate bei einer Wahlstelle aus dem Schwerpunktgebiet (Ausland und Speyer möglich)
Tag X	Mündliche Prüfung	Viel Glück!

Mecklenburg-Vorpommern

Zeitraum	Ausbildungsstation	Anmerkungen
1. bis 6. Monat	Zivilstation	Sechs Monate bei einem AG, LG oder OLG, davon drei Monate erstinstanzlich und drei Monate zweitinstanzlich
7. bis 10. Monat	Rechtsanwaltsstation	Vier Monate bei RA oder Notar
11. bis 16. Monat	Verwaltungsstation	Sechs Monate, davon drei Monate bei einer Verwaltungsbehörde, die anderen drei Monate in Speyer, am VG oder SG oder einer weiteren Behörde
17. bis 20. Monat	Strafstation	Vier Monate bei der StA oder einem erstinstanzlichen Strafgericht
20. Monat	Schriftliche Prüfung	Zehn Klausuren
21. bis 24. Monat	Wahlstation	Vier Monate Ausbildung im Schwerpunktbereich
Tag X	Mündliche Prüfung	Viel Glück!

Niedersachsen

Zeitraum	Ausbildungsstation	Anmerkungen
1. bis 6. Monat	Zivilstation	Sechs Monate bei einem ordentlichen Gericht in Zivilsachen
7. bis 9. Monat	Strafstation	Drei Monate bei einer StA
10. bis 12. Monat	Verwaltungsstation	Drei Monate bei einer Verwaltungsbehörde
13. bis 15. Monat	Rechtsanwaltsstation	Drei Monate bei RA
16. bis 18. Monat	Pflichtwahlstation	Drei weitere Monate nach Wahl bei einer der vorstehenden Pflichtstationen (Ausland möglich, Speyer möglich)
Gegen Ende der Pflichtstationen	Schriftliche Prüfung	Acht Klausuren
18. bis 24. Monat	Wahlstation	Sechs Monate bei einer Wahlstelle im Schwerpunktbereich (Ausland und Speyer möglich) – Splitting möglich
Tag X	Mündliche Prüfung	Viel Glück!

Nordrhein-Westfalen

Zeitraum	Ausbildungsstation	Anmerkungen
1. bis 6. Monat	Zivilstation	Sechs Monate bei einem ordentlichen Gericht in Zivilsachen; drei Monate ArbG möglich
7. bis 9. Monat	Strafstation	Drei Monate bei StA oder Strafgericht
10. bis 13. Monat	Verwaltungsstation	Vier Monate bei einer Verwaltungsbehörde; drei Monate VG, FG, SG oder Speyer möglich (aber Verlängerung durch Pflichtwahlstation erforderlich); auch ausländische Stelle innerhalb der EG möglich
14. bis 16. Monat	Pflichtwahlstation	Drei Monate nach Wahl in der Zivilstation, der Verwaltungsstation oder der RA-Station möglich
17. bis 20. Monat	Rechtsanwaltsstation	Vier Monate bei RA
20. Monat	Schriftliche Prüfung	Acht Klausuren

(Fortsetzung Nordrhein-Westfalen)

Zeitraum	Ausbildungsstation	Anmerkungen
21. bis 24. Monat	Wahlstation	Vier Monate zusätzlich in der Zivilstation, der Verwaltungsstation oder der RA-Station oder bei einer gesetzgebenden Körperschaft des Bundes oder eines Landes, einer Notarin oder einem Notar, einem VG, FG, ArbG oder SG, einer Gewerkschaft oder einem Arbeitgeberverband oder einer Institution der sozialen oder beruflichen Selbstverwaltung, bei einem Wirtschaftsunternehmen sowie einer Ausbildungsstelle im Ausland; auch Uni oder Speyer möglich
Tag X	Mündliche Prüfung	Viel Glück!

Hinweis: Die zeitliche Lage der Stationen kann sich wegen der Pflichtwahlstation verändern

Rheinland-Pfalz

Zeitraum	Ausbildungsstation	Anmerkungen
1. bis 6. Monat	Zivilstation	Sechs Monate Zivilrechtspflege am AG oder LG
7. bis 9. Monat	Rechtsberatungsstation	Drei Monate Ausbildung bei RA
10. bis 12. Monat	Strafstation	Drei Monate Ausbildung bei StA oder Strafgericht
13. bis 18. Monat	Verwaltungsstation	Sechs Monate Ausbildung bei einer Bezirksregierung, Kommunalverwaltung oder anderen zugelassenen Behörde, davon auch drei Monate an einem VG oder Speyer möglich
ab 16. Monat	Paralleler Klausurenlehrgang	
Ender der Pflichtstationen	Schriftliche Prüfung	Acht Klausuren
19. bis 24. Monat	Wahlstation	Auch drei Monate Speyer möglich bei Schwerpunktbereich »Verwaltungsrecht«
Tag X	Mündliche Prüfung	Viel Glück!

Saarland

Zeitraum	Ausbildungsstation	Anmerkungen
1. bis 4. Monat	Strafstation	StA oder erstinstanzliches Strafgericht
7. bis 10. Monat	Zivilstation	Zivilgericht erster Instanz, bis zu drei Monate auch ArbG
11. bis 16. Monat	Verwaltungsstation	Ausbildung in einer Behörde, bis zu drei Monaten an einem VG, SG oder FG oder Speyer
17. bis 20. Monat	Rechtsanwaltsstation	Ausbildung bei RA, auch ganz oder teilweise im Ausland
20. Monat	Schriftliche Prüfung	Sieben Klausuren
21. bis 24. Monat	Wahlstation	Wahlstelle aus Schwerpunktbereich, bei öffentlichem Recht auch Speyer möglich; Splitting möglich
Tag X	Mündliche Prüfung	Viel Glück!

Sachsen

Zeitraum	Ausbildungsstation	Anmerkungen
1. bis 6. Monat	Zivilstation	Sechs Monate bei einem Zivilgericht (bis zu zwei Monate im Ausland oder RA möglich)
7. bis 10. Monat	Strafstation	Vier Monate bei einem Strafgericht oder einer StA (bis zu zwei Monate im Ausland oder RA möglich)
11. bis 15. Monat	Verwaltungsstation	Fünf Monate bei der öffentlichen Verwaltung oder einem VG (im Zusammenhang mit der RA-Station bis zu vier Monate Speyer oder fünf Monate EG-Kommission möglich – daneben bis zu zwei Monate im Ausland oder RA möglich)
16. bis 19.Monat	Rechtsanwaltsstation	Vier Monate bei RA (in Zusammenhang mit der Verwaltungsstation bis zu vier Monate Speyer oder fünf Monate EG-Kommission möglich)
19. Monat	Schriftliche Prüfung	Neun Klausuren
20. bis 24. Monat	Wahlstation	Fünf Monate bei einer Wahlstelle
Tag X	Mündliche Prüfung	Viel Glück!

Sachsen-Anhalt

Zeitraum	Ausbildungsstation	Anmerkungen
1. bis 6. Monat	Zivilstation	Sechs Monate Ausbildung in Zivilsachen
7. bis 9. Monat	Strafstation	Drei Monate Ausbildung bei einer StA
10. bis 15. Monat	Verwaltungsstation	Sechs Monate bei einem Regierungspräsidium, einer Behörde der allgemeinen Verwaltung, einer obersten Landesbehörde oder einem kommunalen Spitzenverband – auch Ausland möglich; auf Antrag auch drei Monate bei einem VG oder drei Monate Speyer
16. bis 18. Monat	Rechtsanwaltsstation	Drei Monate bei RA
Gegen Ende der Rechtsanwaltsstation	Schriftliche Prüfung	Acht Klausuren
19. bis 24. Monat	Wahlstation	Sechs Monate Ausbildung an bis zu zwei Wahlstellen im Schwerpunktbereich – Ausland und Speyer (Staats- und Verwaltungsrecht) sowie rechtswissenschaftliche Fakultät möglich; Splitting möglich
Tag X	Mündliche Prüfung	Viel Glück!

Schleswig-Holstein

Zeitraum	Ausbildungsstation	Anmerkungen
1. bis 4. Monat	Strafstation	Vier Monate Ausbildung bei einer Staatsanwaltschaft oder bei einem Amtsgericht in Strafsachen
5. bis 9. Monat	Zivilstation	Fünf Monate bei einem Amtsgericht oder Landgericht (1. Instanz) in Zivilsachen
10. bis 13. Monat	Verwaltungsstation	Vier Monate bei Verwaltungsbehörden, bis zu drei Monate auch in Speyer
14. bis 17. Monat	Rechtsanwaltsstation	Vier Monate bei RA
18. bis 20. Monat	Pflichtwahlstation	Weitere Ausbildung in einer Stelle der vier Pflichtstationen einschließlich OLG, nicht aber StA; daneben VG, SG, OVG, LSG möglich

(Fortsetzung Schleswig-Holstein)

Zeitraum	Ausbildungsstation	Anmerkungen
20. Monat	Schriftliche Prüfung	Acht Klausuren
21. bis 24. Monat	Wahlstation	Vier Monate an einer Wahlstelle im Schwerpunktbereich, auch drei Monate Speyer möglich
Tag X	Mündliche Prüfung	Viel Glück!

Thüringen

Zeitraum	Ausbildungsstation	Anmerkungen
1. bis 6. Monat	Zivilstation	Sechs Monate bei einem Zivilgericht, davon auch zwei Monate bei einem ArbG
7. bis 9. Monat	Strafstation	Drei Monate bei StA oder einem Strafgericht
10. bis 15. Monat	Verwaltungsstation	Sechs Monate bei einer Verwaltungsbehörde, davon drei Monate bei einem VG, FG oder SG möglich; auch drei Monate Speyer möglich
16. bis 19. Monat	Rechtsanwaltsstation	Vier Monate Ausbildung bei RA
19. Monat	Schriftliche Prüfung	
20. bis 24. Monat	Wahlpflichtstation	Fünf Monate Ausbildung bei Wahlstelle, auch im Ausland; auch drei Monate Speyer möglich bei »Verwaltung«
Tag X	Mündliche Prüfung	Viel Glück!

VII. Die Einzelausbildung

1. Dezernatsarbeit bei den Gerichten

Dieser Punkt soll wegen seiner besonderen Bedeutung für alle gerichtlichen Ausbildungsstellen, aber auch die Staatsanwaltschaft vor die Klammer gezogen werden. Erfahrene Ausbilderinnen und Ausbilder erfragen zumeist in den ersten Gesprächen nach der Zuweisung, ob Interesse an der Teilnahme an der **Dezernatsarbeit** besteht. Neben der Durchführung der Verhandlungstermine und dem Fällen von Entscheidungen besteht ein großer Teil der Arbeit der Richterinnen und Richter in der Dezernatsarbeit. Dort wird der Schriftverkehr zur Akte bearbeitet, das Verfahren geleitet, Verfügungen getroffen, Fristen gesetzt, Auflagen gemacht etc. Wer sich bei einer entsprechenden Nachfrage eher reserviert verhält, vergibt nicht nur die Chance zu wirklichen Einblicken in die richterliche Arbeit und die Entwicklung einer möglicherweise in Kürze zu bearbeitenden Akte, sondern vergibt sich auch unter Umständen eine bessere **Stationsnote**. Wenn sich in den Zeugnissen Formulierungen wie »interessierte und engagierte Mitarbeit« »mit großem Interesse« etc. finden, dann bezieht sich das u.a. auf die über die Aktenbearbeitung hinaus geleistete Arbeit, meist auf Grund der Dezernatsarbeit.

Bei einer solchen Frage stellt sich zumeist eine Weiche (ausreichend bis befriedigend) oder (vollbefriedigend und besser). Wenige Ausbilderinnen oder Ausbilder belästigen gerne erwachsene Rechtsreferendarinnen und Rechtsreferendare mit unerwünschter Arbeit an der eigenen Ausbildung. Die Beantwortung der entsprechenden Frage entscheidet auch gelegentlich darüber, ob entsprechend schwierige Aktenstücke zur Prüfung des Leistungsstandes und der Leistungsbereitschaft übergeben werden. Natürlich sollte man hier selektieren: Wenn gerade »nebenbei« die **Klausurvorbereitung** ansteht, bleiben weniger Kapazitäten für Höchstleistungen im Rahmen der Einzelausbildung frei. Wer dem Einzelausbilder in diesem Falle »Höchstleistungsbereitschaft« signalisiert, kommt erstens zeitlich in die Bredouille und wird zweitens als Blender dastehen. Zur effektiven Prüfungsvorbereitung (und zu den später im Berufsleben wichtigsten Fertigkeiten) gehört auch, dass man Prioritäten setzen kann.

Wichtig ist aber, dass man die Gelegenheit zu intensiver Mitarbeit in Stationen nutzt, in denen man sein späteres Berufsziel sieht. Interessierte Mitarbeit in diesen Stationen zieht auch entsprechende Benotungen nach sich. Verbreitet ist neben der guten Bewertung auch die Praxis, Formulierungen wie »der Wunsch der Referendarin, Staatsanwältin zu werden, kann von mir nur nachdrücklich unterstützt werden« oder »ist sehr zu begrüßen« mit auf den Weg in entsprechende Bewerbungen zu geben.

Wenn Sie häufiger an den Gerichten, bei der StA oder einer Behörde Dezernatsarbeit leisten und dadurch öfter in der Dienststelle sind, werden Sie die Arbeitsmittel vor Ort besser kennenlernen. Viele Behörden, aber auch die Fachgerichte halten spezialisierte Bibliotheken. Das Wissen um die Frage, wo sich etwas nachsehen lässt, ist – nicht nur im Falle einer Hausarbeit – wichtig. Außerdem lernen Sie dabei den JURIS-Anschluss kennen und nutzen. Einzelne Gerichte (OLG Köln; LAG Köln) haben einen JURIS-Anschluss, den Referendarinnen und Referendare dienstlich nutzen können. Mehrkosten entstehen den Gerichten wegen des Pauschalanschlusses bei intensiver Nutzung auch nicht.

2. Die Zivilstation

Während der Zivilstation werden die Rechtsreferendarinnen und Rechtsreferendare Richterinnen und Richtern an Amtsgerichten oder Landgerichten, in einzelnen Bundesländern auch am Oberlandesgericht zur Ausbildung zugewiesen. Häufig besteht auch Gelegenheit, einen Teil der Zivilstation bei einem Arbeitsgericht zu absolvieren. Die Geschmäcker sind verschieden, soweit es die instanzielle Wahl der Ausbildungsstelle betrifft. Die **Ausbildung am Amtsgericht** ist von den Rechtsgebieten und der Lebensnähe sicher am vielfältigsten. Häufig finden sich dort allerdings nicht genügend geeignete Aktenstücke zur Bearbeitung. Am **Landgericht** wird Gelegenheit geboten, das Kammerwesen mit Kollegium, Vorsitzender Richterin bzw. Vorsitzendem Richter und Berichterstattung zu erproben. Da die Kammern häufig spezialisierter sind, ist die Bandbreite der Rechtsgebiete nicht sehr groß. Unter Umständen ist auch der Umgang etwas distanzierter als mit der Ausbilderin bzw. dem Ausbilder beim Amtsgericht. Dafür sind die Aktenstücke häufig anspruchsvoller und examensrelevanter. Die **Oberlandesgerichte** gelten als die harte Schule der Relationstechnik. Hier wird schonungslos und genau korrigiert und besprochen; dafür ist der Lerneffekt hier meist am größten. Der Umgang ist an den Oberlandesgerichten wohl am förmlichsten. Hinzuweisen ist der Korrektheit halber aber auch darauf, dass dies nicht immer und überall zutrifft.

In der Zivilstage besteht Gelegenheit, neben der Bearbeitung der Akten, zu denen Entscheidungsentwürfe und Relationen angefertigt werden, auch an der **praktischen Arbeit** einer Richterin oder eines Richters (Gerichtstermine, Dezernat, Ortstermine, Vernehmungen etc.) teilzunehmen. Diese Gelegenheiten sollte man sich nicht entgehen lassen. Die größten Einblicke in den Gesamtbetrieb erhält man naturgemäß beim Amtsgericht.

Regelmäßig wird die Bearbeitung einer bestimmten Zahl von schriftlichen Arbeiten (Beschlüssen, Urteilen, Relationen) vorgeschrieben. Die Zahlen sind von Land zu Land und unter Umständen sogar von Oberlandesgericht zu Oberlandesgericht verschieden. Erkundigen Sie sich vor der Stage bei der Referendargeschäftsstelle oder der Dezernentin bzw. dem Dezernenten nach der **Zahl der erforderlichen Arbeiten**. Meist ergeben sich hierzu Angaben aus dem Ausbildungsplan, der Ihnen ausgehändigt wird, oder aus der Zuweisung zur Ausbildungsstelle. Sprechen Sie besondere Wünsche mit den Ausbilderinnen und Ausbildern frühzeitig ab, damit diese berücksichtigt werden können.

Die Ausbildungsbehörden sind gegenüber Wünschen der Rechtsreferendarinnen und Rechtsreferendare meistens aufgeschlossen, soweit dies organisatorisch möglich ist. Sofern man Interesse an der Ausbildung am Wohnort hat und sich dort ein Amtsgericht befindet, sollte man diesen Wunsch ruhig äußern. Sofern man dort alte Bekannte in Akten wieder trifft (was in der Zivilstation nicht so nachdenklich stimmt wie in der Strafstation), sollte man etwaige Befangenheit mit der Ausbilderin bzw. dem Ausbilder besprechen. Selbstverständlich fallen Informationen aus den Akten unter die Verschwiegenheitspflicht; dies gilt auch gegenüber Angehörigen oder dem Lebenspartner.

Bei der Berücksichtigung von Ausbildungswünschen ist die Praxis unterschiedlich. Grundsätzlich findet aber der **Wunsch auf Zuweisung zu einer bestimmten Richterin oder einem bestimmten Richter** Berücksichtigung, sofern dort gerade eine Ausbildungsstelle frei ist. Sprechen Sie vorher mit Ihrer Wunschausbilderin bzw. Ihrem Wunschausbilder darüber und holen Sie sich das Einverständnis.

In der Zivilstation werden Sie die ersten Urteilsentwürfe anfertigen und mit der praktischen Umsetzung der Relationstechnik vertraut. Es dient Ihrem Ausbildungsziel (Bestehen des zweiten Staatsexamens), wenn Ihre Ausbilderin oder Ihr Ausbilder Sie gründlich ausbildet und die Arbeiten wirklich bearbeitet und mit Ihnen bespricht. Bestehen Sie darauf, nicht zuletzt um unangenehme Überraschungen beim Zeugnis zu vermeiden. Das pädagogische Talent ist in der Natur nicht gleichmäßig verteilt. Es macht daher durchaus Sinn, sich vorher nach guten und freundlichen Ausbilderinnen und Ausbildern zu erkundigen. Fragen Sie bei Ihnen bekannten Praktikern nach deren Einschätzung oder bei anderen Rechtsreferendarinnen und -referendaren nach deren Erfahrungen. Rufen Sie die oder den erwählten Ausbilder an und klären Sie ab, ob diese oder dieser im fraglichen Zeitraum mangels anderweitiger Zuweisungen auch tatsächlich ausbilden kann und will. Klären Sie die Möglichkeit einer Zuweisung ferner mit den für die Verteilung bzw. Zuweisung Verantwortlichen, ggf. an den Fachgerichten, ab. Eine Garantie für das Funktionieren der »Chemie« ist aber auch eine Empfehlung nicht, da positive chemische Prozesse zumeist von beiden Seiten abhängen.

Sprechen Sie bei Ihrer Vorstellung auch **Gewohnheiten** der Ausbilderin bzw. des Ausbilders an. Schließlich sind einzelne, wenngleich auch vielleicht unbedeutende Fragen in der Ausbildungsliteratur umstritten. Umstritten ist z.B., ob über einem gewöhnlichen Endurteil »Urteil« stehen darf oder nicht. Diese und ähnliche Fragen werden manchmal deutlich überbewertet. Lassen Sie sich daher Entscheidungen Ihrer Ausbilderin bzw. Ihres Ausbilders aus der Vergangenheit geben und passen Sie sich diesen an, sofern Sie dadurch keine fehlerhaften Angewohnheiten annehmen.

Durch die **Teilnahme an Gerichtsverhandlungen** werden Sie mit dem praktischen Ablauf der Verfahren vertraut. Bemühen Sie sich auch, bei Notdiensten (einstweiliger Rechtsschutz) dabei zu sein oder die Tätigkeit der Gerichtsvollzieher kennen zulernen. Diese Bereiche haben in Prüfung und Praxis nämlich eine erhebliche Bedeutung.

3. Die Strafstation

a) Die Staatsanwaltsstation

In einigen Bundesländern werden Rechtsreferendarinnen und Rechtsreferendare während der »Strafstation« hauptsächlich bei der Staatsanwaltschaft ausgebildet. Eine Ausbildung beim Strafgericht (Strafrichterin/Strafrichter und Schöffengericht) findet nur ausnahmsweise statt, nämlich, wenn eine Ausbildung bei der StA mangels Kapazitäten nicht mehr möglich ist. Da die meisten Kolleginnen und Kollegen wegen der höheren Wahrscheinlichkeit einer Anklage oder Einstellungsverfügung in den Aufsichtsarbeiten ohnehin eher zur Ausbildung bei der Staatsanwaltschaft neigen, besteht für diejenigen, die lieber beim Strafgericht ausgebildet werden, meist auch die Chance, diesen Wunsch zu realisieren.

Im theoretischen Normalfall, dem praktischen Idealfall (bestehen Sie immer auf dem Idealfall) nimmt die Ausbilderin bzw. der Ausbilder die Referendarin bzw. den Referendar erst einige Male zu Hauptverhandlungen mit, bevor der Ernstfall, nämlich der erste eigene Auftritt vor dem Gericht und der Öffentlichkeit eintritt. Leider wird diese Einführung häufig vernachlässigt und die bzw. der bisher lediglich mit den dickeren Aktenstücken (Gürteltiere = Umfangsachen) betraute Referendarin bzw. Referendar plötzlich mit der Bitte konfrontiert, doch »am Freitag« einen **Sitzungstermin** an einem etwas entfernter im Grünen gelegenen Amtsgericht wahrzunehmen. Auch dort, wo die Rechtsreferendarinnen und Rechtsreferendare üblicherweise zu **Sitzungsvertretungen** eingeteilt werden, kann man sich des Eindrucks nicht erwehren, dass hier die Nutzbarmachung der Arbeitskraft zwecks Besuchs der etwas abgelegeneren Amtsgerichte urbar gemacht wird. Ein solcher Missbrauch ist jedenfalls dann in einer Sitzungsvertretung zu sehen, wenn die Ausbilderin oder der Ausbilder die Referendarin bzw. den Referendar nicht auf diesen ersten Auftritt vorbereitet. So kann man sich auch ohne Ausbildungsstelle ausbilden! Bestehen Sie daher darauf, zunächst einige Male die Ausbilderin oder den Ausbilder begleiten zu dürfen. Dies sollte in freundlicher und höflicher Form erbeten werden; bleiben Sie aber durchaus hartnäckig.

Lobens- und nachahmenswert: In Baden-Württemberg werden die Rechtsreferendarinnen und Rechtsreferendare auf den Sitzungsdienst in einem dreitägigen **Ganztageskursus** vorbereitet, an dem nicht mehr als acht Referendarinnen und Referendare teilnehmen sollen. Dabei steht die praktische Einübung der Aufgaben der Sitzungsvertreterin oder des Sitzungsvertreters, insbesondere das Plädoyer, im Vordergrund (AV d. JuM vom 28. 5. 1993 – 2220 I-PA/142 – Die Justiz S. 273).

Das **Plädoyer** macht den meisten Rechtsreferendarinnen und Rechtsreferendaren Schwierigkeiten. Aber auch hierzu gibt es inzwischen Ausbildungsliteratur, so dass Ausbildungsmängel wenigstens privat kompensiert werden können. Im Zweifel sollten Sie sich ohnehin privat durch Lektüre entsprechender Literatur (z.B. Lenz, Die Aufgaben des Referendars als Sitzungsvertreter der Staatsanwaltschaft, JuS 1992, 419) und Üben in der privaten Arbeitsgemeinschaft auf den Ernstfall vorbereiten. Eine Vorlage für das Plädoyer können Sie sich aus dem Internet auf den PC laden. Viele Hyperlinks gerade zu Materialien bezüglich des Plädoyers finden Sie auf der Seite http://www.referendariat.de. Ausbildungsliteratur in Buchform ist weiter hinten in diesem Buch aufgeführt.

Vor Ihrem ersten **Auftritt vor dem Strafgericht** müssen Sie sicherstellen, dass eine Robe vorhanden ist – möglichst eine passende und damit würdevolle. Die Roben können meist an den Staatsanwaltschaften ausgeliehen werden; denken Sie daran und erkundigen Sie sich nach entsprechenden Möglichkeiten vor Ort.

Lassen Sie sich klare Weisungen für den Fall geben, dass das Strafgericht das Verfahren – mit Ihrer Zustimmung – einstellen will. Die Praxis ist dabei sehr unterschiedlich. Während einzelne Rechtsreferendarinnen und Rechtsreferendare offensichtlich weitreichende Vollmachten ihrer Ausbilder haben und in der Hauptverhandlung entsprechend gelassen reagieren, schwitzen andere Referendarinnen und Referendare bereits bei dem Gedanken an die gefürchtete Frage des Gerichts. In Köln ist für den Fall der **Nichterreichbarkeit der Ausbilderin** bzw. des Ausbilders eine »StA-Hotline« eingerichtet, bei der man sich verbindliche Weisungen abholen kann. Diese ist jedoch, insbesondere freitags, nicht immer erreichbar. Klären Sie die denkbaren Abweichungen von der Standardsituation **vorher** mit Ihrer Ausbilderin bzw. Ihrem Ausbilder ab. Diese haben im Hinblick auf die denkbaren Abweichungen sicher einige Erfahrungen, müssen aber meistens darauf angesprochen werden. Legen Sie eine Linie für alle Fälle fest. Das Abweichen von einer Weisung der Ausbilderin bzw. des Ausbilders kann unangenehme Folgen haben bis hin zu **Disziplinarmaßnahmen**. Daher als Rat: Lassen Sie sich von keinem noch so freundlichen Strafgericht angesichts eines noch so unschuldigen Angeklagten zu eigenmächtigen Entscheidungen überreden. Alle Beteiligten fahren anschließend beruhigt und zufrieden in das Wochenende, während Sie sich mit Gewissensbissen plagen. Also nochmals: Sprechen Sie vorher mit Ihrer Ausbilderin bzw. ihrem Ausbilder denkbare Varianten ab.

b) Die Strafstation beim Strafgericht

Wie bereits oben dargelegt, besteht bei entsprechendem Wunsch auch die Möglichkeit, sich bei einem Strafgericht ausbilden zu lassen. Der Verfasser selbst hat diese Möglichkeit gewählt und dies nicht bereut. Mittlerweile gibt es in vielen Bundesländern die Möglichkeit, frei zwischen Staatsanwaltschaft und Strafgericht zu wählen. Zwar sind wohl die meisten Klausuren noch Anklageschriften und Einstellungsverfügungen, so dass von daher gesehen die Staatsanwaltschaft zunächst als die geeignetere Ausbildungsstelle erscheint. Bei entsprechender Klausurvorbereitung lassen sich aber ausbildungsbedingte Lücken in der Übung von Anklageschrift und Einstellungsverfügungen ausgleichen. Im Rahmen der **Sitzungsvorbereitung** sollte man anhand der in diesem Buch aufgeführten einschlägigen Ausbildungsliteratur auch den Anklageschriften entsprechende Aufmerksamkeit widmen.

Die Tätigkeit beim Strafgericht ist in mehrerlei Hinsicht interessant. Bei den Sitzungen des **Schöffengerichts** besteht die Möglichkeit der Diskussion mit den Schöffen und der Berufsrichterin bzw. dem Berufsrichter. Da diese mit einzelnen Angeklagten häufiger zu tun haben, kommt man den sozialen Hintergründen mancher Taten besser auf die Spur als bei der StA. Vielfach stehen die Richterinnen und Richter auch im Rahmen der gerichtlichen Nachbetreuung (z.B. Bewährung) in Kontakt mit den Verurteilten und leisten (z.B. bei drogensüchtigen Wiederholungstäterinnen und -tätern) teilweise über das Juristische hinaus Unterstützung und Betreuung im Bemühen, Rückfälle in die Sucht und damit in die Kriminalität zu verhindern. Die Tätigkeit ist auch deswegen recht interessant, weil das Spektrum der Delikte meist breiter ist als bei der spezialisierten StA. Dort hat man teilweise nur mit **bestimmten Deliktgruppen** zu tun.

Sollte der verhältnismäßig seltene Fall eines strafgerichtlichen Urteils in den Aufsichtsarbeiten gestellt werden, kommt einem die Station beim Strafgericht natürlich ebenfalls zugute.

Schwierigkeiten stellen sich zumeist bei der Bildung der Strafe innerhalb des Urteilsentwurfs ein. Empfohlen werden kann für die Ausbildung beim Strafgericht und die Anfertigung von Urteilen das hilfreiche Buch von Kroschel/Meyer-Goßner, Urteile in Strafsachen.

Nutzen sollte man auf jeden Fall die Möglichkeit zur **Dezernatsarbeit**. Dadurch lernt man die Fälle besser kennen und erfährt viel über die Entwicklung eines Strafverfahrens bis hin zur »Nachbetreuung« im Rahmen der **Bewährungsaufsicht**.

c) Besuch einer Justizvollzugsanstalt

Interessante und aufschlussreiche Einblicke in das triste Häftlingsleben verschafft ein Besuch in einer Vollzugsanstalt. Es ist schon ein beklemmendes Gefühl, wenn das Tor zur Außenwelt hinter einem ins Schloss fällt. Die Besichtigung der Zellen und der anderen Räume in einer Vollzugsanstalt räumt gründlich mit erschreckend verbreiteten Vorurteilen über ein lustiges »Anstaltsleben« im Zwei-Sterne-Hotel mit garantiertem Studienabschluss ohne Numerus clausus auf. Wer später ans Strafgericht oder zur Staatsanwaltschaft will und diese Gelegenheit nicht wahrnimmt, dem fehlt ein wichtiger Lebenseindruck, der (nicht nur) für diese Berufsbilder von großer Bedeutung ist.

d) Teilnahme an einer nächtlichen Polizeistreifenfahrt

Versäumen Sie auf keinen Fall diese von vielen Ländern angebotene Möglichkeit, die Tätigkeit der Polizei (und den anstrengenden Schichtdienst der Polizeibeamtinnen und -beamten) kennen zu lernen. Am interessantesten und am begehrtesten sind natürlich die Wochenendnächte in den Innenstadtrevieren, weil zu diesen Zeiten und an diesen Orten die meisten »besonderen Vorkommnisse« zu erwarten sind. Anmeldungen erfolgen entweder über die Arbeitsgemeinschaftsleitung oder die Geschäftsstelle der StA, die die Teilnahme genehmigen muss. Dort kann man auch Wünsche zum Revier und zum Termin äußern und sich in Wartelisten eintragen lassen.

4. Die Verwaltungsstation

Die Verwaltungsstation gilt aus Referendarssicht als die mit Abstand unbeliebteste. Dies liegt wohl nicht alleine daran, dass hier erstmals eine Anwesenheitspflicht besteht und damit der ganze Tag in der Dienststelle verbracht werden muss. Dagegen wäre nichts einzuwenden, wenn die Zeit mit sinnvoller Arbeit ausgefüllt wäre. Als störend wird auch häufig empfunden, dass in manchen Dienststellen keine gute Stimmung herrscht. Vielfach lässt sich der Sieg preußischer Sekundärtugenden über

Kreativität und Leistung feststellen. Diesen Übeln kann man entgehen, indem man sich diejenigen Dienststellen aussucht, bei denen solche Zustände nicht herrschen. Dies hat der Autor seinerzeit genauso gehalten und ist dabei gut gefahren.

Meistens werden die freien Ausbildungsstellen den Arbeitsgemeinschaften in Listen angeboten, so dass eine gewisse Auswahl möglich ist. In Nordrhein-Westfalen kann man sich selbstständig bei **Universitäten** und **Landschaftsverbänden** bewerben. Erklären diese sich zur Ausbildung bereit, kann auch dort – unabhängig von der durch den Regierungsbezirk angebotenen Auswahl – die Verwaltungsstation absolviert werden. Erkundigen Sie sich rechtzeitig bei der Referendargeschäftsstelle über Ihre Möglichkeiten (auch Ausland, Fachanwalt für Verwaltungsrecht o.ä.).

Einzelausbilderinnen und -ausbilder in der Verwaltungsstation sind nicht zwingend Volljuristinnen und -juristen. Dies wirkt sich häufiger nachteilig als vorteilhaft aus. Meistens ist die Qualität der Ausbildung nicht ausreichend, dafür aber wird das Prinzip der **Anwesenheitspflicht** als Selbstzweck übertrieben. In der Verwaltungsstation wird daher auch der AZV-Tag (Arbeitszeitverkürzung) häufig genommen. In größeren Rechtsabteilungen von Behörden dagegen herrscht das gewohnte, entspanntere Klima und auch entsprechendes Verständnis für die Notwendigkeit des Selbststudiums zur Prüfungsvorbereitung.

Meistens besteht die Möglichkeit des Splittings der Stage in eine Ausbildung bei einer Behörde und einem Verwaltungsgericht oder der Verwaltungshochschule in Speyer. Nutzen Sie diese Möglichkeiten. Das Vorgesagte kann zwar nicht generell verallgemeinert werden. Die Häufigkeit der Klagen der Referendarinnen und Referendare spricht jedoch für sich.

Positive Erfahrungen werden häufig aus kleineren Verwaltungseinheiten berichtet. Dort hat man manchmal Gelegenheit, wichtigere Angelegenheiten zu bearbeiten, und wird sofort als vollwertiger sachverständiger Mitarbeiter angenommen. In den Ausbildungsordnungen ist auch die Teilnahme an Rats- oder Ausschusssitzungen vorgesehen. Diese Möglichkeit sollte man unbedingt wahrnehmen, auch wenn diese Veranstaltungen zumeist abends stattfinden.

5. Die Pflichtwahlstation bzw. das Pflichtwahlpraktikum

In einigen Bundesländern (z.B. in Hamburg oder Bayern) ist eine so genannte **Pflichtwahlstation** oder auch **Pflichtwahlpraktikum** eingeführt worden. Tatsächlich handelt es sich hierbei um eine modifizierte alte Bekannte, nämlich die zweite Station bei einer Stelle aus dem Bereich der sonstigen Pflichtstationen oder aber, so zum Beispiel in Hamburg, bei einem Oberlandesgericht in Zivilsachen. Früher konnten in der zweiten Zivilstation verschiedene zusätzliche Wahlmöglichkeiten im Rahmen der Zivilgerichtsbarkeit (z.B. Arbeitsgericht oder Landesarbeitsgericht) ergriffen werden, die durch die neue Pflichtwahlstation auf die anderen Pflichtstationen erweitert wurden. Diese kann nur bei den verschiedenen aus den Pflichtstationen bekannten Ausbildungsstellen absolviert werden, daher der Name. Bei klassischen Wahlstellen im Bereich der Schwerpunktgebiete kann die Pflichtwahlstation daher grundsätzlich (aber z.B. ArbG bei »Arbeit und Soziales« oder VG bei Schwerpunkt »Verwaltung«) nicht abgeleistet werden. Durch die Pflichtwahlstation lassen sich auch Pflichtstationen zugunsten weiterer Wahlmöglichkeiten (Speyer, Ausland) verlängern oder eine Stage an zwei Gerichten desselben Gerichtszweigs einrichten. Häufig erlauben die Landesvorschriften auch eine generelle Ableistung im Ausland. Unter Umständen führen die Wahlmöglichkeiten auch dazu, dass die Ausbildung der Referendarinnen und Referendare, die zum gleichen Zeitpunkt eingestellt wurden, nicht mehr parallel verläuft. Wegen der Vielzahl unterschiedlicher Regelungen muss an dieser Stelle allerdings hinsichtlich der Einzelheiten auf die Lektüre der jeweiligen Ausbildungsverordnung verwiesen werden. Sie haben sehr weitgehende Wahlmöglichkeiten, die sie auch nutzen sollten. Listen geeigneter Stellen finden Sie unter regelmäßig in den Broschüren über den Vorbereitungsdienst bei denjenigen Ländern, die eine Pflichtwahlstation vorsehen. Will man diese Pflichtstation im Ausland verbringen, kann man sich über Zeitschriften, im Internet etc. informieren. Hinweise diesbezüglich finden Sie in diesem Buch in dem Abschnitt über die Wahlstation.

6. Die Rechtsanwaltsstation

Literatur

- DAV-Ratgeber, Praktische Hinweise für junge Anwälte
- DAV, Die moderne Anwaltskanzlei
- Felser/Philipp, Die erfolgreiche Kanzleigründung, 1997
- Oelkers/Müller, Anwaltliche Strategien im Zivilprozess, 2001
- Zwanziger u.a., Erfolgreich als Anwalt praktizieren, 1998
- Streck, Von Beruf Anwalt Anwältin, 2000

Der größte Teil der Assessorinnen und Assessoren wird nach Abschluss der Ausbildung in verschiedener Form als Rechtsanwältin bzw. Rechtsanwalt tätig. Deshalb ist die Ausbildung in der Anwaltsstage für den Einblick in die Tätigkeit und den Erwerb entsprechender Fertigkeiten von großer Bedeutung und deswegen ist mit der Neuordnung der Juristenausbildung die Ausbildung bei einer Rechtsanwältin oder einem Rechtsanwalt auch ganz in das Zentrum des Vorbereitungsdienstes gerückt. Insbesondere diejenigen Rechtsreferendarinnen und Rechtsreferendare, für die bereits feststeht, dass sie später den Beruf der Rechtsanwältin bzw. des Rechtsanwalts ergreifen wollen, sollten besonderes Augenmerk auf die sorgfältige Vorbereitung der Anwaltsstation legen. Ausbilden können nur Anwälte, die in eine Liste aufgenommen worden sind, die die regional zuständige Anwaltskammer dem Oberlandesgericht zur Verfügung stellt. Aufgenommen werden Anwälte nach dem dritten Berufsjahr (NRW) bzw. nach fünf Jahren (Bayern) Zulassung. Ausnahmen vor Ablauf dieser Zeiträume können in begründeten Fällen zugelassen werden (z.B. Ausbildungseignung durch langjährige juristische Berufserfahrung eines Anwalts vor der Zulassung).

Die Anwaltsstation soll Ihnen einen **Einblick in die Organisation** und den **Betrieb einer Anwaltspraxis**, insbesondere auch in die Leitungs- und Überwachungsaufgaben einer Rechtsanwältin bzw. eines Rechtsanwalts ermöglichen (vgl. insoweit den Ausbildungsplan in NW). Diese Tätigkeiten füllen einen guten Teil des Anwaltsarbeitstages aus. Die Einweisung der Referendarinnen und Referendare in die **Kanzleiorganisation** ist in der Praxis leider keineswegs selbstverständlich. Hier empfiehlt sich, die Ausbildungspläne genau zu studieren und bei Abweichungen zwischen Theorie und Praxis die Ausbilderin bzw. den Ausbilder auf das Fehlen dieser wichtigen Ausbildungsbestandteile hinzuweisen. Was Sie an **Organisationswissen** während der Anwaltsstage gleichsam nebenbei lernen, müssen Sie sich nach Abschluss der Ausbildung nicht mühsam und theoretisch anlernen. Vielleicht erkennen Sie auch Möglichkeiten zur Verbesserung der Organisation, wofür Ihnen verständige Anwältinnen und Anwälte sicher dankbar sind. Lesen Sie bereits während der Anwaltsstage entsprechende Literatur.

Für die Arbeit einer Anwältin bzw. eines Anwalts unverzichtbar sind die **Termin- und Fristenkontrolle** und die Führung eines **Prozessregisters**. Teilweise werden diese Aufgaben bereits durch Rechtsanwaltsprogramme übernommen. Diese ersetzen aus Haftungsgründen – jedenfalls heutzutage – noch nicht den guten alten Fristenkalender. Aber auch mit der zunehmend an Boden gewinnenden EDV und Technik am Arbeitsplatz einer Rechtsanwältin bzw. eines Rechtsanwaltes selbst sollten Sie sich vertraut machen. Gerade bei einer Kanzleigründung nach dem zweiten Staatsexamen werden sich die weitsichtige und sorgfältige Auswahl der Ausbildungskanzlei und ein tiefer Einblick in die **Kanzleiorganisation** auszahlen.

Daneben sollten Sie sich mit den wirtschaftlichen und steuer-, arbeits- und sozialrechtlichen Fragen beschäftigen, die der Betrieb einer Kanzlei aufwirft. Bei den **wirtschaftlichen Einblicken** sind Kenntnisse über die Kosten und Einnahmen einer Kanzlei sowie über das **Gebührenrecht** unentbehrlich. Während in letzteres noch unproblematisch tiefere Einblicke gewährt werden, zieren sich Ausbilderinnen und Ausbilder bei Angaben zu Kosten und Einnahmen regelmäßig. Diese Betriebs- und Geschäftsgeheimnisse unterfallen natürlich der Verschwiegenheitspflicht. Allerdings lassen sich entsprechende für die Ausbildung auch ausreichende Erkenntnisse leicht aus entsprechend statistisch belegten Veröffentlichungen im Anwaltsblatt und den BRAK-Mitteilungen gewinnen. Spricht man mit der Ausbilderin bzw. dem Ausbilder darüber, geben weitere körpersprachliche Informationen vielleicht nähere Hinweise über die Realitätsnähe der besprochenen statistischen Angaben. Aufschlussreich sind in jedem Fall, welche Kosten für die Führung einer normal ausgestatteten Kanzlei entstehen, ohne dass diesen bei der Existenzgründung bereits entsprechende Einnahmen gegenüberstehen. Steuerrecht spielt für die Steuerpflicht der Rechtsanwältin bzw. des Rechtsanwalts selbst, aber auch für die Vergütung der Beschäftigten einer Kanzlei eine große Rolle. In dieser Hinsicht empfiehlt es sich auch, sich zumindest am Rande mit arbeits- und sozialrechtlichen Problemen des **Unternehmens »Anwaltskanzlei«** zu beschäftigen.

Lassen Sie sich auch in die Arbeit der **Rechtsanwaltsgehilfinnen oder -gehilfen** einweisen. Sofern diese nicht in ineffizienter Weise als reine Schreibkräfte eingesetzt werden, übernehmen sie nämlich einen Teil der Tätigkeiten, die Sie als Junganwältin oder Junganwalt selber erledigen müssen und sollten. Sie sollten diese Aufgaben auch am Anfang erledigen, um sich mit ihnen vertraut zu machen. Es ist nicht sinnvoll, wenn die Anwältin oder der Anwalt von den Dingen, die die Anwaltsgehilfinnen oder Anwaltsgehilfen erledigen, gar keine Ahnung hat.

Insbesondere über das häufig vernachlässigte, aber in der Praxis sehr wichtige **Vollstreckungsrecht** können Sie bei gut ausgebildeten Kanzleikräften praktische Einblicke gewinnen. Wenn Sie hier die praktischen Probleme kennen lernen, wird sich Ihr Interesse für die Aneignung des theoretischen Teils der Ausbildung vervielfachen. Sie werden auch lernen, dass Mandantinnen und Mandanten ungern für das Erringen eines Titels zahlen, sondern für sie allein das wirtschaftliche Ergebnis, also die materielle Erfüllung des Anspruchs, zählt. In vielen Fällen lässt sich dies aber ohne Zwangsvollstreckung nicht erreichen.

Der Erfolg einer Kanzlei wird nicht zuletzt von den **kommunikativen Fähigkeiten** bestimmt. Daher sollten Sie, so oft es geht, die Gelegenheit suchen, bei **Mandantengesprächen und Verhandlungen** anwesend zu sein oder diese nach einiger Zeit teilweise oder ganz selbst zu führen. Bitten Sie darum, nach der Einarbeitung **Gerichtstermine** auch selbstständig wahrnehmen zu dürfen.

Stellen Sie bereits Monate vor der Anwaltsstation entsprechende Kanzleien zusammen, die vom Kanzleitypus geeignet sind. Berücksichtigen Sie dabei Ihre wahrscheinliche zukünftige Organisationsform. Wenn Sie sich eher für das Einzelkämpfertum geeignet halten, kann bei Zweifeln auch die Ausbildung in einer Sozietät Klarheit bringen.

Soweit Ausbildungsrichtlinien bestehen (in Bayern z.B. Richtlinie für die Ausbildung der Rechtsreferendare beim Rechtsanwalt, Gz 220 – PA – 1731/86 vom 6. 3. 87), legen diese besonderen Wert auf praxisnahe Ausbildung.

Bedenken Sie also, dass Sie bei der gutachterlichen Bearbeitung von Rechtsproblemen aus Akten wirklich nichts Neues lernen können. Auch erschöpft sich der Lerneffekt schnell, wenn Sie lediglich mit der Bearbeitung oder Erarbeitung von Schriftsätzen beschäftigt werden, im schlimmsten Fall durch Bearbeitung bei Ihnen zu Hause. Dadurch lernen Sie über die anwaltliche Arbeitsweise so gut wie nichts. Nehmen Sie am Tagesablauf der Kanzlei aktiv teil.

Sofern Sie besonders an einer **Festanstellung** nach dem zweiten Staatsexamen interessiert sind, gewinnt ein weiteres Kriterium an Bedeutung, nämlich die tatsächliche Möglichkeit einer Weiterbeschäftigung nach dem zweiten Staatsexamen. Klären Sie das Bestehen einer solchen Möglichkeit bereits frühzeitig ab. Am besten geeignet sind Ausbildungsstellen, bei denen nach Ihrem Examen auch ein entsprechender Einstellungsbedarf bestehen könnte. Ist dieses ausgeschlossen, sind andere Kanzleien vorzugswürdiger. Die meisten Anwälte werden nämlich immer noch aus dem eigenen

Kanzleinachwuchs rekrutiert. Das Referendariat wird insoweit von den Ausbildern jedenfalls auch als eine Probezeit angesehen. Häufig lassen sich die unausgesprochenen Erwartungen nach der Ausbildung nicht realisieren, weil das Potenzial der Kanzlei nicht für die Beschäftigung weiterer Kolleginnen und Kollegen ausreicht oder aber nicht im Interesse der Kanzleigründerinnen und -gründer sind. Sprechen Sie Ihre Erwartungen bei frühen Gesprächen vor der Wahl der Ausbildungs- und Nebenbeschäftigungsstelle offen an.

Sofern Sie ohnehin nicht als Anwältin oder Anwalt arbeiten wollen, erscheint die Ableistung der **Anwaltsstage im Ausland** sinnvoll. Die hierzulande vermittelten praktischen organisatorischen Einblicke sind für Sie nicht von Bedeutung im späteren Berufsleben. Demgegenüber können Sie Ihre Qualifikation durch einen Auslandsaufenthalt mit entsprechender Verbesserung einer Fremdsprache und dem Zeugnis der überall gesuchten Mobilität verbessern.

Zum lieben **Geld**: Bei ganztägigem engagiertem Einsatz zahlen faire Kanzleien eine zusätzliche **Vergütung**, die sich nach Qualifikation und Großzügigkeit der Ausbilderinnen und Ausbilder richtet (siehe auch das Kapitel »Nebentätigkeiten«, Seite 211ff.). Hier sind zusätzliche Vergütungen von bis zu ca. 800 € pro Monat, je nach Qualifikation und Nutzen aber im Einzelfall auch mehr zu erzielen. Lernen Sie bei den entsprechenden Verhandlungen bereits frühzeitig, Ihren Marktwert zu ermitteln, aber auch Ihre finanziellen Interessen realitätsbezogen durchzusetzen.

7. Die Wahlstation

a) Die Schwerpunkte/Wahlfachgruppen

Die in Betracht kommende Wahlstelle, für die man sich entscheidet, ist von dem Schwerpunkt bzw. Wahlfach abhängig, die bereits zu einem früheren Zeitpunkt gegenüber der Ausbildungsbehörde benannt werden muss.

Wählt man z.B. das **Wahlfach Arbeit und/oder Soziales**, so kommen als Wahlstelle das Arbeitsgericht, das Landesarbeitsgericht, die Rechtsabteilung eines Verbandes (Arbeitgeberverband, Gewerkschaft), ein Sozialgericht, ein Landessozialgericht, eine Berufsgenossenschaft, die Sozialversicherungsträger, eine Fachanwältin bzw. ein Fachanwalt für Arbeitsrecht oder Sozialrecht in Betracht. In Absprache mit der Ausbildungsbehörde ist auch der Besuch des Lehrgangs zur Fachanwältin bzw. zum Fachanwalt für Arbeitsrecht oder zur Fachanwältin bzw. zum Fachanwalt für Sozialrecht während der Wahlstellenausbildung denkbar. Der Kurs des Fachinstituts für Arbeitsrecht beim Deutschen Anwaltsinstitut beinhaltet drei Lehrgänge von einwöchiger Dauer in Soest. Der entsprechende Lehrgang im Sozialrecht in Bochum ist ebenfalls in drei Blöcke zu je einer Woche unterteilt. Näheres zu diesen Kursen und Kursen anderer Anbieter finden Sie weiter unten bei »Fachanwaltslehrgänge«. Denkbar sind aber auch weitere Möglichkeiten, z.B. die Tätigkeit in der Personalabteilung eines Unternehmens. Die Möglichkeiten, die je nach Land unterschiedlich gehandhabt werden, sollten rechtzeitig vorher bei der Ausbildungsbehörde erkundet werden.

Die **Wahlfachgruppe Zivilrechts- und Strafrechtspflege (Justiz)** wendet sich vor allem an jene, die eine Tätigkeit in der Justiz anstreben, also als Richterinnen und Richter oder Staatsanwältinnen und Staatsanwälte. Daher findet die Ausbildung hier auch in den klassischen Ausbildungsstellen, nämlich den Zivil- und Strafgerichten und den Staatsanwaltschaften, u.U. auch bei den Landeskriminalämtern und anderen Polizeibehörden, statt. Daneben kommt aber auch die Ausbildung bei Wahlstellen im Ausland in Betracht, sofern dort entsprechende, also vor allem prozessuale Kenntnisse vermittelt werden. Die Praxis handhabt diese interessante Möglichkeit unterschiedlich, weswegen auch hier gilt, dass Sie sich über die konkreten Möglichkeiten vor Ort bei der Ausbildungsbehörde informieren sollten.

Ähnliches gilt für die Wahlfachgruppe **Wirtschaft und Steuern und vergleichbare Schwerpunktgebiete**; auch hier kommt insbesondere die Ausbildung bei einem Unternehmen, einem Verband, einer Kammer für Handelssachen, einem Finanzgericht, einer Finanzbehörde und bei einer Fachanwältin bzw. einem Fachanwalt für Steuerrecht oder einer wirtschaftsrechtlich ausgerichteten Kanzlei in Betracht. Auch hier bietet sich für diejenigen, die konsequent den Anwaltsberuf anstreben, der Besuch der Lehrgänge zur Fachanwältin bzw. zum Fachanwalt für Steuerrecht (in Detmold) oder sonstiger einschlägiger Rechtsgebiete an. Der Kurs (Steuerrecht) findet – im Gegensatz zu anderen Fachanwaltskursen – als Blockkurs in zwei Teilen zu je vier Wochen statt und ist daher für den Besuch während der Wahlstelle gut geeignet. Der Boorberg Verlag bringt halbjährlich eine kostenlose Informationsbroschüre heraus, die eine Vielzahl von Adressen von Unternehmen beinhaltet, die Referendare für die Wahlstation suchen. Dieser Führer kann im Internet unter der Adresse http://www.boorberg.de heruntergeladen werden (http://www.boorberg.de/sixcms/media.php/72/02_03_wifu_online.pdf).

Bei der Wahl der **Gruppe Staat und Verwaltung** ist die Ausbildung beim Verwaltungsgericht, beim Oberverwaltungsgericht, bei einer Fachanwältin bzw. einem Fachanwalt für Verwaltungsrecht, einer Verwaltungsbehörde oder auch an der Hochschule in Speyer (dazu unten) möglich. Während der Wahlstation ist auch der Besuch der Lehrgänge zur Fachanwältin bzw. zum Fachanwalt für Verwaltungsrecht möglich (Besuch von vier einzelnen Wochenlehrgängen in Travemünde). Die näheren Einzelheiten (Sonderurlaub oder Besuch der Lehrgänge während der Ausbildung bei einer Fachanwältin oder einem Fachanwalt) sollten Sie mit Ihrer Ausbildungsbehörde abklären. In einigen Bundesländern kann die Ausbildung in der Wahlstation darüber hinaus auch gesplittet werden, so dass eine Kombination aus den oben aufgezeigten Möglichkeiten denkbar ist.

Wenn einer eine Reise tut ... Die **Wahlfachgruppe Europarecht/Internationales Recht** legt allen am supranationalen Recht Interessierten natürlich die Planung einer Wahlstation im Ausland nahe (zu den vielfältigen Möglichkeiten siehe weiter unten im Abschnitt »Die Wahlstation als Auslandsstation«, Seite 129ff.). Möglich ist aber auch eine Wahlstation an einem entsprechenden Hochschulinstitut in heimischen Gefilden.

Neben diesen klassischen Wahlfachgruppen sind gerade durch die letzte Ausbildungsreform eine ganze Reihe neuer Wahlfächer entstanden (siehe untenstehende Übersicht). Die gemachten Angaben gelten aber auch für Aufteilungen oder andere Gruppierungen der einzelnen Gebiete entsprechend.

Für alle Wahlfachgruppen gilt, dass bei entsprechendem Bezug zum Wahlfachrecht eine Ausbildung auch im Ausland in Betracht kommt. Die Möglichkeiten sollten auch hier wieder vor Ort mit der Ausbildungsstelle abgeklärt werden, möglichst vor der Einstellung, um rechtzeitige Dispositionen für eine Auslandsstation treffen zu können.

Innerhalb vieler Wahlfachgruppen, zum Beispiel Arbeit und/oder Soziales, Staat und Verwaltung sowie Wirtschaft, Steuern, besteht also die Möglichkeit, **Fachanwaltskurse** zu besuchen. In Nordrhein-Westfalen ist es üblich, dass die Wahlstation zwar am Finanzgericht durchgeführt wird, während dieser Stage aber gleichzeitig der sechswöchige Blocklehrgang »Fachanwalt für Steuerrecht« besucht werden kann. Hierfür ist die Inanspruchnahme von Urlaub nicht erforderlich. Ob dies möglich ist, sollte mit der zuständigen Ausbildungsbehörde geklärt werden. Bei anderen Fachanwaltskursen, die nicht in kompakten Blöcken, sondern wochenweise angeboten werden, ergeben sich naturgemäß Probleme. Ob auch bei diesen Lehrgängen die Möglichkeit besteht, sie während der entsprechenden Wahlfachgruppe wenigstens teilweise zu absolvieren, sollte bereits frühzeitig mit der Ausbildungsleitung beim OLG abgesprochen werden.

b) Übersicht zu den Wahlfachgruppen in den Bundesländern

Die gute alte Wahlfachgruppe heißt nun in vielen Ländern Schwerpunkt bzw. Schwerpunktgebiet und in Bayern praktisch in weiser Voraussicht »Berufsfeld«. In den Ländern bestehen die aus der nachstehenden Übersicht Wahlmöglichkeiten:

Bundesland	§§	Wahlfachgruppen
Baden-Württemberg	§ 42, 52 II JAPro 2002	Schwerpunktbereich: Justiz – Rechtsanwalt – Wirtschaft – Verwaltung – Arbeit – Soziale Sicherung – Steuern – Europarecht – Internationales Privatrecht
Bayern	§ 49 JAPO 2003	Berufsfeld: Justiz – Verwaltung – Anwaltschaft – Wirtschaft – Arbeits- und Sozialrecht – Internationales Recht und Europarecht – Steuerrecht
Berlin	§§ 21 II, 27 III JAO 2003	Berufsfeld: Rechtsberatung – Zivilrechtspflege – Strafrechtspflege – Staat und Verwaltung – Wirtschaft – Arbeit und Soziales – Europäisches und internationales Recht

Bundesland	§§	Wahlfachgruppen
Brandenburg	§§ 21 II, 27 III BbGJAO 2003	Berufsfeld: Rechtsberatung – Zivilrechtspflege – Strafrechtspflege – Verwaltung – Wirtschaft – Arbeit und Soziales – Europäisches und internationales Recht
Bremen	§ 41 JAG	Wahlbereiche: Internationales Recht und Recht der Europäischen Gemeinschaft – Wahlbereich Bürgerliches Recht (allgemein) – Familie – Wirtschaft, Handel (einschließlich steuerrechtlicher Fragen) –Kriminalwissenschaften – Staat und Verwaltung – Arbeit und Soziales
Hamburg	§ 42 III JAG	Schwerpunktbereiche: Insbesondere ordentliche Gerichtsbarkeit – Verwaltungsgerichtsbarkeit – Arbeitsgerichtsbarkeit – Finanzgerichtsbarkeit – Sozialgerichtsbarkeit – Verwaltung – rechtsberatende Praxis – Bezüge zum internationalen Recht sowie dem Recht der Europäischen Gemeinschaften und der Europäischen Union
Hessen	§ 29 III JAG	Schwerpunktbereich: Zivilrechtspflege – Strafrechtspflege – Staat und Verwaltung – Steuern und Finanzen – Arbeit – Wirtschaft – Sozialwesen
Mecklenburg-Vorpommern	§ 38 JAPO	Schwerpunktbereich: Justiz – Rechtsanwalt – Wirtschaft – Verwaltung – Arbeitsrecht – Sozialrecht – Steuerrecht – Europarecht – Internationales Privatrecht
Niedersachsen	§ 29 JAPO	Wahlbereich: Zivilrecht und Strafrecht – Staats- und Verwaltungsrecht – Wirtschaftsrecht und Finanzrecht – Arbeitsrecht und Sozialrecht – Europarecht
NRW	§ 35 II JAG	Keine Wahlfächer oder Schwerpunktgebiete mehr: Ausbildung in der Wahlstation bei einer Stelle, bei der eine sachgerechte Ausbildung gewährleistet ist
Rheinland-Pfalz	§§ 33–35 JAPO 2003	Zivilrecht – Wirtschaftsrecht – Arbeitsrecht – Sozialrecht – Strafrecht – Verwaltungsrecht – Steuerrecht – Europarecht – Rechtsberatung

Bundesland	§§	Wahlfachgruppen
Saarland	§ 25 JAO	Keine Schwerpunkte mehr: »Die Ausbildung in der Wahlstation soll der Rechtsreferendarin/dem Rechtsreferendar ermöglichen, ihre/seine Ausbildung bei einer von ihr/ihm selbst nach Neigung und Interesse gewählten Stelle zu ergänzen und zu vertiefen sowie ihr/ihm Gelegenheit geben, sich auf ihre/seine künftige Berufsausübung vorzubereiten.«
Sachsen	§ 43 III JAO	Wahlfach: Arbeits- und Sozialrecht – Jugendstrafrecht und Strafvollstreckung – Wirtschaftsverwaltungsrecht und Beamtenrecht – Raumordnungs- und Landesplanungsrecht, Straßen- und Wegerecht – Insolvenzrecht – Steuerrecht – Internationales Recht und Recht der Europäischen Union
Sachsen-Anhalt	§ 38 JAPrVO	Schwerpunktbereiche: Zivilrecht – Wirtschaftsrecht – Arbeitsrecht – Sozialrecht – Strafrecht – Verwaltungsrecht – Steuerrecht – Europarecht
Schleswig-Holstein	§ 32 III JAO	Schwerpunktbereiche: Zivilrechtspflege – Strafrechtspflege – Familienrecht – Staat und Verwaltung – Wirtschaft und Steuern – Arbeit und Soziales
Thüringen	§ 35 III JAO	Schwerpunktbereiche: Justiz – Verwaltung – Anwaltschaft – Wirtschafts- und Finanzwesen – Arbeits- und Sozialrecht – Internationales Rechts und Recht der Europäischen Gemeinschaften

c) Die Wahlstation als Auslandsstation

Literatur
- Basedow, Juristen für den Binnenmarkt, NJW 1990, 959
- Rascher-Friesenhausen, Vom Sinn und Nutzen einer Ausbildung im Ausland, JA 1981, 174
- Altmann/Markgraf, Ausbildung deutscher Referendare bei französischen Anwälten, Notaren und Gerichten, JuS 1983, 236

Internet
- Wahlstation in den USA: http://www.referendarrat-sh.de/Berichte/USA.htm
- Aktuelles: http://www.rechtsreferendariat.de

Eine unbedingte Qualifikation je nach angestrebtem Berufsfeld stellt die Wahlstation im Ausland dar. Dabei kommen je nach Wahlfach zahlreiche Ausbildungsstellen in

Betracht. Zu beachten ist, dass die Ausbildung bei der Wahlstelle etwas mit der gewählten **Wahlfachgruppe** zu tun haben muss. Hier sollte man die Anforderungen des Ausbildungsbezirks an die Ausbildungsinhalte während der Auslandsstation frühzeitig in Erfahrung bringen.

Häufig werden Rechtsreferendarinnen und Rechtsreferendare sich im Ausland bei Anwaltskanzleien bewerben, um durch die dort bearbeiteten Rechtsgebiete vielfältige Einblicke in das fremde Rechtssystem zu erhalten. Insbesondere wenn nach dem Examen eine anwaltliche Tätigkeit angestrebt wird, ist eine Auslandsstation bei um Einstellung ersuchten Kolleginnen oder Kollegen gern gesehen. **Ausbildungsstellen bei Rechtsanwältinnen und Rechtsanwälten** in Frankreich, England und den USA werden durch die Justizbehörden einzelner Länder vermittelt.

Das **Land Nordrhein-Westfalen** organisiert federführend für alle Bundesländer Ausbildungsstellen in **Frankreich**. Das Justizministerium Nordrhein-Westfalen vermittelt in Kooperation mit dem französischen Justizministerium und der französischen Anwaltsorganisation dreimonatige Stationsplätze bei französischen Anwältinnen und Anwälten sowie Gerichten. Die Ausbildung bei Rechtsanwältinnen und Rechtsanwälten ist auf Paris beschränkt; wer in die französischen Provinzen will, kann sich über das Justizministerium lediglich bei Gerichten bewerben. Die ausbildungsbegleitenden Veranstaltungen finden in Paris statt. Bei der Einstellung erhalten nordrhein-westfälische Rechtsreferendarinnen und Rechtsreferendare ein entsprechendes Merkblatt mit Hinweisen zu Möglichkeiten und Verfahren. Die Bewerbung muss spätesten vier Monate vor Beginn des Ausbildungsabschnittes vorliegen. Die Möglichkeit, die Wahlstation in Frankreich zu absolvieren, nehmen leider nur wenige Kolleginnen und Kollegen aus Nordrhein-Westfalen in Anspruch. Möglicherweise liegt dies an den teilweise erheblichen Kosten der Auslandsaufenthalte, die nur zu einem Teil durch die dienstliche Unterstützung wie **Trennungsentschädigung** und **Kaufkraftausgleich** wettgemacht werden. Zu bedenken ist, dass Französisch als Amtssprache in den Verwaltungen der EG von erheblicher Bedeutung ist. Verwiesen sei hier auch auf die Aufsätze Rascher-Friesenhausen, »Vom Sinn und Nutzen einer Ausbildung im Ausland« in JA 1981, 174 und Altmann/Markgraf »Ausbildung deutscher Referendare bei französischen Anwälten, Notaren und Gerichten« in JuS 1983, 236. Rechtsreferendarinnen und Rechtsreferendare aus anderen Bundesländern können nähere Informationen beim Justizministerium Nordrhein-Westfalen anfordern.

Justizministerium des
Landes Nordrhein-Westfalen
Martin-Luther-Platz 40
40212 Düsseldorf
Telefon: (02 11) 87 92-1
Telefax: (02 11) 87 92-4 56

Das **Justizministerium Nordrhein-Westfalen** bemüht sich auch, Ausbildungsplätze für die Wahlstation in **Japan** zu vermitteln. Einigen Rechtsreferendarinnen und Rechtsreferendaren können so Auslandaufenthalte zum Zwecke der Ausbildung bei japanischen Rechtsanwältinnen und Rechtsanwälten ermöglicht werden. Informationen sind bei der Japanischen Botschaft erhältlich.

Botschaft von Japan
Hiroshimastraße 6
10785 Berlin
Telefon: (0 30) 2 10 94-0
http://www.botschaft-japan.de

Die **Justizbehörde der Freien und Hansestadt Hamburg** vermittelt federführend und stellvertretend für die anderen Bundesländer in Zusammenarbeit mit der Law Society in London dreimonatige Ausbildungsstellen bei Solicitors in **England** (Großraum London). Das entsprechende Merkblatt kann bei der Hamburger Justizbehörde angefordert werden.

Justizbehörde der Freien und Hansestadt Hamburg
Drehbahn 36
20354 Hamburg
http://ffh.hamburg.de/stadt/Aktuell/behoerden/justizbehoerde

Im Rahmen einer Zusammenarbeit mit dem Deutschen Anwaltverein und der American Bar Association vermittelt der **Senator für Justiz und Verfassung der Freien Hansestadt Bremen** Ausbildungsplätze bei Rechtsanwältinnen und Rechtsanwälten in den **Vereinigten Staaten (USA)**. Die regelmäßig drei Monate dauernde Ausbildung wird in allen Bundesstaaten angeboten. Das Merkblatt zu Teilnahmevoraussetzungen und weiteren Einzelheiten des Programms ist beim Senator für Justiz und Verfassung erhältlich.

Senator für Justiz und Verfassung der Freien Hansestadt Bremen
Richtweg 16–22
28195 Bremen
Telefon: (04 21) 3 61-41 10
Telefax: (04 21) 3 61-25 84

Kolleginnen und Kollegen mit einer Affinität zur Diplomatie bietet auch das **Auswärtige Amt** in Berlin Gelegenheit, die Fremdsprachenkenntnisse und den kulturellen Horizont zu erweitern. Ausgebildet wird an einer diplomatischen oder berufskonsularischen Vertretung der Bundesrepublik Deutschland. Dabei kann die Wahlstation in vielen Auslandsvertretungen rund um die Welt absolviert werden. Listen mit den in Frage kommenden Vertretungen liegen an den Oberlandesgerichten aus. Daneben gibt es diese auch neben vielen weiteren Informationen beim Auswärtigen Amt und auf dessen Internetseiten.

Auswärtiges Amt
Aus- und Fortbildungsstätte
Gudenauer Weg 134–136
53127 Bonn
Telefon: (0 18 88) 17 26 82
Telefax: (0 18 88) 17 15 77
http://www.auswaertiges-amt.de

Bei Wahlstationen bei **deutschen Außenhandelskammern** muss man sich nach aller Erfahrung auf eine 40-Stunden-Woche einstellen. Allerdings ist die Tätigkeit dort auch sehr vielseitig und kontaktreich. Erfahrungsberichte über Wahlstationen in Handelskammern sind in JuS 1994, 1087 (Portugal) und JuS 1995, Heft 8 S. XV (Brasilien) veröffentlicht. Daneben kommen Wahlstellen bei der **Europäischen Gemeinschaft** und anderen **supranationalen Organisationen** in Betracht. Ein Erfahrungsbericht zu einer Wahlstation beim Generalsekretariat des Europarates – Abteilung für Soziale Sicherheit – ist in JuS 1994, 269 nachzulesen. Zu beachten ist hierbei, dass bei der Europäischen Gemeinschaft eine frühzeitige Bewerbung angebracht ist. Insgesamt sollte man sich über seine Wahlstation im Ausland schon vor der Einstellung in den Vorbereitungsdienst Gedanken gemacht haben. Häufig ist es für Wunschausbildungsstellen schon zu spät.

Weitere Informationen zu Wahlstellen im Ausland sind neben den bereits genannten Institutionen erhältlich bei:

Deutscher Industrie- und Handelstag
Breite Straße 29
10178 Berlin
Telefon: (0 30) 2 03 08-0
Telefax: (0 30) 2 03 08-10 00
http://www.diht.de

Bei der Vermittlung von Ausbildungsstellen können zudem binationale **Juristenvereinigungen** hilfreich sein. Die Mitglieder dieser Organisationen legen allerdings Wert auf die Feststellung, dass sie keine Touristikunternehmungen darstellen, die Fernurlaube vermitteln, sondern vielmehr intensive Mitarbeit in den Kanzleien erwarten. Wer sich im Hinblick auf seine Qualifikation für eine Ausbildung in der Neuen Welt interessiert, kann sich wenden an:

Deutsch-Amerikanische Juristenvereinigung
Alte Bahnhofstraße 10
53173 Bonn
Telefon: (02 28) 36 13 76
Telefax: (02 28) 35 79 72
http://www.dajv.de

Deutsch-Kanadische Juristenvereinigung
c/o Kanzlei Knittel, Josten und Partner
Tumringer Str. 226
79539 Lörrach

Eine ganze Reihe weiterer Juristenvereinigungen findet man im Internet unter der Adresse http://www.recht.uni-tuebingen.de/studium/ausland/kontakt.htm.

Bei der deutsch-amerikanischen Juristenvereinigung kann u.a. ein USA-Bewerbungsführer für Juristen bestellt werden, der hilfreiche Tipps und Hinweise für ein formgerechtes Bewerbungsschreiben enthält (Preis: ca. 6 €).

Auch andere Organisationen können bei der Suche nach einer Ausbildungsstation behilflich sein. Interessierte können sich beispielsweise an die europaweit organisierte European Law Students Association, bekannter unter dem Namen »**ELSA**« wenden. Die Hochschulgruppe, bei der man auch als Rechtsreferendarin bzw. Rechtsreferendar Mitglied werden kann, besitzt durch das studentische Austauschprogramm STEP Informationen und Erfahrungen über Ausbildungsstellen bei Anwältinnen und Anwälten, Unternehmen und Verbänden oder Behörden in anderen Ländern. Informationen sind bei der nachstehenden Anschrift oder bei den örtlichen Hochschulgruppen erhältlich.

ELSA-International
239, Boulevard Général Jacques
B-1050 Brüssel
Belgien
Telefon: (0 03 22) 6 46 26 26
Telefax: (0 03 22) 6 46 29 23
http://www.elsa.org

Joker ist die frühzeitige und umfassende Erhebung von Informationen über potenzielle Ausbildungsstellen im Ausland. Informationen über Ausbildungsmöglichkeiten im Ausland erhält man bei den Ausbildungsstellen (OLG), an denen – jedenfalls in Nordrhein-Westfalen – entsprechende **Ordner** ausliegen. Bei rechtzeitiger Vorbereitung lohnt die Durchsicht der zurückliegenden Jahrgänge der JuS, in jedem Band mehrere Berichte über **Auslandsstationen** mit Angabe der Kontaktadressen erscheinen. Erfahrungsberichte über Auslandsaufenthalte in der Wahlstation sind weiter regelmäßig in der Referendarzeitschrift »jumag«, erreichbar unter http://www.jumag.de, zu finden. Die entsprechenden Artikel mit zahlreichen Informationen zu vielen Wahlstationen im Ausland findet man unter http://www.jumag.de/ju3300.htm. Ebenso empfehlenswert ist der »Grüne Faden« des Referendarrates Schleswig-Holstein: http://www.referendariat-sh.de. Weitere Fundstellen für Erfahrungsberichte und Ausbildungsstellen finden Sie unter www.rechtsreferendariat.de.

In Bayern schätzt man das bewährte Auslandsinfo des Referendarvereins, das gegen kleine Münze (4,50 € für Nichtmitglieder, 3 € für Mitglieder) in 2., erweiterter und überarbeiteter Auflage mit einer CD-Rom »Die Adressen ausländischer Ausbildungsstellen« nachweist: http://www.refv.de/service-buchtip.php.

Für den **An- und den Abreisetag** kann man je einen Tag **Sonderurlaub** (SUrlV) beantragen. Während dies in Baden-Württemberg ohne Probleme möglich ist, herrscht in Nordrhein-Westfalen, jedenfalls am OLG Köln, eine deutlich restriktivere Praxis. Da die Anreise zur Wahlstelle jedenfalls bei ungewundener Sichtweise eigentlich ohnehin bereits zur Dienstzeit gehört, dürfte es hier allerdings überhaupt keine Probleme geben. Wird während der Auslandsstation Erholungsurlaub genommen, entfallen Trennungsentschädigung und soweit er überhaupt gewährt wird Kaufkraftausgleich für diesen Zeitraum. Es besteht u.U. die Möglichkeit, länger als für die Dauer der Wahlstation im Ausland zu bleiben. Diese Möglichkeit lässt sich über die Beantragung von unbezahltem Sonderurlaub realisieren. Voraussetzung ist allerdings, dass die Ausbildung in der Wahlstelle auch während des Sonderurlaubs fortgesetzt wird.

Die Kosten für einen Auslandsaufenthalt können erhebliche Ausmaße (z.B. USA) annehmen. Der private Zuschuss lässt sich minimieren. Während der Dauer der Ausbildung im Ausland wird in der Regel **Trennungsentschädigung** (s. Trennungsgeldverordnung – TGV) gewährt. Weitere Zuschüsse werden für die Fahrt zum Flughafen oder Bahnhof nach allgemeinen Reisekostengrundsätzen gezahlt. Nach einer Entscheidung des BVerwG (vom 16. 6. 1993 – 1 UE 1918/86, ZBR 1994, 288) erhalten auch Rechtsreferendarinnen und Rechtsreferendare in nichtehelicher Lebensgemeinschaft Trennungsgeld für eine Auslandswahlstation.

Gemäß § 59 Abs. 4 und § 7 BBesG wird u. U. für die Dauer der Auslandsausbildung ein so genannter **Kaufkraftausgleich** gewährt, der die tatsächlichen Mehrkosten aber meist nicht deckt und regelmäßig für Referendare ohnehin in den zu Grunde liegenden Vergütungsordnungen ausgeschlossen ist. Sollte man doch in diesen Genuss kommen können, lassen sich die entsprechenden Prozentsätze einem Runderlass vom Bundesminister des Inneren entnehmen.

Welche Fördermaßnahmen im konkreten Einzelfall zur Verfügung stehen, ist jeweils bei den Ausbildungsstellen zu erfragen.

Neben den vorgenannten Möglichkeiten, die den Vorzug der unmittelbaren Verbesserung der finanziellen Situation bieten, gibt es die Möglichkeit, weitere Verluste als **Werbungskosten** (BFHE 88,162) steuerlich auf Kosten des Finanzministeriums abzuschreiben.

Sofern man gesetzlich krankenversichert ist, kann es auf Grund unterschiedlicher Leistungen der **Krankenkassen** zu Lücken kommen. Ist man als Beamter auf Widerruf eingestellt, lassen sich diese teilweise schließen, indem man Beihilfe für diese nicht erstatteten Kosten beantragt. Zumindest im Normalfall des öffentlich-rechtlichen Ausbildungsverhältnisses, in dem man keinen Beihilfeanspruch hat, müssen die Lücken über eine Auslandkrankenversicherung geschlossen werden. Beträge, die so immer noch nicht erstattet werden können, lassen sich steuerlich absetzen.

Informationen zu **gesundheitlichen Risiken und entsprechender Vorsorge** bei einem Auslandsaufenthalt enthält eine Broschüre der BAD-GmbH, die unter der Adresse http://www.bad-gmbh.de unter »Publikationen« abrufbar ist. Ausführliche Informationen halten regelmäßig auch die Geschäftsstellen der Krankenkassen bereit.

Denken Sie vor der Abreise in die Auslandsstation auch daran, eine **Zustellungsbevollmächtigte** bzw. einen **Zustellungsbevollmächtigten** für die dienstlichen Angelegenheiten während Ihrer Abwesenheit gegenüber der Dienststelle zu benennen.

d) Übersicht über die Möglichkeiten zu Auslandsaufenthalten in den einzelnen Ländern

Land	Auslandsaufenthalte in folgenden Stationen möglich
Baden-Württemberg	Die Möglichkeit eines Auslandsaufenthaltes besteht im Rahmen der Wahlstation. Ausnahmsweise in der Rechtsanwaltsstation, wenn die Ausbildung dort bei einem in Deutschland (seit mindestens zwei Jahren) zur Rechtsanwaltschaft zugelassenen Rechtsanwalt erfolgt.
Bayern	In der Zivil- oder dem zweiten Teil (6. und 7. Monat) der Verwaltungsstation bis zu 2 Monaten; außerdem in der Wahlstation. ***Die Vorschriften der JAPO 2003 zum Vorbereitungsdienst gelten*** *erst ab dem Einstellungstermin Herbst 2005.* ***Die Vorschriften der JAPO 2003 zur Zweiten Juristischen Staatsprüfung gelten*** *erst ab dem Prüfungstermin 2007/1.* ***Nähere Informationen finden Sie unter http://www.justiz.bayern.de/ljpa***
Berlin	Nur in der Wahlstation (max. 6 Monate)
Brandenburg	Gemäß § 23 Abs. 2 BdgJAO ist es möglich, ab dem 5. Ausbildungsmonat einzelne Pflichtstationen bis zu einer Gesamtdauer von 9 Monaten im Ausland abzuleisten.
Bremen	Im Rahmen der 9-monatigen Pflichtstationen können bis zu sechs Monate im Ausland absolviert werden. Die Wahlstation kann vollständig im Ausland absolviert werden.
Hamburg	Im Rahmen der 9-monatigen Pflichtstationen können bis zu sechs Monate im Ausland absolviert werden. Die Wahlstation kann vollständig im Ausland absolviert werden.
Hessen	In der zweiten bis vierten Ausbildungsstation kann jeweils die Hälfte der Zeit im Ausland absolviert werden, die Wahlstelle natürlich ganz. Die Änderungen durch das Gesetz zur Reform des Referendariats sind noch nicht bekannt.
Mecklenburg-Vorpommern	In jeder Station möglich, Gesamtdauer bis zu zwölf Monaten, davon bis zu sechs Monaten außerhalb der Europäischen Union
Niedersachsen	Im Rahmen der 9-monatigen Pflichtstationen können bis zu sechs Monate im Ausland absolviert werden. Die Wahlstation kann vollständig im Ausland absolviert werden.
Nordrhein-Westfalen	Die Zivilstation kann bis zu zwei Monaten, die Straf- und Verwaltungsstation bis zu drei Monaten bei einer geeigneten ausländischen Ausbildungsstelle stattfinden. Die Rechtsanwaltsstation bis zu sechs Monaten. Insgesamt ist die Dauer (davon ausgenommen die Wahlstation) auf acht Monate begrenzt.

Land	Auslandsaufenthalte in folgenden Stationen möglich
Rhein-land-Pfalz	Drei Monate in einer Pflichtstation möglich, sonst Wahlstation (sechs Monate) weitere Informationen unter http://www.lpa.justiz.rlp.de
Saarland	Ab Rechtsanwaltsstation (17. Monat) möglich
Sachsen	In der Zivil-, Straf- und Verwaltungsstation jeweils bis zu 2 Monaten, daneben in der Verwaltungs- und RA-Station über beide Stationen fünf Monate bei der EG-Kommission möglich (Die gesetzlichen Änderungen durch das Gesetz zur Reform des Rechtsreferendariats können zu gegebener Zeit unter http://www.jstiz.sachsen.de eingesehen werden.
Sachsen-Anhalt	In Verwaltungsstation, Rechtsanwaltstation (§ 35 JAPrO LSA) und Wahlstelle möglich
Schles-wig-Hol-stein	Ab Rechtsanwaltsstation (14. Monat) möglich
Thüringen	Nach den aktuellen Ausbildungsvorschriften nur in Wahlstation möglich Die Neuregelungen nach dem Gesetz zur Reform des Referendariats werden voraussichtlich erst Mitte 2005 eingeführt. Aktuelle Regelungen unter http://www.rechtsreferendariat.de

8. Zeugnisse

Literatur

- Schnellenbach, Die dienstliche Beurteilung der Beamten und Richter, 1995 (Ergänzungslieferung 2000)
- Bieber, Die dienstliche Beurteilung. Beamte, Angestellte und Arbeiter im öffentlichen Dienst, 2002
- Martensen, Rechtsschutzinteresse für Klagen gegen Stationszeugnisse nach bestandenem Staatsexamen – VGH München, BayVBl. 1996, 27, JuS 1996, 1076

a) Inhalt und Bedeutung der Zeugnisse

Nach jeder Station erhält man ein Zeugnis von der Einzelausbilderin bzw. dem Einzelausbilder. Das Gleiche gilt nach Teilnahme an einer Arbeitsgemeinschaft. Bei den Zeugnissen während des Referendariats handelt es sich nicht um dienstliche Beurteilungen (s. dazu weiter unten). Trotzdem lassen sich den o.a. Literaturhinweisen zu dienstlichen Beurteilungen nützliche Informationen zu üblichen und zulässigen Inhalten sowie der Bedeutung von bestimmten Formeln u.a. entnehmen. Die Zeugnisse haben die **Funktion**, den Rechtsreferendarinnen und Rechtsreferendaren ihren **Kenntnisstand** aufzuzeigen. Daneben sind die Zeugnisse aber auch für die **Notenanhebung** (sog. Handsteuerungsklausel) im Rahmen des Assessorexamens von Bedeutung. Danach kann der Prüfungsausschuss von der rechnerisch ermittelten Gesamtnote um bis zu einem Punkt abweichen, wenn dies den Leistungsstand des Prüflings besser kennzeichnet. Dabei sind auch die Leistungen im Vorbereitungsdienst zu berücksichtigen (vgl. z.B. § 56 Abs. 4 JAG NRW) die Zeugnisse sollen sich eingehend mit den fachlichen und allgemeinen Kenntnissen und Fähigkeiten, dem praktischen Geschick, dem Stand der Ausbildung und dem Gesamtbild der Persönlichkeit der Referendarin oder des Referendars befassen (vgl. § 46 Satz 2 JAG NRW).

Entsprechend enthalten die **Stationszeugnisse** zumeist folgende Angaben:

- Angaben zu Zeitpunkt und Dauer der Zuweisung
- Angaben über Urlaub, Krankheit oder unentschuldigtes Fehlen der Referendarin bzw. des Referendars oder Urlaub und Krankheit der Ausbilderin bzw. des Ausbilders
- Aufgaben der Ausbildungsstelle
- Gebiete, auf denen ausgebildet wurde
- Zahl und Art der angefertigten schriftlichen Arbeiten
- Auseinandersetzung mit und Würdigung der einzelnen Arbeiten
  - Schwierigkeitsgrad der Aufgabe
  - Angaben zur Vollständigkeit und Genauigkeit der Sachdarstellung
  - Praktische Verwendbarkeit der Entwürfe
  - Pünktliche Ablieferung der Arbeiten
- Angaben zur sonstigen Ausbildung wie der Teilnahme an der Dezernatsarbeit, an Sitzungen, zum Halten von Kurzvorträgen vor der Kammer oder der Ausbilderin bzw. dem Ausbilder sowie die Wahrnehmung von Besprechungs- und Gerichtsterminen etc.
- Angaben zu den mündlichen Leistungen in Vorträgen und Diskussionen (Geschick, Ausdrucksfähigkeit, Überzeugungsfähigkeit u.a.)
- Praktisches Geschick bei schriftlichen Arbeiten, Dezernatsarbeit, Kurzvorträgen
- Stand der Ausbildung, Rechtskenntnisse, Entwicklung während der Stage
- Interesse, Engagement, eventuell auch Eignung für die entsprechende Tätigkeit nach der Ausbildung
- Verständnis für gesellschaftliche, soziale und wirtschaftliche Zusammenhänge, Allgemeinbildung
- Auftreten (sicher, freundlich), persönlicher Umgang (höflich, aufgeschlossen, korrekt)
- Dienstliches und außerdienstliches Verhalten
- Gesamtbeurteilung.

Die **Arbeitsgemeinschaftszeugnisse** enthalten regelmäßig folgende Angaben:

- Angaben zu Zeitpunkt und Dauer der Arbeitsgemeinschaft

- Angaben über die Teilnahme (Urlaub, Krankheit, regelmäßige Teilnahme, entschuldigte und unentschuldigte Fehltage) der Referendarin bzw. des Referendars oder Urlaub und Krankheit der Ausbilderin bzw. des Ausbilders
- Angaben zu Inhalt und Ziel der Arbeitsgemeinschaft
- Zahl und Art der angefertigten schriftlichen Arbeiten
- Würdigung der einzelnen Arbeiten
- Zahl und Art der gehaltenen Aktenvorträge
- Auseinandersetzung mit und Würdigung der einzelnen Aktenvorträge
- Angaben zu den mündlichen Leistungen in Vorträgen und Diskussion und der Beteiligung in der AG (Geschick, Ausdrucksfähigkeit, Überzeugungsfähigkeit, praktische Brauchbarkeit u.a.)
- Stand der Ausbildung, Rechtskenntnisse, Entwicklung während der Stage
- Interesse, Engagement, rege Teilnahme
- Verständnis für gesellschaftliche, soziale und wirtschaftliche Zusammenhänge
- Auftreten (sicher, freundlich), persönlicher Umgang (höflich, aufgeschlossen, korrekt)
- Dienstliches und außerdienstliches Verhalten
- Gesamtbeurteilung.

Die Zeugnisse werden von den Ausbilderinnen und Ausbildern und Arbeitsgemeinschaftsleiterinnen und -leitern heutzutage weitgehend formalisiert auf dem Computer erstellt. Sie werden daher bei einem Vergleich in der Arbeitsgemeinschaft feststellen, dass **bestimmte Formulierungen** immer wieder auftreten. Die Zeugnisse der Ausbilderinnen und Ausbilder sind aber trotzdem sehr verschieden. Sie enthalten auch nicht zwangsläufig alle Angaben, die oben aufgeführt sind. Zur Veranschaulichung wurden auf den folgenden Seiten einige Beispiele für Stations- und Arbeitsgemeinschaftszeugnisse (aus Nordrhein-Westfalen) zusammengestellt.

b) Musterbeispiele

Beispiel:
Zeugnis aus der Strafstation

Zeugnis über die Ausbildung in der Praxis

Referendar: ....
Ausbildungsabschnitt: Gericht in Strafsachen
Ausbildungsstelle: Amtsgericht ....
Ausbilder: Richter am AG ....
Zeitraum: ....

Herr ...., dessen Befähigung insgesamt deutlich über den durchschnittlichen Anforderungen liegt, hat sich mit Interesse seiner Ausbildung gewidmet. Er hat von sich aus fast an jeder Sitzung teilgenommen und sich auch an der Dezernatsarbeit beteiligt. Er hat mit wachsendem Erfolg gelernt, seine fundierten Rechtskenntnisse fallbezogen anzuwenden; seine Vorschläge konnten den Entscheidungen im Ergebnis stets zu Grunde gelegt werden. Seine Beschluss- und Urteilsentwürfe waren nach anfänglichen Schwierigkeiten gut durchdacht, sorgfältig und klar formuliert und in einer späteren Phase der Ausbildung ohne nennenswerte Korrekturen praktisch verwertbar. Dabei hat er zu einigen Rechtsfragen, die im Prozessrecht novellierungsbedingt aufgetreten sind, gute Hintergrundgutachten abgeliefert.

Seine mündlichen Diskussionsbeiträge waren klar, sicher, überzeugend und von Nachdenklichkeit gegenüber der regelmäßig auftretenden sozialen Problematik des einzelnen Strafrechtsfalles geprägt.

Die Gesamtleistung ist insgesamt mit »vollbefriedigend« zu bewerten, wobei die Leistungen in der zweiten Hälfte klar zum »gut« tendierten.

Herr .... ist freundlich, offen, diskussionsfähig und -bereit; auf seine Mitarbeit war Verlass.

......................, den ....

(......................)
Richter am Amtsgericht

Beispiel:
Zeugnis aus der Verwaltungsstation

Zeugnis über die Ausbildung in der Praxis

Referendarin: ....

Ausbildungsabschnitt: Verwaltungsbehörde

Ausbildungsstelle: .... (Kommunaler Zweckverband)

Ausbilder: Landesverwaltungsrätin ....

Die Referendarin war dem zentralen Rechtsreferat in der Zeit vom .... bis .... zugewiesen. Die Ausbildungszeit wurde durch Erholungsurlaub vom .... bis .... unterbrochen.

Frau .... erhielt Einblick in die Praxis eines höheren Kommunalverbandes und konnte gleichzeitig dessen Struktur und Aufgabenkatalog praktisch kennenlernen. Die Referendarin wurde zunächst allgemein in das Aufgabengebiet des Rechtsreferates eingeführt und mit den ihm obliegenden Zuständigkeiten insgesamt vertraut gemacht. Im Verlauf der Ausbildung erhielt die Referendarin Gelegenheit, Vorgänge aus den sehr unterschiedlichen Bereichen eines zentralen Rechtsreferates einer praktischen Lösung zuzuführen. Dabei wurde sie auch mit Fragen aus Rechtsgebieten betraut, die für Juristinnen und Juristen nicht zum Standardwissen gehören, wie zum Beispiel spezielle Fragen des öffentlichen Umweltrechts, des Verfassungsrechts und des Tarifrechts des öffentlichen Dienstes.

Frau .... wurde mit der eigenständigen Bearbeitung laufender Vorgänge betraut. Sie leistete Dezernatsarbeit und traf Entscheidungen über die nächsten Arbeitsschritte in laufenden Verwaltungsangelegenheiten. Dabei zeigte sie sich in der Lage, die gestellten rechtlichen Probleme einer in der Praxis umsetzbaren Lösung zuzuführen.

Frau .... nahm abteilungsübergreifend an Sitzungen des ...ausschusses, der Hauptfürsorgestelle und an Gerichtsterminen teil. Hervorzuheben ist, dass die Referendarin eine große Anzahl von Gerichtsterminen selbstständig wahrgenommen hat. Dabei war die Referendarin stets sehr engagiert. Sie ging auch den in den mündlichen Verhandlungen erörterten rechtlichen Problemen eigenständig nach und trug die entsprechende Rechtsprechung und Literatur zusammen. Zum Teil bearbeitete sie die Gerichtstermine durch die Entwürfe von Schriftsätzen vor, die mit nur geringfügigen Änderungen übernommen werden konnten. Dies trug erheblich zur Entlastung der juristischen Sachbearbeiterinnen und Sachbearbeiter bei.

Die Referendarin war von Anfang an mit sehr großem Engagement bei der Sache. Die Erledigung der übertragenen Aufgaben erfolgte mit besonderem Fleiß und äußerst zügig. Bei allen Arbeiten zeigte sie sehr viel Verständnis für die praktische Verwaltungsarbeit. Die schriftlichen und mündlichen Ausführungen wurden von sachgerechten Argumenten getragen. Die Gedankenführung war klar, die Ausdrucksweise zutreffend. Das Auftreten von Frau .... war jederzeit überzeugend und sicher. Ihr Umgang mit den Mitarbeiterinnen und Mitarbeitern des Rechtsreferats war zudem freundlich und geschickt.

Das dienstliche Verhalten der Referendarin war einwandfrei. Über ihr außerdienstliches Verhalten ist nicht Nachteiliges bekanntgeworden.

Insgesamt sind die Leistungen der Referendarin als erheblich über dem Durchschnitt liegend mit »gut«

zu bewerten.

......................, den ....

Landesverwaltungsrätin

Beispiel:
Zeugnis über die Ausbildung in der Fortgeschrittenenarbeitsgemeinschaft Strafrecht

Zeugnis über die Ausbildung in der Arbeitsgemeinschaft

Strafrecht III/7

beim OLG ....

Referendar: ....

Arbeitsgemeinschaftsleiterin/Arbeitsgemeinschaftsleiter: ....

Zeitraum: ....

Ziel der Arbeitsgemeinschaft war die Förderung des Verständnisses für die verfahrensrechtlichen Zusammenhänge und ihre Bedeutung bei der Entscheidungsfindung von Staatsanwaltschaft, Gericht und Verteidigung im Ermittlungsverfahren sowie in Straf- und Bußgeldsachen unter besonderer Berücksichtigung des Rechtsbehelfsverfahrens.

Die Referendarin .... hat an der Arbeitsgemeinschaft regelmäßig teilgenommen und sich an Diskussionen und Fallbesprechungen recht rege beteiligt. Sie hat drei Aufsichtsarbeiten angefertigt, die mit »befriedigend« und zweimal mit »vollbefriedigend« bewertet wurden.

Nach ihren mündlichen und schriftlichen Leistungen verfügt Frau .... über gefestigte Kenntnisse auf dem Gebiet des Straf- und Strafprozessrechts. Sie ist gut in der Lage, auch in schwierigen Strafrechtsfällen den Sachverhalt sachgerecht und vollständig zu erfassen und rechtlich vertretbar zu würdigen.

Die Gesamtleistungen beurteile ich daher mit »vollbefriedigend«.

......................, den ....

(......................)
Oberstaatsanwältin

Beispiel:
Zeugnis aus der Wahlstation/Rechtsanwaltsstation

Zeugnis über die Ausbildung in der Praxis

Referendarin: E. Mc Beal

Ausbildungsabschnitt: Wahlstation

Ausbildungsstelle: Rechtsanwälte

Ausbilder: Rechtsanwalt

Zeitraum: 1. 12. 1999 bis 31. 3. 2000

Frau Rechtsreferendarin E. Mc Beal wurde im o.g. Zeitraum von mir in Ihrem Wahlfach »Arbeitsrecht« ausgebildet.

Frau Mc Beal hat sich ihrer Ausbildung von Anfang an mit großem Interesse und Einsatz gewidmet.

Die Referendarin erhielt während der Ausbildung Einblick in die Organisations- und Arbeitsabläufe einer Kanzlei mit fünf Anwälten und nahm auch die Gelegenheit wahr, die Tagesabläufe nicht nur des Ausbilders, sondern aller Kanzleibeschäftigten und damit die Organisation einer Anwaltspraxis näher kennenzulernen.

Während Ihrer Ausbildung wurde sie mit Fragestellungen vorwiegend aus dem Arbeitsrecht, daneben aber auch aus dem Mietrecht, Verkehrsrecht, Verwaltungsrecht, Vollstreckungsrecht und mit Fragestellungen im Zusammenhang mit dem Internet befasst. Frau Mc Beal konnte praktisch von Beginn an mit der zunehmend selbstständigeren Bearbeitung einer Vielzahl praktischer Fälle auf den Gebieten des individuellen Arbeitsrechts und des kollektiven Arbeitsrechts betraut werden. Der Referendarin wurde deshalb in der zweiten Hälfte der Ausbildung eine verhältnismäßig große Anzahl von schwierigeren und umfangreicheren Arbeiten zur praktisch selbstständigen Erledigung übertragen.

Die überwiegend sowohl vom Sachverhalt als auch in rechtlicher Hinsicht schwierigen Prozessakten hat Frau Mc Beal mit großer Sorgfalt und für die Praxis ohne Einschränkungen verwertbar bearbeitet.

Auch in nicht alltägliche kollektive Fragestellungen z.B. im Bereich der Fusion von Großunternehmen arbeitete sich die Referendarin schnell ein und entwickelte, ohne sich dabei auf eine gefestigte Rechtsprechung stützen zu können, überzeugende Lösungsansätze. In diesem Zusammenhang war sie mit der Thematik des Aufeinandertreffens von Betriebsvereinbarungen und Tarifverträgen nach einem Betriebsübergang gemäß § 613 a BGB befasst. In diesem Zusammenhang arbeitete sie sich auch schnell in den Bereich der betrieblichen Altersvorsorge sowie der Altersteilzeit ein und kam zu gut verwertbaren Ergebnissen.

Frau Mc Beal wurde intensiv mit individualarbeitsrechtlichen sowie betriebsverfassungsrechtlichen Fällen betraut. Die überwiegend sowohl vom Sachverhalt als auch rechtlich schwierigen individual- und kollektivrechtlichen Arbeiten hat sie mit großer Sorgfalt und für die Praxis gut verwertbar bearbeitet. Hervorzuheben ist Antragsverfahren aus dem Bereich der »Scheinselbstständigkeit«, in dem die Referendarin für den Mandanten die Anerkennung der Selbstständigkeit des Mandanten gegenüber seiner Krankenkasse sowie der BfA erfolgreich durchsetzte.

Weiter konnte die Referendarin in einer größeren Zahl von betriebsverfassungsrechtlichen und personalvertretungsrechtlichen Mitbestimmungsangelegenheiten außergerichtlich so überzeugend auf die Beteiligten einwirken, dass ein gerichtliches Verfahren vermieden werden konnte.

Die von Frau Mc Beal angefertigten Arbeiten dokumentierten erheblich über dem Durchschnitt liegende Rechtskenntnisse. Die meisten Gutachten und Schriftsatzentwürfe konnten nach dem ersten Drittel der Ausbildung praktisch ohne Änderungen übernommen werden.

Die Referendarin zeigte großes Interesse an den praktischen Fällen, den Rechtsfragen und der sozialen und wirtschaftlichen Hintergrundproblematik. Sie verfügt über eine schnelle Auffassungsgabe und die Fähigkeit, die essenziellen Rechtsfragen zu erkennen. Dies kam ihr besonders zugute, wenn die Anfertigung der Schriftsätze unter zeitlichem Druck zu erfolgen hatte oder die Einarbeitung in rechtliche Randgebiete notwendig wurde.

Frau Mc Beal nahm regelmäßig an Gerichtsterminen, Besprechungsterminen, Verhandlungen und Ortsterminen teil. Bei der Teilnahme an Besprechungen bewies sie Selbstständigkeit, Kontaktfähigkeit und großes Verhandlungsgeschick, so dass sie auch schon mit der selbstständigen Durchführung von Mandantengesprächen und laufenden Geschäften betraut werden konnte.

Später nahm die Referendarin auch selbstständig Gerichtstermine wahr, die sie zur vollsten Zufriedenheit erledigte.

Frau Mc Beal ist zuverlässig und weist sehr gute Umfangsformen auf. Die Zusammenarbeit mit ihr war im dienstlichen und außerdienstlichen Bereich stets angenehm. Besonders hervorzuheben ist ihr verbindlicher und freundlicher Umgangsstil.

Die Leistungen der Referendarin bewerte ich daher in jeder Hinsicht mindestens mit der Note

"gut".

Berlin, den

(Rechtsanwalt)

Beispiel:
Zeugnis über die Ausbildung in der Fortgeschrittenenarbeitsgemeinschaft Öffentliches Recht

Zeugnis über die Ausbildung in der Arbeitsgemeinschaft
Öffentliches Recht

beim OLG ...

Referendarin/Referendar: ...

Arbeitsgemeinschaftsleiterin/Arbeitsgemeinschaftsleiter:
Richter am VG ...

Zeitraum: ...

In der Arbeitsgemeinschaft wurden insbesondere Fragen des verwaltungsgerichtlichen Verfahrens, daneben auch exemplarische Probleme des Verwaltungsrechts (mit Bezügen zum Verfassungsrecht) behandelt. Im Rahmen des Prozessrechts fanden die Grundsätze des Aufbaus und der Abfassung verwaltungsgerichtlicher Urteile und Beschlüsse eingehende Berücksichtigung.

Während der Arbeitsgemeinschaft wurden vier schriftliche Arbeiten mit einer Bearbeitungszeit von 41/2 Stunden unter Aufsicht ausgegeben und Kurzvorträge bearbeitet.

Im Laufe seiner Ausbildung in der Arbeitsgemeinschaft fertigte Herr ... drei Klausuren, die folgende Benotungen erhielten: »befriedigend«, »ausreichend« und »vollbefriedigend«. Der Referendar hielt auch einen Kurzvortrag, der mit »befriedigend« bewertet werden konnte.

An den Fallbesprechungen und Diskussionen beteiligte sich Herr ... stets rege und mit großem Interesse. Seine engagierte mündliche Mitarbeit war förderlich und trug stets dazu bei, die Erörterung weiterzuführen oder zu vertiefen. Die mündlichen Leistungen waren deshalb mit »vollbefriedigend« zu beurteilen.

Herr ... bewies während der Ausbildung in der Arbeitsgemeinschaft, dass er insgesamt bereits knapp überdurchschnittliche Kenntnisse im öffentlichen Recht besitzt, die er auch mit Verständnis bei der Fallbearbeitung anzuwenden weiß: Er zeigte die Fähigkeit, die wesentlichen Umstände eines Falles zu erfassen, die rechtlichen Schwerpunkte zu erkennen und zumeist – namentlich in der mündlichen Erörterung – eine überzeugende oder doch vertretbare Lösung zu entwickeln. Auf Gegeneinwände vermochte er einzugehen.

Insgesamt liegen die schon überdurchschnittlichen Leistungen von Herrn ... im unteren Bereich von

»vollbefriedigend«.

..., den ...

(...)
Richter am VG

c) Berichtigungsmöglichkeiten

Die Zeugnisse sind jeweils vor der **Aufnahme in die Personalakte** den Rechtsreferendarinnen und Rechtsreferendaren bekanntzumachen. Insbesondere die Zeugnisse der Einzelausbilderinnen und -ausbilder geben manchmal Anlass zu Enttäuschung und Ärger. Da die Zeugnisse kaum inhaltlich justiziabel sind, eine **Remonstration** meistens auch nicht zu einer Abänderung des Zeugnisses führt, sollte folgendes **Verfahren** während der Einzelausbildung unbedingt beachtet werden:

Unproblematisch ist in der Regel die Benotung in der Arbeitsgemeinschaft. Durch die Klausuren wissen Sie frühzeitig, wo Sie im Hinblick auf den Leistungsstand stehen bzw. die Arbeitsgemeinschaftsleiterin oder der Arbeitsgemeinschaftsleiter Sie sieht. Anders sieht dies in der Einzelausbildung aus. Um spätere Konflikte um das Zeugnis auszuschließen, sollten Sie in der Einzelausbildung auf der Benotung und **Besprechung jeder bearbeiteten Akte** unmittelbar nach deren Abgabe bzw. Korrektur bestehen (freundlich natürlich!). Dann kann es am Ende der Station keine böse Überraschung geben. Nach fünf Prädikatsnoten bei sechs Arbeiten kann am Ende kein »ausreichend« herauskommen. Anders sieht dies aus, wenn verschiedene Aktenstücke abgegeben werden, die Einzelausbilderin oder der Einzelausbilder diese scheinbar zufrieden entgegennimmt und am Ende überraschenderweise mit allem unzufrieden war. Solche und ähnliche Fälle haben sich, wenn auch vereinzelt, aus der Sicht von Referendarinnen und Referendaren während der Amtszeit des Autors als Interessenvertreter ereignet. In diesem Fall hat man kaum noch eine Chance zum Gegensteuern oder zur Auseinandersetzung. Daher: frühzeitig die Einschätzung des Einzelausbilders in Erfahrung bringen! In den Ausbildungsplänen in Nordrhein-Westfalen heißt es entsprechend:

»Die Ausbilderinnen und Ausbilder haben alle von den Referendarinnen oder Referendaren bearbeiteten Sachen unverzüglich unter Bezeichnung der Vorzüge und Mängel nach Form und Inhalt mit ihnen zu besprechen. Von den Entscheidungen, zu denen die Referendarinnen oder Referendare einen Entwurf gefertigt haben, soll ihnen auf Wunsch eine Abschrift überlassen werden.

Die schriftlichen Leistungen der Referendarinnen oder Referendare werden von den Ausbilderinnen und Ausbildern schriftlich unter Verwendung der Noten des § 17 JAG NRW bewertet. Die Erteilung eines gesonderten Einzelzeugnisses ist nicht erforderlich.

In dem nach § 46 JAG NRW vorgeschriebenen Abschlusszeugnis sind die Leistungen der Referendarinnen und Referendare während der Ausbildungsphase zusammenfassend unter Verwendung der Noten des § 17 JAG NRW zu beurteilen. Die schriftlichen Arbeiten sind nach Art, Zahl und Ergebnis anzuführen.«

Wenn das Kind schon in den Brunnen gefallen ist, besteht zunächst die Möglichkeit einer **Remonstration** gegen das Zeugnis. Ein entsprechender Hinweis wird mit dem Zeugnis übersandt (in Nordrhein-Westfalen 14 Tage Gelegenheit zur Stellungnahme). Ihre schriftliche Eingabe wird als Anlage zu dem Zeugnis in die Personalakte genommen. Dies sollte man allerdings bei der Abfassung der Remonstration beachten. Auch wenn man zu Recht verärgert ist: Schlafen Sie eine Nacht nach der Abfassung der Remonstration und lesen Sie Ihre Ausführungen noch einmal, bevor Sie sie versenden. Wenn man gegen ein unfaires und unsachliches Zeugnis vorgeht, sollte man sich selbst vorbildlich durch **Sachlichkeit und Fairness** abheben. Nur dann erhält die eigene Stellungnahme das entsprechende Gewicht. Bedeutung gewinnt die Stellungnahme z.B. vor der **mündlichen Prüfung**, wenn die Prüfungskommission Einblick nimmt. Eine sachliche Stellungnahme überzeugt nicht nur eher, sondern sie lässt erkennen, dass die Verfasserin bzw. der Verfasser eine gereifte Persönlichkeit ist, die auch angesichts einer Konfliktsituation gelassen und sachlich bleibt. Wenn das Zeugnis dagegen unsachlich wirkt, verliert man durch die Stellungnahme. Wer sich gegen ein ungerechtes Zeugnis mit unsachlichen Argumenten wehrt oder dabei persönlich wird, überzeugt eventuelle Leser kaum, selbst wenn die Fakten tatsächlich der Wahrheit entsprechen.

Bevor Sie remonstrieren, sollten Sie sich aber zunächst persönlich mit Ihrer Ausbilderin bzw. Ihrem Ausbilder nach Erhalt des Zeugnisses auseinandersetzen (besser zusammensetzen) und Ihre Einwände vortragen, sachlich und freundlich selbstverständlich. Wenn dies nichts nützt, besteht die weitere Möglichkeit, die **Interessenvertretung** um Vermittlung zu bitten, die sich unter Einschaltung der Referendardezernentin bzw. des Referendardezernenten nochmals mit den Parteien zusammensetzt und eine Einigung versucht. Wenn die Einzelausbilderin oder der Einzelausbilder auf der einmal eingenommenen Position beharrt, so hat dieses **Vermittlungsgespräch** dennoch eine nicht zu unterschätzende Wirkung: nämlich für den Wiederholungsfall. Wenn sich niemand gegen ungerechte Beurteilungen wehrt, »weil das sowieso nichts bringt«, entsteht am Ende das »Honeckersyndrom«. Die Stammdienststelle erhält dann nämlich den Eindruck, mit der Einzelausbildung bei dieser Ausbilderin bzw. diesem Ausbilder sei alles in Ordnung. Auch die Einzelausbilderin oder der Einzelausbilder wird in ihrem bzw. seinem Glauben bestärkt, unabhängig von subjektiven Faktoren immer korrekte Zeugnisse auszustellen. Dies führt wiederum dazu, dass die erste Beschwerde als Einzelfall abgetan werden kann. Die Beschwerde wirkt dabei bereits aus ihrer Singularität heraus unberechtigt (»Mit anderen Referendaren gab es nie Schwierigkeiten«). Wenn sich aber ähnliche Vorwürfe wiederholen, insbesondere bei bestimmten Einzelausbilderinnen und Einzelausbildern, wird die Stammdienststelle sich mit dieser Problematik intensiver auseinanderzusetzen haben. Also, wenn Sie es schon nicht für sich selbst tun, machen Sie es wenigstens für Ihre Nachfolgerinnen und Nachfolger.

Ein sehr dummes **Gerücht** besagt, dass eine **Remonstration Nachteile bei der Prüfungskommission** bringt. Dazu gilt das bereits Gesagte: Wer an den Rechtsstaat nicht glaubt, hätte besser einen anderen Beruf ergriffen. Solange es Menschen gibt, ist es nicht auszuschließen, dass man im Einzelfall auf Grund von Vorurteilen ungerecht behandelt wird. Die Befürchtung aber, eine Remonstration führe bei Prüfungen **systematisch** zur Benachteiligung, ist abstrus und tendiert in Richtung Paranoia.

Richtig ist, dass die Remonstration wie jedes selbstverfasste Schriftstück der Referendarin bzw. des Referendars etwas über die Persönlichkeit aussagen kann. Dies gilt insbesondere im Hinblick auf eine sachliche Argumentation. Aber auch darüber hinaus sollte man berücksichtigen, dass die Prüfungskommission den **dienstlichen Schriftverkehr** sichtet (Urlaubsanträge, Entschuldigungen für ein Fernbleiben etc.). Wenn z.B. alle derartigen Schriftstücke mit Weinflecken und Essensresten versehen sind, mag man an der Ordnungsliebe der Schreiberin bzw. des Schreibers zweifeln. Beschwert sich eine Rechtsreferendarin bzw. ein Rechtsreferendar über alles und jedes in kräftigen Formulierungen, wird man zu der Annahme tendieren, es handele sich um eine querulatorisch veranlagte Persönlichkeit. Diese unterschwelligen Nebeninformationen aus dem dienstlichen Schriftverkehr kann man selbstverständlich auch zu einer zielgerichteten Selbstdarstellung nutzen, zumindest sollte man sich bewusst machen, dass solche Überlegungen in der menschlichen Natur liegen und deshalb möglicherweise angestellt werden. Über Wein- und Kaffeeflecken auf dem Schriftwechsel denkt natürlich ein Kommissionsmitglied, das das kreative Chaos bevorzugt, anders als ein übertrieben ordnungsliebendes Mitglied der Kommission.

Fakt ist aber, dass eine Remonstration an sich zwar relativ selten ist, aber von 99,99 % der Kommissionsmitglieder als etwas Normales und damit wertneutral gesehen wird. Sicher wird man sich fragen, »was ist denn da passiert?« und sich die Antwort aus der Stellungnahme (Remonstration) erhoffen. Ist diese sachlich und nicht völlig abwegig und/oder bestätigen andere Zeugnisse oder die Klausurenergebnisse z.B. eine durchgängig bessere Beurteilung, wird die Remonstration das angegriffene Zeugnis leicht entwerten können. Ist die Remonstration dagegen unsachlich und befasst sich hauptsächlich mit Angriffen gegen die Ausbilderin bzw. den Ausbilder, so wird man sicherlich nicht umhin können, dem Zeugnis eher zu glauben, jedenfalls wenn auch die anderen Zeugnisse die beanstandete Beurteilung stützen.

Ein verbreitetes Missverständnis ist an dieser Stelle klarzustellen: Die Zeugnisse während des Vorbereitungsdienstes stellen **keine dienstliche Beurteilung** dar. In Nordrhein-Westfalen werden die Zeugnisse allerdings unter Bezugnahme auf § 104 Abs. 1 LBG NW übersandt, der sich inhaltlich auf dienstliche Beurteilungen bezieht. Im Hinblick auf den Rechtsschutz, werden in der Praxis auch keine Unterschiede gemacht. Wenn auf die nicht fristgebundene Remonstration eine Abänderung abgelehnt wird, besteht die Möglichkeit, hiergegen Widerspruch und anschließend Klage gegen die Ablehnung als Verwaltungsakt zu erheben. Den Stationszeugnissen wird – anders als den dienstlichen Beurteilungen – Verwaltungsaktqualität zugesprochen (VGH Kassel, JZ 1976, 429. In Schleswig-Holstein findet sich ausdrücklich eine Regelung zum Widerspruch gegen Zeugnisse. Nach überwiegender Meinung ist die Anfechtungsklage die richtige Klageart, nach anderer Auffassung dagegen die Feststellungsklage. Eine dritte Ansicht verweist auf die Verpflichtungsklage (näher dazu Martensen, JuS 1996, 1076). In der Regel wird sich eine so genannte prüfungsrechtliche Verbesserungsklage anbieten, bei der die Verpflichtungsklage auf eine Neubescheidung reduziert wird. Geht es nur um einzelne Formulierungen, wird dagegen die Anfechtungsklage das Mittel der Wahl sein. Aber Achtung: Die Zeugnisse stellen Beurteilungen dar. Bei den Überlegungen bezüglich des Ob einer gerichtlichen Überprüfung ist an den Streit der eingeschränkten Prüfungsbefugnis bei Beurteilungsspielräumen zu denken!

Ein ebenso dummes Gerücht bemüht sich, die **Zeugnisse aus der Anwaltsstation** zu entwerten, weil die Zeugnisse angeblich von den Referendarinnen und Referendaren selbst erstellt würden bzw. jedenfalls die Noten auffällig positiv seien. Es mag sein, dass in einer mit mehr oder weniger sinnvollen, jedenfalls aber zahlreichen Vorschriften weitgehend reglementierten Ausbildung während der Anwaltsstage bei vielen Rechtsreferendarinnen und Rechtsreferendaren ungeahntes Interesse an der Ausbildung mobilisiert wird und sich dadurch für den Anwaltsberuf erforderliche Fertigkeiten entwickeln bzw. offenbaren. Für viele Rechtsreferendarinnen und Rechtsreferendare stellt die Anwaltsstation die Stage mit der interessantesten und vielseitigsten Tätigkeit dar. Dies hängt damit zusammen, dass hier häufiger Gelegenheit zu Publikumskontakt, weitgehend selbstständigem Arbeiten und positiven Erfolgserlebnissen gegeben wird. Außerdem ist auch nichts dagegen einzuwenden, dass Zeugnisse aus der Anwaltsstation anders ausfallen, da die Tätigkeit selbst und die Befähigung zum Anwaltsberuf andere Fähigkeiten und Talente erfordert als die einer Richterin und eines Richters. Dies zum Anlass zu nehmen, den Aussagegehalt der Zeugnisse in Zweifel zu ziehen, erscheint etwas sehr weit hergeholt. Dies mag allenfalls dann gerechtfertigt sein, wenn das Zeugnis aus der Anwaltsstation sich massiv von allen anderen Bewertungen abhebt. Aus der Anwaltschaft sind entsprechende Klagen übrigens nicht zu hören.

VIII. Arbeitsmittel während des Vorbereitungsdienstes

1. Ausbildungsliteratur

Das Angebot an Ausbildungsliteratur ist nahezu unüberschaubar geworden. Neben gut eingeführte Werke treten immer wieder Neuerscheinungen. Bisher vernachlässigte Bereiche wurden endlich durch Autoren entdeckt und bearbeitet (z.B. zum Thema Aktenvortrag). Dies bringt es leider mit sich, dass die Auswahl nicht nur subjektiv, sondern auch unvollständig sein muss. Mit der Auswahl ist auch keine Bewertung nicht erwähnter Bücher verbunden. Es ist daher möglich, dass ein Buch, das in dieser Liste nicht erwähnt ist, gleichwertig oder für Ausbildungszwecke besser geeignet ist als angegebene Veröffentlichungen. Die individuelle Bewertung ist nicht zuletzt eine Geschmacksfrage bzw. von der konkreten Anforderung des Lesers an Ausbildungsliteratur abhängig. Die Referendarzeitungen wie JA, JuS, jumag (früher REFZ) u.a. rezensieren regelmäßig Neuerscheinungen oder bewährte Bücher, teilweise auch in Übersichten. Auch hier sollte man sich daher weiter informieren.

a) Dienstrecht/Referendariat

Autor(en)	Titel	Erscheinungsjahr	Preis
Greßmann	Die Reform der Juristenausbildung	2002	8 €
Klaner	Richtiges Lernen für Jurastudenten und Rechtsreferendare	2003	14,90 €
Wind/Schimana/ Wichmann	Öffentliches Dienstrecht	2002	39 €
Weber	Beamtenrecht	2003	13,80 €
Steinleitner	Der Referendar. 24 Monate zwischen Genie und Wahnsinn	2003	8,90 €
Kessler	Personalaktenrecht. Führung von Personalakten im öffentlichen Dienst	1997	34 €
Alpmann/Schmidt	Steuertipps für Studenten und Referendare	2001	5,10 €
Niehues	Schul- und Prüfungsrecht. Band 2. Prüfungsrecht	2003	21,50 €

b) Zugelassene Kommentare während der Klausuren

Autor(en)	Titel	Erscheinungsjahr	Preis
Baumbach/Hopt	Handelsgesetzbuch	2000	76 €
Baumbach/ Hefermehl	Wechselgesetz und Scheck- gesetz	2000	61 €
Baumbach/ Lauterbach	Zivilprozessordnung	2003	122 €
Bumiller/Winkler	Freiwillige Gerichtsbarkeit	1999	40 €
Demharter	Grundbuchordnung	2001	68 €
Jauernig u.a.	Bürgerliches Gesetzbuch	2002	55 €
Kleinknecht/ Meyer-Goßner	Strafprozessordnung	2002	66 €
Kopp/Schenke	Verwaltungsgerichtsordnung	2002	56 €
Kopp/Ramsauer	Verwaltungsverfahrens- gesetz	2003	50 €
Lackner/Kühl	Strafgesetzbuch	2001	50 €
Palandt	Bürgerliches Gesetzbuch	2003	100 €
Thomas/Putzo	Zivilprozessordnung	2003	50 €
Tröndle/Fischer	Strafgesetzbuch	2002	66 €
Zöller	Zivilprozessordnung	2002	149,50 €

* Hinweis: Welche Kommentare aus der Aufstellung in Ihrem Bundesland zugelassen sind, entnehmen Sie bitte Abschnitt C, Kapitel VII. »1. Zugelassene Hilfsmittel während der Aufsichtsarbeiten«.

c) Literaturauswahl zum Zivilrecht

Autor(en)	Titel	Erscheinungsjahr	Preis
Anders/Gehle	Das Assesssorexamen im Zivilrecht	2002	40 €
Anders/Gehle	Antrag und Entscheidung im Zivilprozess	2000	54 €
Balzer	Examensklausuren Zivilrecht in zwei Bänden	1996 u. 2003	24 €/ 23,52 €
Balzer/Forsen	Gutachten und Urteil im Zivilprozess	1997	24,90 €

Autor(en)	Titel	Erscheinungsjahr	Preis
Schmitz/Ernemann/ Frisch	Die Station in Zivilsachen	2002	19,50 €
Siegburg	Einführung in die Urteils-technik	2003	19,90 €
Tempel	Mustertexte zum Zivilprozess in zwei Bänden	2002	39 €/ 43 €
Baumfalk	Die zivilgerichtliche Assessorklausur	2003	24,90 €
Baumfalk	Zivilprozess – Stagen und Examen	2003	24,90 €
Lackmann	Zwangsvollstreckungsrecht	2003	28,50 €
Raddatz	Vollstreckungsrecht I und II	2002	21,90 €/ 24,90 €
v. Heintschel-Heinegg	Das Verfahren in Familien-sachen	2003	21,50 €
v. Heintschel-Heinegg/Gerhardt	Assessorklausuren zum Familienrecht	2001	19,50 €
Raddatz	Familienrecht	2003	16,90 €
Seidl	Familienrecht	2003	24,50 €
Schlüter	Prüfe Dein Wissen – BGB-Erbrecht	1993	17,50 €
Krug	Erbrecht	2002	21,00 €
Helml	Arbeitsrecht	2000	19,50 €
Schurmann/ Buchbinder	Die Assessorklausur im Steuerrecht	1997	21,50 €
Däubler	Arbeitsrecht	2003	14,90 €

d) Literaturauswahl zum Strafrecht

Autor(en)	Titel	Erscheinungsjahr	Preis
Brunner/v. Heint-schel-Heinegg	Staatsanwaltlicher Sitzungs-dienst	2003	13 €
Brunner	Abschlussverfügung der Staatsanwaltschaft	2003	17 €

Auto(en)	Titel	Erscheinungsjahr	Preis
Schmitz/Ernemann/ Frisch	Die Station in Strafsachen	1999	15 €
Meyer-Goßner/ Appl	Die Urteile in Strafsachen	2002	25 €
Roxin	Strafprozeßrecht	1997	22,50 €
Klein/Solbach	Vorbereitungslehrgang zum Assessorexamen	1998	28 €
Müller	Strafprozessordnung	2003	20,50 €
Krüger/Kock	Die strafrechtliche Assessor-klausur in zwei Bänden	2001/2002	19,90 €/ 18,90 €

e) Literaturauswahl zum öffentlichen Recht

Autor(en)	Titel	Erscheinungsjahr	Preis
Klein/Czajka	Gutachten und Urteil im Verwaltungsprozess	1995	24,54 €
Happ u.a.	Die Station in der öffentlichen Verwaltung	2003	20 €
Kintz	Das Assessorexamen im öffentlichen Recht	2003	21 €
Pietzner/ Ronellenfitsch	Das Assessorexamen im öffentlichen Recht	2000	32,50 €
Ramsauer	Die Assessorprüfung im öffentlichen Recht	2001	23,50 €
Hufen	Verwaltungsprozessrecht	2003	22,50 €
Wahrendorf	Urteil, Beschluss und Widerspruchsbescheid im Öffentlichen Recht	1994	23 €
Wüstenbecker	Die öffentlich-rechtliche Assessorklausur	2003	24,90 €

In Nordrhein-Westfalen besteht die Möglichkeit, kostengünstig Skripten für die Verwaltungsstation und die Klausur im Öffentlichen Recht zu erhalten. Die Regierungspräsidien geben zu Beginn der Arbeitsgemeinschaft ein Skript heraus, in dem die wesentlichen Formalien des Widerspruchsbescheides enthalten sind. Daneben kursiert im Bereich des OLG Köln und OLG Düsseldorf ein ausgezeichnetes Skript des

Kölner Verwaltungsrichters Michael Huschens vom VG Köln, das in aller Kürze Hinweise und Muster zum Aufbau eines verwaltungsgerichtlichen Urteils, der Beschlüsse nach § 80 Abs. 5, § 80 a VwGO und nach § 123 VwGO sowie des Gerichtsbescheides und des Widerspruchsbescheides enthält. Das Skript steht jetzt auf den Internetseiten des OLG Düsseldorf unter http://www.olg-duesseldorf.nrw.de/aufgaben/referend/dokumente/skript_verw.pdf zum Download bereit. Leider nur als schlechte Kopie, was aber den Nutzen nicht schmälert.

f) Literaturauswahl zum Aktenvortrag

Autor(en)	Titel	Erscheinungsjahr	Preis
Budde-Hermann/ Schöneberg	Der Kurzvortrag im Assessorexamen – Zivilrecht	2004	15,90 €
Budde-Hermann/ Schöneberg	Der Kurzvortrag im Assessorexamen – Öffentliches Recht	2005	15,90 €
Kaiser/ Schöneberg	Der Kurzvortrag im Assessorexamen – Strafrecht	2003	15,90 €
Pagenkopf/ Pagenkopf	Der Aktenvortrag im Assessorexamen	2003	27 €
Müller-Christmann	Der Kurzvortrag in der Assessorprüfung	2000	13,50 €

g) Literaturauswahl zu Klausurtraining und Relationstechnik

Autor(en)	Titel	Erscheinungsjahr	Preis
Anders/Gehle	Das Assesssorexamen im Zivilrecht	2002	40 €
Wimmer	Klausurtipps für das Assessorexamen	2003	15 €
Siegburg	Einführung in die Urteils- und Relationstechnik	2002	19,90 €
Mürbe u.a.	Die Anwaltsklausur in der Assessorprüfung	2000	20 €

Die vorgenannten Bücher sind lediglich eine subjektive Auswahl einiger verbreiteter Werke. Da die Lernstile und Geschmäcker unterschiedlich sind, empfiehlt sich ein ausgiebiger Besuch in einer gut sortierten Gerichts- oder Unibuchhandlung, um sich die entsprechenden Bücher anzusehen und dann in aller Ruhe eine eigene individuelle Auswahl zu treffen. Es ist auch kein Geheimnis, dass die verbreiteten Standardwerke

(Bücher, die nahezu jede Kollegin oder jeder Kollege liest) regional variieren. Erkundigen Sie sich daher auch bei Ihrer Interessenvertretung vor Ort (Personalrat, Ausbildungsbeirat oder Referendarverein), die zumeist entsprechend regional gefärbte Listen vorliegen haben. Nützlich sind auch Tipps von AG-Kolleginnen und -Kollegen oder Fortgeschrittenen, die man noch aus der Uni kennt. Der beste Rat ist aber der eigene. Nehmen Sie sich daher vor jeder Station oder zu Beginn des Referendariats ein oder zwei Stunden Zeit, um in einer Bibliothek oder einer Fachbuchhandlung das Angebot zu sichten und die Bücher in Augenschein zu nehmen. Meist wird gerade mal ein Lehr- oder Lernbuch pro Stage gekauft. Die Auswahl sollte daher recht gründlich erfolgen.

h) Literaturtipps zum Thema Internet für Juristinnen und Juristen

Auch das Leben der Juristinnen und Juristen wird zunehmend durch das Internet bestimmt. Die nachstehende Auflistung ist weder vollständig noch eine Bewertung. Gehen Sie in eine große Buchhandlung und schauen Sie sich die verfügbare Literatur an. Auf dem schnelllebigen und unübersichtlichen Markt erscheinen täglich neue Ratgeber.

Autor(en)	Titel	Erscheinungsjahr	Preis
Kröger/Kuner	Internet für Juristen	2001	25 €
Blümel/Soldo	Internet-Praxis für Juristen	2001	29 €
Langenhan	Internet für Juristen	2003	19,90 €

i) Literatur zu Arbeitsorganisation und Zeitmanagement

Was nützen die ganzen schönen Fachbücher, Klausurenbände und Aktenvortragsmuster, wenn man sie nicht bearbeitet, weil man die ganze Zeit beschäftigt und »im Stress« ist. Die meisten Rechtsreferendarinnen und Rechtsreferendare wissen auch, dass bei Hausarbeiten die Zeit immer am Ende fehlt, nie am Anfang. Wie lange wird die Klausurvorbereitung aufgeschoben? Wie schafft man es, sich rechtzeitig auf das mündliche Examen vorzubereiten? Vielleicht liegen diese Probleme an einer verbesserbaren Selbstorganisation.

Autor(en)	Titel	Erscheinungsjahr	Preis
Seiwert	Das 1 × 1 des Zeitmanagements	2002	5,90 €
Seiwert/Buschbell	Zeitmanagement für Rechtsanwälte	1998	9,20 €
Hochschild	Keine Zeit. Wenn die Firma zum Zuhause wird…	2002	18 €
Schräder-Naef	Lerntraining für Erwachsene	2001	24 €

2. Empfehlenswerte Zeitschriften

Während des Referendariats ist die Lektüre **juristischer Fachzeitschriften unumgänglich**. In Frage kommen hier insbesondere die **NJW**, daneben **JA** (Juristische Arbeitsblätter, ca. 64 € jährlich) und **JuS** (Juristische Schulung, ca. 68 € jährlich), eventuell je nach Spezialisierung bereits der Bezug einer Fachzeitschrift (NZA, DB oder BB für Arbeitsrechtler, NVwZ und NVwBl, LKV oder andere landesrechtliche Zeitschrift für Verwaltungsrechtler usw.). Die **NJW** wird auch deswegen immer interessanter, weil sie als Beilage die **NJW-CoR** enthält. Durch die Lektüre kann man sich auch im Hinblick auf die technische Entwicklung von Juristischer Software auf dem Laufenden halten, was zunehmend an Bedeutung gewinnt.

Daneben geben das Repetitorium Berger die **ZA** (Zeitschriften-Auswertung) und Alpmann & Schmidt die **RÜ** (Rechtsprechungsübersicht) heraus. Beide Zeitschriften sind recht nützlich und bei Referendaren sehr weit verbreitet. Die Entscheidungen sind in einen Klausuraufbau eingekleidet, so dass zugleich die praktische Umsetzung erlernt wird. Lassen Sie sich von der Bearbeitung der Klausuren nicht bange machen im Hinblick auf das eigene Examen: So genau und ausführlich können Sie im Examen in fünf Stunden gar nicht arbeiten.

Sinnvoll ist auch der Bezug von **Referendarzeitschriften**, die besonders im Hinblick auf Literatur, Beschäftigungsmöglichkeiten, dienstrechtliche Probleme oder Interessenvertretung von Referendarinnen und Referendaren interessant sind.

Das schon früher in diesem Buch erwähnte **jumag** (Juramagazin für Ausbildung und Beruf; früher REFZ) erschien früher in sechs Ausgaben jährlich, ist jetzt aber wohl nur noch online unter http://www.jumag.de einzusehen. Im jumag werden regelmäßig große deutsche Lawfirms, daneben auch Unternehmen vorgestellt. Regelmäßig erscheinen Berichte über Beschäftigungsmöglichkeiten für Juristinnen und Juristen. Freche Interviews mit Promis aus der Szene (Justizministerinnen und Justizminister etc.) lockern die Hefte auf. Ein weiterer Schwerpunkt der Berichterstattung sind Artikel von Kolleginnen und Kollegen über ihre Auslandsstation. Zum legendären Auslandssonderheft sei hier nochmals der Link genannt: http://www.jumag.de/ju3300.htm. Ferner spielen Ausbildungsfragen, Steuertipps, Versicherungsfragen u.ä. eine große Rolle.

Eine Neuerscheinung auf dem insgesamt recht jungen Sektor der Referendarzeitschriften ist die **Z.f.R. – Zeitschrift für Referendare** von Weimann presse & verlag. Bei der Z.f.R. handelt es sich um eine farbenfroh aufgemachte Referendarzeitung, die allerdings etwas mehr über die Ausbildung selbst betreffende Themen schreiben könnte. Schwerpunkte sind u.a. Berufsperspektiven (Traineeprogramme etc.), Buchtipps, Interviews. Sie wird über die Verteilung an Referendargeschäftsstellen, Anwaltskanzleien etc. an die Leser gebracht. Die Verteilorte sind unter http://www.weimannpresse.de aufgeführt. Dort können auch Auszüge aus den Heften eingesehen werden.

Das **RechtsreferendarInfo** ist ein kostenlos über die Arbeitsgemeinschaften und Buchhandlungen abgegebenes Informationsheft. Die Beiträge befassen sich je nach Heft mit unterschiedlichen, für Rechtsreferendarinnen und Rechtsreferendare aber recht interessanten Fragestellungen. Der Verlag gibt zudem zwei informative Sonderausgaben heraus, die jährlich aktualisiert werden: Jeweils Ende März erscheint die Sonderausgabe »Wahlstation« mit aufschlussreichen Erfahrungsberichten, Adressen und Bewerbungstipps und Ende Oktober die Sonderausgabe »Klausurtipps« mit hilfreichen Klausurhinweisen, einer Übungsklausur und einer Literaturübersicht. Ein Abonnement des RechtsreferendarInfo ist aus Kostengründen nicht möglich. Beim Verlag können aber alle lieferbaren Auflagen (incl. der jährlich neu erscheinenden Sonderhefte) gegen einen Portoersatz von 4,20 € bzw. 5,20 € je nach Ausgabenanzahl bestellt werden (das älteste zurückliegende Heft ist die Ausgabe 2/2000). Bezugsadresse:

JuraMond Verlag
Agnesstraße 66
80797 München

Erwogen werden sollte auch der Bezug einer **Computerfachzeitschrift**. Welche hierbei gewählt werden sollte, ist weitgehend von den individuellen Bedürfnissen abhängig und auch eine Geschmacksfrage. Für jedes Betriebssystem (Windows, OS/2, Mac-Betriebssysteme, UNIX, Linux) gibt es spezialisierte Fachzeitschriften. Die Zeitschriften wenden sich innerhalb der Betriebssysteme zudem an unterschiedliche Zielgruppen (z.B. funktionale Anwender mit Schwerpunkten Textverarbeitung, Datenbanken, Tabellenkalkulationen, Kommunikationstechnik oder Spiele) und setzen entsprechende Schwerpunkte. Der Autor selbst gibt der Zeitschrift **»PC-Professionell«** als sachlich und unabhängig informierendes Medium für den Windows-Benutzer den Vorzug. Für Freaks und weit Fortgeschrittene ist die »c't« das richtige Medium.

Als kostenlose Beilage zur NJW wird die **NJW-CoR (Computerreport)** zweimonatlich ausgeliefert. Diese Publikation wendet sich hauptsächlich an Anwältinnen und Anwälte und zeigt den enormen Bedeutungszuwachs, aber auch die verbreitete Unwissenheit unter Juristinnen und Juristen über elektronische Arbeitshilfen auf.

Kosten für Zeitungsabonnements können reduziert werden, wenn Referendarinnen und Referendare aus der privaten Arbeitsgemeinschaft oder der Arbeitsgemeinschaft im Vorbereitungsdienst Zeitschriften untereinander austauschen. Zu dritt oder viert reicht das Abonnement einer NJW, einer JA oder JuS und einer oder zwei Spezialzeitschriften.

3. Technische Arbeitsmittel

Auch bei den Juristinnen und Juristen zieht das Informationszeitalter langsam aber sicher ein. Juristinnen und Juristen gelten nicht zu unrecht als etwas konservativ. Diese Zurückhaltung macht sich auch bei der technischen Ausstattung bemerkbar. Justizverwaltungen und auch die Rechtsanwaltschaft hinken der ungestümen allgemeinen Entwicklung deutlich hinterher. Anstatt Abstriche am Rechtsstaat vorzunehmen (Schlagwort: Wieviel Rechtsstaat kann sich die Bundesrepublik leisten?), sollten die Verantwortlichen lieber die allen Beteiligten zugute kommenden **Modernisierungsmöglichkeiten** nutzen.

Bei den Juristinnen und Juristen in der Ausbildung (Studium und Referendariat) haben sich technische Hilfsmittel zur Entlastung überflüssiger Schreibarbeit dagegen längst durchgesetzt. Schreibmaschinengetippte Hausarbeiten, Relationen und Entscheidungsentwürfe sind heute passé. Ausbilder in der Praxis sind es bereits gewohnt, dass sie mit der Textverarbeitung erstellte Arbeitsergebnisse ihrer Referendarinnen und Referendare erhalten.

Sicher gibt es einen nicht zu vernachlässigenden Prozentsatz von Anwärterinnen und Anwärtern, denen entsprechende Investitionen nicht leicht fallen, weil sie z.B. mit ihren Anwärterbezügen bereits eine Familie zu unterhalten haben. Es sollte aber nicht unberücksichtigt gelassen werden, dass jedenfalls die **Nutzung von PC und entsprechender Software** unverzichtbar ist. Zum einen wird durch den Einsatz elektronischer Hilfsmittel wertvolle Arbeitszeit gespart, die z.B. für die Nebentätigkeit eingesetzt werden kann. Dann stellt sich die Vernachlässigung des Einsatzes eher als Geldverschwendung dar. Zum anderen sehen die Berufsaussichten und natürlich auch die Vergütung nach dem Referendariat um so besser aus, je mehr Erfahrung und Praxis im Umgang mit aktueller Technik und Software vorhanden ist. Der Satz: »Das kann ich mir nicht leisten« gilt daher nur für den Verzicht auf zeitgemäße Arbeitsmittel, nicht dagegen für die Anschaffung.

Kaufen Sie sich aber nicht immer das Allerneuste. Die ersten Käufer der jeweils neuen Pentium-PCs haben den größten Teil der Entwicklungskosten getragen. Ob eine kleine oder eine größere Festplatte teuerer ist, hängt nur noch von den jeweils produzierten Stückzahlen ab. Warten Sie daher ab, bis entsprechende Stückzahlen der von Ihnen für nötig erachteten Konfiguration hergestellt werden. Kaufen Sie also nie die schnellsten und neuesten Prozessoren. Bei den neueren Pentium-PCs sind die Preise durch Aktionen von ALDI und anderen Discountern binnen kürzester Zeit verfallen.

Sollte wirklich kein finanzieller Spielraum für die Anschaffung einer ausreichenden PC-Anlage vorhanden sein, besteht immer noch die Möglichkeit, in Universitäten zur Verfügung gestellte Arbeitsplätze zu nutzen. Daneben lässt sich innerhalb der Arbeitsgemeinschaft oder im Bekanntenkreis ein PC-Sharing organisieren. Dabei können durch den gemeinsamen Einkauf eines PCs mehrere Referendarinnen und Referendare an unterschiedlichen, zwecks Konfliktvermeidung vorher festgelegten Tagen einen PC nutzen. Da in den wenigsten Fällen die Möglichkeit einer gemeinsamen Raumnutzung besteht, kommt zumeist nur der Kauf eines Laptop (»Schlepptop«) oder Notebooks (leichterer Laptop) in Betracht. Hierbei ist aber zu beachten, dass diese transportablen PCs auf Grund der Miniaturisierung der Bauteile und der ausreißerintensiven Displayproduktion mindestens 50 % mehr kosten und auf Grund des bauartbedingten Platzmangels im Gehäuse schlechter aufrüstbar sind.

Andere technische Kommunikationsmittel sollten in der Ausbildung zurückhaltend eingesetzt werden. Dies gilt beispielsweise für die kurzfristig per **Telefax** übermittelte Entschuldigung des Fernbleibens gegenüber der Arbeitsgemeinschaftsleiterin bzw. dem Arbeitsgemeinschaftsleiter. Es kommt vereinzelt vor, dass Ausbilder, die ähnliche Ausstattungen an ihren Arbeitsplätzen vermissen, die im Prinzip ordnungsgemäß entschuldigte Fehlstunde allein wegen der Übertragungsart zu negativen und überflüssigen Anmerkungen nutzen.

Als Ausstattungsstandard wird man einen Rechner mit mehr als 1 Gigahertz (GHz) und 512 MB RAM sowie einer mehr als 50 Gigabyte großen Festplatte ansehen dürfen, da bei kleinerer Konfiguration die Gefahr besteht, dass der PC innerhalb kürzester Zeit den ständig steigenden Anforderungen der Software an Arbeitsspeicher, Rechentakt und Festplattenplatz nicht mehr gewachsen ist. Dies gilt selbstverständlich lediglich für jene (die meisten), die IBM-kompatible PCs mit Software unter **Windows** nutzen wollen. Die animierende grafische Oberfläche hat ihren stolzen Preis durch hohe und vor allem immer höhere Anforderungen an die Ressourcen. Verbreitet sind heute als Betriebssysteme Windows 98, ME, XP und 2000. Microsoft bringt alle zwei Jahre etwas Neues: das Neueste ist Windows XP. Vorteile der Windows-Anwendungen sind die Zukunftssicherheit, Komfort und die weite Verbreitung, die die Kompatibilität der eigenen Dateien mit den PCs der meisten anderen Anwender gewährleistet. Viele Programme unter Windows bieten einen deutlich größeren Leistungsumfang und damit auch ein größeres Rationalisierungspotenzial bei der Text- und Datenverarbeitung als die früher noch verwendeten DOS-Programme. Aber nicht jeder benötigt das. Diejenigen, die den PC eigentlich nur als Schreibmaschine verwenden und die sich mit der nicht so schönen **DOS-Oberfläche** und dem auch in der Regel völlig ausreichenden Leistungsumfang von Textverarbeitungsprogrammen wie MS-WORD 5.0 oder 5.5 zufriedengeben, kommen locker immer noch mit einem 486-er DX 25 oder 40 mit 4 MB Arbeitsspeicher (RAM) und 200 MB Festplatte aus.

Bedenken sollte man aber auch, dass die **Kenntnis von aktuellen Versionen der Standardprogramme** wie Word, Wordperfect, Excel, Access, Lotus u.a. häufig bei der späteren **Bewerbung** eine große Rolle spielt. Aber auch bei der Erhöhung der eigenen Effizienz spielt die Ausschöpfung des Rationalisierungspotenzials der modernen Software natürlich eine große Rolle. Die Ausbilderinnen und Ausbilder werden sich freuen, wenn Sie statt einer Akte pro Woche dank schnellerem Prozessor, Textbausteinen, Rechtschreibhilfe und Autotext drei Akten schaffen! Spaß beiseite: Die Wahl sollte auch hier nach individuellen Kriterien erfolgen. Sofern es einfach am Geld mangelt, braucht man deswegen auch keine Bauchschmerzen zu haben: Auch die DOS-Programme verrichten ihren Dienst gut und sehr betriebssicher.

Für 486-er Rechner, die aber wirklich nur noch für reine DOS-Anwendungen oder allenfalls für kleine Windows-Programme geeignet sind, kann hier kein Preis angegeben werden, da diese nur noch gebraucht angeboten werden. Für einen kompletten 486-er inklusive Bildschirm sollte man nicht mehr als 50 € zahlen müssen. Neue Windowsrechner werden durchaus bereits um ca. 400 € angeboten und sind damit erschwinglich geworden (Tipp: »sponsored by Oma«).

Wenn Sie sich keine Officeprogramme leisten können, testen Sie doch einmal Freeware wie das Officepaket »Staroffice«, einem Paket aus früheren Micorosoftkonkurrenzprogrammen.

An **Software** wird inzwischen auch immer mehr für Juristinnen und Juristen angeboten. Ein »Eisbrecher« und inzwischen wohl bereits in die Kategorie Klassiker einzuordnen ist das leider vergriffene Buch von Andreae/Viefhues »WinWord für Juristen« (C.H. Beck) mit zahlreichen Anregungen für die Vereinfachung und Automatisierung von Routinen und Berechnungen und entsprechenden Mustern auf Diskette. Das Buch regt darüber hinaus zu selbstständigen Entwicklungen an. Zu WinWord gibt es neben den furchtbaren Handbüchern (von Programmierern für Programmierer!) auch andere **Anleitungsbücher**, die eher an den Arbeitsschritten bei den häufigen Anwendungen als an dem programmiertechnischen Aufbau des Programms orientiert sind. Verschaffen Sie sich einen Überblick über das inzwischen reichliche Angebot. Einzelne subjektive und unvollständige Vorschläge sind bei der Auflistung von Ausbildungsliteratur gemacht.

Spaß machen CD-ROMs mit Lernspielen, die einem Prüfungsstoff spielerisch beibringen.

Sinnvoll ist auch ein **Modem** für die Nutzung von Mailboxen und zum Empfang und Versand von Faxen. Die Kosten eines schnellen ISDN-Modems, besser noch DSL-Modems, bewegen sich inklusive Software um 50 € (z.B. die Fritz-Card). Dafür erhält man die Möglichkeit, Datenbanken wie JURIS zu nutzen, (auch papierlos!) Telefaxe zu senden und zu empfangen, Mailboxen zu nutzen und Bankgeschäfte auch über den PC abzuwickeln. Daneben kann man sich an Dienste wie Freenet, AOL, T-Online oder lokale Anbieter wie Netcologne anschließen, die Zugang zum Internet verschaffen.

Die technische Aufrüstungsskala ist selbstverständlich nach oben offen. Auch wenn es mittlerweile so verbreitet wie Goldkettchen in Italien ist und die zahlreichen Klingelmelodien der verschiedenen Anbieter vielerorts auch aus Kino- und Opernvorstellungen nicht mehr wegzudenken sind: Nicht zu den zwingend jederzeit erforderlichen Arbeitsmitteln für die Anwärterinnen und Anwärter zählt das **Handy**. Arbeitsgemeinschaftsleiterinnen und -leiter reagieren – in diesem Fall wohl zu Recht – ungehalten, wenn das klingelnde Funktelefon der nebenbeschäftigten Referendarin bzw. des nebenbeschäftigten Referendars deren bzw. dessen Unentbehrlichkeit während des Unterrichts signalisiert.

4. Internet für Juristen

Internet:
- http://www.rechtsreferendariat.de/rechtsreferendariat_links.html

a) Internet-Adressen

Nützliche Dienste kann vor allem das Internet leisten, da es sich um ein sehr praktisches Medium zum Finden und zur Verbreitung von Informationen handelt. Der

Vorteil des Internets besteht einerseits darin, dass Informationen zur Verbreitung nicht mehr vervielfältigt werden müssen. Außerdem entfällt die Notwendigkeit, sich Daten von Interessenten für diese Informationen zu beschaffen, da der Interessent die Information von sich aus finden kann.

Zum Surfen (= mehr oder minder zielgerechtes Suchen) im Internet benötigen Sie einen Browser (Explorer). Bei der Suche sind so genannte Suchmaschinen behilflich. Die gängigsten sind google, yahoo, web.de und lycos. In den Suchfeldern können Sie Suchbegriffe wie z.B. »Rechtsreferendariat« oder »Juristenausbildung« oder »Stellenangebote« eingeben, um weitere Interessante Links aufgelistet zu bekommen.

Im Internet finden Sie vielfältige juristische Informationen. So sind z.B. die Justizministerien und die Bundesgerichte in der Regel mit einer eigenen »Homepage« vertreten. Von vielen Homepages verzweigen sich weitere Links zu anderen für Juristen interessanten Seiten. Insbesondere die Universität Saarbrücken unterhält zahlreiche, für Referendare interessante Links (Gesetzestexte, Juristenausbildungsgesetze etc.)

Vereinzelt haben auch Referendarinnen und Referendare eigene Homepages mit nützlichen Tipps und Informationen ins Internet gestellt. Das funktioniert nach dem Prinzip: Warum sollten tausende zur gleichen Zeit dasselbe tun, wenn es reicht, wenn einer es erledigt und die anderen daran partizipieren können?

Wenn Sie eine interessante Seite (Page) gefunden haben, können Sie sie mit den gängigen Browsern (Microsofts Explorer oder den sichereren Mozilla Firefox oder Opera) bookmarken, d.h. in einer Liste speichern, so dass Sie die Seite zu einem späteren Zeitpunkt wiederfinden können (einfaches Anklicken in der Liste der Bookmarks reicht und schon wird die gespeicherte Seite wieder aufgerufen).

Über Bücher zu bestimmten Themen und die aktuellen Preisen und Auflagen können Sie sich unter http://www.libri.de oder http://www.amazon.de einen Überblick verschaffen. Auch größere juristische Fachbuchhandlungen wie Sack sind im Internet mit komfortablen Suchfunktionen vorhanden. So wird die Recherche nach einschlägiger Literatur zum Kinderspiel.

Im Folgenden finden Sie eine Liste mit interessanten Seiten im Internet. Bei dieser Liste wie auch bei allen sonst in diesem Buch angegebenen Internetadressen ist zu bedenken, dass sich diese oft ändern und die angegebenen daher nicht mehr aktuell sind. Im Internet habe ich daher unter der Adresse http://www.referendariat.de eine Link-Liste bereitgestellt, die ständig aktualisiert wird. Dort finden Sie neben den hier angegebenen Links auch weitere interessante Adressen.

- http://home.t-online.de/home/braunwarth/
  Die Homepage eines ehemaligen Referendars. Sie enthält einige für das Referendariat manchmal hilfreiche Links und Downloadangebote wie zum Beispiel die Vorlage für ein Plädoyer oder ein Tutorial zur Relationstechnik.

- http://www.dr-bacher.de/AG/RefAG.html
  Hier gibt es zivilrechtliche Materialien für das Referendariat. Die einzelnen Themengebiete – etwa Aufrechnung – sind anhand von Fällen mit anschließender Lösung erläutert. Gut, aktuell, hilfreich.
- http://www.fortunecity.de/business/buecher/0/
  Arnes Referendarseite. Hier gibt es Skripten und Aktenvorträge. Wäre eine wirklich interessante und hilfreiche Seite, ist aber wohl Ende 1999 zum letzten Mal überarbeitet worden.
- http://www.jumag.de
  Neben manchen anderen interessanten Dingen findet man hier einige Artikel bezüglich des Referendariats. Diese beschäftigen sich beispielsweise mit Tipps zu Steuern und Versicherungen im Referendariat, mit der Interpretation der Stationszeugnisse oder auch mit Haftungsrisiken für Rechtsreferendare. Aber Achtung: Viele der Artikel sind relativ alt. In jedem Fall lohnt es sich, mal vorbeizuschauen.
- http://www.jura.uni-sb.de/yoorah/ref.html
  Hier findet man zwar nicht viele, dafür aber ganz gute Materialien des Juristischen Internet-Projekts Saarbrücken zum Referendariat. Zum Beispiel: Tutorien zur Relationstechnik, zur Klageänderung und zur Rechtskraft.
- http://www.juracafe.de
  Die Seiten enthalten auf den ersten Blick eine ganze Reihe Informationen über und für das Studium (Aufbauschemata, Fälle etc.). Schaut man sich das etwas genauer an, merkt man, dass die Informationen nichts weiter sind als Bücherhinweise und Links zu Seiten von Lehrstühlen verschiedener Universitäten. Besser sind dann schon die Tipps zur Berufswahl, zu Praktika, zum Vorstellungsgespräch usw.
- http://www.jurag.de
  Diese Seite versteht sich als juristische Arbeitsgemeinschaft und Informationsseite für (angehende) Rechtsreferendare. Allerdings ist sie zur Zeit wegen »Umbaumaßnahmen« nicht online. Das soll sich in Kürze wieder ändern.
- http://www.jura-links.com/Referendariat/referendariat.html
  Hierbei handelt es sich ausschließlich um eine Link-Liste zu vielen anderen Seiten, die sich mit dem Referendariat beschäftigen. Leider funktionieren nicht alle Links.
- http://www.jura-lotse.de
  Unter der Rubrik »Rechtsreferendariat« findet man einige Aufsätze und Aufbauschemata zu Fragen, die einen während des Referendariats immer wieder beschäftigen. Allerdings funktionieren häufig Links nicht, und wenn sie funktionieren ist das was man bekommt regelmäßig nicht sehr ausführlich.
- http://www.juramail.de
  Hier findet man verschiedene Mailinglisten rund um das Jurastudium. Eine davon ist extra für Referendare eingerichtet worden. Leider ist sie allerdings sehr wenig

frequentiert. Und die E-Mails, die über die Liste verschickt werden, sind auch nicht wirklich lehrreich.

- http://www.jurapauker.de
  Auch hier findet man viele gute Informationen über das Rechtsreferendariat allgemein und über die einzelnen Ausbildungsstationen. Daneben bekommt man auch für die jeweilige Station hilfreiche Materialien. Eine gute Idee: Es gibt eine Rubrik mit Informationen über einen Auslandsaufenthalt während der Wahlstation. Dieser Bereich, der bisher leider noch sehr spärlich ist, soll demnächst beispielsweise mit Kontaktadressen ausgebaut werden.
- http://www.juraservice.de
  Unter der Rubrik »Referendariat« findet man hier nützliche Informationen zur Bewerbung für das Referendariat, zu den einzelnen Stagen, zum Lernen etc. Auch Literaturhinweise werden gegeben. Beschrieben ist auf diesen guten Seiten alles am Beispiel NRW.
- http://www.jurawelt.de
  Unter der Rubrik »Referendarswelt« findet man hier sehr viele Skripten, Aufsätze und Aufbauschemata zu den Gebieten zu den drei großen Rechtskomplexen Zivil-, Straf- und Öffentliches Recht jeweils mit dem einschlägigen Verfahrensrecht. Es lohnt sich, hier mal vorbeizuschauen.
- http://www.jurawiki.de
  Auf diesen Seiten findet man nur sehr wenige Informationen. Selbst die Links zu den Rechtsvorschriften sind nicht vollständig, sondern nur für wenige Länder vorhanden. Insgesamt eine Seite, die man auch überspringen kann.
- http://www.jurnet.org
  Hier hat man Zugriff auf Protokolle mündlicher Prüfungen im ersten und zweiten juristischen Staatsexamen. Daneben gibt es eine Bücherbörse, die allerdings kaum Einträge hat.
- http://www.justament-online.de
  Das Berliner Online-Magazin für Rechtsreferendare.
- http://www.kloefkorn.de
  Die Seite des ehemaligen Referendars Arne Klöfkorn war sicherlich mal ganz interessant, ist aber zuletzt 2001 überarbeitet worden. Damit ist sie alles andere als aktuell und getrost zu überspringen.
- http://www.law.olnhausen.com
  Auf der Seite selber findet man praktisch keinerlei interessante Informationen zum Rechtsreferendariat. Dafür gibt es aber eine ausführliche und übersichtliche Link-Liste zu vielen interessanten Informationen und Materialien, sortiert nach den einzelnen Stationen des Vorbereitungsdienstes.
- http://www.recht-leicht.de/bildung/ref_jur.html
  Und noch eine Link-Liste. Sehr ausführlich; zu fast allem was mit dem Referendariat in Verbindung steht. Allerdings ist diese Liste nicht sehr übersichtlich.

- http://www.referendarausbildung.de
  Hier sollen Ausbilder aus dem OLG-Bezirk Karlsruhe kostenlos Unterrichtsmaterialien zur Vorbereitung auf das 2. Staatsexamen zur Verfügung stellen. Noch findet man dort zwar praktisch nichts, aber wenn es mal funktionieren sollte, ist es bestimmt hilfreich.
- http://www.referendare.net
  Ein Informationsportal unter anderem in Zusammenarbeit mit dem Berliner Anwaltverein. Die Seiten sind schon übersichtlich, sollen aber demnächst dennoch neu gestaltet werden. Inhaltlich sind die Informationen sehr knapp gehalten und insbesondere auf das Land Berlin bezogen. Soweit man dort das Referendariat absolvieren möchte, findet man bei referendare.net etwa auch eine Liste mit ausbildenden Anwaltskanzleien.
- http://www.referendariat.info
  Die Idee: Ein Marktplatz für Referendarstellen. Allerdings gibt es zurzeit kaum aktuelle Einträge.
- http://www.spacelaw.de/deutsch/referendar/
  Abgesehen von einigen Links gibt es auch wieder kaum nützliche Informationen.
- http://www.studjur-online.de/stud_rl/ref/ref.lasso
  Eine gute Seite mit kurzen Informationen zu vielen wesentlichen Themen von der Bewerbung zum Referendariat bis zum 2. Staatsexamen.
- http://www.troeger-wuest.de/Texte/jurlink.html#SR
  Hier werden einige Fragen beantwortet, die sich wohl jedem Referendar im Laufe seiner Ausbildung mal stellen. So zum Beispiel zu Kosten und Gebühren nach dem GKG und der BRAGO oder der Aufbau eines Plädoyers.
- http://www.tu-dresden.de/jfzivil3/musterakte.htm
  Eine Musterakte zum Zivilprozess von Prof. Becker von der TU Dresden.
- http://www.veelken-online.de
  Die Homepage eines ehemaligen »Leidens«-genossen. Neben einer ausführlichen Link-Liste zu Stellenmärkten findet man hier beispielsweise einen Original-Aktenvortrag aus dem zweiten Staatsexamen, Muster-Urteile etc. Zwar nicht viele Informationen, aber diejenigen Hilfen, die da sind, sind nicht schlecht.
- http://www.vorbereitungsdienst.de
  Auf dieser Seite, findet man Links zu den einschlägigen Rechtsvorschriften der Länder, Informationen etwa zu der Versicherungspflicht von Rechtsreferendaren oder eine Übersicht über die Ergebnisse in den Staatsexamina der Vergangenheit. Das Problem: Die Seite ist nicht aktuell und insofern nicht sehr verlässlich.
- http://www.weg-weiser.de
  Online-Magazin zu den Gebieten Grunstücksrecht, Wohnungseigentum, Familien- und Erbrecht. Interessant ist vor allem der Newsletter »Rechtsneues«, der monatlich über die aktuelle Rechtsprechung aus dem Arbeits-, Steuer-, Gesellschafts- und Familienrecht informiert.

- http://www08.jura.uni-sb.de/ref/strafprozessrecht/inhalt.html
  Strafprozessrechtlicher Ratgeber für Rechtsreferendare zur Vorbereitung auf die zweite juristische Staatsprüfung von Michael Georg Müller, Richter am LG. Besondere Berücksichtigung findet die saarländische Praxis.

b) Die Internetauftritte der Länder (Stand 5/2005)

Zusammenfassend kann man die Situation immer noch als beeindruckend rückständig bezeichnen. Zur Ehrenrettung mancher Ländern muss allerdings ebenso vorangeschickt werden, dass sich das Feld extrem spreizt. Wer als Jurastudent oder Referendar sich online über seine Juristenausbildung informieren will, findet zwischen Baustelle, Steinzeit und umfassenden und nutzerfreundlicher Präsentation jeden Entwicklungsstand. Was (fast) alle Länder eint, ist Benutzerunfreundlichkeit der Internetadressen, die ständig geändert werden und daher keine zuverlässige Verlinkung auf das angebotene Material erlauben. So verlinkt die Uni Bremen unter http://www.jura.uni-bremen.de/service/links.htm auf die »Bewerbungsunterlagen für das Referendariat in Niedersachsen« mit dem Link http://www.niedersachsen.de/MJ_10-1-juristenausbildung.htm. Betätigt man diesen, weist das Land Niedersachsen freundlich darauf hin: »**Die angeforderte Seite wurde nicht gefunden.**« Oder die Adressen, unter denen die Dokumente zu finden sind, sehen wie folgt aus: http://fhh.hamburg.de/stadt/Aktuell/justiz/gerichte/oberlandesgericht/juristenausbildung-staatspruefungen/erstes-examen/service/jao-htm,property=source.html. Es geht auch anders: Zum einen könnten die Dokumente an Stelle von URL wie .../sixcms/detail.php?id=6872 einfach .../juristenausbildungsgesetz heißen, z.B. http://www.hamburg.de/juristenausbildungsgesetz/. Geht technisch auch, ist zudem ganz einfach und stellt sicher, dass nicht jede Änderung des Content-Management-Systems oder der Ausbildungsvorschrift zu Problemen führt. Das aktuelle Gesetz findet sich dann immer dort.

Aber auch die Verlage machen es nicht besser: Die Übersicht über die Ländersituation mit den nicht immer aktuellen Juristenausbildungsvorschriften bei Beck-Online sieht so aus: http://rsw.beck.de/rsw/shop/default.asp?sessionid=EE51BD59234842FCBA7146561232 0313&sessionid=EE51BD59234842FCBA71465612320313&toc=FI.2200

Häufig sind die Seiten auch schlecht gepflegt. So findet man unter http://www.jm.mv-regierung.de/pages/vorschriften.htm noch das alte JAG (Stand 1996!) – kein Hinweis auf eine Neuregelung. Auch in Niedersachsen wirken die Seiten des Justizministeriums zum Juristenausbildung wie eine private Homepage. Praktisch alle Ausbildungsvorschriften sind veraltet und teilweise gar nicht eingepflegt. Dort hat die Juristenausbildungsreform nicht stattgefunden.

Auch die Werbung für ein bestimmtes Content-Management-System muss nicht in der URL auftauchen (anders in Thüringen: http://www.thueringen.de/imperia/md/content/text/justiz/). Die Vorstände der Imperia AG freut dies zwar, aber eine unabhängige Behörde sollte derartiges nicht tun. Im Oberlandesgericht Köln steht auch nicht nach jedem Neuanstrich »Malermeister Müller« auf allen Wänden.

Besonders schwer tut sich Bremen, das den aktuellen Gesetzestext auf den Seiten der Universität regelrecht versteckt. Selbst Google steckt da auf.

c) Internet-Wörterbuch

Im Folgenden sollen nur die wichtigsten Begriffe dargestellt werden; im Internet findet man ausgezeichnete und vollständige Glossare mit Definitionen aller nur erdenklichen Begriffe.

bookmark	Aufnahme einer Internetadresse in eine Liste im Browser, um die Adresse später leichter wiederzufinden.
Browser	Software zum Surfen im Internet; die verbreiteten beiden Browser sind Microsoft Explorer und Netscape Explorer.
Download	Herunterladen bereitgestellter Dateien von einem Server auf den eigenen Rechner.
E-Mail	Elektronische Post; per E-Mail können unproblematisch Winworddokumente u.a. in Sekundenschnelle verschickt werden.
Gepackte Dateien	Komprimierte Dateien, die sich entweder selbst entpacken (Endung *.exe) oder durch ein Komprimierungsprogramm entpackt werden (z.B. Winzip).
Homepage	Seite mit Daten aller Art wie Texten, Dateien, Bildern, Tönen, die unter einer Adresse ins Internet gestellt wird.
Link	Verknüpfung zu anderen Seiten; nach Anklicken wird diese Seite aufgerufen und erscheint auf dem Bildschirm.
MB	Megabite (Größeneinheit für Dateien).
Provider	Unternehmen, die den Zugang zum Internet sicherstellen und hierfür Gebühren erheben (z.B. T-Online, Compuserve, AOL).
Server	Größere Rechner, die im Internet miteinander verknüpft sind und deren Vernetzung die weltweite Kommunikation sicherstellen; auf den Servern sind die Homepages gespeichert und abrufbar.
Suchmaschine	Lesesoftware, die das Internet nach den von Ihnen eingegebenen Stichworten durchsucht (z.B. Altavista, Yahoo, Fireball) und Treffer anzeigt. Bei Anklicken der Treffer werden Sie sofort mit der entsprechenden Adresse verbunden. Infos über die Suchdienste erhalten Sie unter http://www.rrz.uni-hamburg.de/Jura1.suchmaschinen.html.
Telnet	Übertragungsformat zur Verbindung zweier Computer; wird z.B. bei der Online-Recherche in JURIS eingesetzt.
URL	Uniform Resource Locator; d.h. eine Adresse im Datenbestand des Internet.
www	World Wide Web (böse Zungen sagen World Wait Web); der Teil des Internet mit der größten Datenzunahme.

IX. Dienstrecht

Literatur

- Bayreuther, Vom Adelsprivileg zum Einheitsjuristen, REFZ 9/10 1995, 7

Ein Ausflug in die Historie: In der Geschichte des Beamtentums wird der Beginn des Referendariats dem Zeitraum nach der Justizausbildungsordnung von 1713 zugerechnet. Dieser wurde damals Auskultator genannt (Schnellenbach § 1 II). Einen noch weiter greifenden interessanten Rückblick in die Geschichte des Referendariats bietet der Aufsatz von Bayreuther, a.a.O.

Für geprüfte Kandidatinnen und Kandidaten heutzutage sind natürlich ganz andere Rahmenbedingungen maßgeblich.

1. Dienstrechtlicher Status

Die meisten Referendare werden in ein **öffentlich-rechtliches Ausbildungsverhältnis** übernommen, nur noch in Sachsen und Thüringen werden Referendare verbeamtet. Allerdings ist es kein Geheimnis, dass die Erhebung des öffentlich-rechtlichen Ausbildungsverhältnisses zum Normalfall rein fiskalische Gründe hatte. Es überrascht daher nicht, dass die Unterschiede in der Praxis sich vorwiegend auf die Höhe des Entgeltes und die soziale Absicherung beziehen. Ansonsten erstrecken die meisten Bundesländer das Dienstrecht der Beamten auch auf die angestellten Referendare.

a) Das öffentlich-rechtliche Ausbildungsverhältnis

Referendare mit diesem Status sind Arbeitnehmer im Sinne des Art. 39 EGV (**BVerwG** vom 17. 12. 2003 – 2 C 1/03, Buchholz 237.7 § 100 NWLBG Nr 1).

Referendare im öffentlich-rechtlichen Ausbildungsverhältnis sind in der Kranken-, Pflege- und Arbeitslosenversicherung versicherungspflichtig. Beamtenrechtliche Zuwendungen (wie Beihilfe oder Sonderzuwendungen) werden nicht gewährt. Bei den Nebenleistungen unterscheiden sich fast alle Bundesländer.

Referendaren im öffentlich-rechtlichen Ausbildungsverhältnis wird allerdings nach beamtenrechtlichen Vorschriften Anwartschaft auf Versorgung bei verminderter Erwerbsfähigkeit und im Alter sowie auf Hinterbliebenenversorgung gewährt, weswegen keine Rentenversicherungsbeiträge geleistet werden müssen.

Auch die Einstellung in den juristischen Vorbereitungsdienst kann entsprechend den beamtenrechtlichen Regelungen, z.B. mangels persönlicher Eignung abgelehnt werden, z.B. wenn jemand für diesen Dienst persönlich ungeeignet ist oder insbesondere wegen eines Verbrechens oder vorsätzlichen Vergehens der Erlangung der Befähigung zum Richteramt nicht würdig ist oder nicht die Anforderungen zu erfüllen vermag, die in dienstrechtlicher Hinsicht an die Teilnahme am Vorbereitungsdienst auch hinsichtlich der gebotenen Vertraulichkeit und der Amtsführung während des Vorbereitungsdienstes zu stellen sind (**HessVGH** vom 27. 4. 2004, Az: 1 TG 788/04).

b) Das Beamtenverhältnis

Beamtenrechtlich erhält die Rechtsreferendarin bzw. der Rechtsreferendar mit der Ernennung den Status der Beamtin bzw. des Beamten auf Widerruf (Nordrhein-Westfalen: § 35 LBG). Damit ist man zugleich Anwärterin bzw. Anwärter für die Laufbahn des höheren Justiz- und Verwaltungsdienstes. Beamtinnen und Beamte auf Widerruf können praktisch jederzeit entlassen werden, allerdings soll ihnen Gelegenheit gegeben werden, das Ausbildungsziel zu erreichen (s. § 35 Abs. 2 LBG NW). Die Entlassung ist zudem in einigen Ländern (u.a. Nordrhein-Westfalen) mitbestimmungspflichtig. Mit Ablegung der Prüfung endet das Beamtenverhältnis automatisch.

2. Der berüchtigte Dienstweg

Der Dienstweg ist für Referendare gleich welchen Status identisch geblieben. Die Referendargeschäftsstellen beklagen sich häufig über die verschlungenen Wege, auf denen Rechtsreferendarinnen und Rechtsreferendare dienstliche Schreiben einreichen (z.B. beim Antrag auf Sonderurlaub). Beim Thema Dienstweg treffen mit der studentisch geprägten Einstellung der Referendarinnen und Referendare und der preußischen Herkunft des Beamtentums zwei unterschiedliche Welten aufeinander. Keinen Fehler macht man, wenn man seinen dienstlichen Schriftverkehr über die zuständige Referendargeschäftsstelle leitet. Während Ausbildungsstationen, die eigene Referendargeschäftsstellen unterhalten (StA und Bezirksregierung in Nordrhein-Westfalen), ist der Schriftverkehr über diese Geschäftsstellen zu leiten. Es sollen entsprechende Abschriften für die beteiligten Stellen beigefügt werden. Dann geht das Schreiben seinen Dienstweg, der über die Referendargeschäftsstelle beim LG führt und schließlich (nicht immer) bei dem Referendardezernat des OLG endet.

Wenn man den Dienstweg ganz korrekt benutzen will, müsste man im Anschreiben als Adressaten die jeweils entscheidungsbefugte Stelle (»An den Präsidenten des Oberlandesgerichts«) zuerst nennen. Diese wechselt aber je nach Stage oder Angelegenheit. Insofern ist es auch nicht verwunderlich, dass sich Rechtsreferendarinnen und Rechtsreferendare mit dem Dienstweg so schwer tun.

Als zweites wird – sofern notwendig und vorhanden – die Durchlaufstation in der mehrstufigen Verwaltungshierarchie genannt (z.B. »über den Präsidenten des Landgerichts«), als letztes die Stelle, an der man das Schreiben eingereicht hat (»durch den Regierungspräsidenten«). Für viele Anträge und Schreiben halten die Referendargeschäftsstellen aber Formulare bereit, so dass sich in diesen Fällen keine Schwierigkeiten ergeben.

Wenn bei Hinweisen zum Dienstweg in Merkblättern darauf verwiesen wird, dass auf Anreden und Schlussformen wie »Sehr geehrter« und »Hochachtungsvoll« verzichtet werden soll, entscheiden Sie selbst, ob Sie Höflichkeitsformen für überflüssig halten. Nach meinen Erfahrungen machen freundliche Schreiben die Justizverwaltung freundlicher und preußische Schreiben die Justiz preußischer. Nicht jeder Mensch in der Justizverwaltung ist schließlich der Präsident, auch wenn es oben so steht, und freut sich doch über innerhalb eines Antrags übermittelte Weihnachtsgrüße oder eine persönliche Anrede. Dienstweg hin, Dienstweg her.

3. Das Einkommen

a) Unterhaltsbeihilfe

§§ Landesverordnungen zur Gewährung von Unterhaltsbeihilfe

Referendare im öffentlich-rechtlichen Ausbildungsverhältnis erhalten Unterhaltsbeihilfe. Wie der Name schon sagt, bezweckt diese nicht, den Unterhalt während des Vorbereitungsdienstes zu sichern, sondern allenfalls dazu beizuhelfen. Die Unterhaltsbeihilfe ist in den einzelnen Ländern unterschiedlich hoch, nämlich zwischen unter 900 € und ca. 1000 € (NRW, Bayern). Es lohnt sich daher, vor der Entscheidung zwischen in Betracht kommenden Bundesländern die aktuellen »Konditionen« zu erfragen. Regelmäßig kommt zur Unterhaltsbeihilfe noch ein Familienzuschlag. Weihnachtsgeld, Urlaubsgeld und ein Arbeitgeberzuschuss zu den sog. Vermögenswirksamen Leistungen wird in den meisten Ländern nicht gezahlt. Bei Kaufkraftausgleich, Reisekosten, Umzugskosten, Trennungsentschädigung unterscheiden sich die Regelungen in den einzelnen Ländern, in NRW geht alles nach Beamtenrecht, häufig wird aber kein Kaufkraftausgleich gewährt, Trennungsentschädigung nur eingeschränkt. Allerdings hat das Bundesverwaltungsgericht Zweifel, ob die nationale Regelung EU-rechtskonform ist (BVerwG vom 17. 12. 2003 – 2 C 1/03, Buchholz 237.7 § 100 NWLBG Nr 1).

Übersicht

	Länderrechtliche Regelung
Baden-Württemberg	http://www.jum.baden-wuerttemberg.de/servlet/PB/menu/1153272/index.html
Bayern	http://www.rechtsreferendariat.de
Berlin	Keine VO
Brandenburg	Keine VO
Bremen	Keine VO
Hamburg	http://hh.juris.de/hh/gesamt/RRefUBV_HA.htm
Hessen	http://www.hessenrecht.hessen.de/gvbl/gesetze/322_Fortbildung/322-119-VO-Unterhaltsbeihilfen/VO-Unterhaltsbeihilfen.htm
Mecklenburg-Vorpommern	Ja, aber leider nicht im Internet veröffentlicht

	Länderrechtliche Regelung
Niedersachsen	Keine VO
Nordrhein-Westfalen	http://www.recht.nrw.de/gesetze/Gesetz4822/4822.pdf
Rheinland-Pfalz	http://cms.justiz.rlp.de/justiz/nav/929/broker.jsp?uMen=712ba990-a39e-11d4-a736-0050045687ab
Saarland	Ja, aber leider nicht im Internet veröffentlicht
Sachsen	Besoldung
Sachsen-Anhalt	http://www.justizministerium.sachsen-anhalt.de/ljpa/files/unterhalts_vo.pdf
Schleswig-Holstein	http://193.101.67.34/landesrecht/2030-5-131.htm
Thüringen	Besoldung

Die Unterhaltsbeihilfe wird für den jeweiligen Monat je nach Bundesland entweder zum 15. oder Ende des Monats gezahlt.

Das sich aus der Unterhaltsbeihilfe ergebende Nettoeinkommen ist wegen der kaum relevanten Einkommensteuer, der speziellen Tarife bei der Krankenversicherung und weil wegen der Versicherungsfreiheit in der gesetzlichen Rentenversicherung gemäß § 5 Abs.1 Satz 1 Nr.2 SGB keine Beiträge abgeführt werden müssen, trotzdem relativ hoch, nämlich über 750 €. Das erste Gehalt wird allerdings erst einige Wochen nach dem Einstellungstermin überwiesen.

Reisekostenerstattung und Trennungskosten werden in den Bundesländern sehr unterschiedlich gehandhabt; es wird Sie kaum überraschen, dass auch hier der Trend in Richtung Kürzung oder Abschaffung geht.

Nebentätigkeiten zur Aufbesserung des Gehaltes sind nach vorheriger Genehmigung mit temporären Einschränkungen möglich und werden nicht auf die Unterhaltsbeihilfe angerechnet, soweit sie die Unterhaltsbeihilfe nicht übersteigen (Bayern). In manchen Bundesländern (z.B. BW) erfolgt eine Anrechnung erst, wenn die Nebeneinkünfte mehr als 150 % der Unterhaltsbeihilfe erreichen.

Die meisten Ausbildungsvorschriften sehen in folgenden Fällen eine Kürzung der Unterhaltsbeihilfe vor:

a) Ableistung des Ergänzungsvorbereitungsdienst nach nicht bestandener Prüfung,
b) Rücktritt oder Fernbleiben von der Prüfung ohne Genehmigung,
c) Ausschluss von der Prüfung wegen Täuschungsversuchs oder eines Ordnungsverstoßes,
d) Verlängerungen des Vorbereitungsdienstes, die der Referendar zu vertreten hat,
e) Anrechenbarkeit von Nebentätigkeiten.

Wenn Sie ohne Genehmigung schuldhaft dem Dienst fernbleiben, verlieren sie für die Zeit des Fernbleibens auch den Anspruch auf Unterhaltsbeihilfe und müssen mit einer entsprechenden Kürzung rechnen.

Bei der Bewilligung von Sonderurlaub ohne Bezüge oder bei einer Entlassung kann es zu einer Bezügeüberzahlung und Rückforderung kommen. Die werden in vielen Bundesländern ausdrücklich unter den Vorbehalt der Rückforderung gestellt. Bezügemitteilungen sind nach der Rechtsprechung dahingehend zu prüfen, ob Zahlungen ohne Rechtsgrund geleistet wurden. Im Regelfall dürfte daher eine Rückforderung in den genannten Fällen rechtens sein.

b) Beamtenbesoldung

§§ Bundesbesoldungsgesetz – BBesG (Sartorius I Nr. 230 und Anlage VIII zum BBesG) sowie die entsprechenden landesrechtlichen Vorschriften (z.B. LBesG NW – Hippel-Rehborn Nr. 45)
Zweite Verordnung über besoldungsrechtliche Übergangsregelungen nach Herstellung der Einheit Deutschlands (Zweite Besoldungs-Übergangsverordnung – 2. BesÜV)

Als Vergütung erhalten die Referendarinnen und Referendare **Anwärterbezüge nach §§ 59ff. BBesG.** Nach § 59 Abs. 2 BBesG gehören zu den Anwärterbezügen der Anwärtergrundbetrag, der **Anwärterverheiratetenzuschlag** und die **Anwärtersonderzuschläge** (zum Verheiratetenzuschlag für mit einem EG-Beamten verheirateten Anwärter BVerwG, NVwZ 1993, 781 Nr. 29 Ls.). Daneben werden die jährliche Sonderzuwendung, die vermögenswirksamen Leistungen und das jährliche Urlaubsgeld gewährt. Die Zahlung der Bezüge erfolgt durch das jeweilige **Landesbesoldungsamt** durch Überweisung auf ein Gehaltskonto. Die Anwärterbezüge werden monatlich im Voraus gezahlt. Bei der ersten Zahlung kommt es naturgemäß zu Verzögerungen, weshalb zumeist ein Abschlag gewährt wird. Erkundigen Sie sich hier nach der Praxis Ihres Besoldungsamtes.

Der **Anwärtergrundbetrag** richtet sich nach dem BBesG (Anlage VIII). Der **Zuschlag für** Verheiratete sieht keine Erhöhung für Kinder vor. Diese von der allgemeinen Beamtenbesoldung abweichende Regelung hat die Rechtsprechung unter Hinweis darauf, dass die Anwärterbezüge keine **Vollalimentation** gewährleisten, sanktioniert (BVerfG, DVBl. 1992, 1597). Ist der Ehepartner auch im Öffentlichen Dienst beschäftigt und erhält er ein mindestens gleich hohes (!) Einkommen, wird der Zuschlag um die Hälfte gekürzt (vgl. dazu BVerwG in DVBl. 1992, 1364; DÖV 1993, 31; ZBR 1993, 86). Die entsprechenden Regelungen ergeben sich aus § 62 BBesG.

Für die **neuen Bundesländer** gelten noch Übergangsvorschriften. Danach erhalten Rechtsreferendarinnen und Rechtsreferendare in den neuen Bundesländern zurzeit **92,5 % der Anwärterbezüge der** alten Bundesländer. Die Sonderzuwendung ist ebenfalls abgesenkt. Lediglich bei den vermögenswirksamen Leistungen und dem Urlaubsgeld gibt es keine Einschränkungen.

Die Anwärterbezüge werden bis zum Ende des Prüfungsmonats gezahlt, deswegen sind Prüfungstermine in der ersten Woche so beliebt. Wird im Prüfungsmonat aber ein Beschäftigungsverhältnis bei einer öffentlich-rechtlichen Dienststelle aufgenommen, werden die Anwärterbezüge nur bis zum Tage vor Beginn des neuen Beschäftigungsverhältnisses belassen (§ 60 BBesG).

4. Sonderzuwendung?

§§ Gesetz über die Gewährung einer jährlichen Sonderzuwendung – SZG (Sartorius I Nr. 232)

Eine Sonderzuwendung erhalten nur noch die verbeamteten Referendarinnen und Referendare.

Nach dem Gesetz über die Gewährung einer jährlichen Sonderzuwendung (SZG – BGBl. I S. 1173/1238), das nach § 1 SZG auch für die Richterinnen und Richter sowie Beamtinnen und Beamte der Länder gilt, erhalten auch Rechtsreferendarinnen und Rechtsreferendare eine **Sonderzuwendung**. Diese ist in Sachsen und Thüringen allerdings abgesenkt. Die Zuwendung wird mit der Abrechnung für den Monat Dezember (»Weihnachtsgeld«) in der **Höhe eines zusätzlichen Anwärtergrundbetrags**, ggf. eines Anwärterverheiratetenzuschlags und einem Anwärtersonderzuschlag (maßgeblich sind die Dezemberbezüge) gezahlt (vgl. § 6 SZG). Nach § 8 SZG kommt ggf. noch die Zahlung eines Sonderbetrags für Kinder in Betracht. Für das erste Jahr wird die Sonderzuwendung gegebenenfalls nur anteilig (ein Zwölftel pro Monat) gewährt, je nachdem wieviele Beschäftigungsmonate man im Dezember des Jahres bereits im Landesdienst stand. Vorteile haben diejenigen, die vor Beginn des Referendariats (Wartezeit) im maßgeblichen Jahr bei einer öffentlichen Dienststelle beschäftigt waren, da in diesem Fall die Sonderzuwendung voll ausgezahlt wird. Die Beschäftigung bei einer anderen Dienststelle wird der Beschäftigung als Referendarin bzw. Referendar im Hinblick auf die Berechnung der Sonderzuwendung gleichgestellt. Die Sonderzuwendung wird also um die Monate gekürzt, in denen kein Anspruch auf Bezüge aus einem Beschäftigungsverhältnis zu einer öffentlich-rechtlichen Dienststelle bestand. Mutterschutz und Erziehungsurlaub vor dem Referendariat im Rahmen eines Beschäftigungsverhältnisses mit einem öffentlich-rechtlichen Dienstherrn zählen als Beschäftigungsmonate, vgl. § 6 SZG.

5. Urlaubsgeld?

§§ Gesetz über die Gewährung eines jährlichen Urlaubsgeldes – UrlGG (Sartorius I Nr. 233)

Internet
- http://bundesrecht.juris.de/bundesrecht/urlgg/inhalt.html

Für diejenigen, die im **öffentlich-rechtlichen Ausbildungsverhältnis** beschäftigt werden, gibt es kein Urlaubsgeld mehr.

Auch bei den Beamten ist die Streichung oder jedenfalls Kürzung in der Diskussion. Sofern noch Urlaubsgeld gezahlt wird, beträgt dieses derzeit 255,65 € nach dem Gesetz über die Gewährung eines jährlichen Urlaubsgelds (UrlGG – BGBl. I S. 2117). Das Urlaubsgeld wird mit der Abrechnung für den Monat Juli überwiesen. Voraussetzung für die Zahlung ist, dass seit dem ersten Arbeitstag des laufenden Jahres ununterbrochen ein Beschäftigungsverhältnis zu einem öffentlich-rechtlichen Dienstherrn bestanden hat. Wer also am 1. Januar eingestellt wird, darf sich auf Urlaubsgeld im Juli freuen, wer im Februar eingestellt wird, geht im ersten Jahr leider leer aus.

6. Vermögenswirksame Leistungen

§§ Fünftes Gesetz zur Förderung der Vermögensbildung der Arbeitnehmer – 5. VermBG (abgedruckt in Kittner, Arbeits- und Sozialordnung Nr. 34);
Gesetz über vermögenswirksame Leistungen für Beamte, Richter, Berufssoldaten und Soldaten auf Zeit – Art. VI Nr. 1 des Zweiten Gesetzes zur Vereinheitlichung und Neuregelung des Besoldungsrechts in Bund und Ländern (2. BesVNG),

Internet

- http://bundesrecht.juris.de/bundesrecht/vermbg_2/index.html
- http://bundesrecht.juris.de/bundesrecht/bbvlg_1975/index.html

Es ist kaum noch eine Überraschung: vermögenswirksame Leistungen erhalten nur noch die verbeamteten Referendare. Ein kleiner Trost: es handelt sich ohnehin nur noch um 6,65 € Arbeitgeberzuschuss monatlich. Die Anlageform kann aber auch ohne Zuschuss für den ein oder anderen je nach »Risikoprofil« attraktiv sein.

Vermögenswirksame Leistungen sind Geldleistungen, die der Arbeitgeber für den Arbeitnehmer in einer der in § 2 Abs. 1 Vermögensbildungsgesetz (VermBG) genannten Anlageformen anlegt; der Arbeitgeber leistet dabei grundsätzlich unmittelbar an das Unternehmen, das Institut oder den Gläubiger, bei dem nach Wahl des Arbeitnehmers die vermögenswirksame Anlage erfolgen soll.

Für den Bereich des öffentlichen Dienstes werden die Leistungen durch das Gesetz für vermögenswirksame Leistungen für Beamte, Richter Berufssoldaten und Soldaten auf Zeit (VermLG) geregelt.

In § 2 Abs. 1 VermBG sind mehrere Möglichkeiten aufgezählt, mit denen vermögenswirksam gespart werden kann. Die beliebtesten Sparformen sind das Bausparen nach den Vorschriften des Wohnungsbau-Prämiengesetz (also der klassische Bausparvertrag) sowie der Erwerb von Anteilscheinen an einem Wertpapier-Sondervermögen (Investmentfonds).

Der Staat gewährt bei dieser Anlageform Zuschüsse (Arbeitnehmer-Sparzulage nach §§ 13 ff. VermBG) in Höhe von 9 bzw. 18 % (§ 13 Abs. 2 VermBG); in den neuen Bundesländern gar 22 %. Die Einkommensgrenze beträgt für das zu versteuernde (!) Einkommen nach § 2 Abs. 5 EStG 17 900 € bei Zusammenveranlagung mit dem Ehegatten 35 800 € (§ 13 Abs. 1 VermBG). Die meisten Rechtsreferendarinnen und

Rechtsreferendare dürften daher Anspruch auf die **Sparprämie** haben. Die Zuschüsse sind mit der Einkommensteuererklärung zu beantragen (§ 14 Abs. 4 VermBG). Das Land gewährt zum monatlichen Sparbetrag von einen Zuschuss von 6,65 € – bei einer Dauer der Ausbildung von ca. 25 Monaten immerhin 162,50 €. Ob sich dafür die Einzahlung über sechs (also nach dem Referendariat weitere vier) Jahre lohnt, hängt von der individuellen Planung ab. Bleibt man danach im öffentlichen Dienst, schadet die Fortführung sicher nicht, da der Zuschuss weiter gewährt wird. Zukünftige Anwältinnen und Anwälte müssen sich dagegen angesichts der Marktlage reiflich überlegen, ob sie die monatliche Sparrate auch nach dem Fortfall der Bezüge aufbringen wollen.

Im Falle eines Bausparvertrages werden bis zu 480,– € im Jahr gefördert und bei Investmentfondssparen bis zu 408,– € im Jahr.

7. Trennungsentschädigung und Reisekosten

§§ Gesetz über die Reisekostenvergütung für die Bundesbeamten, Richter im Bundesgebiet und Soldaten – BRKG (Sartorius I Nr. 235) sowie die entsprechenden landesrechtlichen Vorschriften (z.B. LRKG NW – Hippel-Rehborn Nr. 46),
Verordnung über das Trennungsgeld bei Versetzungen und Abordnungen im Inland – TGV (abgedruckt in Beamtenrecht, Beck-Texte dtv Nr. 9a) sowie die entsprechenden landesrechtlichen Vorschriften (z.B. TEVO NW – Hippel-Rehborn Nr. 41 b)

Literatur

- Uttinger/Baisch/Biermeier, Das Reisekostenrecht in Bayern, Jehle-Rehm
- Hamacher/Pröve, Reisekosten, Umzugskosten-, Trennungsgeldrecht im Land Brandenburg, Jehle-Rehm
- Forster/Kunze, Das Reisekosten- und Umzugskostenrecht in Sachsen, Jehle-Rehm
- Friedenberger/Wilhelm, Reisekosten- und Umzugskostenrecht in Thüringen, Jehle-Rehm
- Nitze, Hessisches Reisekostenrecht und Umzugskostenrecht, DGV-Kohlhammer

Auch bei Trennungsentschädigung und Reisekosten gelten für die Referendare und Referendarinnen, die ihren Vorbereitungsdienst im öffentlich-rechtlichen Ausbildungsverhältnis ableisten, Einschränkungen. Diese betreffen regelmäßig die Auslandsaufenthalte. Allerdings hat das Bundesverwaltungsgericht Zweifel, ob die mit nationalem Recht vereinbare Begrenzung der Erstattung auf die Kosten, die auf das Inland entfallen, nicht gemeinschaftswidrig ist. In diesem Falle könnte – als Ausfluss des Vorrangs des Gemeinschaftsrechts – die Begrenzung unanwendbar sein (**BVerwG** vom 17. 12. 2003 – 2 C 1/03, Buchholz 237.7 § 100 NWLBG Nr 1).

Die nachstehenden Ausführungen gelten daher uneingeschränkt nur für verbeamtete Referendare. Nur wenige Rechtsreferendarinnen und Rechtsreferendare machen ihnen zustehende Unterstützungen für **Fahrten zu einem auswärtigen Dienstort** bei der Dienststelle geltend. Dabei sind die meisten mindestens einmal einer Ausbildungsstelle zugewiesen, die nicht am Wohnort und auch nicht am Ort der Stammdienststelle liegt. Dabei werden leicht zwei- bis dreistellige Beträge verschenkt.

Die nachfolgenden Ausführungen basieren auf den beamtenrechtlichen Regelungen in Nordrhein-Westfalen (§ 7 TEVO). Wenngleich die Regelungen rahmenrechtlich weitgehend vorgegeben sind, kann es in einzelnen Bundesländern Abweichungen sowohl im Hinblick auf die Verordnungslage als auch im Hinblick auf die Verwaltungspraxis geben. Empfohlen wird daher, sich die entsprechenden landesrechtlichen Vorschriften anzusehen und zu vergleichen. Ein Anspruch auf **Trennungsentschädigung** besteht unter folgenden Voraussetzungen:

a) Es muss eine Zuweisung zu einer Ausbildungsstelle vorliegen, die nicht am Wohnort und auch nicht am Ort der Stammdienststelle liegt. Die Stammdienststelle ist deswegen ein Kriterium, weil eine Fahrt zum Ort der Stammdienststelle ohnehin üblicherweise anfällt und daher Trennungsentschädigung nicht beansprucht werden kann. Problematisch kann das Vorliegen eines zweiten Wohnsitzes in der Nähe der Ausbildungsstelle oder der Stammdienststelle werden, da die Dienststelle in diesen Fällen davon ausgeht, dass eine Wohnmöglichkeit für die Dauer der Zuweisung auch dort besteht und die Antragstellerin bzw. den Antragsteller auf diese Möglichkeit verweist (s. OVG NW, NWVBl. 1988, 148).

b) Die Zuweisung muss aus **dienstlichen Gründen** erfolgt sein. Ausgeschlossen ist daher eine Trennungsentschädigung, wenn die Zuweisung zu einer entfernten Ausbildungsstelle ausschließlich auf den Wunsch der Anwärterin bzw. des Anwärters erfolgte und eine vergleichbare Ausbildungsmöglichkeit vor Ort nicht existiert. Dabei kann in den normalen Stationen eine »exotische« Ausbildung nicht begehrt werden, jedenfalls nicht mit Anspruch auf Trennungsentschädigung. Will also ein Referendar aus Krefeld in der Verwaltungsstage unbedingt zu einer sehr speziellen Behörde einer rechtsrheinischen, 30 km von Düsseldorf entfernten Gemeinde, während gleichzeitig die üblichen Ausbildungsstellen in Düsseldorf noch frei sind, so kommt die Gewährung von Trennungsentschädigung sicher nicht in Betracht.

   Etwas anderes muss aber in der Wahlstation gelten, da hier die Wahl der Rechtsreferendarinnen und Rechtsreferendare im Vordergrund steht. Wenn sich also für die speziellen Ausbildungsinhalte der Wunschstelle keine Parallele in der Nähe finden lässt, besteht für die Zuweisung zu der Wunschstelle ein Anspruch auf Trennungsentschädigung.

c) Zwischen der Gemeindegrenze der Ausbildungsstelle und der Wohnung müssen **mehr als zehn Kilometer** liegen (so die Praxis in NW).

   Erstattet werden meist die Fahrkosten oder Wegstreckenentschädigung, u.U. wird auch Trennungsreisegeld und Trennungstagegeld gewährt. Bei der Fahrkostenerstattung ist zu berücksichtigen, dass Anrechnungen ersparter Wege (bisheriger Weg Wohnung – Dienststelle) möglich ist und grundsätzlich nur die Kosten einer Bundesbahnfahrkarte 2. Klasse sowie der Zubringerkosten (ÖPNV) erstattet werden. Letztere werden nur dann erstattet, wenn die zu überbrückende Entfernung zwischen Bahnhof und Dienststelle bzw. Wohnung größer als zwei Kilometer ist. Bei einer Abwesenheit von mehr als zwölf Stunden oder einer reinen Fahrzeit von mehr als drei Stunden erhält man Wegstreckenentschädigung.

Bei Wohnungsnahme am Ort der auswärtigen Ausbildungsstätte erhält man für die ersten 14 Tage Tagegeld und Übernachtungsgeld nach dem Landesreisekostengesetz. Für jeden weiteren Tag wird nur noch Trennungsentschädigung gewährt mit unterschiedlichen Sätzen für Ledige ohne eigenen Hausstand, für Ledige mit Hausstand und für Verheiratete. Der Antrag auf Bewilligung ist vorher zu stellen. Nach der Bewilligung ist ein weiterer Antrag, nämlich auf Festsetzung der Höhe der Entschädigung, zu stellen. Da die Prozedur dauert, wird auf Antrag ein Abschlag gewährt.

Reisekosten kommen in folgenden Fällen in Betracht:

Ein- oder auch mehrtägige **Dienstreisen** wie z.B. die Fahrten zu den Examensklausuren und zur mündlichen Prüfung, aber auch Fahrten zu den Arbeitsgemeinschaften an Gerichten, die nicht die Stammdienststelle darstellen, lösen Ansprüche auf Erstattung der Reisekosten aus. **Dienstreisen** sind Reisen zur Erledigung von Dienstgeschäften außerhalb des Dienstortes, die von der zuständigen Behörde schriftlich angeordnet oder genehmigt worden sind (Scheerbarth u.a., Beamtenrecht, § 29 I). **Dienstgänge** sind Gänge oder Fahrten am Dienst- oder Wohnort zur Erledigung von Dienstgeschäften außerhalb der Dienststätte (Scheerbarth u.a., a.a.O.). Auch bei Dienstgängen bedarf es der Anordnung. Ausreichend ist allerdings das mündliche Ergehen. Dienstreisen oder Dienstgänge sind auch vorstellbar, wenn bei der Ausbildungsstelle z.B. in der Kommunalverwaltung oder bei der Staatsanwaltschaft Gerichtstermine oder sonstige Termine wahrgenommen werden sollen.

Reisekosten können – ohne vorherigen Antrag auf Bewilligung – unmittelbar nach Entstehen beantragt werden (Genehmigung). Entsprechende Antragsformulare sind bei den Geschäftsstellen der Landgerichte bzw. bei den Referendargeschäftsstellen der Staatsanwaltschaften erhältlich. Im Zweifel ist aber eine vorherige Beantragung sinnvoll. Bei Ausbildung in der Verwaltungsstation und Dienstreisen für diese Dienststelle sind die Reisekostenanträge dort einzureichen.

Für Dienstreisen erhalten Sie Fahrtkosten, Tage- und Übernachtungsgeld sowie u.U. Aufwands- und Pauschalvergütungen. Das Tagegeld beträgt bei einer Dauer der Reise von mehr als sechs bis acht Stunden 3/10, von mehr als acht bis zu zwölf Stunden 5/10 und bei einer Abwesenheit von mehr als zwölf Stunden 10/10 des Tagessatzes je nach Reisekostenstufe.

Beamtinnen und Beamte auf Widerruf im Vorbereitungsdienst werden der Reisekostenstufe der Eingangsbesoldung ihrer Laufbahn zugeteilt (§ 8 LRKG NW). Daraus folgt, dass Rechtsreferendarinnen und Rechtsreferendare Reisekosten wie Angehörige der Besoldungsgruppe R 1 (Eingangsamt für Richterinnen und Richter), also Reisekostenstufe B erhalten.

8. Arbeitszeit

§§ Arbeitszeitverordnung – AZV (Sartorius I Nr. 170) bzw. die entsprechenden landesrechtlichen Vorschriften (z.B. ArbzV NW – Hippel-Rehborn Nr. 37)

Die Arbeitszeit der Beamtinnen und Beamten ist in den landesrechtlichen Arbeitszeitverordnungen geregelt (z.B. ArbzV NW). Danach beträgt die regelmäßige Arbeitszeit derzeit 38,5 Stunden pro Woche. Bei Rechtsreferendarinnen und Rechtsreferendaren lässt sich die jeweilige ArbzV aber nur sinngemäß anwenden, da sie neben der Einzelausbildung, die teils in Anwesenheit an der Ausbildungsstelle (Dezernatsarbeit, Gerichtstermine) durchgeführt wird, und den Arbeitsgemeinschaftsterminen ähnlich wie Richterinnen und Richter Aktenstücke zu Hause oder in der Bibliothek bearbeiten und sich im Eigenstudium auf die Prüfung vorbereiten sollen. Lediglich in der Verwaltungsstation wird die Einhaltung der Dienststunden und teilweise auch eine Teilnahme an Dienstgeschäften außerhalb der Dienstzeit (Ratssitzungen, Besprechungstermine, Bürgergespräche etc.) erwartet.

9. AZV-Tag

§§ Arbeitszeitverordnung – AZV (Sartorius I Nr. 170) bzw. die entsprechenden landesrechtlichen Vorschriften (z.B. ArbzV NW – Hippel-Rehborn Nr. 37)

Wie allen anderen Beamtinnen und Beamten steht aber auch den Referendarinnen und Referendaren der so genannte AZV-Tag **(Arbeitszeitverkürzungstag)**, von den Beschäftigten im Hinblick auf die Erfinderin auch **ÖTV-Tag** (jetzt Ver.di-Tag) genannt. Nach den Arbeitszeitverordnungen der Länder werden Beamtinnen und Beamte in jedem Kalenderhalbjahr an einem Arbeitstag unter Fortzahlung der Bezüge freigestellt. Voraussetzung ist, dass das Dienstverhältnis fünf Monate ununterbrochen bestanden hat. Der **AZV-Tag** kann nicht vor oder im Anschluss an den Erholungsurlaub genommen werden. Ein AZV-Tag wird auch (jedenfalls in Nordrhein-Westfalen) nicht an Arbeitsgemeinschaftstagen gewährt, so dass der AZV-Tag meist nur während der durch die Anwesenheitspflicht geprägten Verwaltungsstation die vom Gesetzgeber beabsichtigten Folgen (Verkürzung der Arbeitszeit) hat. Es ist nämlich bisher noch kein Fall bekanntgeworden, dass eine Einzelausbilderin oder ein Einzelausbilder die Bearbeitungszeit für die Akten um einen Tag verlängert hat, weil die Referendarin bzw. der Referendar innerhalb der Bearbeitungszeit einen AZV-Tag genommen hat. Der Anspruch auf die Arbeitszeitverkürzung wird daher durch die Praxis unterlaufen.

Wenn Sie die AZV-Tage nicht verschenken wollen: Nehmen Sie während der Verwaltungsstation möglichst zwei Tage Arbeitszeitverkürzung. Dies geht, wenn die Verwaltungsstation sechs Monate dauert und sich über zwei Kalenderhalbjahre erstreckt (z.B. 1. Februar bis 30. Juli)!

10. Erholungsurlaub

§§ Erholungsurlaubsverordnung – EUrlV (Sartorius I Nr. 172) bzw. die entsprechenden landesrechtlichen Vorschriften (z.B. EUV NW – Hippel-Rehborn Nr. 37 a)

Beim Erholungsurlaub werden alle Referendare, gleich welchen Status sie innehaben, gleichbehandelt. Die nachfolgenden Ausführungen gelten daher auch für Referendarinnen und Referendare im öffentlich-rechtlichen Ausbildungsverhältnis.

Gleich nach der Einstellung verspüren nicht wenige Rechtsreferendarinnen und Rechtsreferendare angesichts der Reglementierung durch den neuen Status als Beamtin bzw. Beamter auf Widerruf das Verlangen, das alte Gefühl aus dem Studium durch die frühzeitige Beantragung eines großen Stücks des Jahresurlaubskuchens ein letztes Mal zurückzuholen. Als ob der Gesetzgeber diesen regressiven Rückfall geahnt hätte. Ein kurzer Blick in das Gesetz macht die kleine Flucht in die glückliche Vergangenheit zunichte. Nach § 3 i.V.m. § 6 Abs. 1 EUrlV kann der Erholungsurlaub **erstmalig drei Monate nach der Einstellung** in den öffentlichen Dienst gewährt werden. Es hilft also nichts, es wird erst einmal drei Monate erholungsfrei eingeschirrt.

Die **Höhe des Urlaubs** richtet sich bei Anwärterinnen und Anwärtern grundsätzlich nach der Erholungsbedürftigkeit, also nach dem Alter. Während die frischeren Referendarinnen und Referendare (bis zum vollendeten 30. Lebensjahr) mit **26 Arbeitstagen** Jahresurlaub auskommen müssen, können die über 30-jährigen ihrem sich bereits jenseits des Zenits befindlichen Körper drei Tage mehr Erholung **(29 Arbeitstage)** verschaffen. Schwerbehinderte Rechtsreferendarinnen und Rechtsreferendare haben nach § 125 SGB IX einen Anspruch auf zusätzliche fünf Urlaubstage.

Urlaubsjahr ist das Kalenderjahr, § 1 Abs. 2 EUrlV. Bis Ende Dezember nicht genommener Urlaub ist in den nächsten vier Monaten des Folgejahres zu nehmen. Auf Antrag bis zum 30. April kann der Urlaub auch übertragen werden, wenn der Urlaub aus zwingenden, von der Beamtin bzw. dem Beamten nicht zu vertretenden Gründen nicht genommen werden konnte. Sonderregelungen bestehen für den Fall der Einstellung nach dem 30. Juni eines Jahres (zweite Jahreshälfte). Bei einer Einstellung in der zweiten Jahreshälfte besteht nur ein Anspruch auf ein Zwölftel des Jahresurlaubs für jeden **vollen** Monat der Dienstzugehörigkeit. Beim Einstellungstermin 1. Oktober ist dies daher ein Drittel des Jahresurlaubs. Vorteile haben diejenigen, die in der ersten Jahreshälfte eingestellt werden, z.B. zum 1. Juni. Bei einer Einstellung in der ersten Hälfte des Urlaubsjahres besteht nämlich ein Anspruch auf den vollen Jahresurlaub. Eine große Gerechtigkeitslücke tut sich bei den Einstellungsterminen 1. Juni und 1. Juli auf. Während die erste Gruppe den vollen Jahresurlaub erhält, bekommt die einen Monat danach eingestellte Arbeitsgemeinschaft lediglich die Hälfte des Jahresurlaubs. Bei Einstellung in der zweiten Jahreshälfte kann der Urlaub im laufenden Urlaubsjahr wegen der Wartezeit von drei Monaten mit Rücksicht auf die Stationsausbildung nur teilweise genommen werden. Daher regeln die Urlaubsverordnungen für diesen Fall, dass der Urlaub bis Ende des folgenden Urlaubsjahrs genommen werden kann. Danach verfällt der Anspruch (nicht vier Monate später!). Eine **Über-**

tragung dieses Urlaubs ist auch nicht zulässig. Selbstverständlich kann der daneben bestehende Urlaubsanspruch aus dem zweiten Einstellungsjahr erst im darauf folgenden Jahr genommen und unter den gesetzlichen Voraussetzungen auch übertragen werden, da er von dieser Regelung selbstverständlich nicht erfasst wird.

Eine unverzüglich angezeigte **Erkrankung während des Urlaubs** führt dazu, dass der Urlaub für die Dauer der Krankheit nicht als genommen gilt. Im Examensjahr beträgt der Urlaub beim Ausscheiden ein Zwölftel des Jahresurlaubs für jeden vollen Kalendermonat. Diese Regelung hat aber kaum Relevanz, da während der Prüfungsvorbereitung ohnehin keine Ausbildung mehr stattfindet und somit auch nur selten Urlaubsanträge gestellt werden.

In den einzelnen Bundesländern gibt es über die Wartezeit hinaus teilweise starke **Einschränkungen bei der Urlaubsgewährung**, die dem Sinn und Zweck des Urlaubs zuwiderlaufen (siehe § 2 EUrlV). So wird in Nordrhein-Westfalen während der Einführungslehrgänge und vom Beginn des 20. Ausbildungsmonats bis zur Ablieferung der letzten Aufsichtsarbeit kein Erholungsurlaub erteilt. In einer dreimonatigen Ausbildungsstelle werden lediglich zwei Wochen, einer viermonatigen Ausbildungsstelle höchstens drei Wochen, auf fünfmonatige und längere Ausbildungsstellen höchstens ein Monat genehmigt. Dabei zählt jede Ausbildungsstelle innerhalb einer Station selbstständig. Wird also während einer sechsmonatigen Station eine viermonatige und eine zweimonatige Ausbildungsstelle besucht, kann kein Monat Urlaub am Stück genommen werden. Es lässt sich ausrechnen, dass es nur Rechtsreferendarinnen und Rechtsreferendare mit einem speziellen Berechnungsprogramm und entsprechender Planung schaffen, ihren ganzen Urlaub in jedem Kalenderjahr zu nehmen. Schließlich gibt es ja auch Stationen, in denen man gerne gar keinen Urlaub nehmen würde.

Urlaubsanträge müssen zudem bei manchen Dienststellen (z.B. in NRW beim RP) von den Einzelausbilderinnen und -ausbildern, teilweise auch von den Arbeitsgemeinschaftsleiterinnen und -leitern abgezeichnet werden. Obwohl dies regelmäßig eine Formalie darstellt und damit völlig überflüssig ist, führt die Regelung dazu, dass man in der Zeit der Arbeitsgemeinschaften beim Regierungsbezirk in Nordrhein-Westfalen eine Unterschrift der Einzelausbilderin bzw. des Einzelausbilders benötigt und daneben vier Unterschriften von Arbeitsgemeinschaftsleiterinnen und -leitern. Dies bedeutet, dass bereits Wochen vor dem Antrag mit dem Sammeln der Autogramme begonnen werden muss, will man alle Unterschriften rechtzeitig vor Urlaubsantritt gesammelt haben. Urlaub darf zudem erst dann angetreten werden, wenn er bewilligt wurde. Teilweise brauchen die Verwaltungen hierzu vierzehn Tage.

Natürlich bietet manche Station die theoretische Möglichkeit, an heißen Tagen an die holländische Küste oder die italienische Adria zu fahren, auch **ohne Urlaubsantrag**. Vor solchen Kurzurlauben ist jedoch bereits deswegen zu warnen, weil bei einem Unfall kein Versicherungsschutz besteht. Erfährt die Dienststelle davon, darf man sich mit der Dienstordnung des Landes vertraut machen (Disziplinarverfahren).

Verbrauchen Sie den Urlaub des letzten Jahres spätestens bis zum Ende Ihrer Wahlstation. Mit dem Ende der Einzelausbildung und Arbeitsgemeinschaften benötigen Sie regelmäßig keinen Urlaub mehr, so dass in diesem Fall der Urlaub verschenkt ist. Nutzen Sie den Urlaub in den Stationen, die für Ihre angestrebte Berufswahl weniger relevant sind.

11. Sonderurlaub

§§ Sonderurlaubsverordnung – SUrlV (Sartorius I Nr. 172 a) bzw. die entsprechenden landesrechtlichen Vorschriften (z.B. SUrlV NW – Hippel-Rehborn Nr. 37 f.)

Grundsätzlich gelten für alle Rechtsreferendarinnen und Rechtsreferendare, also auch diejenigen, die den Vorbereitungsdienst im öffentlich-rechtlichen Ausbildungsverhältnis ableisten, die für Beamtinnen und Beamte sowie Richterinnen und Richter **maßgeblichen Vorschriften über Sonderurlaub**. Teilweise sind aber – wie beim Urlaub – wegen der Besonderheiten des Referendariats **Beschränkungen** vorgesehen, die in den Vorschriften zur Juristenausbildung oder Verwaltungsvorschriften zu finden sind.

In den Sonderurlaubsverordnungen sind die **Anlässe**, für die Sonderurlaub beantragt werden kann, aufgezählt. Die einzelnen recht umfangreichen Kataloge aufzuzählen, würde den Rahmen dieses Ratgebers sprengen. Zu den für Rechtsreferendarinnen und Rechtsreferendare wichtigsten Fallgruppen gehören der **Sonderurlaub aus persönlichen Anlässen** (Eheschließung, Niederkunft der Ehefrau, Wohnungswechsel, schwere Erkrankung oder Tod naher Angehöriger), Urlaub für **gewerkschaftliche, fachliche, staatspolitische, kirchliche und sportliche Zwecke** (umfangreicher Katalog) sowie Urlaub zur **Ausübung staatsbürgerlicher Rechte** und zur **Erfüllung staatsbürgerlicher Pflichten**. Der Sonderurlaub für staatsbürgerliche, fachliche, gewerkschaftliche, kirchliche und sportliche Zwecke ist regelmäßig auf fünf bzw. in Ausnahmefällen (Zustimmung des Justizministeriums) auch zehn Tage jährlich begrenzt. Um eine **rechtzeitige Bewilligung** sicherzustellen, beantragen Sie Sonderurlaub rechtzeitig unter Beifügung der entsprechenden Nachweise (Anmeldung, Veranstaltungsplan, Teilnahmebestätigung o.ä.).

Die Sonderurlaubsverordnungen enthalten auch die für Rechtsreferendarinnen und Rechtsreferendare wichtige Regelung über **Urlaub unter Wegfall der Besoldung**. Danach kann unbezahlter Urlaub für drei bzw. sechs Monate gewährt werden, wenn ein wichtiger Grund vorliegt und dienstliche Gründe nicht entgegenstehen. Wegen der feststehenden Studienzeiten in **Speyer** muss u.U. unbezahlter Sonderurlaub genommen werden, um das Studium in die Verwaltungsstage oder Wahlstelle verschieben zu können. Außerdem kommt unbezahlter Urlaub für **die Anfertigung einer Dissertation in Betracht**. In NW soll allerdings dem Vernehmen nach die entsprechende bisherige Praxis abgeschafft werden, so dass für Promotionen kein Sonderurlaub mehr gewährt wird. Auch für die **Teilnahme an Fachanwaltskursen** kommt u.U. die Beantragung von bezahltem oder unbezahltem Sonderurlaub in Betracht.

Die Verwaltungen an den Landgerichten sind bei der Gewährung von Sonderurlaub erfahrungsgemäß relativ großzügig. Zu beachten ist, dass während des unbezahlten Sonderurlaubs auch kein Beihilfeanspruch besteht. Das bedeutet, dass Sie sich für die Dauer des Sonderurlaubs unter Wegfall der Besoldung selbst gegen Krankheit versichern müssen.

12. Krankheit

Auch im Falle der Arbeitsunfähigkeit werden verbeamtete und angestellte Referendare faktisch gleichbehandelt. In einigen Bundesländern richten sich die Regelungen nach dem EFZG, in anderen werden die für Beamte geltenden Regelungen auf die Referendare im öffentlich-rechtlichen Ausbildungsverhältnis angewendet. Unterschiede ergeben sich hier wegen der Deckungsgleichheit nicht.

Wie Sie sich im Falle einer **Erkrankung** zu verhalten haben, ergibt sich in den meisten Bundesländern aus den zu Beginn des Vorbereitungsdienstes ausgehändigten Merkblättern. Bei Verhinderungen am Erscheinen in der Dienststelle ist der Beschäftigungsstelle und der Stammdienststelle spätestens am darauffolgenden Tage der Grund mitzuteilen. Grundsätzlich gilt, dass ein **ärztliches Attest** erst nach dem dritten Krankheitstage auf dem Dienstweg vorgelegt werden muss. Als Krankheitstag sind hierbei Kalendertage und nicht Arbeitstage zu verstehen. Also muss bei Erkrankung an einem Freitag, Krankheit über das Wochenende bei fortbestehender Beeinträchtigung der Gesundheit am Montag ein ärztliches Attest vorgelegt werden. Verstöße können disziplinarisch geahndet werden. Das unentschuldigte Fernbleiben vom Dienst hat regelmäßig den **Entzug der Anwärterbezüge bzw. der Unterhaltsbeihilfe** zur Folge. Auch die Genesung (Wiederherstellung der Gesundheit) ist der Stammdienststelle anzuzeigen. Die Dienststelle kann unter bestimmten Voraussetzungen die Vorstellung beim Amts- oder Vertrauensarzt anordnen. Die Vorstellung zur amtsärztlichen Untersuchung unterliegt in einigen Bundesländern der Beteiligung der Referendarvertretungen (siehe z.B. § 75 Abs. 1 Nr. 6 LPVG NW).

Bei einem **Fernbleiben auf Grund eines Dienstunfalls** ist zusätzlich ein **Unfallbericht** einzureichen. Bei **länger andauernden Erkrankungen** besteht nach den Ausbildungsgesetzen die Möglichkeit, den Vorbereitungsdienst entsprechend zu verlängern.

Krankheitszeiten während der Ausbildung tauchen als **Fehlzeiten** sowohl in den **Zeugnissen** über die praktische Ausbildung als auch über die Arbeitsgemeinschaften auf. Diese Informationen werden Bestandteil der **Personalakte**, die zumindest diejenigen, die eine Tätigkeit in Justiz und öffentlichem Dienst anstreben, zeit ihres Lebens begleitet. Seien Sie sich dessen bewusst, dass künftige Arbeitgeber Informationen über Ihre Krankheitszeiten erhalten. Aber auch diejenigen, die sich in der Privatwirtschaft bewerben, werden zu diesem Zweck ihre Ausbildungszeugnisse vorlegen müssen.

13. Beihilfe (nur Sachsen und Thüringen)

§§ Allgemeine Verwaltungsvorschrift über die Gewährung von Beihilfen in Krankheits-, Geburts- und Todesfällen – BhV (abgedruckt in Beamtenrecht, Beck-Texte dtv Nr. 11) bzw. die entsprechenden landesrechtlichen Vorschriften

Literatur

- Mildenberger, Beihilfevorschriften des Bundes und der Länder, Jehle-Rehm,
- Hoffmann/Pühler, Beihilfe-Ratgeber, Jehle-Rehm,

Verbeamtete Referendare sind durch Freistellungsvorschriften (§ 6 Abs. 1 Nr. 2 SGB V) aus der gesetzlichen Krankenversicherung ausgeklammert. Gegen **die Ausklammerung aus der gesetzlichen Sozialversicherung** sind im Hinblick auf Beamtinnen und Beamte auf Probe und auf Widerruf verfassungsrechtliche Bedenken erhoben worden (vgl. Marburger, DÖD 1989, 292 m.w.N.). Schließlich haben Referendarinnen und Referendare in der Regel (Ausnahme Mecklenburg-Vorpommern) keine Wahl, ob sie das Referendariat als Beamtinnen und Beamte oder in einem sozialversicherungspflichtigen Rechtsverhältnis ableisten. Im Ergebnis werden so auch Personen in ein Beamtenverhältnis gezwungen, die weder vorher noch nach dem Referendariat verbeamtet waren oder werden wollen. Diese für den Staat recht billige Variante der Ausbildung im Rahmen des Ausbildungsmonopols kann für die Referendarinnen und Referendare große Nachteile haben. Die verfassungsrechtlichen Bedenken werden um so gewichtiger, als nur noch ein geringer Teil der Referendarinnen und Referendare innerhalb des öffentlichen Dienstes eine Berufsperspektive findet. Durch die Abschaffung der früher immerhin für eine gewisse Absicherung sorgenden originären Arbeitslosenhilfe durch die Änderung des § 190 I Nr. 4 SGB III und die ersatzlose Streichung des § 191 SGB III haben verbeamtete Rechtsreferendarinnen und Rechtsreferendare im Falle der Arbeitslosigkeit nach dem bestandenen Examen nur einen Anspruch auf Sozialhilfe; dies, obwohl ein großer Teil nach dem Vorbereitungsdienst zumindest zeitweise arbeitslos ist. Ungeachtet dieser Problematik hat das BSG den Ausschluss der Rechtsreferendarinnen und Rechtsreferendare von dem Schutz der Arbeitslosenversicherung für verfassungsgemäß erklärt (BSG vom 16. 10. 1990 – 11 TAr 103/89, NJW 1991, 1130). Nach dieser Entscheidung ist auch der als Folge der Rahmenfrist möglicherweise eintretende Verlust einer vor dem Referendariat erlangten Anwartschaft auf Arbeitslosengeld nicht verfassungswidrig (s. zu den bei geschickter Nutzung der Wartezeit gleichwohl bestehenden Möglichkeiten des Bezugs von Arbeitslosengeld unten bei »Arbeitslosigkeit«).

Einzelne Länder sind wegen der angespannten Haushaltssituation zudem dazu übergegangen, bei der Beihilfe eine »**Selbstbeteiligung**« der Beamtinnen und Beamten einzuführen. Hiergegen sind bereits früher zu Recht Bedenken erhoben worden (Leisner, ZBR 1983, 142ff., Schwandt, ZBR 1983, 92ff.). Auch das BVerwG nimmt im Hinblick auf einen bundesweiten Beihilfestandard an, dass die Gestaltungsfreiheit der Länder bei Beihilferegelungen begrenzt ist (BVerwGE 77, 345). In einigen Bundesländern ist die Beihilfe bereits drastisch beschnitten worden. So werden teilweise die Eigenbeteiligungen bei Rezepten nicht mehr als beihilfefähig anerkannt. Ob die zunehmenden Beschränkungen noch verfassungsgemäß sind, ist durchaus zweifelhaft. So hat das BVerfG entschieden: »Entscheidet sich der Dienstherr, seiner Fürsorgepflicht durch die Eigenvorsorge des Beamten ergänzende Beihilfen nachzukommen, wie es geltendem Recht entspricht, so muss er sicherstellen, dass der Beamte nicht mit erheblichen Aufwendungen belastet bleibt. Kraft seiner Fürsorgepflicht muss der Dienstherr Vorkehrungen treffen, dass der amtsangemessene Lebensunterhalt des Beamten bei Eintritt besonderer finanzieller Belastungen durch Krankheits-, Geburts-, und Todesfälle nicht gefährdet wird« (BVerfG vom 13. 11. 1990 – 2 BvF 3/88, NJW 1991, 743). Hier sollte die weitere Entwicklung durch die Interessenvertretungen der Rechtsreferendarinnen und Rechtsreferendare wachsam verfolgt werden.

Zum Praktischen: Bisher haben die meisten als gesetzlich Krankenversicherte ärztliche Leistungen in Anspruch genommen, ohne zu wissen, was das eigentlich kostet. Die Krankenkasse hat unmittelbar mit den Ärztinnen und Ärzten abgerechnet (sog. Sachleistungsprinzip). Dies ändert sich mit dem Beginn des Vorbereitungsdienstes, da man nach jeder Behandlung eine Rechnung erhält. Beihilfe wird sowohl freiwilligen Mitgliedern in der gesetzlichen Krankenversicherung (vgl. z.B. § 5 Abs. 3 Satz 6, § 14 Abs. 4 BhV) als auch Privatversicherten gewährt. Ungemein interessant ist dabei, wie teuer bzw. preiswert einzelne ärztliche Leistungen sind. Werden z.B. für eine Serie von Allergietests über 500 € verlangt, so ist eine Behandlung des gebrochenen Zehs mit mehreren Konsultationen bereits für einen Apfel und ein Ei zu erhalten (knapp über 50 €). In jedem Falle sind mehrere Arztbesuche fällig. Unter Privatversicherten kursiert das Gerücht, ein Abrechnungsposten (eingehende Beratung) werde bereits dann fällig, wenn die Ärztin oder der Arzt Versicherte mit Handschlag begrüßt. Tipp: Hände bei der Begrüßung einfach in der Tasche lassen!

Nachdem das Staunen über die Rechnung sich gelegt hat, beantragt man die **Rückerstattung** durch die beamtenrechtliche Beihilfe. Im Unterschied zum Sachleistungsprinzip bestimmt die beamtenrechtliche Krankenfürsorge nämlich das **Erstattungsprinzip**. Zunächst sind daher die Behandlungskosten aus eigenen Mitteln zu verauslagen. Bei behinderten oder chronisch kranken Menschen oder bei teurer Heilbehandlung in akuten Fällen kann das Erstattungsprinzip zu untragbaren Härten führen. In solchen Fällen kann man **Abschlagszahlungen** beantragen (§ 17 Abs. 7 BhV).

Nach der Verauslagung der Kosten wird Beihilfe auf **schriftlichen Antrag** gewährt (§ 17 BhV). Für die Beantragung der Beihilfe halten die Oberlandesgerichte spezielle Antragsformulare bereit (vgl. § 17 Abs. 1 BhV). Erkundigen Sie sich beim OLG nach der Beihilfestelle, die die entsprechenden Formulare ausgibt. Meistens sind die Formulare aber auch bei der Referendargeschäftsstelle Ihrer Stammdienststelle erhältlich. Beim ersten Antrag reichen Sie am besten eine Kopie Ihrer Krankenversicherungspolice mit ein, damit die Beihilfestelle die von Krankenversicherung zu Krankenversicherung differierenden Erstattungssätze berücksichtigen kann. Das Original der Rechnung muss mit dem ausgefüllten Antrag eingereicht werden (§ 17 Abs. 3, 4 BhV). Beihilfe kann erst beantragt werden, wenn ein Betrag von 100 € (bei kleineren Rechnungen in NRW) erreicht ist (§ 17 Abs. 2 BhV). Lassen sich innerhalb von zehn Monaten keine Rechnungen von mehr als 100 € sammeln, wird Beihilfe gewährt, wenn die verauslagten Aufwendungen 15 € übersteigen (§ 17 Abs. 2 Satz 2 BhV). Zu beachten ist, dass die Beihilfe innerhalb eines Jahres nach Entstehen der Aufwendung beantragt werden muss (§ 17 Abs. 9 BhV).

Über die Leistungen der gesetzlichen Krankenversicherung hinaus sind z.B. auch die Dienste eines **Heilpraktikers** beihilfefähig (§ 5 Abs. 1 Satz 3 BhV). Die Beihilfe beträgt 50 % der beihilfefähigen Aufwendungen.

Die Überweisung erfolgt regelmäßig innerhalb von ca. zwei Wochen. Bei den meisten Leistungen erstatten die gesetzlichen bzw. privaten Krankenversicherungen den Rest. Hierzu ist der Bewilligungsbescheid der Beihilfestelle nebst Anlagen an die Krankenversicherung zu schicken.

Unter Umständen ist es auch sinnvoller, zunächst die Erstattung bei der **privaten Krankenversicherung** zu beantragen (wegen der 100 %-Bemessungsgrenze). Denkbar ist auch, beide Leistungen gleichzeitig zu beantragen, wenn die Erstattungspflicht und die Höhe unproblematisch sind. Schon diesbezüglich kann es sich empfehlen, eine bei den Beihilfestellen bekannte Versicherung zu haben. Auch die einzelnen Krankenkassen verfahren bei der Reihenfolge der Beantragung unterschiedlich. In manchen Fällen, z.B. bei zahnärztlichen Behandlungen muss wegen der **100 %-Bemessungsgrenze** vor der Beantragung der Beihilfe zunächst die Erstattung bei der privaten Krankenversicherung beantragt werden. Erkundigen Sie sich bei größeren ärztlichen Behandlungen vorher bei den netten Mitarbeiterinnen und Mitarbeitern der Beihilfestellen über die sinnvollste Vorgehensweise.

Nehmen Sie bei Ihrem Besuch bei der Beihilfestelle Formulare für mehrere Behandlungen mit, damit Sie die Rückerstattung zügig beantragen können. Gehen Sie nicht in Vorleistung. Die meisten Ärztinnen und Ärzte warten die übliche Rückerstattungsfrist ab. Sprechen Sie mit Ihrer Ärztin bzw. Ihrem Arzt vorher darüber. Beantragen Sie die Beihilfe unmittelbar nach Erhalt der ärztlichen Liquidation. Zahlen Sie die Rechnung nach Erhalt der Beihilfe bzw. der Leistung der privaten Versicherung.

14. Die Personalakte

§§ Beamtenrechtsrahmengesetz – BRRG (Sartorius I Nr. 150) und Bundesbeamtengesetz – BBG (Sartorius I Nr. 160ff.) bzw. die entsprechenden Ländervorschriften (z.B. LBG NW – Hippel-Rehborn Nr. 35)

Literatur

- Helmes, Personalakte und Personalvertretung, Der Personalrat 1985, 38
- Marckwald, Neuordnung des Personalaktenrechts, Der Personalrat 1992, 231
- Schnellenbach, Beamtenrecht in der Praxis, C.H. Beck, Rn. 320ff.
- Kessler, Personalaktenrecht, Luchterhand,

Während des Vorbereitungsdienstes wird über die Referendarin bzw. den Referendar eine **Personalakte** angelegt. Diese haben den Sinn, alle Vorgänge festzuhalten, die in einem inneren dienstlichen Zusammenhang mit dem Dienstverhältnis stehen. Das Personalaktenrecht ist 1993 durch das Neunte Gesetz zur Änderung dienstrechtlicher Vorschriften modifiziert worden. Der **Personalaktenbegriff** ist in § 56 BRRG und § 90 BBG geregelt. Eine Definition ist auch in den Landesgesetzen zu finden (z.B. § 102 LBG NW). Zur Personalakte gehören alle Unterlagen einschließlich der in Dateien gespeicherten, die die Beamtin bzw. den Beamten betreffen, soweit sie mit seinem Dienstverhältnis in einem **unmittelbaren inneren Zusammenhang stehen** (Personalaktendaten), § 90 Abs. 1 Satz 2 Hs. 1 BBG, § 56 Abs. 1 Satz 2 Hs. 1 BRRG. Personalaktendaten dürfen nur **für Zwecke der Personalverwaltung oder Personalwirtschaft** verwendet werden, es sei denn, der Beamte willigt in die anderweitige Verwendung ein, § 56 Abs. 1 Satz 3 BRRG. Damit ist auch die funktionale Grenze des Inhalts einer Personalakte beschrieben.

In die Personalakte gehören z.B. (s. dazu Schnellenbach, Rn. 373):

- Einstellungsunterlagen
- Nachweise über erworbene Qualifikationen
- Nachweise über Wehr- oder Zivildienst
- Unterlagen über Ernennungen, Vereidigung, Entlassung
- Abschriften von Versetzungs-, Abordnungs- oder Umsetzungsverfügungen
- Abschriften von Nebentätigkeitsgenehmigungen
- Dienstzeugnisse
- Unterlagen betreffend Besoldung und Versorgung, Beihilfe
- ärztliche Äußerungen und Gutachten
- Mitteilungen über strafrechtliche Ermittlungsverfahren oder gerichtliche Strafverfahren
- schriftliche missbilligende Äußerungen einer bzw. eines Dienstvorgesetzten
- Disziplinarvorgänge
- Gegenäußerungen (§ 90 b Satz 2 BBG, § 56 b Satz 2 BRRG).

Nicht in die Personalakten gehören dagegen z.B. **Mitteilungen über außerdienstlich begangene Ordnungswidrigkeiten** ohne Bezug zur dienstlichen Stellung.

Der Gesetzgeber hat auch der wenig beamtinnen- und beamtenfreundlichen Rechtsprechung eine Absage erteilt, nach der auch **unrichtige Tatsachenbehauptungen** sowie unter Verstoß gegen Verfahrensvorschriften aufgenommene Informationen keinem **Entfernungsanspruch** der Betroffenen unterliegen sollten. Nach § 90e Abs. 1 Satz 1 Nr. 1 BBG, § 56e Abs. 1 Satz 1 Nr. 1 BRRG sind Unterlagen über Beschwerden, Behauptungen und Bewertungen, auf die die Tilgungsvorschriften des Disziplinarrechts keine Anwendung finden, falls sie sich als unbegründet oder falsch erweisen, mit Zustimmung der Betroffenen unverzüglich aus der Personalakte zu entfernen und zu vernichten.

Das **Recht zur Führung einer Personalakte** ergibt sich aus Art. 33 Abs. 5 GG. Die Beamtengesetze des Bundes und der Länder regeln ein **Einsichtsrecht** der Beamtin bzw. des Beamten in ihre bzw. seine Personalakte (§§ 90c Abs. 1 BBG, § 56c Abs. 1 BRRG). Dieses Recht beruht auf dem **Grundsatz des rechtlichen Gehörs** nach Art. 103 GG und der **Achtung der Menschenwürde**, Art. 1 Abs. 1 GG. Das Recht auf Einsicht in die Personalakte stellt einen **hergebrachten Grundsatz des Berufsbeamtentums** dar. Die Einsichtnahme Dritter ist jedoch nur nach Zustimmung der Beamtin bzw. des Beamten zulässig (vgl. auch § 65 LPVG NW). **Bevollmächtigte** haben neuerdings ein Einsichtsrecht (§ 55 BRRG bzw. § 90c BBG).

Die Personalakte wird nach Abschluss der Prüfung zusammen mit den **Prüfungsakten** aus dem ersten und zweiten Staatsexamen verwahrt. Die Prüfungsakten verbleiben jedoch innerhalb der Justizverwaltung, wenn die Personalakten nach der Prüfung (im Rahmen einer Bewerbung) an eine Verwaltungsstelle außerhalb der Justiz abgegeben werden. Die Fürsorgepflicht des Dienstherrn verbietet es, dass die Referendar-Personalakten eines früheren Beamten zusammen mit den **Rechtsanwalts-Personalakten** bei dem Landgericht geführt werden, bei dem er nun zugelassen ist (BVerwG vom 27. 1. 1987 – 2 C 56/84, NJW 1987, 1657).

15. Disziplinarmaßnahmen

§§ Bundesdisziplinarordnung – BDO (Sartorius I Nr. 220) bzw. die entsprechenden Landesverordnungen (z.B. DO NW – Hippel-Rehborn Nr. 40 und DVO NW – Hippel-Rehborn Nr. 40 a)

Literatur

- Köhler/Ratz, Bundesdisziplinarordnung und materielles Disziplinarrecht, Kommentar für die Praxis, Bund-Verlag
- Jülicher/Frey, Disziplinarrecht Nordrhein-Westfalen, Reckinger & Co.
- Wenzel, Das Disziplinarrecht in Bayern, Jehle-Rehm

Die nachstehenden Ausführungen gelten für beide Gruppen von Referendaren, d.h. auch für Referendare im öffentlich-rechtlichen Ausbildungsverhältnis.

Der Begriff Disziplinarrecht deutet schon an, worum es geht, nämlich um die **Aufrechterhaltung einer Ordnung**. Die Wurzeln des Disziplinarrechts gehen bis auf das »Allgemeine Landrecht für die preußischen Staaten« vom 1. 6. 1794 zurück (Jülicher/Frey, a.a.O. S. 17). Das merkt man mancherorten noch heute. Neben den oben genannten Verordnungen finden häufig zur Vereinheitlichung des Verfahrens Verwaltungsvorschriften aus den jeweiligen Innenministerien Anwendung, z.B. in NW der RdErl. d. Innenministers vom 13. 5. 1971 – II A 1 – 1. 3. 03 – 7/71 – (MBl. NW. 1971 S. 1000/SMBl. NW 20340).

Rechtsreferendarinnen und Rechtsreferendare tun sich nach dem freien Studium schon mit dem Vorbereitungsdienst schwer. Dies gilt in noch höherem Maße für das Disziplinarrecht. Mit dem Disziplinarrecht oder jedenfalls der Drohung damit kann man schnell bei **unentschuldigtem Fernbleiben** von der Einzelausbildung oder der Arbeitsgemeinschaft, bei **verspäteten Krankmeldungen** oder fehlenden Attesten oder **falschen Angaben bei der Reisekostenabrechnung** in näheren und unangenehmen Kontakt kommen.

Für Rechtsreferendarinnen und Rechtsreferendare gelten teilweise **Sonderregelungen**. Gegen Beamtinnen und Beamte auf Probe und Widerruf, die eines Dienstvergehens beschuldigt werden, findet ein **förmliches Disziplinarverfahren** nicht statt. Ein **Dienstvergehen** ist die schuldhafte Verletzung der Dienstpflicht. Da Beamtinnen und Beamte immer im Dienst sind, kann auch **ein Verhalten außerhalb des Dienstes** ein Dienstvergehen darstellen, nämlich wenn es nach den Umständen des Einzelfalls in besonderem Maße geeignet ist, Achtung und Vertrauen in einer für das Amt oder das Ansehen des Beamtentums bedeutsamen Weise zu beeinträchtigen. Beispiele für Dienstvergehen sind nach der Rechtsprechung z.B. die nicht rechtzeitige Wiederaufnahme des Dienstes nach dem Erholungsurlaub, streikähnliche Maßnahmen, falsche Angaben im Beihilfeantrag oder ehrenrührige Behauptungen gegenüber Beamtinnen und Beamten der vorgesetzten Dienstbehörde. Falsche Angaben im Reisekostenantrag hat die Rechtsprechung sogar als schweres Dienstvergehen angesehen. Auch die **Unterhaltung ehewidriger Beziehungen** kann ein Dienstvergehen darstellen, wenn sie einen Bezug zum Dienst hat.

Auch wenn es ein förmliches Disziplinarverfahren nicht gibt: Unangenehm ist bereits, wenn **Vorermittlungen** eingeleitet werden. Dies ist auch bei Beamtinnen und Beamten auf Widerruf möglich. Dabei wird die berühmte **»rote Beiakte«** angelegt, in der die Ermittlungen dokumentiert werden. Diese bleibt auch dann bei der Personalakte, wenn die Vorermittlungen wegen mangelnden Verdachts eingestellt werden. Um dies zu vermeiden, sollten Sie **Voranfragen und die Ankündigung von Vorermittlungen** ernst nehmen und unverzüglich Ihre Interessenvertretung einschalten.

Wenn es ernst wird, sollten Sie Ihre Rechte kennen. Bereits bei den Vorermittlungen ist die Beamtin bzw. der Beamte anzuhören und dabei über ihre/seine Rechte zu belehren. Eine Abschrift der **Anhörung** ist auszuhändigen. Die Beamtin bzw. der Beamte kann jederzeit die Vorermittlungsakten und die beigezogenen Akten und Schriftstücke einsehen, sofern dadurch der Ermittlungszweck nicht gefährdet wird. Anders als im Strafverfahren soll nach der Rechtsprechung sogar **eine Pflicht zur wahrheitsgemäßen Aussage** für die Beschuldigten bestehen. Die Beschuldigten können weitere Ermittlungen zu ihrer Entlastung beantragen. Daneben besteht jederzeit das Recht, sich anwaltlich vertreten zu lassen.

Ergeben sich im Rahmen der Vorermittlungen Anhaltspunkte für ein Dienstvergehen, hängt der weitere Fortgang davon ab, ob die oder der Dienstvorgesetzte es bei einer **Warnung**, einem **Verweis** oder einer **Geldbuße** belässt oder eine strengere Maßnahme für angebracht hält. Bleibt es bei der **Disziplinarverfügung**, so ist hiergegen das **Rechtsmittel der schriftlichen Beschwerde** gegeben (innerhalb eines Monats bei der oder den Dienstvorgesetzten). Hält die oder der Dienstvorgesetzte strengere Maßnahmen für erforderlich, wird eine **Untersuchung** angeordnet.

Da ein förmliches Disziplinarverfahren bei Widerrufsbeamtinnen und -beamten nicht vorgesehen ist, wird eine Beamtin bzw. ein Beamter mit der Untersuchung beauftragt (vgl. § 125 DO NW). Eine Untersuchung ist nur zulässig, wenn die Beamtin bzw. der Beamte bei den Vorermittlungen angehört wurde. Im Rahmen der Untersuchung ist die beschuldigte Beamtin bzw. der beschuldigte Beamte anzuhören, zu **Beweisaufnahmen** zu laden und nach Abschluss des Verfahrens **Akteneinsicht** zu gewähren. Wird eine Untersuchung angeordnet, kann u.U. gleichzeitig oder später die vorläufige **Dienstenthebung** und die **Einbehaltung eines Teils der Dienstbezüge** (bis zu 50 %) verfügt werden. Ergibt die Untersuchung, dass ein Dienstvergehen vorliegt, kann sogar die **Entlassung** verfügt werden. Bei einer solchen Maßnahme ist allerdings in den meisten Bundesländern die **Personalvertretung** zu beteiligen.

Disziplinarverfügungen (Warnung, Verweis, Geldbuße) sind nach drei Jahren restlos und von Amts wegen aus der Personalakte zu tilgen (vgl. § 119 DO NW). Schriftliche Missbilligungen, Rügen und Zurechtweisungen gehören dagegen erst gar nicht in die Personalakte. Auch in **dienstliche Beurteilungen** bzw. **Zeugnisse** sollen keine Hinweise auf disziplinarische Vorgänge aufgenommen werden. Das Nähere über die **Tilgung** regeln Landesverordnungen (in Nordrhein-Westfalen Tilgungsverordnung – Tilg.V vom 14. 5. 1971, GV.NW 1971 S. 148).

X. Interessenvertretungen – Wer hilft mir weiter, wo kann ich mich beschweren?

§§ Landesrechtliche Personalvertretungsgesetze (z.B. LPVG NW – Hippel-Rehborn Nr. 4)

1. Grundlegendes

Die Rechtsreferendarinnen und Rechtsreferendare haben inzwischen ein beachtliches **System der Interessenvertretung** aufgebaut, vor allem, wenn man die Fluktuation und damit den häufigen Wechsel der diese Aufgabe vorantreibenden Personen berücksichtigt. An den meisten Landgerichten existieren **örtliche Interessenvertretungen** (meistens besondere Personalräte), nahezu an allen Oberlandesgerichten bezirkliche Organe (Bezirkspersonalräte o.ä.); daneben existieren **landesweite Vertretungen** wie Referendarvereine, Gesamtpersonalräte und Landessprecherkonferenzen oder Landesarbeitsgemeinschaften der regionalen Interessenvertretungen. Bundesweit setzt sich die **Bundessprecherkonferenz der Rechtsreferendarinnen und Rechtsreferendare e.V.** für die Interessen der Anwärterinnen und Anwärter ein. Mit den Interessenvertretungen haben die Rechtsreferendarinnen und Rechtsreferendare durchaus beachtliche Erfolge erzielt. In Nordrhein-Westfalen wurde u.a. mit der Einführung des reinen Klausurexamens wegen der traditionell vernichtenden Klausurergebnisse durch die Interessenvertretungen ein freiwilliger, begleitender Klausurenkurs gefordert und auch durchgesetzt.

Die einzelnen Landesgesetze sehen unterschiedliche Formen und damit auch Qualitäten der **Berücksichtigung der Interessen der Rechtsreferendarinnen und Rechtsreferendare** im Hinblick auf die mit der Ausbildung und dem Status als Beamtinnen und Beamte zusammenhängenden Fragen vor. Manche Länder haben sich für eine institutionalisierte, an die üblichen Formen der Partizipation der Beschäftigten im öffentlichen Dienst angeglichene Form der Interessenvertretung (Personalräte) entschieden, z.B. Nordrhein-Westfalen. In anderen Ländern wiederum beruht die Interessenvertretung der Rechtsreferendarinnen und Rechtsreferendare auf Selbstinitiative.

2. Personalvertretungen, Ausbildungsbeiräte und Referendarvereine

In **Bayern** werden die Interessen der Rechtsreferendarinnen und Rechtsreferendare durch **Referendarvereine** wahrgenommen und durchgesetzt. Sie sind auch in der Rechtswirklichkeit, trotz des Fehlens einer formalen rechtlichen Vertretungskompetenz, als Interessenvertretung anerkannt und werden von Dienststellen und Ministerium zumindest informell beteiligt. Mitbestimmungsrechte bestehen jedoch nicht.

In Berlin kümmert sich um die Belange des juristischen Nachwuchses der Personalrat der ReferendarInnen am Kammergericht Berlin. Der Personalrat stellt ein sehr ausführliches Referendarinfo (allerdings Stand 2001) auf seinen Internetseiten zum Download zur Verfügung.

http://www.rechtsreferendare-berlin.de/

In **Hessen** ist die Beteiligung der Rechtsreferendarinnen und Rechtsreferendare durch Sprecherinnen und Sprecher und **Sprecherversammlungen** ausgestaltet (§§ 35 bis 40 JAG). Das System der Wahl der Interessenvertreterinnen und -vertreter ist vom formalen Aufbau her vernünftig, allerdings kann von wirklicher Partizipation angesichts der schmalen Beteiligungsrechte (Empfehlungen, Anhörungen) nicht die Rede sein. Die Dienststellen haben den Sprecherinnen und Sprechern die erforderlichen Räumlichkeiten und den Geschäftsbedarf zur Verfügung zu stellen. Dazu gehören auch Gesetzestexte, Kommentierungen und dienst- und ausbildungsrechtliche Literatur zum Beamtenrecht und zur Referendarausbildung. Auch die Reisekosten zur Wahrnehmung der Aufgaben der Interessenvertreterinnen und -vertreter werden übernommen.

Zwischenzeitlich hat auch **Niedersachsen**, das bisher nur Referendarsvereine kannte, für die Rechtsreferendarinnen und Rechtsreferendare **Personalvertretungen** (Referendarpersonalräte) an den Gerichten eingeführt (siehe § 114 des Niedersächsischen Personalvertretungsgesetzes i.d.F. vom 22. 1. 1998 – NPersVG). Daneben bestehen in Niedersachsen auch **Arbeitsgemeinschaftssprecherinnen und -sprecher** mit eigenen Rechten auf Grund eines Runderlasses des Ministeriums des Innern, der Staatskanzlei und der übrigen Ministerien vom 18. 6. 1979.

In **Nordrhein-Westfalen** regelt das Landespersonalvertretungsgesetz NW (Hippel-Rehborn Nr. 42) in §§ 98 bis 106 LPVG NW Wahl, Zusammensetzung, Amtszeit, Geschäftsführung, Beteiligungsrechte und andere Fragen der Interessenvertretungen der Rechtsreferendarinnen und Rechtsreferendare. Die Rechtsreferendarinnen und Rechtsreferendare nehmen nicht an der allgemeinen Personalvertretung teil, sondern bilden besondere Personalvertretungen, § 99 Abs. 1 LPVG NW. An den Landgerichten sind dies die **Personalräte der Rechtsreferendarinnen und Rechtsreferendare** beim Landgericht und an den Oberlandesgerichten die **Bezirkspersonalräte der Rechtsreferendarinnen und Rechtsreferendare** bei dem Oberlandesgericht (§ 99 Abs. 1 LPVG NW). Die Personalräte an den Landgerichten sind bei allen Entscheidungen, in denen die Dienststelle (Landgericht) entscheidungsbefugt ist, als erste Stufe zu beteiligen. Für alle anderen Beteiligungsangelegenheiten, die verwaltungsorganisatorisch zentral der Mittelbehörde Oberlandesgericht zur Entscheidung zugewiesen sind, ist dagegen der Bezirkspersonalrat der richtige Ansprechpartner bereits auf der ersten Stufe. Außerdem nimmt der Bezirkspersonalrat neben dieser Funktion auch die Aufgaben einer Stufenvertretung wahr. Das bedeutet, dass er mit den Angelegenheiten befasst wird, für die in der ersten Stufe das Landgericht entscheidungsbefugt war, dieses sich aber mit dem Personalrat nicht einigen konnte. In diesem Fall ist der Versuch einer Einigung auf der Ebene Oberlandesgericht und Bezirkspersonalrat der Rechtsreferendarinnen und Rechtsreferendare zu unternehmen. In Nordrhein-Westfalen herrscht bei den Dienststellenleitungen an den Landgerichten die falsche Vorstellung, die Personalräte der Rechtsreferendarinnen und Rechtsreferendare an den Landgerichten hätten praktisch keine Befugnisse. Dem ist nicht so. Die Zuständigkeit des Personalrats ist deckungsgleich mit der der Dienststellenleitung des Landgerichts. Welche Dienststellenleitung am Landgericht würde schon von sich behaupten, sie habe keine Befugnisse? Der bei der üblichen Dreistufigkeit der Verwaltung im LPVG NW grundsätzlich vorgesehene Hauptpersonalrat wird den Rechtsreferendarinnen und Rechtsreferendaren jedoch nicht gegönnt. Dadurch wird auch die unparteiische Schlichtungsstelle (Einigungsstelle) nicht eingerichtet, die normalerweise im Falle der Nichteinigung auf der Hauptpersonalrats-/Ministeriumsebene tätig wird. Diese könnte in Angelegenheiten des Vorbereitungsdienstes zumindest Empfehlungen für eine Einigung aussprechen. Auch in NW werden daneben traditionell **Arbeitsgemeinschaftssprecherinnen und -sprecher** gewählt, die jedoch ohne gesetzliche Rechte fungieren.

In **Rheinland-Pfalz** besteht gemäß § 110 LPersVG bei den beiden Oberlandesgerichten jeweils ein **Personalrat der Rechtsreferendarinnen und Rechtsreferendare** mit bundesweit beachtlich weitgehenden Rechten.

In **Sachsen** findet eine echte **Beteiligung der Interessenvertretungen** der Rechtsreferendarinnen und Rechtsreferendare nicht statt. Die sog. Ausbildungsbeiräte nach § 66 SächsPersVG sind lediglich mit schwachen Beteiligungsrechten ausgestattet.

Den Personalvertretungen sind in den Landespersonalvertretungsgesetzen teilweise **weite Beteiligungsrechte** eingeräumt. Die Dienststellenleitungen haben den Interessenvertretungen zunächst **angemessene Sachmittel** (eigenes Büro, schwarzes Brett, Büromöbel, Tagungstisch, Gesetzestexte, Kommentare und Bücher zu den wichtigsten Vorschriften, Papier etc.) zur Durchführung ihrer Arbeit zur Verfügung zu stellen. Hierzu gehört auch die dienstrechtliche Literatur, Verordnungen, Sammlungen der nur oder auch die Rechtsreferendarinnen und Rechtsreferendare betreffenden Erlasse. Sofern die Zurverfügungstellung von teuren Kommentierungen einzelner Gesetze zum Dienstrecht (z.B. Loseblattkommentierungen) unverhältnismäßig wäre, muss die Dienststelle eine entsprechende Nutzungsmöglichkeit sicherstellen. Dies bedeutet, dass die Personalvertretung nicht zu jedem Gesetz (Beihilfe, Trennungsgeld) teure Kommentierungen zur ausschließlichen Benutzung verlangen kann. Sie hat aber einen Anspruch darauf, entsprechende Kommentierungen jederzeit in der Dienststelle einsehen bzw. ausleihen zu können. Sinnvoll ist auch, dass die Personalvertretung auf die Anschaffung allgemein zugänglicher dienstrechtlicher Kommentierungen, z.B. für die Bibliothek, Einfluss nimmt, damit die Rechtsreferendarinnen und Rechtsreferendare sich dort kundig machen können. In jedem Fall haben die Personalvertretungen Anspruch auf eine von ihnen ausgewählte Kommentierung zum Landespersonalvertretungsgesetz (vgl. Felser/Meerkamp/Vohs, LPersVG RP, § 43 Rn. 11).

Die **Personalratsmitglieder** sind für ihre ehrenamtliche Tätigkeit nach den Landespersonalvertretungsgesetzen von ihren dienstlichen Verpflichtungen freizustellen. Diese **Freistellung** betrifft meist nur die Arbeitsgemeinschaft, da die Bearbeitungszeit für eine Akte bei Terminen für die Personalvertretung nicht verlängert wird. Dies müsste aber eigentlich der Fall sein, will man dem Personalvertretungsrecht Genüge tun und eine Benachteiligung der Interessenvertreterinnen und -vertreter vermeiden. Das Fehlen in der Arbeitsgemeinschaft wird darüber hinaus im Selbststudium nachgeholt werden müssen, so dass die Idee des Gesetzes, nämlich dass das dienstliche Ehrenamt nicht zu Lasten der persönlichen Freizeit, sondern zu Lasten der Dienstzeit ausgeübt werden soll, letztlich für Rechtsreferendarinnen und Rechtsreferendare Theorie bleibt. Trotzdem lohnt ein Engagement aus vielerlei Gründen.

Die Personalvertretungen sind von der Dienststellenleitung (zumeist kann sich die Präsidentin bzw. der Präsident auf Grund gesetzlicher Vertretungsregelung durch die zuständige Dezernentin bzw. den zuständigen Dezernenten vertreten lassen) ohne Aufforderungen über Maßnahmen, die Beteiligungsrechte betreffen oder sonstige Belange der Rechtsreferendarinnen und Rechtsreferendare berühren, zu informieren (BVerwG, PersR 1990, 301). Sie ist wegen der unerlässlichen Waffengleichheit (vgl. OVG Rheinland-Pfalz, PersR 1987, 174) in denselben **Informationsstand** zu versetzen, den die Dienststelle hat (BVerwG ZfPR 1994, 76). Die Interessenvertretungen haben ein **Selbstinformationsrecht**, können also bei fehlenden eigenen Kenntnissen auch selbstständig Auskünfte einholen (AG-Besuche etc.). Neben den allgemeinen Aufgaben und den gesetzlichen Beteiligungstatbeständen haben die Personalvertretungen **Beschwerden von Rechtsreferendarinnen und Rechtsreferendaren** nachzugehen und sich für sie einzusetzen. Dies betrifft Vermittlungen bei ungerechten oder unzulässigen Zeugniswertungen oder atmosphärischen Störungen zwischen Arbeitsgemeinschaft und Arbeitsgemeinschaftsleiterinnen und -leitern oder Einzelausbilderinnen und -ausbildern und Stationsreferendarin bzw. -referendar. Das Nähere ergibt sich aus den Personalvertretungsgesetzen des jeweiligen Landes.

Die Personalräte führen meist einmal monatlich **Personalratssitzungen** durch, an denen zeitweilig auch die Dienststellenleitung teilnimmt (Referendardezernentin bzw. -dezernent). Einmal im Jahr findet eine **Personalversammlung** statt (gesetzliche Pflichtveranstaltung), auf der die Rechtsreferendarinnen und Rechtsreferendare über die Arbeit des Personalrats informiert werden. Einzelne Personalräte halten darüber hinaus **Sprechstunden** ab, in denen man sich mit Fragen, Anregungen, Problemen oder dem Angebot, mitzuhelfen, an die Interessenvertretungen wenden kann. Manche Personalräte bestreiten Einführungsveranstaltungen oder führen Arbeitsgemeinschaftsbesuche für die »Neuen« durch. An vielen Landgerichten existieren von den Personalräten betreute AG-Sprecherinnen- und -Sprechertreffen, auf denen der Personalrat regelmäßig Informationen aus Gesprächen mit der Dienststellenleitung, dem Prüfungsamt und aus Anhörungen vor dem Parlament weitergibt. Daneben werden an einzelnen Gerichten Serviceleistungen wie die Ausleihe von Aktenvorträgen oder Musterklausuren zur Prüfungsvorbereitung von den Personalräten angeboten.

Daher mein Rat: Beteiligen Sie sich an der Interessenvertretung! Auch dies kann eine sinnvolle, den Horizont erweiternde Betätigung und Qualifizierung während des Referendariats sein. Der Umfang und die Qualität der Arbeit der Interessenvertretung ist immer nur so gut wie das **Engagement der Rechtsreferendarinnen und Rechtsreferendare**. Bevor man sich bei den in ihrer Freizeit engagierten Kolleginnen und Kollegen z.B. über eine an einem Sprechstundentermin geschlossene Tür beschwert, sollte man sich an die eigene Nase fassen und sich fragen, warum man selbst die Zeit nicht aufbringt, sich während des Referendariats in der Interessenvertretung zu engagieren.

Die Tätigkeit als Interessenvertreterin bzw. Interessenvertreter gewährt aufschlussreiche **Blicke hinter die Kulissen** von Verwaltung und Gerichtsbetrieb in der Justiz. Sie schadet außerdem entgegen einem verbreiteten Gerücht weder bei der Bewerbung in der Privatwirtschaft noch im öffentlichen Dienst. Im Gegenteil wird ein über das Dienstliche hinausgehendes Engagement, die tatkräftige Organisation des eigenen Lebens und der dieses beeinflussenden Lebensräume sowie soziale Kompetenz im Umgang mit anderen durch Arbeit in Gremien bei Bewerbungen eindeutig honoriert. Dies sollte zwar nicht das Motiv für ein Engagement über den Tellerrand der Arbeitsgemeinschaft hinaus sein, aber vielleicht gibt es ja den letzten entscheidenden Anstoß.

Das derzeitige System der Einbindung der Referendarinteressen durch eine Personalvertretung weist gravierende Mängel auf, die damit zusammenhängen, dass die Rechtsreferendarinnen und Rechtsreferendare nicht dauerhaft in der Dienststelle beschäftigt sind, sondern lediglich für zwei Jahre. Die ideale Interessenvertretung für Rechtsreferendarinnen und Rechtsreferendare gibt es sicher nicht. Das System der Personalvertretungen hat wohl deutliche Vorzüge gegenüber dem in Bayern üblichen System der Referendarvereine, reicht aber für eine effektive Wahrnehmung und Durchsetzung von Interessen auf Grund der Besonderheiten des Vorbereitungsdienstes nicht aus. Zweckmäßig wäre nach meiner Auffassung eine **modifizierte Personalvertretung**, die die üblichen Arbeits- und Beteiligungsformen beibehält, aber deren **Wahl und Zusammensetzung** an die ständige **Fluktuation der Rechtsreferendarinnen**

und Rechtsreferendare in den Dienststellen und die kurze Verweildauer angepasst ist. Unsinn ist z.B., die Wählbarkeit erst nach drei Monaten zuzulassen, wie dies z.B. in Nordrhein-Westfalen vorgesehen ist (§ 100 Abs. 3 Nr. 1 LPVG NW). Für eine solche Einschränkung besteht kein Anlass. Gemeinsam mit der genauso überflüssigen Beschränkung der Wählbarkeit in den letzten vier Monaten (§ 100 Abs. 3 Nr. 1 LPVG NW) ergeben sich infolge der Verkürzung der Ausbildung auf 24 Monate derart **kurze Amtszeiten der einzelnen Personalratsmitglieder**, dass eine sinnvolle Mitarbeit kaum möglich erscheint. Die Gesetzgeber sind daher gut beraten, zukünftig den **Sachverstand der Personalvertretungen** nicht nur bei der Reform der Juristenausbildung, sondern auch bei **Novellierungen der Landespersonalvertretungsgesetze** heranzuziehen, indem sie die Vertretungen zu den sie betreffenden Gesetzesvorhaben anhören.

Sinnvoll wäre z.B., wenn die von den Arbeitsgemeinschaften nach ca. einem Monat zu wählenden Arbeitsgemeinschaftssprecherinnen und -sprecher ab dem Zeitpunkt ihrer Wahl **automatisch Mitglieder der Personalvertretung** bei den Landgerichten würden und mit dem Examen aus der Personalvertretung ausschieden. Nach einem Monat kennen sich die Rechtsreferendarinnen und Rechtsreferendare in den Arbeitsgemeinschaften ausreichend, um einschätzen zu können, wer aus der Arbeitsgemeinschaft für eine solche Tätigkeit geeignet ist. Um auch ein tatsächliches Engagement für die Arbeitsgemeinschaft sicherzustellen, sollte nach einem Jahr eine Neuwahl der Arbeitsgemeinschaftssprecherinnen und -sprecher vorgesehen werden. Ferner sollten zwei Stellvertreterinnen bzw. Stellvertreter gewählt werden, um auch während stagenbedingter Abwesenheit oder starker dienstlicher Arbeitsbelastung eine Vertretung sicherzustellen.

Die automatische Vertretung der Arbeitsgemeinschaften durch ihre Sprecherinnen und Sprecher im Personalrat sichert zum einen den **ständigen zweiseitigen Informationsfluss** zwischen Personalrat und den Arbeitsgemeinschaften von Beginn an. Zum anderen sind die Arbeitsgemeinschaften von Anfang an in die Dienststelle eingebunden, was die Orientierung erleichtert. Dieses System ist auch gerechter: Alle Arbeitsgemeinschaften wären vom Anfang der Ausbildung bis zum Ende gleichmäßig vertreten. Die Arbeit wäre kontinuierlicher, da die »Neuen« sofort in Wissen, Erfahrung und Arbeitsweise der »alten Häsinnen und Hasen« integriert würden. Auch die Dienststellen hätten davon ihre Vorteile: Bisher haben Dienststellenleitungen (bzw. die sie vertretenden Referendardezernentinnen und -dezernenten) nach Wahlen häufig mit einer personell komplett neu zusammengesetzten Interessenvertretung zu tun. Folge ist, dass sich in einzelnen Punkten mangels **Tradition des Erfahrungswissens** immer wieder gleiche und unfruchtbare Auseinandersetzungen abspielen.

Außerdem könnten so die **unnötigen und erheblichen Ausgaben für die Personalratswahlen** z.B. für Porto in einen Topf überführt werden, aus dem die Personalräte der Rechtsreferendarinnen und Rechtsreferendare einen Teil ihrer Kosten weitgehend selbstverantwortlich bestreiten können. Das System der Personalvertretung mit Personalrat und Bezirkspersonalrat sollte dagegen formal und inhaltlich beibehalten werden, da es sich bewährt hat.

Nachgedacht werden sollte bei dieser Gelegenheit auch darüber, ob es tatsächlich noch notwendig ist, den Rechtsreferendarinnen und Rechtsreferendaren **den Haupt-**

personalrat beim Justizministerium vorzuenthalten. Es ist ein offenes Geheimnis, dass Verwaltungsentscheidungen vom LG über das OLG bis zum Justizministerium, insbesondere in umgekehrter Richtung, in treuer Linie durchgehalten werden. Deswegen tut in einigen Fällen Schlichtung not, da sich andernfalls – unabhängig von der Richtigkeit oder Zweckmäßigkeit der Verwaltungsentscheidung – immer die Meinung der Bürokratie durchsetzt. Es ist nicht nachvollziehbar, warum ausgerechnet dem juristischen Nachwuchs das Schlichtungsverfahren vorenthalten wird.

Um das System der Interessenvertretung am Beispiel NW zu veranschaulichen, sind nachfolgend drei Übersichten abgedruckt. Die erste Darstellung befasst sich mit dem Aufbau der Interessenvertretung und der zahlenmäßigen Vertretung in den Gremien am Beispiel der Rechtsreferendarinnen und Rechtsreferendare am LG Köln. Die zweite Grafik veranschaulicht die von der Verwaltungszuständigkeit abhängigen Zuständigkeiten der Personalräte. Die dritte Grafik stellt tabellarisch die wichtigsten Rechte und Aufgaben der Interessenvertretungen der Rechtsreferendarinnen und Rechtsreferendare in NW dar.

3. Übersichten zur Personalvertretung in Nordrhein-Westfalen

Übersicht 1: Die Interessenvertretung der Rechtsreferendare in Nordrhein-Westfalen

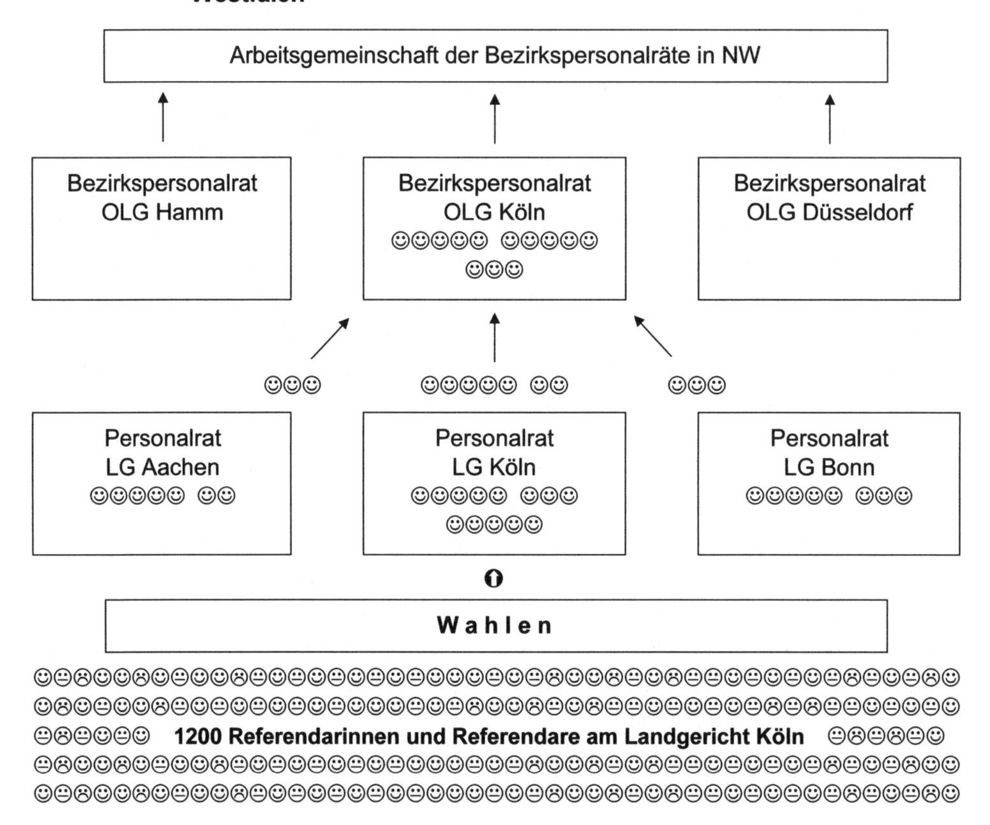

Übersicht 2: Das Partnerschaftsprinzip des LPVG NW

Gremium		Beteiligungspartner
Arbeitsgemeinschaft der Bezirkspersonalräte in NW	 Politik	Landtag NW JuMin NW LJPA NW
Bezirkspersonalrat der Rechtsreferendare beim Oberlandesgericht	 Beteiligung LPVG NW	Präsident des Oberlandesgerichts (Vertretung: Dezernent) & Regierungspräsident LJPA Justizministerium
Personalrat der Rechtsreferendare beim Landgericht	 Beteiligung LPVG NW	Personalrat des Landgerichts (Vertretung: Dezernent)

Übersicht 3: Die Aufgaben der Personalräte in Nordrhein-Westfalen

Beteiligungsrecht/Aufgaben	Rechtsgrundlage	Personalrat	BezirksPR
Gleichbehandlung aller Beschäftigten	§ 62 LPVG	x	x
Allgemeine Aufgaben/ÜberwachungsR	§ 64 LPVG	x	x
Verfolgung von Beschwerden	§ 64 Nr. 5 LPVG	x	x
Informationsquellen:			
Informationsrecht des Personalrats	§ 65 LPVG	x	x
Unterrichtungspflicht des Dienstherrn			
Vierteljahresgespräch mit der Dienststellenleitung	§ 63 LPVG	x	x
Teilnahme des Ausbildungsleiters des OLG an der monatlichen Sitzung	§ 65 LPVG, § 66 Abs. 2 LPVG		x
alle 4 Monate Gespräch beim LJPA	freiwillig		x
Informationsaustausch:			
Informationsbesuche der Arbeitsgemeinschaften	Selbstinformationsrecht	x	x
Sprechstunde einmal wöchentlich	§ 39 LPVG	x	x
Personalversammlung (1x jährlich)	§ 46 LPVG	x	x
Rundschreiben an die Arbeitsgemeinschaften	§ 40 Abs. 4 LPVG	x	x
Rundschreiben an die ArbeitsgemeinschaftssprecherInnen	§ 40 Abs. 4 LPVG	x	x
Mitbestimmung:			
EDV-Einführung	§ 72 Abs. 3 LPVG	x	x
Kürzungsfälle	§ 72 Abs. 1 Nr. 7		x
Entlassung	§ 72 Abs. 1 Nr. 8		x
Versagung oder Widerruf der Genehmigung einer Nebentätigkeit	§ 72 Abs. 1 Nr. 13		x
Streit über Urlaub oder Sonderurlaub	§ 72 Abs. 4 Nr. 4	x	x
Ersatzansprüche gegen Referendare	§ 72 Abs. 4 Nr. 11		x
Beurteilungsrichtlinien	§ 72 Abs. 4 Nr. 16		x
Fortbildung/Teilnehmerauswahl bei Lehrgängen	§ 72 Abs. 4 Nr. 17		x
Sonstiger Service:			
Aktenvortragsausgabe	keine Regelung	x	x
Hilfe bei Zeugnisreklamationen	§ 64 Nr. 5 LPVG	x	
Hilfe bei Problemen mit Einzel- und AG-Ausbildern	§ 64 Nr. 5 LPVG	x	
Unterschriftenaktionen	keine Regelung	x	x
Berufsbörsen/Unternehmensinfo	keine Regelung	x	
Computerseminare	keine Regelung	x	

4. Internetadressen von Referendarvertretungen und deren lokalen Infoschriften

- Bundessprecherkonferenz
  www.bundessprecherkonferenz.de
- Verein der Rechtsreferendare in Bayern e.V.
  http://www.refv.de/
- Verband Niedersächsischer Rechtsreferendare
  Existiert nicht mehr
- Thüringer Rechtsreferendarverein e.V.
  http://www.thuerref.de/
- Personalrat der ReferendarInnen am Kammergericht Berlin
  http://www.rechtsreferendare-berlin.de/
- Referendarrat beim Präsidenten des Schleswig-Holsteinischen Oberlandesgerichts
  http://www.referendarrat-sh.de/
- Personalrat der Rechtsreferendare beim OLG Koblenz
  http://www.rechtsreferendare-koblenz.de/

5. Literatur zum jeweiligen Landespersonalvertretungsrecht

Autor(en)	Titel	Buchart	Verlag	Preis (ca.)
Aufhauser/Warga/ Schmitt-Moritz	Bayerisches Personal-vertretungsgesetz (BayPVG)	Basiskommentar	Bund-Verlag	32 €
Germelmann/ Binkert	Personalvertretungs-gesetz Berlin	Kommentar für die Praxis	Bund-Verlag	98 €
Hamer	Personalvertretungs-gesetz Brandenburg	Basiskommentar	Bund-Verlag	24,90 €
Welkoborsky	Landespersonal-vertretungsgesetz Nordrhein-Westfalen (LPVG NW)	Basiskommentar	Bund-Verlag	32,00 €
Susanne Gliech, Roland Gross, Lore Seidel, Gerhard Voh	Sächsisches Personal-vertretungsgesetz	Basiskommentar	Bund-Verlag	22 €
Schwill/Seidel/ Felser	Thüringer Personal-vertretungsgesetz	Basiskommentar	Bund-Verlag	32 €

6. Verbände – Wer vertritt meine Interessen im politischen Raum?

a) Bundessprecherkonferenz:

Neben den von den Personalräten organisierten Arbeitsgemeinschaften oder Landessprecherkonferenzen gibt es auf der **Bundesebene** die Bundessprecherkonferenz e.V. als »Lobby« der Rechtsreferendarinnen und Rechtsreferendare. Die Interessenvertretungen der Rechtsreferendarinnen und Rechtsreferendare haben bereits vor Jahren festgestellt, dass ein bundesweiter Informationsaustausch not tut. Dies hängt zum einen damit zusammen, dass sich durch Gespräche mit Referendarvertretungen aus anderen Ländern Anregungen für das eigene Bundesland ergeben können. Vielfach ist andernorts das möglich, was vor Ort von der Verwaltung mit dem Argument »undurchführbar« abgelehnt wird. Ein treffliches Beispiel hierfür ist der in Nordrhein-Westfalen erst seit kurzem zugelassene Taschenrechner in den Klausurterminen. Das Landesjustizprüfungsamt Nordrhein-Westfalen versuchte sich jahrelang gegen das elektronische Zeitalter zu stemmen, während in Baden-Württemberg seit längerem die Nutzung dieses verbreiteten Arbeitsmittels erlaubt ist. Gleiches gilt für die Regelungen zu Anmerkungen in den von den Prüflingen zum Klausurentermin mitgebrachten Gesetzestexten. Was in Nordrhein-Westfalen als verwaltungstechnisch nicht handhabbar gilt, scheint in südlicheren und weniger preußisch geprägten Bundesländern einwandfrei zu funktionieren.

Ein weiterer Grund ist, dass ein **Mangel an Interessenvertretung** auf Bundesebene festgestellt wurde. Zwar ist die Juristenausbildung traditionell Ländersache. Andererseits werden wegen der **Rahmenkompetenz des Bundes** bei der Richtergesetzgebung auch mittelbar damit zusammenhängende rahmenrechtliche Vorgaben für die Richterausbildung durch den Bund geregelt. Daher sind im DRiG Rahmenvorgaben für die Juristenausbildung enthalten. Auch die letzte Juristenausbildungsreform prägte der Bund durch Rahmenvorschriften, nämlich durch das **Gesetz zur Verkürzung der Juristenausbildung vom 20. 11. 1992** (BGBl. I S. 1926). Hierbei wurden die Interessen der Rechtsreferendarinnen und Rechtsreferendare nicht berücksichtigt, weil sie gar nicht zu dieser Reform gehört wurden. Erst auf Länderebene bei der Umsetzung der Ausbildungsreform wurden (jedenfalls in Nordrhein-Westfalen) die Interessenvertretungen der Rechtsreferendarinnen und Rechtsreferendare vom Gesetzgeber angehört. Um zukünftig bereits im Vorfeld auf solche Vorhaben Einfluss zu nehmen, bot sich ein bundesweiter Zusammenschluss an.

Die institutionalisierten Referendarvertretungen wie Bezirkspersonalräte und Referendarvereine haben sich daher bundesweit zur **Bundessprecherkonferenz** zusammengeschlossen. Mitglied kann dabei jede Referendarin und jeder Referendar werden (außerordentliches Mitglied), stimmberechtigt (ordentliches Mitglied) sind jedoch nur die Interessenvertretungen. **Tätigkeitsschwerpunkte** sind die Ausbildungssituation und die wirtschaftliche Absicherung der Rechtsreferendarinnen und Rechtsreferendare. Die Bundessprecherkonferenz findet mindestens zweimal im Jahr in verschiedenen Großstädten der Bundesrepublik statt. Mitglieder erhalten für einen eher symbolischen Mitgliedsbeitrag die sechs mal im Jahr erscheinenden Ausgaben des jumag (Juramagazin für Ausbildung und Beruf). Das Engagement ist ausschließlich ehrenamtlich geprägt.

Anschriften:

Bundessprecherkonferenz
der Rechtsreferendare
BSK e.V.
Postfach 26 14
53016 Bonn
http://www.bundessprecherkonferenz.de

mediaLog Fachverlag Jura
Gabelsbergerstr. 9
80333 München
Telefon: (0 89) 28 20 58
Telefax: (0 89) 2 80 22 65
http://www.jumag.de

b) Vereinigte Dienstleistungsgewerkschaft Ver.di

Neben der Möglichkeit, sich an die gesetzlichen Gremien und darauf basierenden Zusammenschlüsse zu wenden, besteht auf Grund der Koalitionsfreiheit nach Art. 9 Abs. 3 GG das Recht, einer Gewerkschaft beizutreten. Die Dienstleistungsgewerkschaft Ver.di) ist die für die Rechtsreferendarinnen und Rechtsreferendare zuständige Gewerkschaft im Deutschen Gewerkschaftsbund (DGB). Die im Rahmen eines öffentlich-rechtlichen Ausbildungsverhältnisses beschäftigten Rechtsreferendarinnen und -referendare können wie alle Arbeitnehmer für ihre Arbeitsbedingungen streiken. Die Ergebnisse der Tarifauseinandersetzungen im nicht verbeamteten Teil des öffentlichen Dienstes werden regelmäßig auf die Beamtinnen und Beamten übertragen. Beamtinnen und Beamte und damit auch verbeamtete Rechtsreferendarinnen und Rechtsreferendare unterliegen (allerdings nur nach der Ansicht der h.M. in Deutschland) dem Streikverbot, so dass sich Gehaltsverbesserungen nur durch den Einsatz der auf privatrechtlicher Basis beschäftigten Arbeitnehmerinnen und Arbeitnehmer ergeben. Auch Beamtinnen und Beamte profitieren daher von der Streikfähigkeit der für Lohn und Gehalt angestellten Kolleginnen und Kollegen. Das macht sich bei den Referendarinnen und Referendaren jedenfalls bei Arbeitszeit, Urlaub u.a. bemerkbar.

In der Dienstleistungsgewerkschaft gibt es auch eine Untergliederung der »**Richter(innen) und Staatsanwälte(innen) in Ver.di**«. Zur Information kann man sich auch an diese Gruppierung, die Vertreterinnen und Vertreter an jedem Landgericht hat, wenden. Der kollegiale Austausch kann auch interessante Blicke hinter die Kulisse des Justizbetriebs ermöglichen. Für die Betreuung der Beschäftigten in der Landesjustizverwaltung sind die **Bezirks- bzw. Kreisverwaltungen** vor Ort zuständig. Die

Adresse der zuständigen Bezirksverwaltung kann über das Internet ausfindig gemacht werden. Voraussetzung für eine Betreuung ist natürlich die Mitgliedschaft in der Gewerkschaft Ver.di.

Anschrift:

Ver.di – Vereinte Dienstleistungsgewerkschaft
Bundesvorstand
Paula-Thiede-Ufer 10
10179 Berlin
fon (030) 69 56-0
fax (030) 69 56-1 41
E-Mail info@verdi.de
http://www.verdi.de

c) Deutscher Beamtenbund

Der Deutsche Beamtenbund ist eine Vereinigung, die sich ausschließlich an Beamtinnen und Beamte wendet.

Anschrift:

Bundesleitung des dbb beamtenbund und tarifunion
Friedrichstraße 169/170
10117 Berlin
Telefon (0 30) 40 81-40
Telefax (0 30) 40 81-63 29
E-Mail info@dbb.de
http://www.dbb.de

XI. Sinnvolle Ergänzungen des Referendariats

1. Dienstliche Fortbildungsangebote

In den Bundesländern gibt es unterschiedliche Fortbildungsangebote von seiten der Landesjustizverwaltungen. Dabei werden **Seminare und Tagungen** zu speziellen Themen angeboten, die von erfahrenen Praktikerinnen und Praktikern durchgeführt werden. Neben den interessanten Themen sollte auch der Erfahrungsaustausch mit beruflich gestandenen Kolleginnen und Kollegen nicht unterschätzt werden. Daneben verschaffen Wochenseminare natürlich auch eine willkommene Abwechslung in der Gleichförmigkeit der Referendarausbildung. Die hierbei geknüpften privaten Kontakte zu Rechtsreferendarinnen und Rechtsreferendaren aus anderen Ausbildungsbezirken können nützliche Anregungen bringen, dauerhafte Freundschaften und möglicherweise bleibende Kontakte im späteren Berufsleben. Die Termine der Seminare, Fachtagungen etc. werden den Arbeitsgemeinschaftsleiterinnen und -leitern in der

Regel schriftlich mitgeteilt. Diese lassen die Schreiben zu Beginn der Unterrichtsstunde in der Arbeitsgemeinschaft herumgehen, so dass jede bzw. jeder von den Angeboten Kenntnis erhält. An Landgerichts- und Oberlandesgerichtsbezirken mit anderer Praxis sollte ein solches Verfahren gegebenenfalls angeregt werden.

Außerdem wird die Teilnahme auch bei den **Prüfungskommissionen** gerne gesehen, weil sich daraus auf **besonderes Interesse an der Ausbildung** und **Fortbildungsbereitschaft** schließen lässt. Nehmen Sie entsprechende Angebote daher unbedingt wahr.

2. Referendartagungen (am Beispiel Nordrhein-Westfalen)

In der Justizakademie in Recklinghausen finden regelmäßig so genannte **Referendartagungen** statt. Themen der **einwöchigen Veranstaltungen** sind z.B. »Vernehmungslehre« oder »Steuerrecht«. Die Veranstaltungen werden durch Rundschreiben in den Arbeitsgemeinschaften bekanntgegeben. Erfahrungsgemäß überschreitet die Zahl der Bewerbungen die auf das einzelne OLG entfallenden Plätze. Bewerberinnen und Bewerber, die beim ersten Versuch nicht berücksichtigt werden konnten, behandelt das OLG bei der nächsten Bewerbung vorrangig. Ist es gelungen, einen der begehrten Plätze zu ergattern, wird man für die Dauer der Veranstaltung von Einzelausbildung und Arbeitsgemeinschaft freigestellt, unentgeltlich untergebracht und verpflegt. Die Teilnehmerinnen und Teilnehmer erhalten überdies Reisekosten erstattet. Weil die Tagungen nach Erfahrungsberichten der Teilnehmerinnen und Teilnehmer äußerst interessant sind und außerdem der kulturelle Teil (abendliches Miteinander) stimmt, kann eine Tagungsteilnahme nur wärmstens empfohlen werden. Wenn Sie nicht berücksichtigt werden, rufen Sie in der Woche vor Beginn der Tagung im Ministerium oder bei der Fortbildungseinrichtung an. Häufig können Sie so einen kurzfristig infolge Krankheit o.ä. frei gewordenen Platz belegen.

3. Hochschule für Verwaltungswissenschaften Speyer

Die Hochschule in Speyer bietet im Sommersemester (1. Mai bis 31. Juli) und Wintersemester (1. November bis 31. Januar) ein so genanntes »Speyer-Semester« auch für Rechtsreferendarinnen und Rechtsreferendare an. Das unter Rechtsreferendarinnen und -referendaren beinahe legendäre und geschichtenumwobene **Speyer-Semester** kann in den meisten Bundesländern sowohl während der **Verwaltungsstation** als auch bei entsprechender Schwerpunktbildung während der **Wahlstation** (»Staat und Verwaltung« oder »Internationales Recht und Recht der Europäischen Gemeinschaften«) eingeplant werden. Auf Grund beschränkter Kapazitäten ist – zugunsten der Wahlfachteilnehmer – eine Beschränkung der Teilnehmerzahlen während der Verwaltungsstation üblich, so dass nicht jede Bewerbung erfolgreich ist. Während der Wahlstelle kommen erfahrungsgemäß alle Bewerberinnen und Bewerber in Speyer unter. Zu beachten ist, dass das Sommersemester begehrter ist als das Wintersemester.

Rechtsreferendarinnen und Rechtsreferendare sind verpflichtet, **mindestens 20 Wochenstunden** zu belegen und an mindestens einer **Arbeitsgemeinschaft** und an einem **Seminar** teilzunehmen. Einzelne Länder fordern zudem die Teilnahme an einer **landesspezifischen Übung im Öffentlichen Recht**. Der Besuch der einzelnen Veranstaltung ist durch die aus dem Studium bekannten »Scheine« nachzuweisen. Für Wahlfachreferendarinnen und -referendare gelten unter Umständen verschärfte Bedingungen. Auskünfte erteilt die Ausbildungsbehörde.

Eine Station in Speyer will frühzeitig und gründlich vorbereitet werden. Da der **Zeitraum** jeweils auf drei Monate beschränkt ist, kommt es möglicherweise bereits auf den Zeitpunkt der Einstellung an, ob eine Station in Speyer überhaupt technisch machbar ist, also in die Verwaltungsstation bzw. die Wahlstation fällt. Unter Umständen muss unbezahlter Sonderurlaub genommen werden, um Speyer-Semester und die Verwaltungs- oder Wahlstage zu synchronisieren. Die AfV Speyer listet im Internet auf ihrer Homepage Hinweise für jedes Bundesland auf.

Dagegen ist die **Organisation einer Unterbringung** in Speyer regelmäßig erst einen Monat vor Beginn des Semesters möglich. Etwa vier Wochen vor Beginn des Semesters werden die **Einschreibungsformulare** und das **Vorlesungsverzeichnis** verschickt. Aus organisatorischen Gründen kann die Hochschule vorher keine Zimmervermittlungen vornehmen. In Betracht kommen hierbei die Unterbringung in den eigens vorhandenen **Wohnheimplätzen** (wenige Einbettzimmer für ca. 140 €, Doppelzimmer für ca. 100 €) oder aber bei **privaten Vermieterinnen und Vermietern**. Das Hörersekretariat der Hochschule vermittelt entsprechende Anschriften. Der Wohnungsmarkt hat sich der entsprechenden Nachfrage durch ein hinreichendes Angebot angepasst. Die private Unterbringung ist deutlich teurer als die Unterbringung in den Studentenwohnungen. Vorteil oder Nachteil der Studentenzimmer ist, dass es hier immer recht hoch und laut hergeht. Also, wer nachts lernen will, ist bei privaten Anbietern besser aufgehoben. Diejenigen dagegen, die der Lerntheorie anhängen, dass Lernen über sechs Stunden ohnehin nichts bringt, sollten sich nicht scheuen, ein Studentenzimmer zu nehmen.

Die Länder gewähren ansehnliche **Trennungsentschädigungen**, die aber leider trotzdem nicht ausreichen, den kulturbedingten Mehrbedarf auszugleichen. Trotzdem sollte man sich über die Leistungen erkundigen (Kolleginnen oder Kollegen, Personalrat, Referendargeschäftsstelle) und die Beantragung auf keinen Fall versäumen. Das Trennungsgeld wird regelmäßig nachträglich gewährt; es kann aber ein angemessener Abschlag beantragt werden. Davon sollte unbedingt Gebrauch gemacht werden.

Das Speyer-Semester lässt sich nach den Grundsätzen für Einsatzwechseltätigkeit quasi als »Verlustnachtrag« beim Fiskus steuerlich absetzen. Die jeweilige Ausbildungsstelle ist bei Rechtsreferendarinnen und Rechtsreferendaren nicht als regelmäßige Arbeitsstelle anzusehen. Nach dem Urteil des BFH vom 4. 5. 1990 werden Rechtsreferendarinnen und Rechtsreferendare vielmehr stets an **»wechselnden Einsatzstellen«** tätig (Bornhaupt, BB 1990, 2117). Empfehlenswert ist daher, nach den

Grundsätzen der doppelten Haushaltsführung mit dem Finanzamt abzurechnen. Dabei stehen sich Verheiratete und Unverheiratete im Hinblick auf Speyer gleich, da auch Unverheirateten für den lediglich drei Monate dauernden Aufenthalt in Speyer nicht zugemutet werden kann, die Wohnung aufzugeben. Daher gelten nicht nur die ersten 14 Tage, sondern während der vollen drei Monate die Grundsätze der **doppelten Haushaltsführung**. Es gilt daher Folgendes: Pro Woche kann eine Familienheimfahrtabgesetzt werden. Die erste und die letzte Fahrt kann mit 0,30 € pro gefahrenem Kilometer abgesetzt werden. Zusätzlich können die Aufwendungen für drei Monate entweder täglich pauschal oder in Höhe der tatsächlichen Aufwendungen geltend gemacht werden (Quittungen sammeln). Wählt man die zweite Variante, muss bei der Ausgabenpolitik berücksichtigt werden, dass wegen der Haushaltsersparnis nicht alle tatsächlichen Aufwendungen erstattet werden, weil am eigentlichen Wohnsitz die Küche, an der sonst auch Kosten angefallen wären, kalt bleibt. Zusätzlich können die Kosten für die Unterkunft in Speyer abgesetzt werden. Daneben besteht – entsprechende Sehnsucht vorausgesetzt – auch die Möglichkeit, nicht nur eine, sondern alle in der Woche gefahrenen **»Familien- oder Lebensgefährtinnen- und Lebensgefährtenheimfahrten«** abzusetzen. In diesem Fall entfallen aber die Absetzbarkeit der Verpflegungsmehraufwendungen und der Unterkunftskosten. Sie haben also ein Wahlrecht.

Speyer ist ein sehr schönes und romantisches Städtchen. Schon manche Ehe ist in Speyer gestiftet worden. Entsprechend anhänglich sind die **Speyerianer** untereinander. Treffen zwei Speyerianer aufeinander und kommt das Thema auf diese Zeit, kommen sich anwesende Dritte angesichts des offensichtlich emotionsgeladenen Erfahrungsaustauschs nach einiger Zeit ausgeschlossen und überflüssig vor. Seit 1950 sind mehr als 20 000 Rechtsreferendarinnen und Rechtsreferendare für drei Monate in Speyer gewesen. Bei so viel **Gemeinsamkeit** gibt es natürlich auch einen Verein ehemaliger Speyerianer.

Die Ausbildung an der Hochschule in Speyer ist jedoch nicht nur aus kulturellen Gründen interessant. Nach Erfahrung der Hochschule selbst werden in den **höheren Verwaltungsdienst** unter im Übrigen gleichqualifizierten Bewerberinnen und Bewerbern diejenigen **bevorzugt eingestellt**, die ein Speyer-Semester belegt haben. Insbesondere bei der anstehenden Modernisierung des öffentlichen Dienstes schadet es der Bewerbung um eine Stelle in der Verwaltung sicher nicht, wenn man in Speyer einen Schwerpunkt »Planung und Entscheidung« oder »Organisation und Personal« gewählt hat. Außerdem kommt es häufig vor, dass Speyerianer über die **Bewerbungen** entscheiden …

Anträge sind nicht an die Hochschule Speyer direkt, sondern über die **Ausbildungsdienststelle** zu richten. Diese überweist dann die Antragstellerinnen und Antragsteller nach Speyer.

In **Nordrhein-Westfalen** kann der Besuch der Verwaltungshochschule Speyer während der Verwaltungsstation, der Pflichtwahlstation und der Wahlstelle erfolgen.

Daneben bietet die Verwaltungshochschule in Speyer nach dem Referendariat die Möglichkeit eines einjährigen **verwaltungswissenschaftlichen Aufbaustudiums** an. Das Studium beginnt am 1. Mai eines jeden Jahres und führt zur Verleihung des Grades eines Magisters der Verwaltungswissenschaften (Mag.rer.publ.).

Informationen sind erhältlich:

Hörersekretariat der
Hochschule für Verwaltungswissenschaften
Freiherr-vom-Stein-Str. 2
67346 Speyer
Telefon: (0 62 32) 6 54-2 27 oder -2 28
Telefax: (0 62 32) 6 54-2 08
E-Mail: dhv@dhv-speyer.de
http://www.hfv-speyer.de

4. Fachanwaltslehrgänge

§§ Fachanwaltsordnung (FAO)

Internet:
- http://www.rechtsreferendariat.de

Eine nützliche Ergänzung des Programms während des Vorbereitungsdienstes kann ein Lehrgang zum (späteren) **Erwerb der Bezeichnung Fachanwalt** sein. Voraussetzung für die Führung dieser Bezeichnung ist der Erwerb besonderer theoretischer Kenntnisse sowie die Bearbeitung einer bestimmten Zahl von entsprechenden Akten als zugelassene Rechtsanwältin bzw. zugelassener Rechtsanwalt. Der Besuch eines Lehrgangs während des Referendariats hat mehrere Vorteile. Erstens kommt der komprimiert gelernte Stoff der Vorbereitung des Examens zugute, wenn ein entsprechendes Wahlfach gewählt wurde. Zweitens verbessert der Lehrgang die Chancen für einen erfolgreichen Berufseinstieg bei der Bewerbung um eine Stelle als Anwältin bzw. Anwalt, aber auch bei dem Schritt in die Selbstständigkeit als spezialisierte Einzelanwältin bzw. spezialisierter Einzelanwalt.

Insbesondere das **Deutsche Anwaltsinstitut** und die **Deutsche AnwaltAkademie** bieten anerkannte Lehrgänge zum Erwerb besonderer Kenntnisse auf verschiedenen Fachgebieten nach der Fachanwaltsordnung an. Derzeit werden Lehrgänge zum Steuerrecht, Arbeitsrecht, Sozialrecht, Familienrecht, Strafrecht und Verwaltungsrecht angeboten. Mit dem Besuch einer bestimmten Anzahl von Wochenlehrgängen, die jeweils samstags mit einer Klausur enden, erfüllt man den theoretischen Teil der Voraussetzungen zur Führung der Bezeichnung »Fachanwalt für ...«. Daneben ist für die Führung der Bezeichnung die Bearbeitung einer bestimmten Zahl an Fällen aus dem jeweiligen Gebiet als Rechtsanwalt Voraussetzung (siehe dazu § 5 FAO).

Steuern und Betrieb in Detmold.

Arbeitsrecht in Bad Sassendorf bzw. Soest. Notwendige Kursdauer für den Fachanwalt: drei Lehrgänge über jeweils eine Woche.

Verwaltungsrecht in Travemünde. Notwendige Kursdauer für den Fachanwalt: vier Lehrgänge über jeweils eine Woche.

Sozialrecht in Bochum. Notwendige Kursdauer für den Fachanwalt: drei Lehrgänge über jeweils eine Woche.

Der Fachlehrgang für **Familienrecht** und der Fachlehrgang für **Strafrecht** der DeutscheAnwaltAkdademie findet mehrmals jährlich an verschiedenen Orten statt. Neu hinzugekommen sind Kurse für den Erwerb des **Fachanwalts für Versicherungsrecht,** den **Fachanwalt für Insolvenzrecht**. Neu sind seit 2005 der Fachanwaltskurs für Bau- und Architektenrecht, der in Berlin stattfindet, der Fachlehrgang Erbrecht in Lübeck-Travemünde, der Fachlehrgang Erbrecht in Mannheim, der Fachlehrgang Medizinrecht in Bochum und der Kurs für den Fachanwalt im Miet- und Wohnungseigentumsrecht in Kiel. Der Kurs zum Erwerb der theoretischen Kenntnisse für den Fachanwalt für Verkehrsrecht findet ebenfalls in Bochum statt.

Kosten für den jeweiligen Kurs: für Rechtsreferendare gewährt das Institut Sondertarife zwischen 1100 € (Sozialrecht!) und 1900 € (Verwaltungsrecht). Hinzu kommen noch ein paar Euro für die Klausuren.

Die Kurse können auch in Teillehrgängen absolviert werden. Zu den reinen Tagungskosten kommen die **Kosten für die Unterbringung**, die selbst getragen werden müssen. Diese können leicht höher werden als die Kosten für die Fachanwaltslehrgänge. Zu empfehlen ist daher, sich rechtzeitig bei den entsprechenden örtlichen Tourismusbehörden zu melden, um günstige Unterbringungsmöglichkeiten in der Nähe des Tagungsortes zu beschaffen.

Sparen können Sie auch durch **Onlinebuchung,** die das Anwaltsinstitut mit 5 % Rabatt belohnt.

Die **Anreise** empfiehlt sich aus Gründen der Entspannung bereits am Sonntag Abend, da die Kurse bereits früh am Morgen losgehen. Außerdem lässt sich am ersten Abend bereits der eine oder andere Kontakt knüpfen. Erstaunlicherweise besteht ein großer Teil der Teilnehmerinnen und Teilnehmer aus Rechtsreferendarinnen und Rechtsreferendaren. Eine andere große Gruppe sind die Junganwältinnen und Junganwälte mit bis zu vier Jahren Praxis. Wer hier die Ohren spitzt, lernt viel fürs Leben, gratis und nebenbei. Die Referentinnen und Referenten sind meist namhafte Richterinnen und Richter an Bundesgerichten, Fachanwältinnen und Fachanwälte oder Professorinnen und Professoren. Die Vorträge bleiben angesichts des zur Verfügung stehenden Zeitraums zumeist an der Oberfläche und sind im Hinblick auf die Präsentation zum Teil leider vorsintflutlich. Das Programm wird überwiegend abgelesen; Folien sind so gut wie unbekannt. Hier gibt es angesichts der Preise für die Veranstaltungen, die von bis zu mehreren hundert Teilnehmerinnen und Teilnehmern besucht werden, sicher einiges zu verbessern. Die **Abschlussklausuren** sind für Rechtsreferendarinnen und

Rechtsreferendare machbar. Schließlich sollen auch bereits länger in der Praxis befindliche Anwältinnen und Anwälte den Kurs erfolgreich absolvieren können. Die **Durchfallquote** soll dem Vernehmen nach mit der im zweiten Staatsexamen vergleichbar sein. Die Klausuren können bei **Nichtbestehen** im Folgelehrgang auch ohne erneute Zahlung der vollen Kursgebühr gegen einen geringen Betrag wiederholt werden.

Informationen:

> Deutsches Anwaltsinstitut e.V.
> Universitätsstraße 140
> 44799 Bochum
> Telefon: (02 34) 9 70 64-0
> Telefax: (02 34) 70 35 07
> E-Mail: info@anwaltsinstitut.de
> http://www.anwaltsinstitut.de

Neben dem Deutschen Anwaltsinstitut zählt auch die Deutsche AnwaltAkademie **zu den Anbietern solcher Lehergänge,** die Rechtsreferendarinnen und Rechtsreferendare mit wenigen Urlaubstagen auch nebenbei bewältigen können. Angeboten werden alle Fachanwaltslehrgänge:

Fachlehrgang Arbeitsrecht
Fachlehrgang Bau- und Architektenrecht
Fachlehrgang Erbrecht
Fachlehrgang Familienrecht
Fachlehrgang Insolvenzrecht
Fachlehrgang Mediation
Fachlehrgang Medizinrecht
Fachlehrgang Miet- und Wohnungseigentumsrecht
Fachlehrgang Sozialrecht
Fachlehrgang Steuerrrecht
Fachlehrgang Strafrecht
Fachlehrgang Transport- und Speditionsrecht
Fachlehrgang Verkehrsrecht
Fachlehrgang Versicherungsrecht
Fachlehrgang Verwaltungsrecht

Die Preise liegen auf dem Niveau des Wettbewerbers.

Informationsmaterial bei:

> DeutscheAnwaltAkademie GmbH
> 10179 Berlin
> Littenstraße 11
> Telefon: (0 30) 72 61 53-0
> Telefax: (0 30) 72 61 53-1 11
> E-Mail: daa@anwaltakademie.de
> http://www.anwaltakademie.de

Einen **Intensivkurs** (Kleingruppen mit maximal 35 Personen!) zum Erwerb der Bezeichnung **Fachanwältin/Fachanwalt für Arbeitsrecht** und zum Familienrecht sowie zum Fachanwalt für Strafrecht bietet der **Republikanische Anwältinnen- und Anwälteverein** (RAV) an. Die Preise sind günstiger als bei den beiden vorgenannten Schulungseinrichtigungen. 2005 scheint aber kein Arbeitsrechtslehrgang stattzufinden.

Informationen können Sie anfordern bei:

RAV e.V.
Haus der Demokratie und Menschenrechte
Greifswalderstraße 4
10405 Berlin
Telefon: (0 30) 41 72 35 55
Telefax: (0 30) 41 72 35 57
E-Mail: ravev@t-online.de

Neben den von der Anwaltschaft selbst angebotenen Fortbildungen mit teilweise 150 und mehr Teilnehmerinnen und Teilnehmern werden ähnliche Seminare auch von anderen Firmen und Vereinen angeboten. Bei der Auswahl sollte man sich von individuellen Kriterien oder von Erfahrungen früherer Lehrgangsteilnehmerinnen und -teilnehmer leiten lassen.

5. Der Bielefelder Kompaktkurs – Anwalts- und Notartätigkeit

Die Universität Bielefeld, Institut für Anwalts- und Notarrecht, bietet in Zusammenarbeit mit dem Anwaltverein Bielefeld, dem Deutschen Anwaltverein, der Bundesrechtsanwaltskammer und der Hans-Soldan-Stiftung den so genannten **Bielefelder Kompaktkurs – Anwalts- und Notartätigkeit** als universitäre Wahlstation für Rechtsreferendare und als Aufbaukurs für Rechtsreferendare, Assessoren und junge Rechtsanwälte an. Der Kompaktkurs bereitet die jungen Juristen ganz gezielt und konzentriert auf eine spätere Tätigkeit als Rechtsanwalt oder bei einem Rechtsanwalt und/oder Notar vor. Die Teilnehmer werden umfassend und gründlich in Theorie und Praxis mit der anwaltlichen Denk- und Arbeitsweise vertraut gemacht.

Der Kursus mit inzwischen 250 Teilnehmern jährlich stellt die Vielfalt anwaltlicher Tätigkeitsgebiete und -möglichkeiten vor und informiert damit über die vielfältigen, die mehr und die weniger chancenreichen Berufsmöglichkeiten. In Plenarveranstaltungen mit max. 120 Teilnehmern behandelt er in der Praxis wichtige und in der Ausbildung häufig vernachlässigte Rechtsgebiete wie die Anwaltstätigkeit im Arbeitsrecht, im Verwaltungsrecht, im Strafrecht, im internationalen Recht, im Steuerrecht, in Bilanzrecht und Buchführung und im Wirtschaftsrecht. Interessante Arbeitsgemeinschaften mit jeweils max. 30 Teilnehmern befassen sich mit rechtsgestaltenden Themenkreisen (z.B. Vereinsgründung, Grundstückskaufvertrag, Erbrecht, Wahl der Unternehmensform, Vertragswerk einer GmbH). Neben den beiden Veranstaltungsarten findet eine intensive Vorbereitung auf das Assessorexamen statt (Kurzvorträge, mündliche Assessorprüfung, Klausuren).

Bei den Plenarveranstaltungen und als Arbeitsgemeinschaftsleiter wirken über 70 Referenten, durchweg Rechtsanwälte und/oder Notare sowie einige hauptberufliche Professoren mit.

Der Kompaktkurs findet jährlich von Februar bis Mai von Montag bis Freitag von 10–13 Uhr und von 14–17 Uhr statt. Das Programm ist modular aufgebaut, so dass die Möglichkeit besteht, an vier, drei, zwei oder aber nur einem Monat teilzunehmen. Die meisten Teilnehmer sind Referendare in der Wahlstation sowie Assessoren, die ihre Ausbildung gerade abgeschlossen haben und die Zeit der Suche nach einer Anfangstätigkeit sinnvoll nutzen wollen.

Bei dem Bielefelder Kompaktkurs handelt es sich um ein nicht kommerziell motiviertes Angebot. Die konkurrenzlos günstige Teilnehmergebühr von 540 € für den gesamten Kurs (160 € je Monatsbaustein) wird durch die Subventionierung seitens der Hans-Soldan-Stiftung ermöglicht.

Da der Kurs leider nur einmal jährlich stattfindet, haben nicht alle Referendare in zeitlicher Hinsicht die Möglichkeit, im Rahmen ihrer Referendarausbildung am Kompaktkurs teilzunehmen, insbesondere wenn die Wahlstation im Sommer, Herbst oder Winter liegt. Klug ist daher, wer den Kurs bereits während seiner Wartezeit zum Referendariat besucht – die dort erworbenen profunden Kenntnisse über die Anwaltstätigkeit lassen sich beim Ausbildungsanwalt bestens einsetzen.

Am objektivsten informieren Sie sich durch ehemalige Teilnehmer. Erfahrungsberichte veröffentlichen Kroth, REFZ 1991, Heft 4, 25; Kuhnert/Möller, JUSTUF 1992, Heft 2, 16 und Z.f.R. 1992/93; Lapp, JA 1992, Heft 2 Februar, Umschlagseite I; Nagler, NJW 1992, 3148; Unglert, BRAK-Mitteilungen 1993, 206 = REFZ 1994, Heft 1, 9; Rheingans, JuS 1996, 277; Bauer, JuS 1997, 188; Bayer, JA 1997, 351. Weitere aktuelle Teilnehmerberichte finden Sie auf den Seiten des Kompaktkurses selbst: http://www.kompaktkurs.de/informationen/teilnehmerberichte/index.html.

Ein nicht zu unterschätzender Vorteil des in jeder Hinsicht nur wärmstens zu empfehlenden Kurses sind sicher auch die für das spätere Berufsleben nützlichen Kontakte der Teilnehmer untereinander.

Sie können sich bequem online anmelden. Der transparente und sehr benutzerfreundliche Internetauftritt hilft Ihnen bei allen Fragen weiter. So können Sie die aktuellen Zuweisungsvorschriften abrufen:

http://www.kompaktkurs.de/informationen/zuweisung/neues_recht/index.html.

Anschrift (Informationsbroschüre, Anmeldung):

Institut für Anwalts- und Notarrecht der Universität Bielefeld
Postfach 10 01 31
33501 Bielefeld
Telefon: 05 21/1 06-39 24 (Frau Fiedler-Hahn)
Telefax: 05 21/1 06-80 57
E-Mail: info@kompaktkurs.de
http://www.kompaktkurs.de/index.html

6. Studienkurs »Einführung in den Anwaltsberuf« an der FernUniversität Hagen

Die FernUniversität Hagen führt in Zusammenarbeit mit der Deutschen AnwaltAkademie im Deutschen Anwaltverein ein weiterbildendes Fernstudium »**Einführung in den Anwaltsberuf**« durch. Durch den Kursus können die im Vorbereitungsdienst vorhandenen Ausbildungslücken im Hinblick auf die Vorbereitung auf eine spätere Anwaltstätigkeit geschlossen werden.

Das Studium gliedert sich in ein Gesamtprogramm und ein Zusatzprogramm. Das Gesamtprogramm erstreckt sich über ein Jahr und wird fortlaufend angeboten. Es besteht aus einem Wahlthemenbereich (u.a. Berufswahl/Praxisgründung/Kanzleiorganisation; Straßenverkehrsrechtliches Mandat) und drei Pflichtthemenbereichen (u.a. Anwaltliches Berufsrecht/Haftungsrecht; Abgaben und Steuern im Anwaltsberuf; Rechtsanwaltsgebührenrecht), die anhand schriftlicher Studienmaterialien im Fernstudium absolviert werden. Das Zusatzprogramm wird ebenfalls fortlaufend angeboten und umfasst eine Einführung in verschiedene Rechtssprachen.

Nach der Anmeldung erhält man die Studienmaterialien, die aus schriftlichen Modulen (jeweils ca. 100 Druckseiten) für das Selbststudium bestehen und Übungsaufgaben enthalten. Daneben erhält man Materialbände mit wichtigen Gerichtsurteilen, Gesetzesbestimmungen und Literaturhinweisen. Der Lernstoff wird in kompakten Kurseinheiten vermittelt. Es wird eine Bearbeitungsdauer von 20 Stunden je Modul zu Grunde gelegt. Jedem Themenbereich werden Einsendeaufgaben beigefügt, die bearbeitet und an die FernUniversität zurückgesandt werden müssen. Das Arbeitsvolumen für das Gesamtprogramm wird mit 440 Stunden angenommen, was über ein Jahr verteilt einem wöchentlichen Pensum von 10 Wochenstunden entspricht. Nach erfolgreicher Teilnahme wird ein Zertifikat ausgestellt. Das Fernstudium wird ergänzt durch Praxisseminare der Deutschen AnwaltAkademie (Teilnahme fakultativ).

Die Anmeldung ist jederzeit möglich. Teilnahmeberechtigt sind Juristen mit einem juristischen Staatsexamen. Die Bearbeitungszeit des ersten Themenbereichs erstreckt sich vom 1. Juni bis 31. Juli. Am 31. Mai des Folgejahres ist das Gesamtprogramm »bearbeitet«. Die Gebühren für die Kurseinheiten des Gesamtprogrammes betragen ca. 1000 € (ein Modul 200 €), für Wiederholer gibt es Rabatte. Für den Kurs Einführung in die entsprechende Rechtssprache sind inzwischen ebenfalls geringe Gebühren zu entrichten.

Der Kursus kann in Einzelteilen absolviert werden; einzelne Kurseinheiten können wiederholt werden, wenn die Einsendeaufgaben nicht fristgerecht und erfolgreich bearbeitet wurden. Eine erfolgreiche Bearbeitung setzt voraus, dass die Hälfte der pro Kurs angebotenen Einsendeaufgaben als »bestanden« bewertet werden, was der Fall ist, wenn 50% der vorgesehenen Punkte erzielt worden sind.

Die Teilnahme an dem Fernlehrgang erhöht die Chancen bei der Bewerbung nach dem Examen (Rollmann, Praktische Hinweise für junge Anwälte, DAV S. 48). Daneben wird durch das im Kursprogramm vermittelte Wissen die spätere Niederlassung erleichtert.

Eine gute Informationsbroschüre können Sie sich hier herunterladen: http://www.fernuni-hagen.de/REWI/STJZ/Weiterbildung/Einfuehrung-Anwaltsberuf.pdf.

Anmeldung:

FernUniversität in Hagen,
Institut für Juristische Weiterbildung
Herr Gottlieb Wick
58084 Hagen
Telefon: (0 23 31) 9 87-29 00
E-Mail: gottlieb.wick@fernuni-hagen.de
http://www.juristische-weiterbildung.de

Fragen zum Zulassungsverfahren:

FernUniversität in Hagen
Studierendensekretariat/Herr Wiegard
58084 Hagen
Telefon: (0 23 31) 9 87-42 74
E-Mail: Reinhard.Wiegard@FernUni-Hagen.de

7. Besuch von Seminaren an der Universität

Aus Interesse, zur Vertiefung von Prüfungsstoff (Wahlfach bzw. Schwerpunktgebiet), aber insbesondere zur **Vorbereitung einer Promotion** kommt neben dem Vorbereitungsdienst der **Besuch eines Seminars** an der Universität in Betracht. Man stellt fest, dass man als Rechtsreferendarin bzw. Rechtsreferendar schon »wer« ist, man gilt ganz offensichtlich als erwachsen und vielwissend. Dies zu erfahren oder zu demonstrieren sollte aber nicht der Sinn des Besuches eines Seminars sein. Prüfen sollten die Belegung eines Seminars vor allem diejenigen, die eine Promotion in einem bestimmten Fach oder bei einer bestimmten Professorin oder einem bestimmten Professor erwägen, aber noch nicht ganz sicher sind und/oder denen noch ein **Seminar als Voraussetzung für die Promotion** fehlt. Auskünfte über die Voraussetzungen bei Promotionsvorhaben nach der Promotionsordnung erteilen die jeweiligen Universitäten. An das Seminar kann sich eine Promotion anschließen; denkbar ist, dass das Thema mit dem Referat zusammenhängt, das man während des Seminars gehalten hat. Auf diese Weise kann sich der Aufwand für eine Promotion nicht unerheblich verringern. Auch wenn eine Promotion wegen der Belastung durch den Vorbereitungsdienst für die Zeit des Berufsstarts geplant ist, macht das eben beschriebene Verfahren Sinn.

8. Promotion

Jeder siebte Jurist bzw. jede siebte Juristin promoviert inzwischen. Wer diesem zunehmenden Trend nicht standhalten kann, erkundige sich vorher nach Promotionsbedingungen an der gewählten Universität. Diese muss nicht identisch mit derjenigen sein, an der das erste Staatsexamen abgelegt wurde. Häufig sind Unterschiede bei den Voraussetzungen (Zahl der Seminare, Benotung der Seminare, Benotung des ersten Staatsexamens, kleines oder großes Latinum, Besuch eines Seminars an der Fakultät, an der promoviert wird etc.) und Anforderungen zu berücksichtigen. Während einige Professorinnen und Professoren gerne, viel und zügig promovieren lassen, spornen andere ihre Promovenden zu wissenschaftlichen Höchstleistungen an, die teilweise drei Jahre und mehr zur Reifung benötigen. Nun promoviert der Mensch nicht nur im Leben, sondern möchte auch noch andere Dinge tun. Daher sollte man sich vorher nicht nur bei der ausgewählten »Doktormutter« bzw. dem »Doktorvater« unmittelbar erkundigen, sondern deren Handhabung bei Vorgängern oder wissenschaftlichen Mitarbeitern und Hilfskräften mittelbar in Erfahrung bringen.

Neben dem Erwerb der Doktorwürde an der juristischen Fakultät kommt auch eine **Promotion in anderen Gebieten** in Betracht. Je nach Interesse und Neigung kann es durchaus reizvoll sein, mal was anderes zu machen und z.B. in Betriebswirtschaftslehre, Politikwissenschaften oder Psychologie zu promovieren. Die Voraussetzungen sind dann an der jeweiligen Fakultät zu erfragen.

9. Fremdsprachenkurse

Auf Grund des Zusammenwachsens in der EG und der Expansion ausländischer Anwälte nach Deutschland und umgekehrt werden Fremdsprachenkenntnisse immer bedeutsamer und steigern den eigenen Marktwert beträchtlich (so Mahdoust, Rechtsreferendare und Nebentätigkeiten, JuS 1994, 813). Für die spätere **Tätigkeit als Anwältin oder Anwalt** gewinnen **Fremdsprachenkenntnisse** auch in kleineren Kanzleien zunehmend an Bedeutung. Durch die Internationalisierung des Handels sind z.B. an vielen Insolvenzverfahren ausländische Gläubiger beteiligt. Das Schulenglisch sollte daher gezielt im Selbststudium oder durch den Besuch von Konversationskursen aufgemöbelt werden. Unerlässlich sind auf den Sprachwortschatz »Wirtschaft und Recht« spezialisierte Kurse in den Fremdsprachen. Spätestens ein halbes Jahr vor einer **Auslandsstation** sollte zumindest ein **Crashkurs** in der benötigten Fremdsprache eingeplant werden.

Ab und zu erscheinen in der NJW Anzeigen von **Anbietern**, die Kurse »Englisch für Juristen« anbieten – z.B. das Institut Ranke-Heinemann, Schnutenhausstr. 44, 45136 Essen, (02 01) 25 25 52, Telefax (02 01) 26 75 53, an der Universität St. Andrews in Schottland. Gute, aber nicht ganz billige Kurse bieten die Kulturinstitute der einzelnen Nationen an (z.B. Institut Français). Daneben existieren zahlreiche, auch renommierte Privatanbieter (Berlitz, Helliwell u.a.). Nach der Ermittlung des eigenen Nachholbedarfs und der Vorkenntnisse sollte auch hier eine vergleichende **Marktanalyse** zur Einsparung knapper Anwärterbezüge vorgenommen werden.

10. EDV-Kurse

EDV wird in juristischen Berufsfeldern zunehmend verwendet. Auch in die Justizverwaltung ziehen die Netzwerke ein. Der Umgang mit Standardsoftware wie Winword, Excel, Access, Wordperfect und die Kenntnis zumindest des Betriebssystems **Windows** werden heutzutage bei Bewerbungen in der Privatwirtschaft, bei vielen Behörden und bei Kanzleien vorausgesetzt. **JURIS-Online**-Dienste sind bereits an den meisten Obergerichten und Universitäten Standard. Datenbanken auf **CD-ROM** setzen sich trotz der auf der Monopolstellung der Anbieter beruhenden unverschämt hohen Preise weiter durch. Auch als Rechtsanwältin bzw. Rechtsanwalt sind vertiefte Kenntnisse in allen Bereichen der EDV-Anwendung nicht nur nützlich, sondern sowohl zeitsparend als auch gewinnbringend einsetzbar. Auch hier nötigt der Zeit- und Kostendruck zu entsprechenden Rationalisierungen.

Als nicht ausreichend dürfen Kenntnisse in der Textverarbeitung angesehen werden, die über das Tippen eines Textes im Flattersatz mit anschließendem fehlerlosen Speichern nicht hinausgehen. Zumindest die Textverarbeitung darf heutzutage schon etwas virtuoser beherrscht werden. Lichtjahre hinter sich lässt man alle Mitbewerberinnen und Mitbewerber, wenn man in der Lage ist, Schriftsätze oder Urteile mit Feldern, Tabellen und Makros weitgehend zu automatisieren. Dabei sind dies alles Lernvorgänge, bei denen sich das Gehirn nicht annähernd so hartnäckig windet wie beim Erlernen des Abstraktionsprinzips.

Kurzum: Am einfachsten und preiswertesten ist das Training anhand von Taschenbüchern, die zu vergleichsweise niedrigen Preisen im Buchhandel zu erhalten sind. Wem diese Form des Lernens nicht liegt, weil sie oder er sehen muss, wie's gemacht wird, wird mit einem EDV-Kurs glücklich. Auch hierbei ist auf die Seriosität und Erfahrung des Anbieters zu achten.

Wer sich weitsichtig qualifizieren will, sollte sich um **berufsspezifische Kurse** (z.B. »EDV für Rechtsanwältinnen und Rechtsanwälte« oder »Word für Juristinnen und Juristen«) bemühen. Zwar werden solche EDV-Kurse von den etablierten Anbietern wie der Anwaltsakademie noch nicht angeboten, aber angesichts des enormen Bedarfs ist es nur eine Frage der Zeit, bis entsprechende Angebote auf dem Markt sind. Es empfiehlt sich daher, die Augen offen zu halten. In der Beilage »Computer und Recht (CoR)« zur NJW wird man am ehesten fündig werden.

XII. Nebentätigkeiten

1. Allgemeines zu Nebentätigkeiten für Referendarinnen und Referendare

Literatur

- Mürbe, Mitarbeit beim Rechtsanwalt, Rechtsreferendarinfo 2/94
- Mahdoust, Rechtsreferendare und Nebentätigkeiten, JuS 1994, 813

Die meisten Rechtsreferendarinnen und Rechtsreferendare arbeiten während des Vorbereitungsdienstes. **Typische Nebentätigkeiten** sind die Beschäftigung als Korrekturassistent oder -assistentin oder als wissenschaftliche Mitarbeiterin bzw. wissenschaftlicher Mitarbeiter an der Universität. Korrekturassistentinnen und -assistenten werden nach der Zahl der bearbeiteten Klausuren vergütet und erzielen Stundenentgelte um 15 €. Weitere Möglichkeiten zur Aufbesserung des Salärs stellen die **Nebenbeschäftigung bei einem Repetitorium** oder als **Referent bei Seminaren** oder Fortbildungs- und Umschulungsträgern dar. Bei Repetitoren sind monatliche Entgelte um 500 € für vier Stunden Repetitortätigkeit pro Woche erzielbar, bei Bildungsträgern erhält man 15 bis 20 € pro Lehrstunde (45 Minuten). Zu berücksichtigen beim Stundensatz ist hierbei aber, dass diese Tätigkeiten eine gewisse (unbezahlte) Vorbereitung erfordern.

Die meisten Rechtsreferendarinnen und Rechtsreferendare finden jedoch einen **Nebenerwerb bei Rechtsanwältinnen und Rechtsanwälten**. Die Bezahlung variiert dabei, üblich sind aber Beträge ab 7,50 € die Stunde. Bei größeren Kanzleien sollen Stundensätze von 10 bis 15 €, bei Fremdsprachenkenntnissen um 17,50 € und mehr erzielbar sein (Mahdoust, a.a.O.). Manche Kanzleien zahlen bei einer Ganztagestätigkeit in der Rechtsanwaltsstation bis zu 900 € neben den Referendarbezügen. Jüngere Kanzleien sollen tendenziell höhere Entgelte zahlen als alteingesessene Kanzleien (so Mahdoust, a.a.O.). Dies mag damit zusammenhängen, dass die Erinnerung an die eigenen Nöte während des Referendariats noch frisch und der Umgang in finanzieller Hinsicht kollegialer ist. Verdienst kann aber nicht das entscheidende Kriterium sein, auch wenn die knappen Anwärterbezüge zu exzessiver Nebenbeschäftigung fast zwingen. Interessanter an der Nebentätigkeit bei einer Anwältin bzw. einem Anwalt ist die Möglichkeit, einen potenziellen späteren Beruf frühzeitig kennenzulernen und vielleicht sogar eine **spätere Beschäftigungsmöglichkeit** bei beiderseitigem Gefallen. Außerdem lernt man u.U. viel für das Referendariat. Dies hängt letztlich von einem selbst ab, mit wieviel Neugier und Interesse man dieser Tätigkeit nachgeht. Unterhalten Sie sich mit den Rechtsanwaltsgehilfinnen und -gehilfen über deren Arbeitsschritte, informieren Sie sich über die praktische Vollstreckung. Die praktisch gewonnenen **Einblicke** führen dazu, dass die Theorie dazu deutlich leichter verstanden wird und auch länger behalten werden kann.

Stellenangebote findet man an den **schwarzen Brettern** in der Universität, der Bibliothek am Gericht und anderen Aushangstellen für Informationen, die sich an Rechtsreferendarinnen und Rechtsreferendare richten. Diese befinden sich meist bei den Referendargeschäftsstellen oder den Arbeitsgemeinschaftsräumen (ein guter Ort sind auch die Räume mit den Anwaltsfächern). Anschriften von größeren Kanzleien kann man der NJW, den gelben Seiten oder den Referendarzeitschriften entnehmen. Insbesondere im jumag werden regelmäßig Großkanzleien vorgestellt. Nicht zu unterschätzen sind auch die Arbeitsvermittlungen durch **Mundpropaganda** und Empfehlungen.

Es versteht sich von selbst, dass Nebentätigkeiten im Rahmen einer Anstellung bei der jährlichen **Steuererklärung** anzugeben sind. Bei einer Nebenbeschäftigung auf einer zweiten Lohnsteuerkarte erhält man die Steuerklasse VI mit entsprechend hohen Abzügen. Arbeitet man als **Selbstständige** oder **Selbstständiger** im Rahmen einer freien Mitarbeit oder bei Vorträgen gegen Honorar, so muss auch dies bei der jährlichen Steuererklärung angegeben werden. Unter Umständen kommt auch die Pflicht zur vierteljährlichen Einkommensteuervorauszahlung in Betracht.

2. Die dienstliche Behandlung von Nebentätigkeiten

§§ Bundesnebentätigkeitsverordnung – BNV (Sartorius I Nr. 177) bzw. die entsprechenden landesrechtlichen Vorschriften (z.B. NtV NW – Hippel-Rehborn Nr. 38)

Unter **Nebentätigkeit** ist die **Nebenbeschäftigung** und das **Nebenamt** zu verstehen. Eine **Nebenbeschäftigung** ist gegeben, wenn eine Referendarin bzw. ein Referendar einer zweiten oder weiteren **privatrechtlichen Beschäftigung** (unselbstständig oder selbstständig) z.B. bei einer Rechtsanwältin oder einem Rechtsanwalt nachgeht. Ein **Nebenamt** ist dagegen die weitere Tätigkeit in einem **öffentlich-rechtlichen Rechtsverhältnis** (z.B. als ehrenamtliche Bürgermeisterin). Im öffentlichen Dienst ist die Übernahme einer Nebentätigkeit zwar grundsätzlich genehmigungspflichtig. Nach § 66 BBG sind allerdings bestimmte Tätigkeiten von der **Genehmigungspflicht** ausgenommen. Nicht genehmigungspflichtig sind zudem öffentliche Ehrenämter, die als solche in Rechtsvorschriften bezeichnet sind, sowie jede behördlich bestellte oder auf Wahl beruhende unentgeltliche Mitwirkung bei der Erfüllung öffentlicher Aufgaben, § 1 BNV. Die **Aufnahme oder das Bestehen** einer Nebentätigkeit sind der Präsidentin oder dem Präsidenten des Oberlandesgerichts anzuzeigen. **Anträge auf Genehmigung** einer genehmigungspflichtigen Nebentätigkeit sind unter Angabe von Umfang, zeitlicher Inanspruchnahme und Höhe der Vergütung auf dem Dienstwege zu stellen. Die Aufnahme von Hochschulstudien ist dagegen lediglich anzeigepflichtig. Dies gilt nach der Verschärfung der Vorschriften durch das Zweite Nebentätigkeitsbegrenzungsgesetz (hierzu Battis, ArbuR 1998, 61) auch für schriftstellerische, wissenschaftliche, künstlerische oder Vortragstätigkeit, sofern hierfür ein Entgelt oder Vorteil gewährt wird.

Die in den **einzelnen Bundesländern** für die Landes- und Kommunalbeamtinnen und -beamten ergangenen landesrechtlichen Vorschriften sind praktisch inhaltsgleich. Für Beamtinnen und Beamte in **Nordrhein-Westfalen** gelten die §§ 67 und 68 des LBG und die Verordnung über die Nebentätigkeit der Beamten und Richter im Lande Nordrhein-Westfalen vom 21. 9. 1982, GV NW S. 605 (NtV). Nicht genehmigungspflichtige Nebentätigkeiten nach § 60 LBG und Nebenämter fallen nicht unter die Mitbestimmung der Personalvertretungen der Rechtsreferendarinnen und Rechtsreferendare. In **Rheinland-Pfalz** ist der Umfang der genehmigungsbedürftigen Nebentätigkeiten in §§ 73 und 74 LBG geregelt. Die Versagung ist nur unter den Voraussetzungen des § 73 Abs. 2 Satz 1 LBG zulässig. Die Personalräte der Rechtsreferendarinnen und Rechtsreferendare an den Oberlandesgerichten bzw. der Gesamtpersonalrat der Rechtsreferendarinnen und Rechtsreferendare bestimmen bei der Genehmigung, Versagung und Widerruf der Genehmigung sowie der Untersagung einer Nebentätigkeit mit (§§ 79 Abs. 1 Nr. 11, 110 LPersVG RP). Im **sächsischen Landesbeamtengesetz** ist der Umfang der genehmigungsbedürftigen Nebentätigkeiten in §§ 82 und 83 SächsBG geregelt. Eine Versagung ist nur unter den Voraussetzungen des § 82 Abs. 2 SächsBG zulässig. In Sachsen findet eine echte Beteiligung der Interessenvertretungen der Rechtsreferendarinnen und Rechtsreferendare (die sog. Ausbildungsbeiräte nach § 66 SächsPersVG, vgl. dazu Eberhard u.a.; § 66 SächsPersVG) wegen der schwachen Beteiligungsrechte nicht statt.

Die Beamtin bzw. der Beamte hat ein **subjektives Recht** auf Erteilung **einer Nebentätigkeitsgenehmigung**, sofern keine Versagungsgründe vorliegen. Eine Versagung ist nur unter den Voraussetzungen der Vorschriften des jeweiligen Landesbeamtengesetzes zulässig. Auch der Umfang der genehmigungsbedürftigen Nebentätigkeit ist dort geregelt. Die Vorschriften entsprechen inhaltlich dem BBG. Daneben sind Einzelheiten in landesrechtlichen Nebentätigkeitsverordnungen für Beamte und Richter geregelt. Durch die Genehmigungspflichtigkeit darf eine rechtlich geschützte Tätigkeit in Gewerkschaften und Berufsverbänden nicht behindert werden.

In der **Prüfungsphase** und zumeist auch während der **Einführungslehrgänge** ist die Zulässigkeit von Nebentätigkeiten beschränkt. In Nordrhein-Westfalen z.B. wird darauf hingewiesen, dass in dieser Zeit genehmigten Nebentätigkeiten nicht mehr nachgegangen werden darf.

Einige Landespersonalvertretungsgesetze unterwerfen **die Genehmigung, die Versagung und den Widerruf der Genehmigung** (so z.B. in Rheinland-Pfalz § 79 Abs. 1 Nr. 11 i.V.m. § 110 LPersVG), andere (z.B. Nordrhein-Westfalen: § 72 Abs. 1 Nr. 13 LPVG i.V.m. §§ 99, 105 Abs. 1 LPVG NW oder Thüringen: § 75 Abs. 1 Nr. 7 ThürPersVG) nur die Versagung und den Widerruf der Nebentätigkeitsgenehmigung der **Beteiligung der Interessenvertretung** der Rechtsreferendarinnen und Rechtsreferendare. Die Beteiligung erfolgt durch die allgemeine Personalvertretung, wenn keine besondere Personalvertretung für die Rechtsreferendarinnen und Rechtsreferendare besteht (wie z.B. in Thüringen). Die **Zustimmungsverweigerung** zu den genannten Maßnahmen im Hinblick auf die Nebentätigkeit kann z.B. auf einen Gesetzesverstoß (Nichtvorliegen der Voraussetzungen für eine Genehmigung) oder die Verletzung des Gleichbehandlungsgrundsatzes gestützt werden (vgl. Felser/Meerkamp/Vohs, LPersVG RP, § 79 Rn. 18).

Die Einkünfte aus Nebentätigkeiten können auf die **Anwärterbezüge** angerechnet werden. Nach § 65 Abs. 1 BBesG wird das Entgelt für die Nebentätigkeit auf die Anwärterbezüge angerechnet, soweit es diese übersteigt. Es kann also maximal in Höhe der Anwärterbezüge hinzuverdient werden, ohne dass eine **Anrechnung** den zusätzlichen Verdienst aufzehrt. Als Anwärtergrundbetrag bleiben jedoch mindestens 30 % des **Anfangsgrundgehaltes der Eingangsbesoldungsgruppe** anrechnungsfrei. Für Rechtsreferendarinnen und Rechtsreferendare ist die Besoldungsgruppe A 13 nebst Zulage das maßgebliche Eingangsamt (höherer Verwaltungsdienst).

3. Übersicht: Umfang der Nebentätigkeitsgenehmigung in den Bundesländern

Land	Umfang der Nebentätigkeitsgenehmigung
Baden-Württemberg	In den ersten 6 Monaten 20 Stunden, danach bis zu 35 Stunden pro Monat (leistungsabhängig mindestens 8 Punkte im ersten Staatsexamen), für die Tätigkeit an der Uni bis zu 70 Stunden im Monat (ab 8 Punkte im Referendarexamen).
Bayern	In den ersten 6 Monaten ab Einstellung leistungsabhängig: Voraussetzung sind 5,25 Punkte im Referendarexamen. Für ausbildungsförderliche Tätigkeiten (Korrekturassistent oder wissenschaftliche Mitarbeit an der Uni, Mitarbeit bei RA) bis zur vollständigen Ablegung des schriftlichen Teils des zweiten Examens ein Umfang von maximal 13, danach von maximal 19,25 Wochenstunden. Für berufsfremde Tätigkeiten bis maximal 1/5 der regulären wöchentlichen Arbeitszeit.
Berlin	Bis zu 40 Stunden im Monat, bei einem »gut« im ersten Staatsexamen werden für Assistentenstelle an der Uni bis zu 80 Stunden pro Monat genehmigt.
Brandenburg	Monatlich bis zu 43 Stunden – während der ersten neun Monate (zwei Stationen) jedoch nur ausnahmsweise, § 45 BbgJAO.
Bremen	Wöchentlich bis zu acht Stunden.
Hamburg	Maximal acht Stunden pro Woche.
Hessen	Monatlich bis zu 43 Stunden – während der beiden ersten Ausbildungsabschnitte nur ab 7,4 Punkten oder wegen wissenschaftlicher Tätigkeit.
Mecklenburg-Vorpommern	Maximal acht Stunden pro Woche, bei universitärer Nebentätigkeit bis zu zehn Stunden.
Niedersachsen	Examensunabhängig bis zu 46 Stunden im Monat.
Nordrhein-Westfalen	Erster Ausbildungsmonat (Einführungslehrgang) nicht, danach examensunabhängig bis zu zehn Stunden pro Woche bei ausbildungsförderlichen Nebentätigkeiten (beim RA oder an der Uni).
Rheinland-Pfalz	In begründeten Ausnahmefällen bis zu acht Stunden.
Saarland	Bis zu 15 Stunden pro Woche, bei Nebentätigkeit an Uni bis zu 20 Wochenstunden. Bei »ausreichend« im ersten Staatsexamen müssen Einzelausbilderin/Einzelausbilder und Arbeitsgemeinschaftsleiterin/Arbeitsgemeinschaftsleiter zustimmen.

Land	Umfang der Nebentätigkeitsgenehmigung
Sachsen	Während Einführungslehrgang nicht, ansonsten maximal acht Stunden die Woche, in Ausnahmefällen bis zu zehn Stunden pro Woche.
Sachsen-Anhalt	Bis zu acht Stunden die Woche, solange Ergebnisse der Ausbildung nicht beeinträchtigt werden.
Schleswig-Holstein	Wöchentlich bis zu acht Stunden, Einzelfallentscheidung.
Thüringen	Monatlich bis zu 43 Stunden – in den beiden ersten Ausbildungsstationen ist aber eine besondere Ausbildungsnähe erforderlich, § 43 ThürJAPO.

4. Die Terminvertretung der Rechtsanwältinnen und -anwälte durch Rechtsreferendarinnen und Rechtsreferendare vor den Gerichten

Literatur

- Monz, Terminvertretungen von Rechtsreferendaren vor den Gerichten, REFZ 3/4 1995 und REFZ 7/8 1995

Gerne schicken Rechtsanwältinnen und Rechtsanwälte die bei ihnen in der Rechtsanwalts- oder Rechtsberatungsstation beschäftigten Rechtsreferendarinnen und Rechtsreferendare zu **auswärtigen oder wochenendnahen Terminen**. Gerne werden dem juristischen Nachwuchs auch **Gerichtstermine vor 9 Uhr** in der Frühe anvertraut, nicht ohne auf die besondere Ehre dieser Handlung und das darin zu erblickende Vertrauen in die Fähigkeiten der Referendarin oder des Referendars in Stage hinzuweisen. Wie gerne würden beide Seiten diese Möglichkeiten auch über die Stationsausbildung hinaus ausweiten, wäre da nicht die Problematik der **Zulässigkeit der Beauftragung von Rechtsreferendarinnen und Rechtsreferendaren** außerhalb der Anwaltsstage. Häufig herrscht über die Frage, ob und wie Rechtsreferendarinnen und Rechtsreferendare in Nebenbeschäftigung bei Rechtsanwältinnen und Rechtsanwälten beschäftigt werden können, bei Kolleginnen und Kollegen nebulöse Unsicherheit.

Dabei ist die prozessuale Frage, ob Referendarinnen und Referendare im Prozess auftreten dürfen von der Frage zu trennen, wie sich die Tätigkeit gebührenrechtlich auswirkt.

Rechtlich ist diese Frage eigentlich geklärt und zudem in recht einfacher Weise. Das Bundesarbeitsgericht hat die **Unterscheidung zwischen Stationsreferendarin bzw. -referendar sowie Nebentätigkeitsreferendarin bzw. -referendar** aufgegeben (anders noch Monz, a.a.O.). Folgt man dem Bundesarbeitsgericht (BAG vom 22. 2. 1990 – 2 AZR 122/89, NZA 1990, 665), wofür einiges spricht, gilt Folgendes:

In Prozessen mit **Anwaltszwang** gelten die allgemeinen Grundsätze (§ 78 Abs. 1 ZPO). Prozesshandlungen anderer Personen als Anwälte, also auch jene von Rechtsreferendarinnen und Rechtsreferendaren, sind unwirksam. Deshalb können Referendare auch nicht vor dem Landgericht oder dem Oberverwaltungsgericht auftreten. Ausnahmen ergeben sich aus den §§ 53 und 59 Abs. 2 BRAO für zum **allgemeinen Vertreter** einer Anwältin oder eines Anwalts bestellte Rechtsreferendarinnen und Rechtsreferendare. Die Vertreterin bzw. der Vertreter hat dann gemäß § 53 Abs. 7 BRAO die vollen anwaltlichen Befugnisse.

Im **Parteiprozess** besteht zwischen Stations- und Nebentätigkeitsreferendarinnen und -referendaren kein Unterschied. Entsprechende Vorbehalte sind prozessrechtlich überholt. Das Bundesarbeitsgericht ist der früher herrschenden Meinung (Nachweise bei BAG, NZA 1990, 665) nicht gefolgt, wonach eine solche Unterscheidung sich aus § 157 Abs. 1 und 2 ZPO ergäbe. Nach § 11 Abs. 3 ArbGG und § 157 ZPO sind nur solche Personen als Bevollmächtigte und Beistände in der mündlichen Verhandlung ausgeschlossen, die die Besorgung fremder Rechtsangelegenheiten geschäftsmäßig betreiben. Unterbevollmächtigte Rechtsreferendarinnen und Rechtsreferendare, auch in Nebenbeschäftigung, betreiben nicht geschäftsmäßig fremde Rechtsangelegenheiten. Nach Art. 1 § 1 RBerG ist nur eine selbstständige Betreuung fremder Rechtsangelegenheiten unzulässig, nicht dagegen die bei Rechtsreferendarinnen und Rechtsreferendaren vorliegende unselbstständige Betreuung. Wer als Angestellte oder Angestellter eine Rechtsangelegenheit weisungsgebunden bearbeitet, handelt auch dann nicht geschäftsmäßig, wenn der Geschäftsherr seinerseits insoweit geschäftsmäßig tätig wird (BAG, a.a.O. m.w.N.). Es bleibt noch darauf hinzuweisen, dass die Rechtsprechung des Bundesarbeitsgerichts zum Arbeitsgerichtsverfahren wegen der Bezugnahme auf die zivilprozessuale Regelung auch für das **Zivilprozessrecht** gilt.

Die Frage, ob Nebentätigkeitsreferendarinnen und -referendare in Untervollmacht vor Gericht auftreten können, ist demnach letztlich eine **Frage der Standesgemäßheit des Handelns**, aber nicht des Prozessrechts. Es wird angenommen, dass die häufige Wahrnehmung von Gerichtsterminen durch Rechtsreferendarinnen und Rechtsreferendare außerhalb der Stationsausbildung mit Untervollmacht standeswidrig ist (z.B. Feuerich, BRAO, § 59 Rn. 8; EGH, BRAK-Mitt. 82, 35).

Die Sachlage nach der StPO stellt sich wie folgt dar: Nach § 139 StPO können Stationsreferendarinnen und -referendare auch vor den höheren Gerichten auftreten (Löwe/Rosenberg, § 139 StPO, Rn. 3). Nebenbeschäftigungsreferendarinnen und -referendare dürfen dagegen im Ermittlungsverfahren nicht mit Untervollmacht für die Wahlverteidigerin bzw. den Wahlverteidiger auftreten (BGH NJW 1973, 64).

Zu beachten ist, dass Stationsreferendarinnen und Stationsreferendare einerseits und Nebentätigkeitsreferendarinnen und -referendare andererseits gemäß § 4 BRAGO gebührenrechtlich unterschiedlich zu behandeln sind. Nach § 4 BRAGO ist die **Vergütung nach der BRAGO** zu bemessen, wenn eine Vertretung durch Stationsreferendarinnen und -referendare erfolgt. Auch Reisekosten nach § 28 BRAGO können wie für eigene Reisen verlangt werden. Für die Tätigkeit von Nebenbeschäftigungsreferendarinnen und -referendaren richtet sich die Vergütung nicht nach § 4 BRAGO, sondern nach § 612 BGB. Danach kann die übliche Gebühr verlangt werden, die nach den Umständen die Höhe der nach der BRAGO zu zahlenden Gebühr erreichen kann (Göttlich/Mümmler, BRAGO, »Referendar« Anm. 2.2 m.w.N.).

Weitere Probleme ergeben sich bei der Frage, ob die Gebühren für Nebentätigkeitsreferendarinnen und -referendare **kostenrechtlich erstattungsfähig** sind. Nach § 91 Abs. 1 ZPO hängt dies davon ab, ob es sich um Kosten handelt, die zur zweckentsprechenden Rechtsverfolgung oder Rechtsverteidigung erforderlich waren. In Strafsachen ist die Frage der Erstattungspflicht heftig umstritten (vgl. dazu im Einzelnen Göttlich/Mümmler, a.a.O., Anm. 2.3 m.w.N.).

In der Anwaltsstation ist den Referendarinnen und Referendaren **das Tragen der Robe** erlaubt. In der Praxis gibt es unterschiedliche Handhabungen im Hinblick auf Nebenbeschäftigungsreferendarinnen und -referendare. Erkundigen Sie sich im Zweifel bei Gericht nach der praktischen Handhabung. Es ist nicht zu empfehlen, die Robe als Nebentätigkeitsreferendarin bzw. -referendar ohne eine solche Abklärung zu tragen (Monz, a.a.O.).

XIII. Steuern

Literatur

- »Steuerliche Absetzungsmöglichkeiten für Rechtsreferendare« in JuS 1999, 96
- Wiengarten, Der Steuerratgeber für Referendare, W.I.S. Verlag
- Juristische Lehrgänge Alpmann/Schmidt, Steuertips für Studenten und Referendare
- Strohner, Ausbildungsdienstverhältnisse – Berücksichtigung von Werbungskosten wegen Tätigkeiten an ständig wechselnden Einsatzstellen, DStR 1992, 62
- Rüster, Die Behandlung der Referendareinkünfte im Einkommensteuerrecht, JuS 1983, 153
- Pflugfelder, Die Behandlung der Referendareinkünfte im Einkommensteuerrecht, JuS 1985, 656
- Wewel, Referendargehalt und Einkommensteuer, JuS 1993, 787
- Steuer für Rechtsreferendare – BFH knappst an AG-Fahrten, REFZ 5/92
- Steuertips für Rechtsreferendare, REFZ 3/94
- Steuertips für Rechtsreferendare, REFZ 1/2, 3/4, 5/6 1994
- Bei der Steuer sparen, Rechtsreferendarinfo 4/93, 15
- Steuertips, Rechtsreferendarinfo 1/94
- Fahrtkosten = Werbungskosten, Rechtsreferendarinfo 2/95, 15

Die Anwärterbezüge stellen keine Vollalimentation dar. Kulturell bedeutet dies einen zwangsweisen Rückfall in die Steinzeit, als Vorratshaltung noch nicht üblich war. Für Referendarinnen und Referendare ist Vorratshaltung auch heutzutage schlicht nicht möglich. Daher befinden sich Rechtsreferendarinnen und Rechtsreferendare permanent auf Nahrungssuche, sprich: anderen **Finanzquellen**. Es ist daher kein Wunder, dass sich zahlreiche Aufsätze mit **Steuerfragen** bei Rechtsreferendarinnen und Rechtsreferendaren beschäftigen.

Wichtige Vorentscheidungen können bereits frühzeitig durch eine systematische **Steuerplanung** getroffen werden. Aus den Literaturlisten dieses Handbuches kann man sich bereits den Bedarf an Ausbildungsliteratur zusammenstellen und den Kaufzeitpunkt neben den bereits genannten Erwägungen (frühzeitiges Vertrautsein mit den in der Prüfung zugelassenen Hilfsmitteln) auch an steuerlichen Erwägungen ausrichten. Sofern Sie steuerlich in einem Kalenderjahr bereits unter den Beträgen liegen, die das BVerfG (NJW 1992, 3153) in seiner Entscheidung zum existenznotwendigen Grundfreibetrag erklärt hat (nach § 32 a Abs. 1 EStG 7 664 € als Ledige bzw. Lediger, 15 328 € als Verheiratete bzw. Verheirateter), bringen weitere steuerlich relevante Ausgaben in diesem Jahr nichts mehr. **Ausgaben** sollten Sie daher in das nächste Jahr **verlegen**, soweit dies aus anderen Gründen nicht unzweckmäßig erscheint. Überschreiten Sie diese Einkommensgrenzen, werden bereits hohe Transferleistungen nach Berlin fällig. Außerdem kann bei entsprechend hohen Werbungskosten auf Grund einer Wahlstation im Ausland, Lehrgängen oder hoher Fahrtkosten bereits vor dem Steuerjahr ein **Freibetrag in der Lohnsteuerkarte** eingetragen werden (§ 39 a Abs. 1 Nr. 1 EStG). Bestimmte Aufwendungen, die im Kalenderjahr voraussichtlich entstehen, können grundsätzlich als Freibetrag auf der Lohnsteuerkarte eingetragen werden. Dazu gehören **Werbungskosten, Sonderausgaben, außergewöhnliche Belastungen** (z.B.: Ausbildungsfreibetrag, Unterstützungsleistungen an bedürftige Angehörige), **Behindertenpauschbeträge, Kinderfreibeträge** (in Ausnahmsfällen), **negative Einkünfte** aus gewerblicher, freiberuflicher oder landwirtschaftlicher Tätigkeit, **Verluste aus einem vermieteten Objekt**. Der Antrag ist bis zum 30. November des betreffenden Jahres zu stellen und führt ab dem nächsten Monat zur Lohnsteuerermäßigung.

Unterhaltsbeihilfe wie Anwärterbezüge stellen **Einkünfte aus nichtselbstständiger Arbeit** dar und sind der Lohn- bzw. Einkommensteuer unterworfen. Daneben können selbstverständlich im Einzelfall weitere Einkunftsarten (aus selbstständiger Tätigkeit etc.) treten. Im Referendariat können Sie die beruflichen Aufwendungen als Werbungskosten geltend machen.

Dies gilt insbesondere für:

- Fahrtkosten zur Arbeitsgemeinschaft
- Fahrtkosten zur Ausbildungsstätte
- Fahrtkosten zur privaten Arbeitsgemeinschaft
- Computer, Peripherie, Software
- Fachliteratur
- Fachzeitschriften
- Kosten für Fachanwaltskurse und Repetitorien
- Kosten einer Auslandswahlstation
- Kopierkosten
- Beiträge für Berufsverbände u.ä.
- Kosten für Schreibmaterial.

Seit 1. 1. 2002 beträgt die Entfernungspauschale

- 0,36 € für die ersten 10 Kilometer,
- 0,40 € ab dem 11. Kilometer.

Die Beträge können Sie ansetzen unabhängig davon, wie Sie den Weg zwischen Wohnung und Arbeitsstätte zurücklegen.

Wenn die Entfernungspauschale zu Werbungskosten von mehr als 5112 € führt, gelten allerdings zwei Besonderheiten:

- bei Fahrten mit öffentlichen Verkehrsmitteln müssen Sie die Kosten im Einzelnen nachweisen,
- bei Fahrten mit dem KfZ müssen Sie dem Finanzamt zumindest glaubhaft machen, dass Sie tatsächlich mit dem Pkw gefahren sind.

Da die Ausbildungsstellen im Referendariat als Einsatzwechselstellen gelten, können Sie 0,30 €/km für jeden gefahrenen Kilometer der Hin- und Rückfahrt von und zur Ausbildungsstelle geltend machen, sofern diese mehr als 30 km entfernt ist. Diese Möglichkeit ist zudem pro Ausbildungsstelle/Station auf drei Monate beschränkt. Bei einer Abwesenheit von der Wohnung von mehr als acht Stunden können pauschal 6 € pro Tag für Verpflegungsmehraufwand geltend gemacht werden, ab 14 Stunden 12 €. Und bei mehrtägigen Dienstreisen stehen Ihnen sogar 24 € zum Absetzen pro Tag zur Verfügung.

Hilfestellungen bieten bei der Planung neben den Profis (Steuerberaterinnen und Steuerberater) zahlreiche **Steuerprogramme** für den PC (TK-Steuer, WiSo-Steuer), mit denen sich Eventualberechnungen (was wäre wenn?) durchführen lassen. Damit lässt sich anhand der variablen steuerlichen Entscheidungen eine sichere Vorhersage treffen, ob weitere Ausgaben steuerlich wirksam bleiben. Die beiden Programme, die bei Test regelmäßig gut abschneiden, sind in gut sortierten Buch- und Softwarehandlungen erhältlich.

Die Stifung Warentest vergleicht regelmäßig Steuerprogramme. Der letzte Test vor Drucklegung stammt von Januar 2005. Eine aktuelle Übersicht finden Sie unter http://www.rechtsreferendariat.de. Testsieger war wie häufig das Steuersparprogramm der ZDF-Ratgebersendung WISO.

Anschriften:

WiSo Sparbuch
Buhl Data Service GmbH
Postfach 17 47
57278 Neunkirchen/Siegerland
http://www.buhl.de
http://zdf.de/ratgeber/index.html

C. Die Prüfung

Literatur

- Knödler, Zur Korrektur der Korrektur – die Berichtigung schriftlicher juristischer Prüfungsleistungen, JuS 1995, 365

Bei der Prüfung zum zweiten Staatsexamen stellt sich wieder die Frage, wie man sich darauf vorbereiten soll. Sie werden feststellen, dass Sie weniger Zeit für eine ausgiebige Examensvorbereitung als im ersten Staatsexamen haben werden, weil die Ausbildung Sie in Anspruch nimmt. Das ist auch nicht dramatisch, denn darin liegt der größte Teil Ihrer Prüfungsvorbereitung. Anders als im ersten Staatsexamen steht weniger das gepaukte Wissen im Vordergrund. Diese Tendenz wird sich durch die Verkürzung der Juristenausbildung weiter verstärken.

Machen Sie sich daher das Folgende – auch für andere Bundesländer Gültige – klar: »Die Aufgaben in den juristischen Staatsexamina in Bayern sollen den Kandidaten Verständnis, systematisches Denken und eigenständiges, folgerichtiges Argumentieren und nicht auswendig erlerntes Detailwissen abverlangen« (aus dem Bericht des Bayerischen Landesjustizprüfungsamtes für das Jahr 1994).

Bei dem Gedanken an die Prüfung bleiben gleichwohl die wenigsten Referendarinnen und Referendare gelassen. Wie im Referendarexamen ist auch im Assessorexamen eine **Abschichtung der Prüfungsleistungen** während des Referendariats oder eine Berücksichtigung der während des Referendariats erbrachten Leistungen leider nicht vorgesehen. Wie im ersten Staatsexamen kommt es auch hier wieder auf die **Leistungsfähigkeit** während acht oder mehr Klausurterminen und einem Tag mündlicher Prüfung an. Kritikwürdig ist dabei nicht nur die Tatsache, dass lediglich einige Klausuren und die wenigen Fragen, die dem einzelnen Prüfling während der begrenzten Zeit der mündlichen Prüfung gestellt werden können, über Erfolg oder Misserfolg der Prüfung entscheiden. Daneben ist auch der **Zeitausschnitt** der Examensdauer insgesamt beschränkt, in dem die Prüflinge bewertet werden. Ferner müssen die Klausuren unter völlig praxisfernem **Zeitdruck** geschrieben und der Aktenvortrag unter extremen Bedingungen gehalten werden. Es stellt sich die Frage, ob es wirklich sinnvoll ist, die Benotung während des Vorbereitungsdienstes völlig außer acht zu lassen. Auch beim Abitur finden die über einen langen Zeitraum erbrachten Vornoten gebührende Beachtung. Es liegt doch wohl auf der Hand, welche Leistungen in der Tendenz aussagekräftiger sind.

Nach der teilweise recht harten Kritik in diesem Buch an Prüfung und **Prüferinnen und Prüfern** soll hier auch einmal eine Lanze für die Prüferinnen und Prüfer gebrochen werden: Auch die Prüfer korrigieren wohl teilweise unter unzumutbaren Bedingungen. In Bayern beispielsweise standen 1994 262 Prüferinnen und Prüfern insgesamt 2106 Prüflingen gegenüber. Es ist dabei kein Geheimnis, dass Prüferinnen und Prüfer Idealisten sein müssen, um angesichts der für die Prüfertätigkeit gezahlten recht bescheidenen Honorare zu korrigieren und zu prüfen.

In Baden-Württemberg sind nicht nur die Referendarbezüge erheblich reduziert worden, sondern es werden ab dem Prüfungstermin im Frühjahr 1999 außerdem **Prüfungsgebühren** erhoben. Diesem Beispiel sind andere Bundesländer leider gefolgt.

I. Das Prüfungsprogramm in den Bundesländern

Land	Klausuren	Aktenvortrag	Mündliche Prüfung
Baden-Württemberg	8 Klausuren: 4 Zivilrecht, 2 Öffentliches Recht (zählen Faktor 1,5), 2 Strafrecht	Aktenvortrag nach Wahl aus Zivilrecht, Strafrecht, Öffentlichem Recht	Zivilrecht, Strafrecht, Öffentliches Recht und Schwerpunktgebiet
Bayern	11 Klausuren: 5 Zivilrecht, 2 Strafrecht, 4 Öffentliches Recht einschließlich Arbeitsrecht und Steuerrecht	Kein Aktenvortrag	Zivilrecht, Strafrecht, Öffentliches Recht und Schwerpunktgebiet
Berlin	8 Klausuren: 3 Zivilrecht, 2 Strafrecht, 2 Öffentliches Recht, 1 nach Wahl aus diesen drei Gebieten	Aktenvortrag aus Schwerpunktgebiet	Zivilrecht, Strafrecht, Öffentliches Recht und Schwerpunktgebiet
Brandenburg	8 Klausuren: 2 Zivilrecht, 2 Strafrecht, 2 Öffentliches Recht, 2 Zwangsvollstreckung bzw. Anwaltsklausur	Aktenvortrag aus Zivilrecht, Strafrecht, Öffentlichem Recht oder Schwerpunktgebiet	Zivilrecht, Strafrecht, Öffentliches Recht und Schwerpunktgebiet
Bremen	8 Klausuren: 3 Zivilrecht, 2 Öffentliches Recht, 2 Strafrecht, 1 Schwerpunktgebiet	Aktenvortrag aus Schwerpunktgebiet	Zivilrecht, Strafrecht, Öffentliches Recht und Schwerpunktgebiet

Land	Klausuren	Aktenvortrag	Mündliche Prüfung
Hamburg	8 Klausuren: 3 Zivilrecht, 2 Öffentliches Recht, 2 Strafrecht, 1 Schwerpunktgebiet	Aktenvortrag aus Schwerpunktgebiet	Zivilrecht, Strafrecht, Öffentliches Recht und Schwerpunktgebiet
Hessen	8 Klausuren: 3 Zivilrecht, 2 Strafrecht, 2 Öffentliches Recht, 1 Arbeitsrecht oder Wirtschaftsrecht	Aktenvortrag aus Schwerpunktgebiet	Zivilrecht, Strafrecht und Öffentliches Recht
Mecklenburg-Vorpommern	10 Klausuren: 5 Zivilrecht, 2 Strafrecht, 3 Öffentliches Recht	Aktenvortrag aus Schwerpunktgebiet	Zivilrecht, Strafrecht, Öffentliches Recht und Schwerpunktgebiet
Niedersachsen	8 Klausuren: 3 Zivilrecht, 2 Strafrecht, 2 Öffentliches Recht, 1 nach Wahl Zivilrecht oder Verwaltungsrecht	Aktenvortrag aus Schwerpunktgebiet	Zivilrecht, Strafrecht, Öffentliches Recht und Schwerpunktgebiet
Nordrhein-Westfalen	8 Klausuren: 2 Zivilrecht, 2 Zwangsvollstreckung, 2 Strafrecht, 2 Öffentliches Recht	Aktenvortrag aus Zivilrecht, Strafrecht, Öffentlichem Recht	Zivilrecht, Strafrecht, Öffentliches Recht, Schwerpunktgebiet
Rheinland-Pfalz	8 Klausuren: 3 Zivilrecht, 2 Strafrecht, 3 Öffentliches Recht	Aktenvortrag aus Schwerpunktgebiet	Zivilrecht, Strafrecht, Öffentliches Recht und Schwerpunktgebiet
Saarland	7 Klausuren: 2 Zivilrecht, 1 Zwangsvollstreckung, 1 Strafrecht, 2 Öffentliches Recht, 1 Zivilrecht oder Öffentliches Recht	Aktenvortrag aus Schwerpunktgebiet	Zivilrecht, Strafrecht, Öffentliches Recht, Schwerpunktgebiet

Land	Klausuren	Aktenvortrag	Mündliche Prüfung
Sachsen	9 Klausuren: 4 Zivilrecht, 2 Strafrecht, 3 Öffentliches Recht	Aktenvortrag nach Wahl aus Zivilrecht, Strafrecht oder Öffentlichem Recht	Zivilrecht, Strafrecht, Öffentliches Recht und Schwerpunktgebiet
Sachsen-Anhalt	8 Klausuren: 3 Zivilrecht, 2 Strafrecht, 3 Öffentliches Recht	Aktenvortrag aus dem Zivilrecht, auf Antrag bis zum 16. Monat auch aus Strafrecht oder Öffentlichem Recht oder anwaltliche Aufgabe	Zivilrecht, Strafrecht, Öffentliches Recht und Schwerpunktgebiet
Schleswig-Holstein	8 Klausuren: 3 Zivilrecht, 2 Öffentliches Recht, 2 Strafrecht, 1 Wahl	Aktenvortrag aus Schwerpunktgebiet	Zivilrecht, Strafrecht, Öffentliches Recht und Schwerpunktgebiet
Thüringen	10 Klausuren: 5 Zivilrecht, 2 Strafrecht, 3 Öffentliches Recht, davon sollen 2 Anwaltsklausuren sein	Aktenvortrag	Zivilrecht, Strafrecht, Öffentliches Recht und Schwerpunktgebiet

II. Der Ablauf des Prüfungsverfahrens

Kurz vor der Beendigung der letzten Pflichtstation stellt die Dienstbehörde die Anwärterinnen und Anwärter bei dem Prüfungsamt vor (im Saarland z.B. einen Monat vor dem Ende der letzten Pflichtstation, in Bayern drei Monate vor dem Beginn der Prüfung). In Bayern werden 1/2-jährlich Prüfungstermine abgehalten, nämlich im Mai/Juni (I) und November/Dezember (II). Die Termine für die schriftlichen Prüfungsteile der Prüfungen in Bayern können Sie im Internet unter http://www.jura.uni-muenchen.de/LJPA/termine-2.Staatsexamen.htm abrufen. Eine eigene Anmeldung beim Prüfungsamt ist anders als im ersten Staatsexamen nicht mehr erforderlich. Unter Umständen muss allerdings erneut ein Lebenslauf geschrieben werden. Im letzten Pflichtstationsmonat werden dann regelmäßig auch die Klausuren geschrieben. Die Klausuren schreiben Sie gemeinsam mit Ihren Arbeitsgemeinschaftskolleginnen und -kollegen in Prüfungssälen der Justizprüfungsämter, die sich entweder am Sitz des Prüfungsamtes oder an einem Oberlandesgericht oder einem

Landgericht befinden. Zu den Klausuren müssen Sie unbedingt Ihre Ladung und einen Personalausweis, ferner die zugelassenen Hilfsmittel mitbringen. Die Klausuren dauern zumeist fünf Stunden. Bei einer nachgewiesenen Schreibbehinderung (auch mittelbare, z.B. Rückenprobleme) erhält man auf Antrag **Schreibverlängerung**. Die Klausuren werden über einen Zeitraum von meist zwei Wochen geschrieben. Danach kann man sich erst einmal von den Strapazen des schriftlichen Prüfungsteils in der Wahlstation erholen. Nach Beendigung der Wahlstation wird die Personalakte mit den Zeugnissen aus den Arbeitsgemeinschaften und den Ausbildungsstationen an das Justizprüfungsamt übersandt. Wer neugierig oder misstrauisch ist, schaut vorher einfach mal in die eigene Personalakte hinein (Einsichtsrecht). Im Saarland erstellt der Präsident des Oberlandesgerichts zusätzlich einen zusammenfassenden **Vorstellungsbericht** über die Rechtsreferendarinnen und Rechtsreferendare. Manchmal (z.B. im Saarland) ist auch ein **Lebenslauf** zur Vorstellung bei der Prüfungskommission anzufertigen. Nach oder während der Wahlstation erfahren Sie Ihre Vornoten, manchmal werden die Noten der Klausuren auch bereits vorher bekanntgegeben. Die **Prüfungskommissionsmitglieder** werden regelmäßig erst kurz vor der Prüfung bekanntgegeben. Dabei wird auch das Thema des Aktenvortrags, soweit er nicht gewählt werden konnte, mitgeteilt. Die Ladung zur mündlichen Prüfung enthält die weiter notwendigen Informationen wie Zeitpunkt der Vorstellung und Zeitpunkt des Aktenvortrags sowie Zeit und Ort der Prüfung. In Bayern finden die mündlichen Prüfungen des Mai/Juni-Termines (I) im November und ggf. Januar des Folgejahres statt. Für die November/Dezember-Klausuren (II) ist die mündliche Prüfung im Mai/Juni und ggf. Juli des Folgejahres vorgesehen. Zum Ablauf der mündlichen Prüfung siehe »Der Ablauf der mündlichen Prüfung«, Seite 247.

III. Die Anteile der einzelnen Prüfungsleistungen am Gesamtergebnis

Land	Klausuren	Aktenvortrag	Mündliche Prüfung
Baden-Württemberg	70 %	5 %	Pflichtfach je 5 %, Wahlfach 10 %
Bayern	75 %	entfällt	Pflichtfach je 5 %, Wahlfach 10 %
Berlin	60 %	40 % mit mdl. Prüfung	40% einschließlich Aktenvortrag
Brandenburg	1/13 je Klausur, zusammen 8/13	1/13	1/13 je Fach, zusammen 4/13
Bremen	1/13 je Klausur, zusammen 8/13	1/13	1/13 je Fach, zusammen 4/13
Hamburg	1/13 je Klausur, zusammen 8/13	1/13	1/13 je Fach, zusammen 4/13

	zusammen 8/13		zusammen 4/13
Land	**Klausuren**	**Aktenvortrag**	**Mündliche Prüfung**
Hessen	Je Klausur 7,5 % zusammen 60 %	16 %	8 % je Fach zusammen 24 %
Mecklenburg-Vorpommern	Je Klausur 1/15, zusammen 2/3	1/15	1/15 je Fach, zusammen 4/15
Nieder-sachsen	Je Klausur 7,5 %, zusammen 60 %	12 %	Je Fach 7 %, zusammen 28 %
Nordrhein-Westfalen	Je Klausur 7,5 %, zusammen 60 %	10 %	Je Fach 7,5 %, zusammen 30 %, Wahlfach wird besonders berücksichtigt
Rheinland-Pfalz	Je Klausur 7,5 %, zusammen 60 %	13,33 %	Je Fach 6,66 %, zusammen 26,66 %
Saarland	Je Klausur 1,5/17, zusammen 10,5/17	1,5/17	Je Fach 1,25/17, zusammen 5/17
Sachsen	Zusammen 70 %	5 %	25 % (Wahlfach zählt 10 %; Pflichtfach je 5 %)
Sachsen-Anhalt	Je Klausur 7,5 %, zusammen 60 %	10 %	Je Fach 7,5 %, zusammen 30 %
Schleswig-Holstein	1/13 je Klausur, zusammen 8/13	1/13	1/13 je Fach, zusammen 4/13
Thüringen	Ab Einstellungstermin 1. 1. 1998: Jede Prüfungsleistung 1/15		

Bereiten Sie sich einfach einmal den Spaß und rechnen die Ergebnisse Ihres ersten Staatsexamens auf die anderen Bundesländer um. Sie werden staunen, zu welch unterschiedlichen Ergebnissen Sie je nach landesspezifischer Gewichtung kommen. Ihre Examensnote hängt also nicht nur vom Glück, Ihrer Leistung und Tagesform, sondern auch von der Übereinstimmung Ihrer Talente (Präferenzen bei der Klausur oder Hausarbeit oder mündlichen Prüfung) mit der Gewichtung in den Ländern ab. Im einen Land ein König, im anderen … Für die Mobilen unter Ihnen: Berücksichtigen Sie diese Erkenntnis bei der Wahl Ihres Ausbildungslandes.

IV. Übersicht: Wiederholung der Prüfung zur Notenverbesserung möglich?

Baden-Württemberg	Nicht möglich
Bayern	Ja, § 60 JAPO
Berlin	Nicht möglich
Brandenburg	Nicht möglich
Bremen	Nicht möglich
Hamburg	Nicht möglich
Hessen	Nicht möglich
Mecklenburg-Vorpommern	Nicht möglich
Niedersachsen	Nicht möglich
Nordrhein-Westfalen	Nicht möglich
Rheinland-Pfalz	Ja, möglich
Saarland	Ja, § 33 JAG
Sachsen	Ja, § 61 SächsJAPO
Sachsen-Anhalt	Nicht möglich
Schleswig-Holstein	Nicht möglich
Thüringen	Ja, § 55 ThürJAPO

V. Übersicht: Zweite Wiederholung möglich?

Land	**Regelung**
Baden-Württemberg	Ja, aber nur in besonderen Ausnahmefällen, § 46 Abs. 2 JAPrO
Bayern	Ja, wenn in einem Versuch mehr als 3,00 Punkte, § 59 JAPO
Berlin	Ja, in Ausnahmefällen, § 15 Abs. 3 JAG
Brandenburg	Ja, bei hinreichender Aussicht auf Erfolg, § 54 BbgJAO
Bremen	Ja, § 23 des Gesetzes über ein gemeinsames Prüfungsamt und die Prüfungsordnung für die Große juristische Staatsprüfung
Hamburg	Ja, § 23 des Gesetzes über ein gemeinsames Prüfungsamt und die Prüfungsordnung für die Große juristische Staatsprüfung
Hessen	Ja, bei Vorliegen besonderer Gründe, § 48 Abs. 5 JAG
Mecklenburg-Vorpommern	Ja, bei besonderer Härte und 3,00 Punkten im zweiten Versuch, § 55 JAPO M–V

Land	Regelung
Niedersachsen	Ja, bei außergewöhnlicher Beeinträchtigung im Wiederholungsversuch, die unverzüglich geltend gemacht wird, § 17 NJAG
Nordrhein-Westfalen	Ja, mit Genehmigung, §§ 33 Abs. 4 JAG, 39 JAO
Rheinland-Pfalz	Ja, bei besonderem Härtefall und einer Gesamtnote von 3,5 Punkten im ersten Wiederholungsversuch, § 5 Abs. 4 JAG
Saarland	Ja, in besonderen Ausnahmefällen und bei begründeter Erfolgserwartung, § 34 JAG
Sachsen	Ja, bei einer Durchschnittspunktzahl von 3,00 Punkten in einem der vorangegangenen Versuche, § 60 Abs. 2 SächsJAPO
Sachsen-Anhalt	Ja, wenn besondere Gründe vorliegen und eine nochmalige Wiederholung aussichtsreich erscheint, § 52 IV JAPrO LSA
Schleswig-Holstein	Ja, § 23 des Gesetzes über ein gemeinsames Prüfungsamt und die Prüfungsordnung für die Große juristische Staatsprüfung
Thüringen	Ja, bei Vorliegen besonderer Gründe und hinreichender Erfolgsaussicht, § 54 ThürJAPO

VI. Die Examensangst

Literatur
Wolf/Merkle, So überwinden Sie Prüfungsängste, 9,80 €
Böss-Ostendorf/Senft, Beat it! Der Prüfungscoach für Studium und Karriere, 15,90 €.

- Schott, Examensangst ade, Z.f.R. Dezember 1993, 14
- Martinek, Schüchternheit in der mündlichen Prüfung – Versuch einer Aufmunterung, JuS 1994, 268
- Hachenberg, Die mündliche Prüfung im Referendarexamen, JuS 1993, 349

Angst ist ein schlechter Ratgeber! Der Volksmund hat wie so oft eine treffende Aussage zur Hand. Im Unterschied zur Vernunft, die sich erst später entwickelte, gehört die Angst zu unserer biologischen Grundausstattung aus Vorzeiten, zum Reptiliengehirn. Prüfungsangst behindert die Entfaltung der eigenen Fähigkeiten, so dass man sich frühzeitig mit ihr beschäftigen sollte. Insbesondere, wenn Sie im ersten Staatsexamen Probleme mit der Prüfungsangst hatten, sollten Sie sie frühzeitig beherrschen lernen. Das ist einfacher als man glaubt.

Examensangst rührt von negativen Vorstellungen vom Prüfungsverlauf her, also muss man etwas gegen diese negativen Vorstellungen unternehmen. Unterhalten Sie sich mit Kolleginnen und Kollegen, die es schon geschafft haben und die nicht dazu neigen, Geleistetes im Nachhinein erzählerisch zu dramatisieren. Sie werden dann die Auskunft erhalten, dass das Examen zwar nicht leicht war, aber auch keine unmenschlichen Anforderungen gestellt wurden. Diese Einschätzung wird auch durch die **Prüfungsprotokolle** bestätigt, die man kurz vor der mündlichen Prüfung (nach Kenntnis der Zusammensetzung der Kommission) anfordern kann. Besuchen Sie, so oft es geht, mündliche Prüfungen. Die meisten Prüferinnen und Prüfer sind wirklich freundlich und angenehm. Stellen Sie sich, so oft es geht, eine positive, gut verlaufende mündliche Prüfung oder einen Klausurentermin vor.

Ein Teilproblem der Examensangst ist die **Angst in der Prüfung**. Hierbei werden die meisten Prüflinge allerdings schnell feststellen, dass die Prüferinnen und Prüfer keine Köpfe abreißen, und nach kurzer Zeit entspannt sich die Situation meist merklich. Schlimmer als das unterschiedlich starke Lampenfieber ist die auf der Angst beruhende Unlust zu lernen in der Examensvorbereitung, die **Angst vor der Prüfung**. Weil das Lernen für das Examen gleichzeitig an das Näherkommen des Examens erinnert, wird es vermieden bzw. auf die letzte Minute verschoben. Daher sollten Sie frühzeitig etwas gegen die Examensangst unternehmen, wenn Sie aus dem ersten Staatsexamen wissen, dass hier eine entsprechende Neigung zur Verdrängung besteht.

In Betracht zu ziehen ist auch die Belegung eines Entspannungskurses (Autogenes Training z.B.). Testen Sie verschiedene Methoden aus, bis Sie eine für Sie passende Lösung gefunden haben.

Neben den genannten Büchern mit guten Tipps gibt es spezielle Programme auf CD gegen Prüfungsangst. Erkundigen Sie sich nach Literatur (z.B. Hofmann, Autogenes Training, dtv) und Cassetten im Buchhandel.

VII. Die Klausurtermine

1. Zugelassene Hilfsmittel während der Aufsichtsarbeiten

Der im Folgenden aufgeführte Katalog der Hilfsmittel soll es der Rechtsreferendarin und dem Rechtsreferendar ermöglichen, sich durch die frühzeitige Anschaffung bereits zu Beginn des Referendariats mit den im Examen zu verwendenden Gesetzestexten und Kommentierungen vertraut zu machen. Es ist nicht zu unterschätzen, welchen Vorteil dies in der Prüfung darstellen kann. Die finanzielle Belastung ist in der Regel ohnehin unumgänglich, da in den meisten Bundesländern die Gesetzestexte und Kommentare zur Prüfung nicht mehr gestellt werden, sondern mitzubringen sind.

Benutzen Sie die zugelassenen Kommentierungen bereits zu Beginn des Vorbereitungsdienstes regelmäßig. Es müssen ja nicht die neuesten Auflagen sein. Versuchen Sie, ausschließlich mit diesen Standardwerken in den praktischen Arbeiten klarzukommen. So arbeiten viele Richterinnen und Richter. Sie werden sich wundern, was da alles drinsteht. In den »Einleitungen«, die einen systematischen Überblick verschaffen, können im Notfall sträfliche Lücken in Windeseile noch während der Klausur geschlossen werden. Schauen Sie sich an, was alles an »Besonderem Verwaltungsrecht« im Kopp/Schenke steht (z.B. Prüfungsrecht). Vielfach können Gliederungsschemata aus den Vorbemerkungen zu einzelnen »Abschnitten« oder »Titeln« entnommen werden (z.B. in Thomas/Putzo). Schlagen Sie bei Klausuren auch erst mal im Stichwortverzeichnis nach. Das »Dummenregister« zu nutzen, ist häufig der schlauere Weg. Machen Sie sich mit dem Aufbau der Kommentierungen zu den einzelnen Paragrafen vertraut.

Wenn Sie sich **die Anschaffung absolut nicht leisten können**, arbeiten Sie in den Bibliotheken der Gerichte mit den zugelassenen Hilfsmitteln, um sich damit vertraut zu machen. An vielen Prüfungsorten (z.B. OLG Köln) gibt es zudem die Möglichkeit, sich morgens vor den Klausuren Kommentare für die Prüfung in der Bibliothek auszuleihen. Erkundigen Sie sich rechtzeitig vorher nach den Möglichkeiten an Ihrem Ausbildungsort. Besteht eine solche Möglichkeit nicht, regen Sie sie beim Personalrat, Ihrer Interessenvertretung oder bei den zuständigen Verwaltungsstellen an.

Die mitzubringenden Gesetzestexte und Kommentare bringen es je nach Bundesland leicht auf mehrere Kilogramm Gesamtgewicht. Man kann sich leicht vorstellen, dass sich infolge der ungewohnten und unnötigen Belastung manche Anwärterwirbelsäule unter dem Gewicht krümmt und deswegen eine Bandscheibe möglicherweise in der Prüfung vorfällt, was zum entschuldigten Rücktritt führen kann. Im Interesse der Rechtsreferendarinnen und Rechtsreferendare und im Interesse eines ordnungsgemäßen Verwaltungsablaufs während des Prüfungsverfahrens sollten die Prüfungsämter daher abschließbare **Stahlschränke** vor den Klausurensälen aufstellen, damit die Bücher nicht jeden Tag erneut geschleppt werden müssen.

Besteht eine solche Möglichkeit noch nicht, bringen Sie Ihre Interessenvertretung und/oder das Prüfungsamt bzw. die Ausbildungsleitung auf Trab! Ansonsten empfiehlt sich übergangsweise die Mitnahme eines »Trägers«, damit Sie die Arme noch zum Schreiben der Aufsichtsarbeiten benutzen können.

Die nachstehend aufgeführten Internetadressen der einzelnen Bundesländer geben Auskunft darüber, welche Hilfsmittel jeweils für die zweite Staatsprüfung zugelassen sind (Klausurtermine und mündliche Prüfung):

- **Baden-Württemberg:**
  http://www.justiz.baden-wuerttemberg.de/servlet/PB/menu/1153274/index.html%22
- **Bayern** (die Hilfsmittelbekanntmachungen Gz 2240-PA-1824/93 und GZ 2240-PA-267/95 sind unter http://www.juraq.uni-muenchen.de/LJPA/Hilfsmittelbekanntmachung-II.htm abrufbar)
- **Berlin:**
  http://www.berlin.de/senjust/Ausbildung/JPA/2_ex_hilfsm.html
- **Brandenburg:**
  Wie Berlin (Gemeinsames Prüfungsamt)
  http://www.berlin.de/senjust/Ausbildung/JPA/2_ex_hilfsm.html

- **Bremen:**
(Gemeinsames Prüfungsamt mit Hamburg und Schleswig-Holstein)
http://fhh.hamburg.de/stadt/Aktuell/justiz/gerichte/oberlandesgericht/juristenausbildung-staatspruefungen/zweites-examen/service/hilfsmittelverfuegung-htm,property=source.html
http://fhh.hamburg.de/stadt/Aktuell/justiz/gerichte/oberlandesgericht/juristenausbildung-staatspruefungen/zweites-examen/service/weisungen-kurzvortrag-htm,property=source.html
- **Hamburg:**
Wie Bremen (Gemeinsames Prüfungsamt mit Bremen und Schleswig-Holstein)
http://fhh.hamburg.de/stadt/Aktuell/justiz/gerichte/oberlandesgericht/juristenausbildung-staatspruefungen/zweites-examen/service/hilfsmittelverfuegung-htm,property=source.html
http://fhh.hamburg.de/stadt/Aktuell/justiz/gerichte/oberlandesgericht/juristenausbildung-staatspruefungen/zweites-examen/service/weisungen-kurzvortrag-htm,property=source.html
- **Hessen:**
http://www.jpa-wiesbaden.justiz.hessen.de/C1256BA7002FF482/vwContentByKey/0F190F2281B9CD17C12570150036A868/$File/Hilfsmittel-ZJS.pdf
- **Mecklenburg-Vorpommern:**
http://www.jm.mv-regierung.de/doku/hilfsmittel-av.doc
- **Niedersachsen:**
ttp://www.justizministerium.niedersachsen.de/Ausbildung/Juristenausbildung/juristenausbildung.html
- **Nordrhein-Westfalen:**
http://www.justiz.nrw.de/JM/landesjustizpruefungsamt/2_jur_staatspr/2yWeisungen_Klausuren.html
- **Rheinland-Pfalz:**
http://cms.justiz.rlp.de/justiz/nav/929/broker.jsp?uMen=712baa48-a39e-11d4-a736-0050045687ab
- **Saarland:**
http://www.justiz-soziales.saarland.de/justiz/medien/inhalt/mdj_Pr_fungsamt_HilfsmittelAO-ZJS-2002_Ber.F._.pdf
- **Sachsen:**
http://www.justiz.sachsen.de/smj/pdf/Hilfsmittelbekanntmachung-05-2.pdf
- **Sachsen-Anhalt:**
http://www.justizministerium.sachsen-anhalt.de/ljpa/files/hilfsmittel.pdf
- **Schleswig-Holstein:**
(Gemeinsames Prüfungsamt mit Bremen (s. dort) und Hamburg)

http://fhh.hamburg.de/stadt/Aktuell/justiz/gerichte/oberlandesgericht/juristen-ausbildung-staatspruefungen/zweites-examen/service/hilfsmittelverfuegung-htm,property=source.html
http://fhh.hamburg.de/stadt/Aktuell/justiz/gerichte/oberlandesgericht/juristen-ausbildung-staatspruefungen/zweites-examen/service/weisungen-kurzvortrag-htm,property=source.html

- **Thüringen:**
  http://www.thueringen.de/de/justiz/jpa/examen2/u0/print.html

Für alle Bundesländer: Als zugelassene Gesetzestexte für Pflichtfachklausuren kommen in Betracht:

- Schönfelder, Deutsche Gesetze
  oder
- STUD-JUR Textausgaben »Zivilrecht« und »Strafrecht«
  sowie
- Sartorius, Band I »Verfassungs- und Verwaltungsgesetze«
  oder
- STUD-JUR Textausgabe »Öffentliches Recht«
- sowie die landesrechtlichen Gesetzessammlungen zum Öffentlichen Recht (in NW: Hippel-Rehborn »Gesetze des Landes Nordrhein-Westfalen«; in Bayern: Ziegler/Tremel, Verwaltungsgesetze des Freistaates Bayern).

Die drei STUD-JUR Texte aus dem Nomos-Verlag sind sind die preiswertere Alternative, besonders, wenn man sich für die Prüfung wegen des **»Kritzelerlasses«** extra neue Gesetzestexte anschaffen muss. Hier ist jedoch in den Bundesländern vieles in Bewegung. Die vorstehend genannten Hilfsmittel mit der beschriebenen Wahlmöglichkeit stellen den Stand der Dinge in NW dar. Die aktuelle Regelung in Ihrem Bundesland erfragen Sie – wegen des »Kritzelerlasses« am besten zu Beginn des Referendariats – bei Ihrer Referendargeschäftsstelle, Interessenvertretung oder dem Justizprüfungsamt.

2. Übersicht: Stellen die Prüfungsämter die Gesetzestexte und Kommentare?

Land	Regelung
Baden-Württemberg	Die Prüfungsteilnehmer haben jeweils ein Exemplar der zugelassenen Hilfsmittel zu den Aufsichtsarbeiten und zu der mündlichen Prüfung mitzubringen. Sie haben dafür Sorge zu tragen, dass sich die Gesetzessammlungen und Textausgaben für die Aufsichtsarbeiten, die in der ersten Jahreshälfte geschrieben werden, auf dem Stand vom Oktober des Vorjahres und für die Aufsichtsarbeiten, die in der zweiten Jahreshälfte geschrieben werden, auf dem Stand vom April desselben Jahres befinden.

Land	Regelung
Bayern	Die Prüfungsteilnehmer haben die Hilfsmittel selbst mitzubringen.
Berlin	In Berlin sind die zugelassenen Hilfsmittel vom Prüfling mitzubringen.
Brandenburg	In Brandenburg sind die zugelassenen Hilfsmittel vom Prüfling mitzubringen.
Bremen	Die Hilfsmittel sind mitzubringen.
Hamburg	Wie Bremen.
Hessen	Die Prüfungsteilnehmer haben die Hilfsmittel selbst mitzubringen.
Mecklenburg-Vorpommern	Die Prüflinge haben die Hilfsmittel selbst mitzubringen und dafür Sorge zu tragen, dass sich die Gesetzessammlungen und Textausgaben für die Prüfungen auf aktuellem Stand befinden.
Niedersachsen	3. a) Die nach Nr. 1 Buchst. a bis d und Nr. 2 Buchst. a bis h zugelassenen Hilfsmittel sind von den Prüflingen mitzubringen, und zwar nur je ein Exemplar. Falls weitere Hilfsmittel in der Aufgabenstellung vorgesehen sind, werden sie vom Landesjustizprüfungsamt gestellt (Auszug aus AV d. MJ vom 1. 9. 1994 (2220–107543) Nds. Rpfl. S. 293).
Nordrhein-Westfalen	In Nordrhein-Westfalen sind die zugelassenen Hilfsmittel zu den Aufsichtsarbeiten vom Prüfling mitzubringen. In der mündlichen Prüfung werden die Hilfsmittel gestellt.
Rheinland-Pfalz	Die Hilfsmittel sind mitzubringen. Die Erläuterungsbücher sind möglichst in der neuesten Auflage mitzubringen.
Saarland	Im Saarland sind die zugelassenen Hilfsmittel vom Prüfling mitzubringen.
Sachsen	Die Prüfungsteilnehmerinnen und -teilnehmer haben die Hilfsmittel selber zu beschaffen.
Sachsen-Anhalt	In Sachsen-Anhalt sind die zugelassenen Hilfmittel vom Prüfling mitzubringen. Die Prüflinge dürfen jeweils ein Exemplar der zugelassenen Hilfsmittel zu den Prüfungen mitbringen. Sind Hilfsmittel alternativ zugelassen, so ist jeweils nur eine der Alternativen erlaubt. Die Prüflinge haben selbst dafür zu sorgen, dass sich die Hilfsmittel auf dem neuesten Stand befinden.
Schleswig-Holstein	Wie Bremen und Hamburg.
Thüringen	Die Kandidatinnen und Kandidaten haben die Hilfsmittel »grundsätzlich selbst zu beschaffen« (vgl. § 11 Abs. 1 Satz 2 ThürJAPO); andererseits: die Hilfsmittel werden »zur Verfügung gestellt« (§ 47 Abs. 1 ThürJAPO).

3. Kritzelerlasse: Anmerkungen in Gesetzestexten und Kommentaren

Auf Grund der aktuellen Finanznöte der öffentlichen Hand werden in den meisten Bundesländern die **Gesetzestexte und Kommentare** im Klausurentermin nicht mehr von den Prüfungsämtern gestellt, sondern müssen von den Prüflingen mitgebracht werden. Während der Ausbildung haben jedenfalls die meisten Prüflinge **Gedächtnisstützen und Verweise** an den Gesetzestexten angebracht. Diese traditionelle, während der Ausbildung sinnvolle und bereits im Studium von Professoren empfohlene Methode stellt die Kandidatinnen und Kandidaten nunmehr vor finanzielle und organisatorische Probleme, wollen sie vermeiden, bei Mitnahme derartig bearbeiteter Werke eines Täuschungsversuchs bezichtigt zu werden. Die Justizprüfungsämter in den einzelnen Bundesländern haben zu dem Thema »Anmerkungen, Unterstreichungen und Verweise« in den Gesetzestexten unterschiedliche Regelungen getroffen. Während in Nordrhein-Westfalen rigide jegliche Anmerkungen, Unterstreichungen und ähnliches verboten sind (s. Weisung für die Anfertigung von Aufsichtsarbeiten), zeigen andere Bundesländer mehr Verständnis für die traditionelle juristische Arbeitsweise und schränken die Kommentierungen der Gesetzestexte nur insoweit ein, als dass **Aufbauschemata oder ähnliche Systematisierungen** durch ausgefeilte Unterstreichungssysteme verboten werden.

Das Landesjustizprüfungsamt in Nordrhein-Westfalen argumentiert für sein Totalverbot, eine unklare Regelung sei schließlich eine unsichere Grundlage für die Prüflinge. Liberalere Lösungen als in Nordrhein-Westfalen finden sich dessen ungeachtet z.B. in Baden-Württemberg und Niedersachsen. Das nordrhein-westfälische LJPA wird im Konfliktfalle (Annahme eines Täuschungsversuchs wegen üblicher Randnotizen) vor dem Verwaltungsgericht in Argumentationsnöte kommen, da die Fiktion eines **Täuschungsversuches** durch die Anbringung üblicher »Arbeits«-Randbemerkungen oder eine **Beschlagnahme** entsprechender Gesetzestexte juristisch kaum zu begründen ist. Auch innerhalb des LJPA in Nordrhein-Westfalen bestehen Bedenken in dieser Hinsicht.

Übersicht über die in den Ländern geltenden Regelungen

Land	Regelung
Baden-Württemberg	Die zugelassenen Hilfsmittel dürfen keine Beilagen (eingefügte Blätter, Aufbauschemata, Formulare o.ä.) enthalten. Desgleichen sind Kommentierungen des Gesetzestextes und Eintragungen in die Gesetzessammlungen unzulässig. Nicht beanstandet werden vereinzelte kurze Bemerkungen und einfache Paragrafenhinweise (nicht Paragrafenketten), die sich auf den jeweiligen Gesetzestext beziehen. Ausnahmsweise können auf einer Seite mehrere Anmerkungen und Paragrafenhinweise stehen, nicht jedoch mehr als fünf Worte und drei Paragrafenhinweise. Ebenfalls nicht beanstandet werden gelegentliche Kommen-

Land	Regelung
	tierungen durch Farb- oder Leuchtstifte, die kein System zur Kommentierung des Gesetzestextes beinhalten (Auszug aus der AV d. JuM vom 12. 11. 1993 (2240-PA/147).
Baden-Württemberg (Forts.)	Soweit in der AV gelegentliche Paragrafenhinweise zugelassen sind, sind hierunter wenige, auch bei einer Gesamtbetrachtung der Gesetzestexte vereinzelt vorkommende Hinweise zu verstehen. Keinesfalls ist es zulässig, auf jeder Seite des Gesetzestextes einen oder mehrere Paragrafen zu notieren oder zu einem Paragrafen eine Verweisungskette anzugeben. Dasselbe gilt für die kurzen Bemerkungen, die in den Gesetzestexten ebenfalls nur vereinzelt vorkommen dürfen. Für Hervorhebungen durch Leuchtstifte (Textmarker) gilt dasselbe wie für Unterstreichungen (Auszug aus den Hinweisen zur Prüfung des LJPA BW).
Bayern	Die Hilfsmittel dürfen kurze handschriftliche Bemerkungen enthalten. Bemerkungen auf ganz oder teilweise unbedruckten Seiten, Bemerkungen an Stellen, zu denen kein unmittelbarer Zusammenhang besteht oder systematische Zusammenstellung wie z.B. Aufbauschemata, Formulare, Tenorierungsbeispiele oder ähnliches sind jedoch nicht zulässig. Beilagen und eingefügte Blätter sind nicht zugelassen (Quelle: Bekanntmachung des bayerischen Staatsministeriums der Justiz, Landesjustizprüfungsamt vom 6. 5. 1994, Nr. 240-PA-1824/93, zuletzt 267/95 vom 1. 3. 1995).
Berlin	Die zugelassenen Hilfsmittel dürfen keine inhaltlichen Zusätze, Einlagen, Randbemerkungen, Verweise auf andere Paragrafen, Textänderungen oder ähnliches enthalten. Auch Unterstreichungen und farbliche Hervorhebungen durch Textmarker können als Täuschungsversuch geahndet werden, sofern diese einen methodischen oder juristischen Inhalt aufweisen. Unschädlich ist allein das Anbringen von gleichartigen Registerfähnchen zur Kennzeichnung von Gesetzen, nicht aber einzelner Paragrafen, sowie die Verwendung von Heft- und Markierungsstreifen ohne weitere Zusätze.
Brandenburg	Wie Berlin.
Bremen	Die Gesetzestexte und Erläuterungsbücher dürfen nur vereinzelte handschriftliche Verweisungen auf andere Vorschriften (Paragrafenhinweise) enthalten sowie gelegentliche Unterstreichungen. Darüber hinausgehende Notizen, Randbemerkungen oder Beilagen, insbesondere Aufbauschemata sind nicht zugelassen. Ein Verstoß gegen diese Bestimmungen gilt ebenso wie die Benutzung nicht zugelassener Hilfsmittel als Täuschungsversuch (§ 21 Abs. 2 Länderübereinkunft). Die Einhaltung dieser Bestimmungen wird durch die Mitarbeiter des Gemeinsamen Prüfungsamts und den Aufsichtführenden überwacht.

Land	Regelung
Hamburg	Wie Bremen und Schleswig-Holstein.
Hessen	Die Hilfsmittel dürfen keine zusätzlichen Kommentierungen, Einlagen, Eintragungen, Randbemerkungen oder sonstige Markierungen enthalten.
Mecklenburg-Vorpommern	Die Hilfsmittel dürfen keine Beilagen, wie eingefügte Blätter, Aufbauschemata, Formulare o.ä., sowie keine Eintragungen, wie Anmerkungen, Unterstreichungen, Querverweise o.ä., enthalten. Die Mitnahme nicht zugelassener oder nicht den Vorgaben entsprechender Hilfsmittel in den Prüfungsraum oder deren Benutzung ist untersagt und stellt einen Täuschungsversuch im Sinne der Prüfungsbestimmungen dar.
Nieder-sachsen	Die Hilfsmittel dürfen keine Bemerkungen oder Beilagen enthalten. Ausgenommen sind einzelne handschriftliche Verweisungen auf Vorschriften (Zahlenhinweise) sowie gelegentliche Unterstreichungen, soweit sie nicht der Umgehung des Kommentierungsverbots dienen und systematisch aufgebaut sind. Soweit die Hilfsmittel darüber hinausgehende Bemerkungen enthalten, sind sie nicht zugelassen. Eine Verstoß gegen die Regelungen gilt als Täuschungsversuch im Sinne des § 15 Abs. 1 NJAG (Auszug aus AV d. MJ vom 1. 9. 1994 (2220–107543) Nds.Rpfl. S. 293).
Nordrhein-Westfalen	Die Kommentare und Gesetzestexte dürfen Anmerkungen, Unterstreichungen oder ähnliches nicht enthalten. Weitere Hilfsmittel, insbesondere persönliche Aufzeichnungen, Mobiltelefone oder andere Telekommunikationseinrichtungen, dürfen nicht mitgenommen werden.
Rheinland-Pfalz	Es ist nicht gestattet, mit Anmerkungen versehene Gesetzestexte, schriftliche Aufzeichnungen oder juristische Texte – mit Ausnahme der ausdrücklich zugelassenen Hilfsmittel –, Laptops, Mobiltelefone etc. in den Klausurensaal einschließlich aller Nebenräume (z.B. Toiletten) mitzubringen. Etwa versehentlich mitgeführte Hilfsmittel oder Geräte dieser Art sind vor Beginn der Klausurbearbeitung dem Aufsichtsführenden in Verwahrung zu geben; falls dies nicht geschieht, muss davon ausgegangen werden, dass die Hilfsmittel zu Täuschungszwecken mitgeführt werden. Einfache Unterstreichungen oder ähnliche Hervorhebungen (z.B. farbige Markierungen) in den zugelassenen Gesetzessammlungen und Hilfsmitteln werden nicht beanstandet. Hingegen sind Randnotizen aller Art (Texte oder §§) nicht erlaubt. Es ist Sache jedes Kandidaten, sich einwandfreie Exemplare zu besorgen.
Saarland	Die zugelassenen Hilfsmittel müssen frei von Eintragungen jeder Art (Randbemerkungen, Verweisungen auf andere Vorschriften, Textänderungen oder ähnlichem) sowie von Einlagen sein. Unterstreichungen

Land	Regelung
	und farbliche Markierungen zur Hervorhebung einzelner Wörter des Gesetzes sind zulässig, sofern sie nach Art und Umfang kein System zur Kommentierung des Gesetzestextes enthalten (Anordnung über die Zulassung von Hilfsmitteln für die zweite juristische Staatsprüfung (PA 2240-S-2).
Sachsen	Die Hilfsmittel dürfen keine Bemerkungen, Unterstreichungen, Markierungen, Verweisungen oder Beilagen enthalten. Andernfalls handelt es sich um ein nicht zugelassenes Hilfsmittel.
Sachsen-Anhalt	Die zugelassenen Hilfsmittel dürfen keine Bemerkungen oder Beilagen (eingefügte Blätter, Aufbauschemata, Formulare o.ä.) enthalten. Kommentierungen sind verboten. Ausgenommen sind einzelne handschriftliche Verweisungen auf Vorschriften (Zahlenhinweise) und gelegentliche Unterstreichungen oder farbliche Hervorhebungen. Unter Zahlenhinweisen sind nicht nur Querverweise auf Vorschriften innerhalb derselben Rechtsquelle (Gesetz, Verordnung), sondern auch Querverweise auf Vorschriften in anderen Rechtsquellen zu verstehen. Deshalb ist es auch zulässig, hierbei den Normzusatz (z.B.: »§ 128 HGB«) zu verwenden. Soweit Hilfsmittel darüber hinausgehende (z.B. wörtliche) Bemerkungen enthalten, sind sie nicht zugelassen.
Schleswig-Holstein	Wie Bremen und Hamburg.
Thüringen	Es liegen keine Informationen aus diesem Bundesland vor. Um die Gesetzestexte während der Referendariats »prüfungsrein« halten zu können, erkundigen Sie sich bereits bei der Einstellung nach der Handhabung.

4. Klausurenblock – Wieviele Punkte sind das?

Baden-Württemberg: Zugelassen zur mündlichen Prüfung wird, wer in der schriftlichen Prüfung eine Durchschnittspunktzahl von 3,50 Punkten erreicht und mindestens vier Klausuren ausreichend (4,00 Punkte) geschrieben hat sowie im Zivilrecht und im Öffentlichen Recht jeweils eine Arbeit ausreichend oder besser (4,00 Punkte) oder im Durchschnitt der zivilrechtlichen und der öffentlich-rechtlichen Arbeiten jeweils 3,50 oder mehr Punkte erzielt hat.

Bayern: Die elf Klausuren müssen einen Gesamtdurchschnitt von 3,60 Punkten (also Gesamtpunkte 39,60 Punkte) ergeben haben, und jedenfalls vier Arbeiten müssen ausreichend (4,00 Punkte) sein.

Berlin: Die Durchschnittsnote bei den Klausuren muss mindestens 3,50 Punkte ergeben, dabei müssen drei Arbeiten ausreichend sein, also mindestens 4,00 Punkte ergeben haben.

Brandenburg: Im schriftlichen Teil der Prüfung (acht Klausuren) muss eine Durchschnittspunktzahl von 3,60 Punkten (28,80 Punkte aus acht Klausuren) erreicht sein. Darüber hinaus müssen vier Klausuren über dem Strich sein, also mindestens 4,00 Punkte (ausreichend). Erfüllt das Klausurergebnis diese Anforderungen nicht, wird man nicht zur mündlichen Prüfung zugelassen; die Prüfung gilt als nicht bestanden.

Bremen: Die Zulassung zur mündlichen Prüfung setzt voraus, dass der Gesamtdurchschnitt in den Klausuren mindestens 3,50 Punkte beträgt (insgesamt also 28,00 Punkte) und wenigstens vier Klausuren mit mindestens ausreichend (4,00 Punkten) bewertet wurden.

Hamburg: Die Zulassung zur mündlichen Prüfung setzt voraus, dass der Gesamtdurchschnitt in den Klausuren mindestens 3,50 Punkte beträgt (insgesamt also 28,00 Punkte) und wenigstens vier Klausuren mit mindestens ausreichend (4,00 Punkten) bewertet wurden.

Hessen: Aus diesem Bundesland liegen zur Zeit keine aktuellen Daten vor, da die Hausarbeit abgeschafft worden ist.

Mecklenburg-Vorpommern: Die Zulassung zur mündlichen Prüfung setzt voraus, dass im schriftlichen Teil eine Gesamtnote von mindestens 3,60 (28,80) Punkten erreicht ist und in mindestens fünf Aufsichtsarbeiten eine Punktzahl von jedenfalls 4,00 Punkten (ausreichend) erzielt wurde.

Niedersachsen (§ 14 NJAG): Die Prüfung ist nicht bestanden,

- wenn weniger als drei Klausuren über 4,00 Punkten liegen
  oder
- die Summe der Einzelbewertungen weniger als 22 Punkte ergibt

Nordrhein-Westfalen: Die Prüfung gilt als nicht bestanden, wenn sechs von acht Klausuren (3/4) mit weniger als 4,00 Punkten bewertet sind (Mindestpunktzahl daher 12,00 Punkte aus den Klausuren, z.B. drei mal 4,00 Punkte, fünf mal 0 Punkte).

Rheinland-Pfalz: Prüflinge, bei denen mehr als vier Klausuren mit weniger als vier Punkten bewertet wurden oder bei denen die Summe der Einzelbewertung unter 32,00 Punkten (brutto) liegt, sind von der weiteren Prüfung ausgeschlossen; die Prüfung ist damit nicht bestanden, § 49 Abs. 4 JAPO.

Saarland: Sofern mehr als drei von sieben Klausuren mit weniger als 4 Punkten bewertet wurden oder die Durchschnittspunktzahl weniger als 3,50 Punkte beträgt (Mindestpunktzahl daher 25,00 Punkte, z.B. drei mal 3,0 Punkte und vier mal 4,0 Punkte oder drei mal 0 Punkte und drei mal 4,0 Punkte sowie einmal 13,00 Punkte), werden die Prüflinge von der mündlichen Prüfung ausgeschlossen, § 28 Abs. 2 JAG.

Sachsen: Voraussetzung für die Zulassung zur mündlichen Prüfung ist, dass die Kandidatin oder der Kandidat in den Klausuren eine Durchschnittspunktzahl von 3,60 Punkten (Gesamtpunktzahl 32,40, also 33,00 Punkte brutto) erzielt hat und vier Klausuren mindestens mit ausreichend (4,00 Punkte) bewertet wurden.

Beispiel: Die Klausurenergebnisse sind 4/4/6/4/3/3/3/3/2 Punkte. Hier sind zwar vier Klausuren über dem Strich, aber die Gesamtpunktzahl liegt lediglich bei 32,00 Punkten, d.h. die Durchschnittspunktzahl bei 3,55 Punkten.

Sachsen-Anhalt: Die Prüfung ist ohne mündliche Prüfung nicht bestanden, wenn mehr als 4 Aufsichtsarbeiten geringer bewertet worden sind als mit 4 Punkten oder die Summe der Einzelbewertungen geringer als 28 Punkte ist.

Schleswig-Holstein: Die Zulassung zur mündlichen Prüfung setzt voraus, dass der Gesamtdurchschnitt in den Klausuren mindestens 3,50 Punkte beträgt (insgesamt also 28,00 Punkte aus allen Klausuren) und wenigstens vier Klausuren mit mindestens ausreichend (4,00 Punkten) bewertet wurden.
Beispiel: Klausurergebnis 4/6/3/0/4/5/3/1 ergibt einen Durchschnitt von 3,50 Punkten bei vier Klausuren, die mindestens ausreichend bewertet wurden.

Thüringen: Zur mündlichen Prüfung wird nur zugelassen, wer bei den zehn Klausuren einen Gesamtdurchschnitt von mindestens 3,60 Punkten (36,00 Bruttopunkte) erreicht hat und in wenigstens vier Klausuren mindestens ein ausreichend (4,00 Punkte) erzielt hat.
Beispiel: Klausurenergebnis 4/4/4/4/3/3/3/3/3/3 (Durchschnitt 3,40 Punkte) reicht zur Zulassung zur mündlichen Prüfung nicht aus. Auch ein Klausurenergebnis 10/12/10/3/3/3/3/3/3/3 mit einem Durchschnitt von 5,30 Punkten reicht nicht, weil sieben Klausuren unter dem Strich sind.

Rechtsschutz in allen Ländern: Gegen die Entscheidung der Nichtzulassung zur mündlichen Prüfung ist nach der erfolglosen Durchführung eines Vorverfahrens (in den meisten Ländern Widerspruchsverfahren) Klage auf Neubewertung der Aufsichtsarbeiten von dem Verwaltungsgericht möglich (vgl. Rehborn/Schulz/Tettinger, § 15 JAG NW Rn. 6 m.w.N.). Im Erfolgsfalle werden die Aufsichtsarbeiten und/oder die Hausarbeit neu korrigiert, wobei eine Verschlechterung ausgeschlossen ist (BVerwG vom 24. 2. 1993 – 6 Ca 38/92, NVwZ 1993, 686). Ergibt die Neubewertung eine Punktzahl, die über dem magischen »Block« liegt, so wird der Prüfling zur mündlichen Prüfung zugelassen.

5. Die Vorbereitung auf die Klausuren

Literatur

- Wimmer, Klausurtips für das Assessorexamen, C.H. Beck,
- Mürbe/Geiger/Wenz, Die Anwaltsklausur in der Assessorprüfung, C.H.Beck,
- Müller, Sprache und Examen, JuS 1996, L 49,
- Wimmer, Die Vorbereitung auf das Assessorexamen, JuS 1996, 1009

Zur Vorbereitung auf die Klausuren wird eine Fülle von Übungsklausuren mit Musterlösungen in den Referendarzeitschriften wie JA und JuS angeboten. Außerdem erscheinen in der Assex-Reihe zu den einzelnen Stoffgebieten des Assessorexamens Klausurenbände, die ebenfalls mit Musterlösungen versehen sind. Eine Vielzahl von

Anleitungsbüchern beschäftigt sich zudem mit dem Thema Assessorklausuren. Den gesamten Stoff könnten Sie selbst dann nicht durcharbeiten, wenn Sie während des Referendariats von allen dienstlichen Verpflichtungen freigestellt werden. Deswegen sollten die Gedanken vor allem um die Frage kreisen, wie eine sinnvolle typgerechte Klausurvorbereitung aussehen soll, wann damit zu beginnen ist und welche Mittel dabei erforderlich sind.

Machen Sie sich dabei mit den zugelassenen Hilfsmitteln vertraut. Kommentierungen können über das Lösen von Einzelproblemen auch bei der Bewältigung des Aufbaus helfen oder sogar in kurzer Zeit nicht so vertraute Rechtsgebiete erschließen. Dabei muss man aber wissen, wo in den Kommentierungen grundsätzliche Ausführungen stehen und an welchen Stellen Aufbaufragen erörtert werden. In den Einführungen finden Sie häufig die Prinzipien, die zum Verständnis der Einzelprobleme benötigt werden.

Regelmäßiges Training führt vor allem dazu, dass Sie sich mit dem Zeitrahmen und der dadurch notwendigen Zeiteinteilung vertraut machen. Durch Übung gehen die Routinetätigkeiten während der Klausur in Fleisch und Blut über, so dass Sie sich in der restlichen Zeit auf die Probleme konzentrieren können. Außerdem führt das regelmäßige und frühzeitige Schreiben von Übungsklausuren dazu, dass man die Anforderungen kennenlernt. Denken Sie daran, dass – jedenfalls bei den reinen Klausurexamen – die Klausurenergebnisse die Endnote weitgehend präjudizieren.

Sie müssen sich – unter Berücksichtigung Ihrer Erfahrungen aus dem ersten Staatsexamen – entscheiden, ob Sie die Disziplin aufbringen, alleine für die Klausuren zu lernen oder ob die Arbeit in einer Gruppe, gegebenenfalls auch bei einem Repetitorium, Ihrem Lernstil entspricht. Mit den angebotenen Arbeitsmitteln können Sie sich auch privat mehr als hinreichend auf das zweite Staatsexamen vorbereiten. Sinnvoll ist das Schreiben von Klausuren in der Privatarbeitsgemeinschaft. Ferner können Sie Klausuren bei Alpmann & Schmidt und bei Berger beziehen und korrigieren lassen. Nutzen Sie vor Ort angebotene freiwillige Klausurenkurse des Ausbildungsbezirks. Und gehen Sie vor allem gelassen in die Prüfung. Die Klausuren sind in aller Regel machbar. Ungewöhnlich erscheinende Aufgabenstellungen führen nach der Bewältigung des unbekannten Aufhängers regelmäßig in bekanntes Fahrwasser.

6. Das Repetitorium

Auch zur Vorbereitung auf das zweite Staatsexamen bieten die privaten Repetitorien ihre Dienste an (zu Sinn und Unsinn vgl. Eller, Krücken oder Cangooboots, REFZ 5/6, B 5 ff.). Im zweiten Staatsexamen mit dem bereits verschulten Lernsystem könnte man auf ein Repetitorium an sich gut verzichten. Man sollte das gesparte Geld lieber in Ausbildungsliteratur investieren und die private Arbeitsgemeinschaft systematisch zum (ansonsten unbezahlbaren) Kleingruppenrepetitorium ausbauen. Letztlich ist dies aber eine Frage, welchem Lerntyp man sich zuordnet bzw. ob man genügend **Disziplin** für die Überwindung der verbreiteten Lernunlust aufbringt (und täglich grüßt der innere Schweinehund!). Kurse in Großgruppen zur Vorbereitung auf das Assessorexamen bieten nahezu alle bekannten Veranstalter an, die auch das erste Examen begleitet haben (Alpmann & Schmidt; Wegner & Abels etc.).

In das zweite Staatsexamen geht man auch im Hinblick auf die schriftlichen Prüfungsarbeiten besser vorbereitet als in die erste Staatsprüfung, da man in den verschulten Arbeitsgemeinschaften regelmäßig **Übungsklausuren** schreibt. Dennoch fallen auch im Assessorexamen die Klausurergebnisse erschreckend aus. Die offensichtliche Ausbildungslücke haben bisher Privatanbieter mit Klausurenkursen für Rechtsreferendarinnen und Rechtsreferendare gefüllt und sich dabei eine goldene Nase verdient. In Nordrhein-Westfalen ist nunmehr vor den Klausuren ein **Blockklausurenkurs** eingerichtet worden, in dem unmittelbar vor dem Ernstfall nochmals einige Klausuren geschrieben werden. Man darf gespannt sein, ob die Rechtsreferendarinnen und Rechtsreferendare dieses Angebot annehmen oder ob der Klausurenkurs schon bald, wie von der Verwaltung befürchtet, mangels Teilnahme wieder eingestellt wird. Auch Niedersachsen bietet ebenso wie Schleswig-Holstein an Landgerichten und Regierungsbezirken Klausurenkurse zur Examensvorbereitung an. Die Richtlinien für den Klausurenlehrgang im Saarland (ab dem 16. Ausbildungsmonat) können Sie im Internet unter http://ruessmann.jura.uni-sb.de/rw20/juraus/jao/anhang.htm einsehen. Es bleibt zu hoffen, dass auch andere Länder dem Beispiel folgen und dass die bestehenden Klausurenkurse nicht zu reinen Alibiveranstaltungen verkommen.

Private Assessor-Klausurenkurse per Post mit Korrektur bieten die bekannten Veranstalter wie Alpmann & Schmidt aus Münster und Berger aus Essen an. Links zu einigen Repititorien finden Sie unter http://privat.schlund.dekingshill/studenten.htm.

Anschriften:

Berger
Postfach 23 03 20
45071 Essen
Telefon: (02 01) 4 28 88
Telefax: (02 01) 41 31 50
http://www.jurverlag-berger.de

Juristische Lehrgänge Alpmann & Schmidt
Annette-Allee 35
48149 Münster
Telefon: (02 51) 9 81 09-0
http://www.alpmann-schmidt.de

Akademie von Hertel
Kaspar-Ohm-Weg 20
22391 Hamburg
Telefon: (0 40) 5 36 79 00
Telefax: (0 40) 3 56 79 90
http://www.vonhertel.de/

Repetitorium Lamade
http://home.t-online.de/home/werts/b4.htm

Juristisches Repetitorium hemmer:
NRW: Astrid Ronneberg
Buschstraße 60
53113 Bonn
Telefon: (02 28) 23 90 71
Telefax: (02 28) 23 90 71

Bayern: RA Ingo Gold
Mergentheimer Straße 44
97082 Würzburg
Telefon: (09 31) 8 39 75
Telefax: (09 31) 78 15 35

Weitere regionale Anschriften aus allen Bundesländern unter http://www.hemmer.de.

Einen staatlich zugelassenen Fernlehrgang bietet Dr. Atzler an.

Anschrift:

Dr. Atzler
88424 Bad Schussenried
Telefon: (0 75 83) 22 35 oder 23 64

VIII. Die mündliche Prüfung

1. Ein Wort vorweg ...

Zuletzt hat Ingo Münch in NJW 1995, 2016 auf einzelne, sicher nicht abschließend zu verstehende Mängel in mündlichen Prüfungen hingewiesen. Von ihm stammt auch das schöne vergleichende Bild von manchen Prüfern, die ihn an Commander Queeg aus dem Roman »Die Caine war ihr Schicksal« erinnern. Repräsentativ ist dieses Bild – zum Glück – nicht. Die Lektüre der meisten Prüfungsprotokolle belegt, dass die Prüferinnen und Prüfer sich Mühe geben, den Prüflingen in Sonntagslaune gegenüberzutreten. Wer während der Ausbildung öfters mit übellaunigen, frustrierten Ausbilderinnen und Ausbildern zu tun hatte, für den besteht sogar die Gefahr, dass das darauf beruhende Bild von der Justiz ins Wanken gerät.

Ein hohes Maß an Nachdenklichkeit ist einem Aufsatz von Seebass, Richter am BVerwG, in der NVwZ 1985, 521 zu entnehmen, der hier auszugsweise wiedergegeben werden soll:

»Wer selbst als Prüfer Erfahrungen gesammelt hat, wird bezweifeln, dass das Bild des selbstherrlichen, nur seine eigene Meinung gelten lassenden Prüfers, der seine Gnade nach Stimmung, Laune und Belieben verteilt, die Wirklichkeit repräsentiert. Auf jeden Fall braucht die Rechtsordnung von dem Negativbild eines ungeeigneten Prüfers, dem die Fähigkeit oder der Wille zu einer objektiven, sachlichen und abgewogenen Beurteilung der Prüfungsleistung fehlt, nicht auszugehen. Mir scheint eher der

Prüfer, der seine Aufgabe mit allem Ernst im Bewusstsein seiner Verantwortung und mit dem starken Bemühen um eine gerechte Bewertung erfüllt, dem Normalfall zu entsprechen. Er wird die Last seiner Verantwortung wohl kaum als Freiraum empfinden.

Meines Erachtens beruht das Unbehagen an der Beurteilungsermächtigung auch weniger auf der Furcht vor Willkür und Bösartigkeit des Prüfers als vielmehr auf der Scheu, der Subjektivität der Beurteilung eines anderen Menschen ausgeliefert zu sein. Dies kann in der Tat tief in die Persönlichkeitssphäre eingreifen und das Selbstwertgefühl stark belasten. Indessen handelt es sich hier um eine archetypische Situation, die es geben wird, solange Menschen mit allen menschlichen Unzulänglichkeiten über Menschen mit ebensolchen zu urteilen haben. Sie wird mit dem Schlagwort vom rechtsschutzlosen Freiraum des Prüfers eher verfälscht als aufgehellt. Es wäre der Sache angemessener, statt dessen von dem Verantwortungsbereich des Prüfers zu sprechen, innerhalb dessen er letztverbindlich die Leistung des Prüflings zu beurteilen hat.

Das Prüfungsrecht ist eine Materie, die besonders geeignet ist, sich die Grenzen der menschlichen Gerechtigkeit bewusst zu machen, einer Gerechtigkeit, die nur unzulänglich vor den Wechselfällen des Lebens, vor Zufall, Schicksal, Unglück schützen kann. Dass das Ergebnis einer Prüfung häufig vom Zufall mitbestimmt wird – der Prüfling ist in besonders guter Form, der Prüfungsstoff entstammt seinem speziellen Interessengebiet, der Prüfer ist besonders milde (oder umgekehrt) – ist eine Binsenweisheit. Es widerstrebt dem Gerechtigkeitsgefühl, dem Prüfling das Risiko des unglücklichen Zufalls aufzubürden, und das Gerechtigkeitsgefühl bäumt sich dagegen auf, dass auch die Tatsache, dass ein Prüfer nicht unfehlbar ist, zum Risiko einer Prüfung gehört und letztlich zu Lasten des Prüflings geht. Dem kann aber mit der Forderung nach mehr Rechtsschutz durch Einschränkung des Beurteilungsspielraums des Prüfers nicht abgeholfen werden. Auch der Richter, selbst wenn er sich der Hilfe hervorragender Sachverständiger bedient, ist nicht unfehlbar. Auch hier trägt das Risiko und die Last eines Fehlurteils die unterlegene Partei – das ist vom Standpunkt einer absoluten Gerechtigkeit ebenfalls schwer erträglich, und gleichwohl muss man sich damit abfinden.

Wenn hier auf die eingeschränkten Möglichkeiten der Gerechtigkeitsverwirklichung hingewiesen wird, dann nicht, um Resignation zu verbreiten, sondern um davor zu warnen, die Möglichkeiten der Rechtsschutzgewährung zu überschätzen. Man darf sich nicht der Illusion hingeben, dass alles besser und gerechter wird, wenn der Richter dem Prüfer die Letztverantwortlichkeit aus der Hand nimmt und sich selbst an seine Stelle setzt. Im Übrigen sollten alle Anstrengungen für Verbesserungen des Prüfungswesens unternommen werden, soweit solche nötig sind. Niemand wird bestreiten, dass in den letzten Jahrzehnten bereits viel verbessert worden ist. Schon allein der Umstand, dass Prüfungsentscheidungen überhaupt der gerichtlichen Kontrolle unterliegen, hat die Prüfungspraxis beeinflusst und wesentlich dazu beigetragen, die Rechtsstaatlichkeit der Prüfungsverfahren zu fördern. Es bleibt allerdings der ungelöste und unlösbare Rest, ein ziemlich großer Rest. Das Bewusstsein, dass es ungerechte Beurteilungen gibt, die vermöge der Beurteilungsermächtigung des Prüfers nicht greifbar sind und Bestand behalten, ist sicher schwer zu ertragen. Vielleicht erleichtert es diese Last ein wenig, wenn man sich klar macht, dass die Prüfungsordnungen in aller Regel dagegen Vorkehrungen treffen, dass der Prüfling an einem – vielleicht fehlerhaften – Votum eines einzelnen Prüfers scheitert und dadurch der Chance, seinen Lebensplan zu verwirklichen, beraubt wird. Denn regelmäßig wird eine Prüfungsleistung nicht nur durch einen Prüfer, sondern durch mehrere Prüfer beurteilt. Auch besteht eine Prüfung in der Regel aus einer Vielzahl von Prüfungsleistungen, die jeweils von verschiedenen Prüfern begutachtet werden. Und schließlich räumen die Prüfungsordnungen dem Prüfling in aller Regel die Möglichkeit ein, eine erfolglos abgelegte Prüfung einmal oder sogar mehrmals zu wiederholen. Wer trotzdem scheitert, dürfte wohl in aller Regel zu den Ungeeigneten gehören, die auszusieben das Ziel der Prüfung ist.«

Obwohl an der Schlussfolgerung im Hinblick gewisse Zweifel bestehen, die Gerechtigkeitslücke bleibt jedenfalls weit offen bei denen, die die Prüfung zwar bestehen, allerdings mit einem »ungerechten« Ergebnis. Hier gibt es keine Wiederholungsprüfung. Dem Autor persönlich ist der Fall eines heutigen Richters bekannt, der beim ersten Versuch gescheitert ist, beim zweiten dagegen ein Prädikatsexamen erzielt hatte. Der Richter ist der Prüfungskommission heute noch dankbar, dass sie kein Mitleid mit ihm hatte. Hätte die Kommission ihn knapp bestehen lassen, wäre er heute nicht Richter.

2. Übersicht über die Regelungen in den Ländern

Land	Regelung
Baden-Württemberg	Die Akten für den Vortrag werden den Kandidatinnen und Kandidaten am Tage der mündlichen Prüfung ausgehändigt. Die Vorbereitungszeit beträgt eineinviertel Stunden. Die Dauer des Vortrags soll zehn Minuten nicht überschreiten. Eine Minute vor Ablauf der Zeit gibt die oder der Vorsitzende ein entsprechendes Zeichen, die Kandidatin bzw. der Kandidat hat dann den Vortrag alsbald zu Ende zu führen. Bei Überschreitung der Zeit kann die oder der Vorsitzende den Vortrag abbrechen. Der Vortrag kann mit dem Zulassungsantrag aus den Gebieten Zivilrecht, Strafrecht oder Öffentliches Recht gewählt werden. Für Behinderte kann eine Verlängerung oder persönliche oder sächliche Erleichterung gewährt werden (§ 42 JAPrO).
Bayern	Kein Aktenvortrag.
Berlin	Die Vortragsakte aus dem Schwerpunktgebiet wird den Kandidatinnen und Kandidaten am Tag der mündlichen Prüfung ausgehändigt. Die Vorbereitungszeit beträgt eine Stunde. Die Dauer des in freier Rede anhand kurzer Stichpunkte zu haltenden Aktenvortrags darf zehn Minuten nicht überschreiten.

Land	Regelung
Brandenburg	Die Vortragsakte wird den Prüflingen am Prüfungstag übergeben. Die Vorbereitungszeit beträgt eine Stunde, behinderten Teilnehmerinnen und Teilnehmern kann die Bearbeitungszeit auf Antrag um bis zu 30 Minuten verlängert werden. Die Akten können aus der Zivilgerichtsbarkeit, der Arbeitsgerichtsbarkeit, der Verwaltungsgerichtsbarkeit oder der praktischen Verwaltung oder dem Tätigkeitsbereich der Staatsanwaltschaft entnommen sein.
Bremen	Die Vortragsakte aus dem Schwerpunktbereich wird am Tag der mündlichen Prüfung ausgehändigt. Die Vorbereitungszeit beträgt eineinhalb Stunden. Die Vorbereitungszeit wird für Behinderte angemessen verlängert. Die Dauer des Vortrags soll zehn Minuten nicht überschreiten.
Hamburg	Die Vortragsakte aus dem Schwerpunktbereich wird am Tag der mündlichen Prüfung ausgehändigt. Die Vorbereitungszeit beträgt eineinhalb Stunden. Die Vorbereitungszeit wird für Behinderte angemessen verlängert. Die Dauer des Vortrags soll zehn Minuten nicht überschreiten.
Hessen	Die Vortragsakte wird am dritten Werktag vor der mündlichen Prüfung ausgehändigt. Die Dauer des Vortrags soll zehn Minuten betragen.
Mecklenburg-Vorpommern	Der Aktenvortrag, der aus dem Schwerpunktgebiet entnommen wird, wird den Prüflingen eineinhalb Stunden vor der Prüfung zur Vorbereitung ausgehändigt. Die Dauer des Vortrags soll zehn Minuten nicht überschreiten.
Niedersachsen	Die Vortragsakte aus dem Schwerpunktgebiet wird am dritten Werktag vor der mündlichen Prüfung ausgehändigt. Die Dauer des Vortrags soll zehn Minuten betragen. Danach folgt ein kurzes Vertiefungsgespräch.
Nordrhein-Westfalen	Den Kandidatinnen und Kandidaten wird das Gebiet des Aktenvortrags grundsätzlich mehrere Wochen im Voraus mitgeteilt. Nur sachlich begründete Ausnahmen hiervon stellen keine unzulässige Ungleichbehandlung dar. Die Vortragsakte wird den Kandidatinnen und Kandidaten am Tag der mündlichen Prüfung ausgehändigt. Sämtliche Kandidatinnen und Kandidaten eines Termins erhalten denselben Vortrag. Die Vorbereitungszeit beträgt eine Stunde. Körperbehinderten kann auf Antrag die Vorbereitungszeit um bis zu 30 Minuten verlängert werden. Die Vortragsdauer beträgt zehn Minuten. Nach Ablauf dieser Zeit signalisiert die oder der Vorsitzende, »was die Stunde geschlagen hat«. Nach zwölf Minuten wird der Vortrag abgebrochen (§ 37 JAO NW).
Rheinland-Pfalz	Die Vortragsakte aus dem Schwerpunktgebiet wird den Kandidatinnen und Kandidaten am Tag der mündlichen Prüfung ausgehändigt. Die Vorbereitungszeit beträgt etwa 90 Minuten. Körperbehinderten kann auf Antrag die Vorbereitungszeit verlängert werden. Die Vortragsdauer soll bei acht bis zehn Minuten liegen. Nach dem Vortrag können Fragen ge-

Land	Regelung
	stellt werden, die auf ergänzende oder klarstellende Ausführungen hinzielen oder auf alternative Lösungsmöglichkeiten.
Saarland	Die Vortragsakte aus dem Schwerpunktgebiet wird den Kandidatinnen und Kandidaten am Prüfungstag ausgehändigt. Die Vorbereitungszeit beträgt eineinhalb Stunden. Die Dauer des Vortrags soll zehn Minuten betragen.
Sachsen	Die nach Wahl des Prüflings zivilrechtlich, strafrechtlich oder öffentlich-rechtlich ausgerichtete Vortragsakte wird am Tag der mündlichen Prüfung ausgehändigt. Die Vorbereitungszeit beträgt eine Stunde. Für die mündliche Prüfung können auf Antrag der oder des Schwerbehinderten und Gleichgestellten angemessene Erleichterungen gewährt werden. Die Dauer des Vortrags soll zehn Minuten nicht überschreiten.
Sachsen-Anhalt	Die Aufgaben für den Aktenvortrag sind den Gegenständen der ersten vier Ausbildungsabschnitte zu entnehmen. Die Aufgaben werden den Prüflingen jeweils eine Stunde vor Beginn ihrer mündlichen Prüfung übergeben. Die Vorbereitung erfolgt unter Aufsicht. Der Vortrag soll nicht länger als vier Minuten dauern. Im Anschluss daran hat der Prüfungsausschuss bis zu fünf Minuten Gelegenheit zur Nachfrage.
Schleswig-Holstein	Die Vortragsakte aus dem Schwerpunktbereich wird am Tag der mündlichen Prüfung ausgehändigt. Die Vorbereitungszeit beträgt eineinhalb Stunden. Die Vorbereitungszeit wird für Behinderte angemessen verlängert. Die Dauer des Vortrags soll zehn Minuten nicht überschreiten.
Thüringen	Der Aktenvortrag wird den Kandidatinnen und Kandidaten 90 Minuten vor Beginn der mündlichen Prüfung ausgehändigt. Gegenstand des Aktenvortrags ist ein Pflichtfach nach § 47 Abs. 2 ThürJAPO. Die Dauer des Vortrags soll zehn Minuten nicht überschreiten.

3. Der Aktenvortrag

Der Aktenvortrag soll der Feststellung dienen, ob die geprüften Rechtsreferendarinnen und Rechtsreferendare fähig sind, in beschränkter Zeit für einen Entscheidungsvorgang unter Darstellung der entscheidungserheblichen Gesichtspunkte einen Vorschlag für die zu treffenden rechtlichen Maßnahmen in den Formen der Rechtspraxis zu machen und verständlich und einleuchtend begründet vorzutragen. So oder ähnlich beginnen die Weisungen für Aktenvorträge in den einzelnen Bundesländern. In **Baden-Württemberg** heißt es z.B.: »Mit dem Aktenvortrag sollen Sie zeigen, dass Sie befähigt sind, nach kurzer Vorbereitung in freier Rede den Inhalt einer Akte darzustellen, einen praktisch brauchbaren Entscheidungsvorschlag zu unterbreiten und diesen zu begründen.« Nicht mehr und nicht weniger wird von Ihnen in der Prüfung verlangt. Freie Rede bedeutet übrigens nicht, dass Sie Daten oder Einzelheiten, auf die es ankommt, nicht aus der Akte ablesen können.

Der Aktenvortrag ist Ihre Visitenkarte in der mündlichen Prüfung. Wenn Sie dabei beeindrucken können, wird dies sicher auch zu einem guten Ergebnis in der mündlichen Prüfung führen. Umgekehrt bedeutet das Misslingen eines Aktenvortrages aber noch nicht, dass das Ergebnis der mündlichen Prüfung nun präjudiziert ist. Die Prüferinnen und Prüfer wissen, dass die Anfangsnervosität manchmal seltsame Blüten hervorruft, und werden ein Misslingen nicht auf die Goldwaage legen, wenn die restliche Prüfung planmäßig und zufriedenstellend verläuft. Werden Sie also nicht nervös, wenn Sie mit dem Aktenvortrag unzufrieden waren. Einerseits steht gar nicht fest, dass die Kommission Ihre Einschätzung teilt. Andererseits werden Sie während der mündlichen Prüfung unbefangen Gelegenheit erhalten, zu zeigen, dass Sie mehr können.

Beim Aktenvortrag ist von herausragender Bedeutung, dass Sie die Vorbereitungszeit richtig einteilen und den Sachverhalt verstanden haben und beherrschen. Die rechtlichen Probleme sind meist bekannt. Daraus ergibt sich zwangsläufig der Schwerpunkt der Vorbereitung. Lernen und trainieren Sie, Sachverhalte wiederzugeben. Hier liegt häufig sogar ein Schwerpunkt der Aufgabe, weil z.B. ein chronologischer Aufbau nicht durchgängig durchzuhalten ist.

Lesen Sie sich den Aktenvortrag von der ersten bis zur letzten Seite zweimal durch. Danach versuchen Sie, den entscheidungserheblichen Sachverhalt herauszuarbeiten (mind. 15 Minuten). Anschließend bearbeiten Sie den Sachverhalt rechtlich und lösen den Fall (15 Minuten). Fertigen Sie eine stichwortartige Aufstellung des Vortragsfahrplans in Form einer Gliederung (15 Minuten). Notieren Sie Probleme dabei in auffälliger Farbe. Halten Sie den Vortrag einmal in der Form eines stillen Selbstgesprächs (max. 15 Minuten).

Der grobe Aufbau eines Aktenvortrags sieht wie folgt aus:

- Kurze Einführung (z.B. durch Vorstellung der Parteien und des Gegenstandes des Rechtsstreits oder Verfahrens)
- Sachverhaltsschilderung mit Anträgen
- Entscheidungsvorschlag
- Rechtliche Würdigung
- Tenorierungsvorschlag

Weitere Ratschläge können Sie der inzwischen zahlreichen Literatur zum Thema »Aktenvortrag« entnehmen. Der wichtigste Rat ist aber: »üben, üben, üben«!

4. Der Ablauf der mündlichen Prüfung

Vor Bekanntem und Bekannten hat der Mensch weniger Furcht. Daher soll versucht werden, durch die Beschreibung des Prüfungsvorgangs diesen zu entmystifizieren und vertraut zu machen. Daneben sollten Kandidatinnen und Kandidaten so oft wie möglich mündliche Prüfungen besuchen, um sich mit der Atmosphäre vertraut zu machen und sich von der Grundlosigkeit so mancher Angst persönlich und sinnlich zu überzeugen. Eine weitere Übung ist das regelmäßige Training von Aktenvorträgen bereits während des Referendariats. Angst ist der schlechteste aller Ratgeber. Bieten Sie sich freiwillig ein weiteres Mal an, wenn Sie Ihren Pflichtaktenvortrag in der dienstlichen Arbeitsgemeinschaft schon »hinter sich gebracht« haben. Ihre Kolleginnen und Kollegen werden Sie nicht als Streberin oder Streber ächten – im Gegenteil. Sie werden sich darüber freuen, dass der vermeintliche Kelch an ihnen vorübergegangen ist und Ihnen dankbar sein. Warten Sie zu Beginn der Arbeitsgemeinschaft nicht so lange, bis Ihre Arbeitsgemeinschaftsleiterin oder Ihr Arbeitsgemeinschaftsleiter Sie für einen »freiwilligen« Aktenvortrag vorschlägt. Melden Sie sich frühzeitig und wirklich freiwillig. Machen Sie sich klar, dass dies eine Chance und keine Quälerei ist. Bestimmen Sie den Zeitpunkt, an dem Sie in guter Tagesform sind. Warten Sie aber nicht, bis der Biorhythmus sämtliche Kurven im positiven Scheitelpunkt vereint. So lange dauern die meisten Arbeitsgemeinschaften nämlich nicht.

Mit der Ladung erhält man die Zeit mitgeteilt, zu der man sich bei der oder dem Vorsitzenden der Prüfungskommission vorzustellen hat. Für das locker ablaufende **Vorgespräch** ist ein viertelstündiger Rhythmus vorgesehen. Die Vorstellung beginnt zwischen 8:30 Uhr und 9:00 Uhr (in BW sogar um 8 Uhr) und endet je nach Zahl der Kandidatinnen und Kandidaten, die von drei bis sechs in den einzelnen Ländern reichen kann. Im Vorgespräch versucht die oder der Vorsitzende, den Prüflingen die Nervosität zu nehmen, aber auch, bestimmte Dinge zu erfragen oder den Prüflingen Gelegenheit zu geben, von sich aus bestimmte Dinge anzusprechen: »Mit der Zwangsvollstreckungsklausur hatte ich ungewohnte Probleme. Während des Referendariats hatte ich eigentlich gute Klausurnoten bei den entsprechenden Klausuren. Diesen Ausrutscher kann ich mir nicht erklären ...« o.ä. Da in die Gesamtnote auch der **Gesamteindruck** bezüglich der Persönlichkeit der Prüflinge einfließen soll, kann das Vorgespräch auch zu einer entsprechenden natürlichen und sicheren Selbstdarstellung genutzt werden. Oft wird auch im Vorgespräch nach späteren Berufswünschen gefragt. Hier bietet sich dem Prüfling die Gelegenheit, indirekt den Wunsch nach einer bestimmten Examensnote zu äußern. Dies kann dadurch geschehen, dass man angibt, zur Staatsanwaltschaft zu wollen. Die Kommission kennt in der Regel die Punktwerte, die für eine aussichtsreiche Bewerbung bei den Gerichten oder der Staatsanwaltschaft erforderlich sind. Die Gelegenheit sollte man auch nutzen, wenn man auf bestimmte Dinge aufmerksam machen will. Dazu gehört beispielsweise auch der Hinweis, trotz schwächerer Vorpunkte eine Prädikatsnote erreichen zu wollen. Die Kommission wird dann entsprechend Gelegenheit geben, überdurchschnittliche Kenntnisse und Fertigkeiten nachzuweisen (so auch Rehborn/Schulz/Tettinger, § 9 JAO NW Rn. 6). Daneben dient das Vorgespräch auch dazu, die physische Prüfungsfähigkeit zu prüfen.

Es muss auch an dieser Stelle noch einmal darauf hingewiesen werden, dass der Prüfling keine Angst vor dem Vorgespräch zu haben braucht. Auch hier gilt: die Prüferinnen und Prüfer wollen »nichts Böses«.

An die Vorstellung schließt sich die Ausgabe der Aktenvorträge an. Jede Kandidatin und jeder Kandidat erhält das gleiche Aktenstück und wird durch Justizbedienstete jeweils um eine Viertelstunde versetzt in einen separaten Vorbereitungsraum geführt. In diesem sitzen Kandidatinnen und Kandidaten aus mehreren Prüfungen und bereiten sich gleichzeitig und zeitversetzt auf ihren Aktenvortrag vor. Es herrscht daher eine geschäftige Atmosphäre, die durch regelmäßiges Betreten, Niedersetzen und Verlassen neuer Prüflinge entsprechend unruhig ist. Aber keine Angst, dies tut der Konzentration erfahrungsgemäß keinen Abbruch.

Das Aktenstück sollte man wie folgt bearbeiten:

Ein Viertel der Zeit sollten Sie der Aufnahme der Sachverhalts durch mehrmaliges Lesen widmen. Das nächste Viertel sollte die rechtliche Bearbeitung des Falles benötigen. Das vorletzte Viertel der Zeit dient im Idealfall dem Niederschreiben der Skizze von Sachverhalt und rechtlicher Würdigung. Der Rest der Zeit ist nicht der unwichtigste Teil der Vorbereitung: diese Zeit sollten Sie nutzen, um den Vortrag einmal in Gedanken zu halten.

Im Einzelnen sollte zur Bearbeitungsweise die inzwischen ausreichend vorhandene Literatur zu Aktenvorträgen herangezogen werden.

Nach Ablauf der Vorbereitungszeit wird die Kandidatin bzw. der Kandidat durch Bedienstete aus dem Vorbereitungsraum herausgeführt und betritt den Prüfungsraum. Es empfiehlt sich, die Prüfungskommission mit einem auflockernden »Guten Morgen« zu begrüßen und auf einem der Stühle vor dem Tisch der Kommission Platz zu nehmen. Nachdem man in aller Ruhe die Gesetzestexte oder Kommentierungen aufgeschlagen hat und den ersten niedergeschriebenen Satz: »Ich berichte ...« noch einmal gelesen hat, signalisiert man der oder dem Vorsitzenden mit einem Nicken oder der Bemerkung: »Ich bin jetzt bereit«, dass man anfangen möchte. Darauf folgt zumeist ein freundliches aufmunterndes Kopfnicken, und schon beginnt man mit fester Stimme und Blickkontakt zu einem Kommissionsmitglied mit dem Vortrag. Wenn Sie stecken bleiben, sammeln Sie sich einen Moment und setzen Sie beim letzten Gedanken erneut an. Nach zehn Minuten (oder früher, je nach Absprache und Regelung) gibt Ihnen die Kommission einen Wink, damit Sie zum Ende kommen. Befolgen Sie diesen Wink auch und straffen Sie den Rest, damit Sie den Vortrag auf jeden Fall zu Ende bringen. Nach zwölf Minuten wird der Vortrag abgebrochen.

Suchen Sie sich das Ihnen sympathischste Gesicht für den Anfang aus oder nehmen Sie die oder den Vorsitzenden, die oder den Sie ja bereits aus dem angenehmen Vorgespräch kennen. Sie werden sehen, die zehn Minuten vergehen wie im Flug!

Nachdem alle Prüflinge nacheinander ihre Aktenvorträge gehalten haben, beginnt die **mündliche Prüfung**, und zwar grundsätzlich mit der Zivilrechtsprüfung, in die die zum Zivilrecht zu zählenden Rechtsgebiete eingebettet werden. Aus der Ladung ist nicht ersichtlich, welcher Prüfer für welches Prüfungsgebiet zuständig ist. Eine hinreichende Sicherheit bei der Zuordnung ergibt sich jedoch durch die Einblicknahme in Prüfungsprotokolle der einzelnen Prüfer.

Innerhalb der einzelnen Prüfungsgebiete muss dabei damit gerechnet werden, dass auch Fragen aus den Wahlfächern (Arbeitsrecht, Handels- und Gesellschaftsrecht) an alle Kandidatinnen und Kandidaten gestellt werden. Befinden sich in der Prüfung drei Kandidatinnen und Kandidaten mit der Wahlfachgruppe Arbeitsrecht und ist das für die Zivilrechtsprüfung zuständige Mitglied der Kommission Arbeitsrichter, ist ziemlich sicher mit einem hohen Anteil »Arbeitsrecht« in der Zivilrechtsprüfung zu rechnen. Auch wenn die entsprechenden Prüfer Zivilrichterinnen oder Zivilrichter sind, wird häufig mit der Wahlfachgruppe angefangen. Viele Prüferinnen und Prüfer beschränken Fragen aus Wahlfachgruppen, die auch Bestandteil des allgemeinen Prüfungsstoffs sind, nicht auf die Wahlfachkandidatinnen und -kandidaten. Das hört sich aber schlimmer an, als es ist. Zum einen weiß man nach der Lektüre der Prüfungsprotokolle, ob damit zu rechnen ist, zum anderen reicht zumeist: Gesetzestexte lesen und mitdenken!

Da die Prüferinnen und Prüfer in der Regel Praktiker sind, sind die **Einstiegsfragen** (»Warming up«) zumeist auch praktisch geprägt. In der Strafrechtsprüfung sind beliebte Einstiege Fragen zur StPO, die in Klausuren nicht vertieft werden. Dazu gehören z.B. der Aufbau der StA oder Zuständigkeitsfragen der StA. Sehr empfehlenswert ist die Lektüre z.B. des Alpmann & Schmidt-Skripts zur StPO. Jede Prüfung ist anders, jede Kommission auch, aber die Trefferquote ist enorm angesichts der Tatsache, dass man das StPO-Skript innerhalb von drei Tagen lesen und wiederholen kann.

Meistens ist die Zeit zur Vorbereitung auf das Mündliche knapp, insbesondere, wenn Sie sich Protokollwissen noch kurzfristig aneignen wollen oder müssen. Deshalb ist eine effektive Arbeitstechnik kurz vor der Prüfung wichtig: Lesen Sie sich kurze Skripte einmal durch, unterstreichen Sie Wichtiges dabei und gliedern Sie es grafisch. Am besten ist es, ein eigenes Skript als Auszug dazu anzufertigen. Nehmen Sie immer den Gesetzestext in die Hand. Nach ein bis zwei Tagen wiederholen Sie dies, nach ca. einer Woche noch einmal. So erlerntes Wissen sitzt nach den Erkenntnissen der Lernpsychologie auch Jahre später noch.

Prüfungsgespräche sind auch auf Cassetten und CD-ROM erhältlich. Erkundigen Sie sich im Buchhandel nach dem aktuellen Angebot. Wer den Ablauf von Prüfungsgesprächen nachlesen will, wird auch in der JA fündig.

5. Die Vorbereitung auf die mündliche Prüfung

Literatur

- Martinek, Schüchternheit in der mündlichen Prüfung – Versuch einer Aufmunterung, JuS 1994, 268
- Hachenberg, Die mündliche Prüfung im Referendarexamen, JuS 1993, 349

Auf die mündliche Prüfung bereiten Sie sich am besten wie Spitzensportler auf den Wettkampf vor.

Zu einer gründlichen Vorbereitung gehört daher die **körperliche** und **psychische Vorbereitung**. Konditionelle Mängel führen häufig zum Nachlassen der Konzentration nach der Mittagspause. Es schadet auf jeden Fall, wenn Sie bis zum Umfallen lernen und völlig erschöpft, unausgeruht und nervös in das Examen gehen. Treiben Sie daher während des Referendariats, insbesondere während der Examensvorbereitung regelmäßig, d.h. mindestens zweimal wöchentlich, **Sport**. Suchen Sie sich Sportarten aus, die Ihnen Spaß machen. Versäumnisse in der Vergangenheit sind kein Grund, jetzt nicht mit sportlichen Aktivitäten zu beginnen. Untersuchungen haben ergeben, dass sich selbst bei älteren untrainierten Menschen nach vier bis sechs Wochen regelmäßigen Trainings Sauerstoffumsatz und Stoffwechsel wie bei weitaus jüngeren Menschen entwickeln. Sport führt aber nicht nur zur körperlichen Fitness für die Prüfung, sondern auch, wie inzwischen allgemein anerkannt ist, zum Stressabbau und zu mehr Gelassenheit.

Spitzensportler bereiten sich auf körperliche Wettkämpfe durch **mentales Training** vor. Hierzu hält jede Universitätsbuchhandlung Fachliteratur bereit. Zur mentalen Vorbereitung gehört die regelmäßige Simulation der Prüfungssituationen und das Erlernen von Entspannungstechniken. Die regelmäßige Simulation von Prüfungssituationen führt einerseits zum Vertrautwerden mit einer potenziell angstauslösenden Situation. Andererseits führt regelmäßiges Üben zum Ausmerzen von Fehlern und zur Verbesserung der geprüften Fähigkeiten. Das Erlernen von Entspannungstechniken dient dem Ausschalten von störenden psychischen und körperlichen Einflüssen schon während der Examensvorbereitung, insbesondere aber der Prüfung. Nervosität, innerliche Unruhe, aber auch die damit häufig einhergehenden vielfältigen körperlichen Symptome beeinflussen die Konzentrationsfähigkeit und damit die Leistungsfähigkeit negativ. Dies gilt jedenfalls dann, wenn diese Einflüsse einen störenden Umfang annehmen. Eine gewisse innere Anspannung und Nervosität ist dagegen völlig normal und fördert nachweislich sogar die Leistungsfähigkeit.

Bei rechtzeitigem Einsatz von **Entspannungstechniken** kann auch erhebliche Prüfungsangst abgebaut werden. Im Buchhandel wird ein riesiges Angebot an Entspannungskassetten und Büchern zu Entspannungstrainings (z.B. Autogenes Training, progressive Muskelentspannung, Mentaltraining) vorgehalten. Spezialisierte Verlage bieten zudem spezielle Cassetten (einschließlich Buch mit weiteren Tipps) zur Bewältigung von Prüfungsangst an (s. dazu oben auch bei »Examensangst«). Gewarnt werden muss hier – wie bei Spitzensportlern auch – vor dem Einsatz von Dopingmitteln. Verbreitet sind hier insbesondere Beruhigungsmittel, aber auch Beta-Blocker. Diese Mittel sind nicht nur gesundheitsschädlich, sondern schränken die Leistungsfähigkeit dramatisch ein. Beruhigungsmittel sollten nur nach ärztlicher Medikation und Einstellung in ernsten Fällen von Prüfungsangst genommen werden, wenn eine Abwägung der medikamentösen Einschränkung mit der Behinderung durch die Prüfungsangst ergibt, dass die Bilanz mit Beruhigungsmittel günstiger ist. Dies dürfte aber in 99 % der Fälle nicht der Fall sein. Beruhigungsmittel führen zu Müdigkeit, Reaktionseinbußen, Gleichgültigkeit und eingeschränkter Wahrnehmungsfähigkeit. Die subjektiv empfundene Verminderung der Angstgefühle wird negativ durch die Beeinträchtigung der allgemeinen Leistungsfähigkeit kompensiert. Das Gleiche gilt im Prinzip für Beta-Blocker, die zwar subjektiv als nicht ganz so einschränkend empfunden werden, aber erhebliche negative körperliche Auswirkungen auf Herz- und Kreislauf haben. Sie unterdrücken u.a. die Erhöhung der Herzfrequenz.

Wenn Sie glauben, ohne **Hilfsmittel** nicht auskommen zu können, nehmen Sie hochwertige pflanzliche Präparate mit beruhigender Wirkung, die zumeist Baldrian, Melisse oder Hopfen enthalten. Konzentrate in Dragee- oder Kapselform sind wirksamer als Tees. Fragen Sie Ihren Arzt oder Apotheker! Im Hinblick auf die beruhigende Wirkung von Hopfen nützt u.U. Ablenkung durch Freunde bei zwei bis drei Glas Bier am Vorabend auch. Bei der vorgeschlagenen Zahl sollte es aber auch bleiben.

Zur Simulation gehört auch der **Besuch von mündlichen Prüfungen**, um die Atmosphäre, den Ablauf und das Niveau des Programms einmal kennenzulernen. Deutliche Verbesserungen der Prüfungsleistung sind auch durch ein Training von Aktenvorträgen in der privaten Arbeitsgemeinschaft zu erzielen. Am effektivsten ist das Videotraining in Kleingruppen zu Aktenvortrag und mündlicher Prüfung. In vielen Haushalten gehört der Camcorder inzwischen zur Grundausstattung. Dieser wird häufig dazu eingesetzt, um Freunde und Bekannte mit mehrstündigen Livefilmen in Echtzeit aus dem letzten Urlaub in schläfrige Müdigkeit zu versetzen. Für Ihre Geduld bei der letzten Vorführung können sich diese Freunde dadurch revanchieren, dass sie Ihnen den Camcorder für die Prüfungsvorbereitung zur Verfügung stellen. Nehmen Sie mit Ihren Arbeitsgemeinschaftskolleginnen und -kollegen Aktenvorträge auf, die Sie halten, und besprechen Sie diese anschließend gemeinsam. Sie werden sich erstmals aus der Prüferperspektive erleben und haben dadurch Gelegenheit, Schwachstellen auszumerzen. Fahren Sie gemeinsam für ein paar Tage aufs Land und gehen Sie mit **Videokamera** »in Klausur«. Täglich können bei einer Gruppe von drei bis vier Personen bis zu drei Aktenvorträge pro Person gehalten und besprochen werden. Während jeweils ein »Prüfling« den Vortrag vor dem Camcorder hält, nehmen die anderen Teilnehmerinnen und Teilnehmer des Trainings die Rolle der Prüfungskommission ein. Nachdem alle ihren Vortrag gehalten haben, werden die einzelnen Vorträge auf dem Fernsehmonitor verfolgt und besprochen.

Dabei sollten bei der eigentlichen Examensvorbereitung die Aktenvorträge aus dem Gebiet entnommen werden, aus dem der Vortrag auch in der Prüfung stammt. Andere Prüfungsstoffe wiederholen Sie durch die Vorträge Ihrer Kolleginnen und Kollegen nebenbei. Sie werden bei den Videotrainings die Gelegenheit haben, viele Aktenvorträge zu halten und Haltung, Gestik, Sprache, also den gesamten Vortragsstil durch die Videokontrolle weiter zu verbessern.

6. Die Aktenvortragsausleihe

In Nordrhein-Westfalen besteht bei den Personalräten an den Landgerichten und/ oder bei den Bezirkspersonalräten an den Oberlandesgerichten die Möglichkeit, **kostenlos Original-Aktenvorträge mit Prüfervermerk** aus vergangenen mündlichen

Prüfungen zum Kopieren auszuleihen. Die näheren Modalitäten der Ausleihe sind bei den **Personalräten am jeweiligen Landgericht oder Bezirkspersonalräten** beim zuständigen Oberlandesgericht zu erfahren. Da diese die Ausleihe und die Interessenvertretung ehrenamtlich neben ihrer Ausbildung organisieren, sollte man gegebenenfalls die Referendargeschäftsstelle befragen, wie und wann Referendarvertreterinnen oder -vertreter zu erreichen sind. Außerdem sollte man sich bemühen, die ehrenamtliche Arbeit nicht unnötig durch Sonderwünsche oder Nachlässigkeiten bei der Ausleihe/Rückgabe zu erschweren. Viele Personalräte unterhalten ein schwarzes Brett in der Nähe der Arbeitsgemeinschaftsräume, aus denen sich die Möglichkeiten der Kontaktaufnahme ergeben.

Man kann sich und anderen nach der **Ausleihe** die Arbeit erleichtern und Zeit sparen, wenn für mehrere Kolleginnen und Kollegen zusammen Kopien angefertigt werden. Dies könnte zu Beginn der Arbeitsgemeinschaft auch eine Arbeitsgruppe »Aktenvorträge« für alle machen. Grundsätzlich werden die Aktenvorträge bisher wegen des mit der Ausgabe verbundenen Zeitaufwandes von den Personalräten nur bei Vorlage der Ladung zum mündlichen Prüfungstermin (und gegen Hinterlegung des Personalausweises) ausgegeben. Es spricht aber nichts dagegen, die Aktenvorträge auch früher, möglichst bereits zu Beginn des Referendariats zum Training einzusetzen. Dies ist aber nur möglich, wenn die Personalratsmitglieder entlastet werden. Dies kann z.B. dadurch geschehen, dass die Arbeitsgemeinschaftssprecherin bzw. der -sprecher die Ordner kurzzeitig ausleiht und für die ganze Arbeitsgemeinschaft kopiert.

Nach dem Kopieren können die Aktenvorträge arbeitsgemeinschaftsbegleitend oder zum Training vor der mündlichen Prüfung genutzt werden. Da die ungewohnten Aktenvorträge nicht früh genug eingeübt werden können, sollte bereits zu Beginn der Ausbildung in der privaten Arbeitsgemeinschaft damit begonnen werden. Bei der Entwicklung der eigenen Lösung sollte man sich nicht sklavisch an die Musterlösungen halten, denn diese sind teilweise unvollständig bzw. im Einzelfall sogar falsch. Diese persönliche Erfahrung bestätigen Ausbildungsleiterinnen und Ausbildungsleiter an den Landgerichten. Dennoch ist die Ausleihe der Aktenvorträge für die Vorbereitung zu empfehlen. Ob in anderen Bundesländern ähnliche Möglichkeiten für Prüflinge bestehen, entzieht sich der Kenntnis des Autors und sollte bereits zu Beginn der Ausbildung bei den zuständigen Interessenvertretungen nachgefragt werden.

Außerdem werden regelmäßig in der JA, nämlich auf den Übungsblättern für Referendare, **Aktenvorträge mit Musterlösung** veröffentlicht. Dort wird auch auf mögliche Fehlerquellen hingewiesen. Die Aktenvorträge sind ausformuliert. Eine große Anzahl von Aktenvorträgen finden Sie auch in der aufgeführten Literatur zum Aktenvortrag. Auch dort sind meistens sehr ausführliche Musterlösungen erarbeitet worden.

7. Die Protokolle mündlicher Prüfungen

Als hilfreich bei der Vorbereitung einer erfolgreichen mündlichen Prüfung hat sich die Einsichtnahme in **Prüfungsprotokolle** erwiesen, die mehr oder weniger zutreffende subjektive Beschreibungen der Prüferinnen und Prüfer sowie ein Protokoll des Prüfungsablaufs mit den gestellten Fragen und den Antworten der Kandidatinnen und Kandidaten beinhalten und von den Prüflingen verfasst sind. Ferner enthalten die Prüfungsprotokolle den Notenspiegel der Prüflinge (Klausurnoten, ggf. P-Arbeitsnoten sowie die Noten aus der mündlichen Prüfung und das Endergebnis).

Gewarnt werden muss an dieser Stelle vor zweierlei:

Die Einschätzung der Prüferinnen und Prüfer ist eine recht subjektive Angelegenheit. Während Prüflinge mit gutem Endergebnis zu grenzenlosem Lob neigen, tendieren enttäuschte Prüflinge zur »Abrechnung« mit den Prüferinnen und Prüfern. Beachten Sie bei auffällig positiven oder negativen Wertungen auch diese Umstände.

Die Antwort, die im Prüfungsprotokoll als die richtige Antwort dargestellt ist, ist häufig falsch. Dies kann verschiedene Ursachen haben. So erinnern sich die nicht gefragten Kandidatinnen und Kandidaten häufig nicht präzise an die Fragen, die anderen gestellt wurden. Auch kann es sein, dass das Protokoll lange nach der Prüfung geschrieben wurde und der Prüfungsinhalt bereits verblasst war. Als weitere Möglichkeit kommt in Betracht, dass der Prüfling die entsprechende Problematik nicht beherrscht. Wie dem auch sei, seien Sie jedenfalls kritisch bei den Antworten und versuchen Sie vor allem nicht, danach inhaltlich zu lernen. Schauen Sie sich vielmehr die geprüften Gebiete und die Probleme an und lernen Sie diese anhand eines Skripts oder Lehrbuchs. Die dort gegebenen Antworten stimmen in der Regel und lassen sich hören.

Häufig wird im Rahmen der Pflichtfachprüfung der entsprechende **Wahlfachstoff** geprüft, wenn genügend Prüfungsteilnehmerinnen und -teilnehmer zu der Wahlfachgruppe gehören. Besteht zum Beispiel eine Prüfung aus drei Prüflingen mit dem Wahlfach »Öffentliches Recht« und drei Prüflingen mit dem Wahlfach »Arbeitsrecht«, so ist recht wahrscheinlich, dass die Pflichtfachprüfung »Zivilrecht« mit Arbeitsrecht beginnt. Solche Tendenzen lassen sich aber auch nicht generell vorhersagen, sondern hängen von den Prüferinnen und Prüfern ab. Prüfen Sie die Protokolle darauf, ob eine solche Vorgehensweise bei Ihrer Prüferin bzw. Ihrem Prüfer typisch ist. Sie können sich gegebenenfalls gezielter auf die Pflichtfachprüfung vorbereiten!

Es ist schade, dass bei der Ausgabe der Protokolle die Anschrift der Prüflinge einer Kommission oder wenigstens deren Wahlfachgruppe nicht festgehalten und bei entsprechendem Einverständnis ausgetauscht wird, da diese Information nach dem soeben Gesagten für die Gruppe nicht ganz ohne Bedeutung ist.

Die Protokolle sind gegen eine Gebühr zu beziehen bei:

Juristischer Verlag Berger
Postfach 23 03 20
45071 Essen

Hausanschrift:
Heinrich-Heldt-Straße 34
45133 Essen
Telefon (02 01) 4 28 88
Telefax (02 01) 41 31 50
http://www.jurverlag-berger.de

Jedenfalls in Nordrhein-Westfalen bauen auch die Bezirkspersonalräte der Rechtsreferendarinnen und Rechtsreferendare ein kostenloses Ausleihsystem auf. Fragen Sie auch in anderen Bundesländern zunächst bei der zuständigen Interessenvertretung (Personalrat, Bezirkspersonalrat, Ausbildungsbeirat, Referendarverein etc.) nach, ob dort kostenlos Protokolle der mündlichen Prüfungen ausgeliehen werden können.

IX. Die Bewertung der Prüfungsleistungen

1. Die Notenskala beider Staatsexamen

Die Notenskala bei den Staatsprüfungen beruht auf der Verordnung über eine Noten- und Punktskala für die erste und zweite juristische Prüfung (Bundesnotenverordnung) vom 3. 12. 1981 (BGBl. I S. 1243).

Danach werden die einzelnen Leistungen in der ersten und zweiten Staatsprüfung mit einer der folgenden Noten und Punktzahlen bewertet:

Einzelleistungen nach § 1 Bundesnotenverordnung

Bezeichnung	Bedeutung	Punktzahlen
sehr gut	eine besonders hervorragende Leistung	16 bis 18
gut	eine erheblich über den durchschnittlichen Anforderungen liegende Leistung	13 bis 15
vollbefriedigend	eine über den durchschnittlichen Anforderungen liegende Leistung	10 bis 12
befriedigend	eine Leistung, die in jeder Hinsicht durchschnittlichen Anforderungen entspricht	7 bis 9
ausreichend	eine Leistung, die trotz ihrer Mängel durchschnittlichen Anforderungen noch entspricht	4 bis 6
mangelhaft	eine an erheblichen Mängeln leidende, im ganzen nicht mehr brauchbare Leistung	1 bis 3
ungenügend	eine völlig unbrauchbare Leistung	0

Gesamtnoten nach § 2 Bundesnotenverordnung

Soweit Einzelnoten zu einer Gesamtbewertung zusammengefasst werden (Examensergebnis), ist die **Gesamtnote** bis auf zwei Dezimalstellen ohne Auf- oder Abrundung rechnerisch zu ermitteln. Den einzelnen Punktwerten entsprechen folgende Notenbezeichnungen:

14,00 bis 18,00	sehr gut
11,50 bis 13,99	gut
9,00 bis 11,49	vollbefriedigend
6,50 bis 8,99	befriedigend
4,00 bis 6,49	ausreichend
1,50 bis 3,99	mangelhaft
0 bis 1,49	ungenügend

Auch die Notenskala oder richtiger: die Bewertung der Leistungen der Rechtsreferendarinnen und Rechtsreferendare im Examen verdient kritische Würdigung. Wer kennt die Situation nicht: Die Kandidatin berichtet ihren Eltern, Freunden oder Bekannten sichtlich stolz, ein »vollbefriedigend« geschafft zu haben. Die Mutter, aus Schule und Abitur noch ausschließlich von guten und sehr guten Noten verwöhnt, bricht angesichts dieser Nachricht in Tränen aus. Stolz und Freude bei Prüflingen über die Benotung im juristischen Staatsexamen stößt nicht selten auf Irritationen im sozialen Umfeld. Wer versteht schon, dass man mit einem »gut« als Assessorin oder Assessor praktisch ohne Bewerbung überall anfangen kann? In Zeiten, in denen bei anderen Staatsprüfungen die »sehr gut«- Schwemme herrscht, ist die Verwunderung auch verständlich und nachvollziehbar. Um nicht missverstanden zu werden – selbstverständlich ist ein »gut« in einer Prüfung nichts wert, wenn alle anderen Kandidaten des Jahrgangs mit »sehr gut« abgeschnitten haben. Es soll hier nicht einer Bewertung das Wort geredet werden, die Leistungsunterschiede nivelliert. Im Verhältnis zu anderen Abschlussprüfungen sind die Bewertungen bei den Juristinnen und Juristen aber für die Allgemeinheit unverständlich abgesenkt. Ein Grund hierfür ist nicht erkennbar. Hier liegt der Fall offensichtlich so, dass die Mehrheit (das soziale Umfeld) recht hat, wenn sie (es) sich wundert.

Dass Juristinnen und Juristen mit der Mathematik auf Kriegsfuß stehen, zeigt sich auch bei der Bundesnotenverordnung. Die Bundesnotenverordnung ist der »Wonderbra« der Examensabsolventen. Wer in allen Einzelleistungen ein mittleres »gut« (14 Punkte) erzielt, darf sich am Ende dessen ungeachtet mit einem »sehr gut« (14,00) bei der Gesamtnote schmücken. In diesen Genuss kommen freilich wenige, so dass diese leichte Ungenauigkeit noch hingenommen werden mag. Ein »vollbefriedigend« (ab 9,00 Punkten) bei der Gesamtbenotung lässt sich aber auch bereits mit befriedigenden (9,00 Punkte) Einzelleistungen erreichen. Hat hier der soziale Gesetzgeber ein Einsehen mit der allzu strengen Bewertung der Einzelleistungen gehabt oder bestätigt die Verordnung das altbekannte Vorurteil »judex non calculat«? Ungeachtet dessen hat – auch darauf ist hier hinzuweisen – das Bundesverwaltungsgericht die Notenskala abgesegnet (BVerwG, NJW 1986, 951; zuletzt BVerwG vom 9. 6. 1993 – 6 B 35/92, NVwZ 1994, 169 = NJW 1993, 3340).

2. Ranking Noten: Ergebnisse der zweiten Staatsprüfung 2001, 2002 und 2003[1]

a) 2001 (Angaben in Prozent der Kandidaten)

Land	sehr gut >14,0	gut >11,50	vollb. >9,00	befr. >6,50	ausr. >4,00	schlechter <4,00	Tendenz ☹😐☺	Kandidaten
Baden-Württemberg	0,08	1,19	11,45	35,05	41,73	10,41	☺☺☺	1258
Bayern	0	1,51	10,85	31,26	41,93	14,45	😐	2249
Berlin	0	1,16	11,99	37,96	27,02	**21,87**	☹☹	951
Bremen	0	2,0	18,4	33,7	22,4	**23,5**	☹☹	98
Hamburg	0,6	9,8	28,6	34,2	16,7	10,1	☺☺☺	336
Hessen	0	1,10	13,36	35,21	33,66	13,67	😐	906
Mecklenburg-Vorpommern	0	0	5,71	34,76	36,67	**22,86**	☹☹	210
Niedersachsen	0	1,89	15,74	40,59	27,81	13,96	😐	845
Nordrh.-Westfalen	0,10	1,98	15,17	33,16	36,30	13,29	😐	3085
Rheinland-Pfalz	0	2,42	21,45	38,58	25,60	11,93	☺	578
Saarland	0	2,98	15,48	35,12	29,76	16,66	😐	168
Sachsen	0	0,16	6,85	32,71	40,81	**19,47**	☹	642
Sachsen-Anhalt	0	0	5,69	27,64	38,21	**28,46**	☹☹☹	246
Schleswig-Holstein	0,2	2,4	22,8	38,7	24,3	11,3	☺	416
Thüringen	0	0	4,4	28,5	50,6	16,5	😐	**249**
Bundesdurchschnitt	**0,06**	**1,69**	**13,45**	**34,34**	**35,40**	**15,05**	😐	**12592**

b) 2002 (Angaben in Prozent der Kandidaten)

Land	Sehr gut >14,0	gut >11,50	vollb. >9,00	befr. >6,50	ausr. >4,00	schlechter <4,00	Tendenz ☹😐☺	Kandidaten
Baden-Württemberg	0	1,15	9,53	32,53	43,02	13,67	😐	1038
Bayern	0	1,92	12,22	31,92	41,33	12,61	☺	2030
Berlin	0	1,07	13,34	37,35	26,68	21,56	☹☹	937
Brandenburg	0	1,69	10,11	37,64	35,11	15,45	😐	356
Bremen	0	1,19	17,86	41,67	17,86	21,43	☹☹	84
Hamburg	0	5,29	27,25	38,89	19,05	9,52	☺☺☺	378
Hessen	0	0,93	13,59	40,06	30,18	15,27	😐	971
Mecklenburg-Vorpommern	0	0	7,75	34,88	36,43	20,93	☹☹	129
Niedersachsen	0,11	1,94	1659	40,95	25,65	14,76	😐	928
Nordrh.-Westfalen	0,07	1,98	13,86	35,39	33,68	15,03	😐	2987
Rheinland-Pfalz	0	2,76	17,05	44,85	27,1	8,14	☺☺☺	651
Saarland	0	0	15,94	39,86	29,71	14,49	😐	138
Sachsen	0,18	0,36	9,12	30,77	41,32	18,25	☹	559
Sachsen-Anhalt	0	0,39	4,33	20,87	44,88	29,53	☹☹☹	254
Schleswig-Holstein	0,24	3,16	19,9	42,48	21,12	13,11	😐	412
Thüringen	0	0,34	8,08	35,69	40,74	15,15	😐	297
Bundesdurchschnitt	**0,04**	**1,72**	**13,47**	**36,02**	**33,77**	**14,97**	😐	**12149**

c) 2003 (Angaben in Prozent der Kandidaten)

Land	Sehr gut >14,0	gut >11,50	vollb. >9,00	befr. >6,50	ausr. >4,00	schlechter <4,00	Tendenz ☹😐☺	Kandidaten
Baden-Württemberg	0	1,3	11,2	32,9	42,0	12,7	☺	1022
Bayern	0,1	2,1	12,4	33,3	39,6	12,6	☺	1795
Berlin	0	1,2	15,2	37,4	28,7	17,4	☹	828
Brandenburg	0	0,3	10,8	42,2	30,1	16,6	😐	296
Bremen	1,1	2,3	25,3	37,9	19,5	13,8	😐	87

Land	Sehr gut >14,0	gut >11,50	vollb. >9,00	befr. >6,50	ausr. >4,00	schlechter <4,00	Tendenz ☹😐☺	Kandidaten
Hamburg	0,8	7,6	25,3	34,6	21,5	10,1	☺☺☺	367
Hessen	0	1,5	15,2	41,5	27,8	14,0	😐	921
Mecklenburg-Vorpommern	0	0,6	4,6	36,4	35,8	22,5	☹☹	173
Niedersachsen	0	1,5	17,8	42,6	25,3	12,8	☺	742
Nordrh.-Westfalen	0	2,3	14,9	35,9	33,8	13,1	😐	2906
Rheinland-Pfalz	0	1,2	18,2	43,4	26,7	10,5	☺☺☺	588
Saarland	0	2,0	18,4	38,1	26,5	15,0	😐	147
Sachsen	0	1,0	7,2	33,0	43,0	15,8	😐	500
Sachsen-Anhalt	0	0	6,1	26,1	42,8	25,0	☹☹☹	180
Schleswig-Holstein	0	3,5	18,6	36,0	26,7	15,1	😐	430
Thüringen	0	0,3	7,9	38,8	40,9	12,0	☺	291
Bundesdurchschnitt	**0,1**	**1,9**	**14,2**	**36,6**	**33,5**	**13,8**	😐	**11273**

Man muss die Tabelle nicht kommentieren; sie spricht für sich. Dabei darf man als vernünftiger und unvoreingenommener Mensch ruhig davon ausgehen, dass die Hamburger oder Koblenzer nicht klüger sind als die Magdeburger. Die Diskrepanzen müssen daher auf der anderen Seite des Prüfungstisches liegen. Offensichtlich gibt es Prüfungsämter oder Prüfer, die sich keine Gedanken darüber machen, wie es ist, jungen Juristen mit ohnehin fast perspektivloser Ausbildung auch noch einen Abschluss der Ausbildung zu nehmen. Wenn man die Wiederholererfolge betrachtet, scheinen die Prüflingsschrecks aus Sachsen-Anhalt doch ein schlechtes Gewissen zu bekomme; sie sind dann besonders großzügig. Manch einem, der am Prüfungstrauma verzweifelt ist, nützt dies indes nichts mehr.

X. Die nicht bestandene Prüfung

Jährlich fallen etwas mehr als 10 % der Rechtsreferendarinnen und Rechtsreferendare durch das zweite Staatsexamen, mithin immerhin ca. 1000 Kolleginnen und Kollegen bundesweit. Die Prüfung gilt als nicht bestanden, wenn entweder ein **Klausurenblock** vorliegt oder das Ergebnis einschließlich der mündlichen Prüfung eine Gesamtnote von 4,00 Punkten (ausreichend) nicht erreicht wurde. Nach der mündlichen Prüfung werden diejenigen, die auf Grund der mündlichen Prüfung nicht bestanden haben, als erste und allein in den Prüfungsraum gebeten. Wichtig ist, dass man nach dem Nichtbestehen »die Ohren nicht hängen lässt«. Das Nichtbestehen von Wiederholern stellt eine verhältnismäßig seltene Ausnahme dar.

Grundsätzlich werden diejenigen, die in der mündlichen Prüfung gescheitert sind, zum **Ergänzungsvorbereitungsdienst** herangezogen. Das bedeutet, dass man einer Ausbildungsstation für drei bis sechs Monate zugewiesen wird. Außerdem werden meistens (z.B. in NRW) Repetentenarbeitsgemeinschaften angeboten, an denen man auch teilnehmen sollte. Hier wird das nötige Klausurwissen noch einmal kompakt und intensiv dargeboten. Repetenten schneiden daher in den Klausuren nach dem Besuch der Arbeitsgemeinschaft besser ab als bei ihrem ersten Versuch. Die **Repetentenarbeitsgemeinschaft** ist aber auch aus psychologischen Gründen wichtig, da man sich nicht mehr als Einzelfall sieht, sondern als Gruppe. Das hilft regelmäßig beim Aufbau der lädierten Psyche. Nehmen Sie also diese Gelegenheit wahr.

1. Die Kürzung der Anwärterbezüge bzw. Unterhaltsbeihilfe

§§ § 66 BBesG und die hierzu ergangene Allgemeine Verwaltungsvorschrift zum BBesG (BBesGVwV) vom 29. 5. 1980 (ABl. S. 1109); jeweilige Unterhaltsbeihilfeverordnung oder Landesausbildungsverordnung

Als ob ein Unglück nicht genügen würde, droht nach dem Nichtbestehen des Assesorexamens bereits das nächste Ungemach: Zur Bestrafung wird die Schmalkost weiter herabgesetzt. Die Anwärterbezüge werden regelmäßig um 15 %, in besonderen Fällen um bis zu 30 % gekürzt. Im Negativen haben alle Gesetzgeber die Gleichbehandlung der Referendare im öffentlich-rechtlichen Ausbildungsverhältnis umgesetzt. Auch diesen wird die Unterhaltsbeihilfe entsprechend der für Anwärter geltenden Regeln gekürzt. Die nachstehenden Ausführungen geltend daher »entsprechend«.

Die Kürzung richtet sich nach § 66 BBesG, das Nähere ist in der Allgemeinen Verwaltungsvorschrift zu § 66 BBesG (in den entsprechenden Besoldungskommentaren abgedruckt) geregelt. Die Kürzung wird als milderes Mittel gegenüber der früher üblichen Entlassung gerechtfertigt. Danach waren Wiederholungsprüfungen durch die Entlassung aus dem Referendariat nur auf eigene Kosten möglich.

Nach § 66 Abs. 1 BBesG **kann** der Anwärtergrundbetrag bis auf 30 % herabgesetzt werden. Die Regelkürzung auf Grund § 66 BBesG soll nach Ziffer 66.1.2 BBesGVwV 15 % betragen, lediglich bei einem Täuschungsversuch erfolgt eine Kürzung um 30 %. Gemäß § 66 Abs. 2 BBesG ist von einer Kürzung abzusehen, wenn die Kürzung eine **besondere Härte** darstellen würde. Im Verfahren nach § 66 BBesG können daher **besondere persönliche Umstände** geltend gemacht werden. Es ist daher nachdrücklich zu empfehlen, Gründe gegenüber dem Oberlandesgericht darzulegen, die ein Abweichen vom Regelkürzungssatz rechtfertigen. Solche persönlichen Gründe, die dargelegt und im Einzelnen belegt werden müssen, sind z.B.

- Unterhaltsverpflichtungen gegenüber dem Ehepartner – auch wenn dieser Einkommen bezieht –, einem Abkömmling oder aus anderen Gründen Unterhaltsberechtigten,

- erhebliche dienstlich bedingte Fahrtkosten, für die keine Trennungsentschädigung gewährt wird,
- laufende, unabweisbare BAföG-Rückzahlungsverpflichtungen (Stundung oder Freistellung ist nach Antrag für Referendarinnen und Referendare beim Bundesverwaltungsamt aber regelmäßig möglich und vorrangig),
- Kreditverpflichtungen, die ausbildungsbedingt sind (Darlehen wegen Wahlstage im Ausland, wegen Promotion, evtl. erstes Staatsexamen) – wichtig: Darlehen und Rückzahlung müssen nachgewiesen werden,
- ungewöhnlich hohe, »unverschuldete« Mietkosten werden lediglich in Ausnahmefällen (Härtefällen) anerkannt.

Leider existiert eine unverhältnismäßig restriktive Rechtsprechung zur Kürzung, die durch die Kürzung vor allem einen Ansporn zu verstärkten Anstrengungen setzen will. Das darin zum Ausdruck kommende Misstrauen gegenüber den Bestrebungen der Rechtsreferendarinnen und Rechtsreferendare, den Vorbereitungsdienst zu beenden, ist völlig ungerechtfertigt. Das Nichtbestehen der Prüfung, um eine Verlängerung des Vorbereitungsdienstes mit seinen kargen Bezügen zu erreichen, dürfte wenig erstrebenswert sein. Die Rechtsprechung hat aber selbst tägliche Fahrtstrecken von 43 km (einfach) noch nicht als atypisch und damit kürzungsmindernd anerkannt (vgl. dazu OVG NW vom 23. 11. 1992 – 3 L 808/92 S. 3).

Das Vorliegen einer **besonderen Härte** im Sinne des § 66 Abs. 2 Nr. 2 BBesG ist vor der **Ermessensausübung** nach § 66 Abs. 1 BBesG zu prüfen (vgl. BBesGVwV Ziff. 66.1.2). Das OVG NW (a.a.O.) hat zur Kürzung weiter ausgeführt, dass ein atypischer Sachverhalt, also ein Härtefall im Sinne des § 66 Abs. 2 BBesG vorliegt, »wenn der Anwärter durch von ihm nicht zu vertretende Umstände während seiner Ausbildung oder in der Prüfung erheblich beeinträchtigt wäre«. Hierzu gehören Krankheit, Belastungen durch familiäre Schicksalsschläge u.ä. Im Rahmen des Beurteilungsspielraums nach § 66 Abs. 2 BBesG sind auch einfache Härten zu berücksichtigen (vgl. Schmidt-Jäntzsch, DÖD 1984, 264, 268).

Die **Praxis** sieht in den einzelnen **Bundesländern** wohl recht unterschiedlich aus. Nach den Erfahrungen der Interessenvertretungen werden z.B. in den nördlichen Bundesländern praktisch alle Fixkosten, die die Referendarin bzw. der Referendar hat, als kürzungsmindernde Belastungen anerkannt. Dazu gehören jedenfalls die Miete, aber auch Versicherungen etc. In NW sieht die Praxis dagegen recht referendarunfreundlich aus. Selbst Unterhaltszahlungen gegenüber sozialhilfeberechtigten Angehörigen, zu denen man nicht gesetzlich verpflichtet ist, bleiben hier unberücksichtigt oder werden nur unter besonderen Umständen anerkannt.

Bei der Kürzung der Anwärterbezüge bestimmt in Nordrhein-Westfalen der Bezirkspersonalrat gemäß § 72 Abs. 1 Nr. 7 LPVG NW mit. Ein praktischer Tipp kann daher auf jeden Fall nicht schaden: Setzen Sie sich sofort nach Nichtbestehen der Prüfung mit Ihrer **Interessenvertretung** in Verbindung, die Ihnen mit weiteren Informationen und Tipps für das Verfahren helfen kann. Insbesondere kann dort die regionale Handhabung in Erfahrung gebracht werden.

Als **Rechtsmittel gegen die Kürzung** kommen Widerspruch und Anfechtungsklage in Betracht. Zu beachten ist, dass wegen der aufschiebenden Wirkung regelmäßig die sofortige Vollziehung angeordnet wird. Dagegen kann nach § 80 Abs. 4 und Abs. 5 VwGO vorgegangen werden.

2. Fehler im Prüfungsverfahren

Literatur

- Becker, Überlegungen zur »Neuzeit des Prüfungsrechts«, NVwZ 1993, 1129
- Brehm, Aktuelles zum juristischen Prüfungsrecht, NVwZ 2002, 1334
- Brehm/Zimmerling, Die Entwicklung des Prüfungsrechts seit 1996, NVwZ 2000, 875
- Niehues, Stärkere gerichtliche Kontrolle von Prüfungsentscheidungen, NJW 1991, 3001
- Zimmerling/Brehm, Der vorläufige Rechtsschutz im Prüfungsrecht, NVwZ 2004, 651
- Christian Wagner, Dr. Thomas Gohrke, Godo Brehsan, Prüfungsrecht für Studierende und Rechtsreferendare, 1. Auflage 2003, Alpmann-Skript, 15,90 €

Die Entscheidungen des Bundesverfassungsgerichts vom 17. 4. 1991 (NJW 1991, 2005 und 2008) haben das Prüfungsrecht revolutioniert. Während vorher Prüflinge vor Prüferwillkür kaum wirksam geschützt waren, wurde durch die Entscheidung eine einigermaßen funktionierende Kontrolle der Prüferentscheidungen eingeführt. Vor der Entscheidung hatten Prüferinnen und Prüfer einen sehr **weitgehenden Beurteilungsspielraum**, der so weit ging, dass Prüferinnen und Prüfer Lösungen als falsch bezeichnen durften, die der absolut herrschenden Meinung entsprachen. Das BVerfG hat den Beurteilungsspielraum durch den **Beantwortungsspielraum** des Prüflings ersetzt. Salopp formuliert könnte man diesen Spielraum so definieren, dass eine in der Literatur oder von Gerichten vertretene Meinung, auch wenn es sich um eine Mindermeinung handelt, niemals als falsch oder unvertretbar bezeichnet werden darf, wenn der Prüfling ihr gefolgt ist. **Fachliche Beurteilungen**, die nicht untrennbar mit prüfungsspezifischen Wertungen verbunden sind, sind gerichtlich voll überprüfbar (BVerwG vom 25. 2. 1993 – 6 C 38/92, NVwZ 1993, 686). Um die gerichtliche Überprüfung zu gewährleisten, müssen die Bewertungen der Prüferinnen und Prüfer schriftlich erfolgen (BVerwG vom 9. 12. 1992 – 6 C 3.92, NVwZ 1993, 677).

Sofern Sie beabsichtigen, einen Widerspruch bzw. eine Klage gegen die Prüfung oder einen Teil der Prüfung oder die Nichtzulassung zur mündlichen Prüfung zu erheben, sollten Sie in den Zeitschriften NVwZ, DVBl. und DÖV recherchieren. Anzuraten ist auch die Zuhilfenahme von Niehues, Schul- und Prüfungsrecht, Band 2, dem Klassiker der Prüfungsliteratur. Im Folgenden kann innerhalb des beschränkten Raums in diesem Ratgeber nur auf einzelne Probleme eingegangen werden.

Nach der Rechtsprechung des Bundesverwaltungsgerichts begründet der Umstand, dass bei einem bestimmten Vorsitzenden einer Prüfungskommission die **Misserfolgsquote** signifikant höher liegt als bei anderen, für sich allein kein Indiz für ein fehlerhaftes Prüferverhalten. Selbst wenn durch statistische Erhebungen feststellbar wäre, dass bestimmte Prüfer »schärfer«, andere »milder« bewerten, ließen sich daraus keine Schlüsse auf die Fehlerhaftigkeit der Prüfung ziehen. Dass prüfungsrechtliche

Beurteilungen auch von der Persönlichkeit des jeweiligen Prüfers geprägt sind, gehöre zu deren Wesensmerkmalen, dem das Prüfungsrecht durch Einräumung eines innerhalb seiner Grenzen gerichtlich nicht überprüfbaren Beurteilungsspielraums Rechnung trägt. Eine »Gleichschaltung« der Prüfer sei tatsächlich nicht möglich und rechtlich nicht geboten. Die Behauptung unterschiedlicher Misserfolgsquoten sei deshalb kein Indiz für Prüfungsfehler, dem das Gericht hätte nachgehen müssen. Anlass zu weiterer Aufklärung hätte nur bestanden, wenn substantiiert vorgetragen worden wäre, auf welches – den Beurteilungsspielraum überschreitende – fehlerhafte Prüferverhalten die behauptete auffällige Misserfolgsquote zurückzuführen sei. So verhielt es sich übrigens in dem vom Berufungsgericht angeführten, vom Bundesfinanzhof entschiedenen Fall (BStBl. 1967 III, 712), in dem der Kläger ausdrücklich erhebliche Mängel der Prüfung gerügt hatte (BVerwG vom 6. 11. 1987 – 7 B 198.87, NVwZ 1988, 439). Zu den Voraussetzungen für die Annahme der **Befangenheit eines Prüfers** vgl. BVerwG vom 9. 7. 1982 – 7 C 51.79, NJW 1983, 2154; OVG Koblenz vom 18. 9. 1985 – 2 A 40/84, NVwZ 1986, 398.

Nicht zu beanstanden ist dagegen nach der Rechtsprechung, dass im Rahmen des Widerspruchsverfahrens die gleiche Prüferin bzw. der gleiche Prüfer mit der erneuten Begutachtung der Prüfungsleistung beauftragt wird (BVerwG vom 24. 2. 1993 – 6 Ca 38.92, NVwZ 1993, 686). Unter Umständen besteht dagegen ein Anspruch auf die Bewertung durch **neue Prüferinnen bzw. Prüfer** (letztlich auch nicht konsequent OVG NW vom 16. 7. 1992 – 22 A 2549/91, NVwZ 1993, 95 m.w.N.). Diese verbreitete und von den Gerichten sanktionierte Praxis ist bedenklich (ebenso Schwede in NJW 1995, XXV) und wird mit der Chancengleichheit gerechtfertigt (BVerwG, a.a.O.). Wenn – wie das BVerwG meint – neue Prüferinnen und Prüfer den Grundsatz der Chancengleichheit verletzen, weil sie andere Maßstäbe zu Grunde legen könnten, stellt sich doch die Frage, wieviel Chancengleichheit überhaupt im Prüfungsverfahren gewährleistet ist, wenn die Benotung zu einem großen Teil von den Prüferinnen und Prüfern abhängt. Was spricht dagegen, eine neutrale weitere Gutachterin bzw. einen weiteren neutralen Gutachter mit der Prüfung im Widerspruchsverfahren zu befassen? Es liegt auf der Hand, dass die Objektivität des Verfahrens dadurch erhöht wird. Die Neigung einer Prüferin bzw. eines Prüfers, eine einmal gefasste und begründete Beurteilung abzuändern, dürfte im Regelfall (nicht wie das OVG NW, a.a.O., meint, im Ausnahmefall) sehr gering sein, da dies auch das Eingeständnis eines eigenen Fehlurteils bedeutet. Wer gibt sich schon gerne eine solche Blöße?

Weiter ist nach der Rechtsprechung nicht zu beanstanden, dass Prüferinnen und Prüfer auch **Arbeiten aus Rechtsgebieten** korrigieren, mit denen sie **beruflich gar nichts oder seit langem nichts mehr zu tun haben** (vgl. BVerwG vom 18. 1. 1983 – 7 CB 55.78, DVBl. 1983, 591). Die Rechtsprechung geht – anders als die Anwaltschaft, die sich zunehmend spezialisiert – davon aus, dass jeder Prüfer alle Rechtsgebiete beherrscht.

Problematisch ist auch die übliche Praxis, dass den weiteren Gutachtern das **Erstvotum** vor der eigenen Begutachtung vorliegt, so genannte **»offene« Zweitbewertung** (vgl. Weber, § 54 SächsJAPO, Anm. 2). In Rheinland-Pfalz ist diese im Hinblick auf Objektivität und Transparenz des Verfahrens zu kritisierende Praxis sogar in § 9

Abs. 1 JAPO festgeschrieben. Zweit- und gegebenenfalls Drittgutachten sind nach den Erfahrungen in der Vergangenheit regelmäßig Rezensionen des Erstgutachtens. Was spricht eigentlich dagegen, dass den Gutachtern die anderen Voten nicht bekannt gemacht werden? Für eine solche Regelung streitet mit hohem Gewicht die Objektivität und Transparenz der Bewertung. Zweit- und Drittgutachten verkommen andernfalls zum reinen Scheinverfahren oder zum Minimalkorrektiv für ausgesprochen grobe Fehlgutachten der Erstkorrektur.

Wenn Sie mit der Benotung von Prüfungsleistungen nicht einverstanden sind, machen Sie zunächst von Ihrem – befristeten – Recht auf **Einsicht in Ihre Prüfungsakte** Gebrauch. In den meisten Ländern ist die **Einsichtnahme** in den Ausbildungsvorschriften geregelt (vgl. § 24 JAPO M-V). Anhand der Randbemerkungen, Gutachten und Protokolle können Sie feststellen, ob einzelne Prüfungsleistungen tatsächlich nicht ordnungsgemäß bewertet wurden. Von dem Einsichtsrecht machen viele Prüflinge Gebrauch. In Hessen haben 1993 von 771 Prüflingen 377 Einblick in ihre Prüfungsakten beantragt.

Häufig werden von Prüflingen Rügen über Prüfungsumstände vorgebracht (Lärmstörungen, unzulässiger Prüfungsstoff etc.). Bei den **Verfahrensfehlern** wird geprüft, ob das Prüfungsverfahren den gesetzlichen Bestimmungen entspricht und ob der aus Art. 3 Abs. 1 GG folgende **Grundsatz der Chancengleichheit** gewährt wurde. Daneben hat sich die Prüfung am **Fairnessgebot** und dem Grundsatz der Verhältnismäßigkeit zu orientieren. Einen Verstoß gegen das Fairnessgebot stellt z.B. der von der Rechtsprechung entschiedene Fall eines besonders schneidigen Vorsitzenden einer Prüfungskommission dar, der den Kandidatinnen und Kandidaten versprochen hatte, sie würden »auf dem Zahnfleisch« aus der Prüfung herausgehen (OVG NW vom 5. 12. 1986 – 22 A 780/85, NVwZ 1988, 458). Verfahrensverstöße sind beachtlich, wenn nicht auszuschließen ist, dass der Fehler das Prüfungsergebnis beeinflusst hat. Die Prüflinge trifft, dies ist insbesondere in den Baulärmfällen und der Prüfungsunfähigkeit aus gesundheitlichen Gründen, eine unverzügliche Rüge- bzw. Anzeigepflicht (s.u.). Bei Verfahrensfehlern können auch **Schadensersatzansprüche** nach § 839 BGB i.V.m. Art. 34 GG in Betracht kommen (vgl. OLG Koblenz vom 26. 4. 1989 – 1 U 905/88, NJW 1989, 899).

Insbesondere im Hinblick auf den **Grundsatz der Verhältnismäßigkeit** bestehen gegen die strengeren »Kritzelerlasse« Bedenken. Die entsprechenden Prüfungsämter gehen daher auch mit Folgen (Täuschungsversuch) recht behutsam um.

Bei der Bewertung der Arbeit dürfen häufig auftauchende **sprachliche und orthografische Mängel** berücksichtigt werden (VGH Mannheim vom 27. 1. 1988 – 9 S 3018/87, NJW 1988, 2633). Auch die **äußere Form** kann zu Lasten des Prüflings berücksichtigt werden (BayVGH vom 25. 11. 1987 – 7 C 87.03235, NJW 1988, 2632).

Interessant ist eine Entscheidung des VGH Mannheim (vom 8. 10. 1996 – 9 S 2437/95, JuS 1997, Heft 2, XXXVI), nach der ein abgegebenes Gliederungskonzept Bestandteil der Prüfungsklausur ist und somit von der Aufsicht entgegenzunehmen und von den Prüfern zu berücksichtigen ist.

3. Die Anfechtung der Prüfung

Wenn Sie die Prüfung bestanden haben, sich aber ungerecht beurteilt fühlen, brauchen Sie bei Widerspruch und Klage mit dem Ziel der Notenverbesserung weder eine Verschlechterung der Note noch einen Schwebezustand im Hinblick auf den Abschluss des Referendariats und den Erwerb der Bezeichnung »Assessorin« bzw. »Assessor« zu befürchten. Auch Ihre Anwaltszulassung ist durch eine Klage zur Notenverbesserung nicht in Gefahr. Die Bestandskraft der Feststellung, dass die Prüfung bestanden wurde, wird bei einer **Verbesserungsklage** bei bestandenem Examen nämlich nicht berührt. Eine Anfechtung des Prüfungsbescheides ist nicht notwendig. Es reicht vielmehr ein Bescheidungsantrag, durch den sich der Streit auf den die bestandskräftige Bestehensfestsetzung überschießenden Teil des Prüfungsanspruchs beschränkt. Hinsichtlich des bereits erreichten und von dem Klagebegehren nicht erfassten Prüfungsergebnisses genießt der Prüfling damit Bestandsschutz – Verbot der reformatio in peius (vgl. OVG NW vom 16. 7. 1992 – 22 A 2549/91, NVwZ 1993, 95; anders aber offensichtlich das BVerwG in der Revisionsentscheidung, vgl. BVerwG vom 24. 2. 1993 – 6 C 38.92, NVwZ 1993, 686, das von einer Anfechtung der Prüfungsentscheidung ausgeht).

Bei einem **Klausurenblock**, nach dem die Zulassung zur Prüfung versagt wird, muss ein Antrag nach § 123 VwGO gestellt werden, will man die Prüfung ohne Verzug fortsetzen. Der Antrag ist darauf zu richten, das Prüfungsamt zu verpflichten, dem Prüfling die Teilnahme an der mündlichen Prüfung zu erlauben (vgl. VGH Mannheim vom 28. 12. 1992 – 9 S 2520/92, DVBl. 1993, 508). Das Gleiche gilt für andere Hintergründe, wegen denen die Zulassung versagt wird.

Erklärt das Prüfungsamt die Prüfung für nicht bestanden, weil nicht alle Arbeiten abgeliefert wurden oder der Prüfling unentschuldigt nicht zum Prüfungstermin erschienen sei, und ordnet es die **sofortige Vollziehung dieser Entscheidung** an, muss ein Antrag nach § 80 Abs. 5 VwGO gestellt werden. Hat der Antrag Erfolg, ist das Prüfungsverfahren fortzusetzen (OVG NW vom 27. 11. 1987 – 22 B 3064/87, NVwZ 1988, 455). Auch die Entscheidung der Behörde, eine einzelne Examensleistung auf Grund einer Ordnungswidrigkeit mit null Punkten zu bewerten, kann so angegriffen werden. Die Entscheidung der Behörde stellt einen selbstständigen, für sich vollziehbaren und eine Belastung darstellenden Eingriff in das Prüfungsverfahren dar (VG Köln vom 4. 12. 1987 – 6 L 2072/87, NJW 1988, 2634).

Das Bundesverfassungsgericht hat in den oben zitierten Entscheidungen auch die **verfahrensrechtliche Stellung** der Prüflinge gestärkt. Es hat ausgeführt, dass die Kandidatinnen und Kandidaten (Art. 12 GG) die Möglichkeit haben müssen, die Leistungsbewertungen im Einzelnen zur Kenntnis zu nehmen und **Einwände** zu erheben (s. auch BVerwG vom 16. 3. 1994 – 6 C 1.93, DÖV 1995, 108), unabhängig davon, ob ein Widerspruchsverfahren gesetzlich geregelt ist oder nicht. Wurde dem Prüfling diese Möglichkeit nicht gewährt, ist das verwaltungsgerichtliche Verfahren zum Zwecke des **Überdenkens der Prüfungsentscheidung** durch die Prüfungsbehörde auszusetzen (BVerwG vom 24. 2. 1993 – 6 C 35.92, NVwZ-RR 1993, 682). In den meisten Bundesländern sind bereits gesetzlich angeordnete Widerspruchsverfahren eingeführt worden.

Zu beachten ist, dass **Rügen über Prüfungsumstände** (Verfahrensfehler) regelmäßig bereits während der Prüfung zu erheben sind, andernfalls werden sie im gerichtlichen Verfahren als verspätet angesehen (VGH Kassel vom 30. 3. 1995 – 6 TG 3364/94, JuS 1995, XXVII). Die Pflicht des Prüflings, Mängel im Prüfungsverfahren (hier: in der mündlichen Prüfung) »unverzüglich« geltend zu machen, dient auch dazu, der Prüfungsbehörde eine eigene, zeitnahe Aufklärung des gerügten Mangels mit dem Ziel einer schnellstmöglichen Korrektur oder zumindest Kompensation eines festgestellten Mangels zu ermöglichen; dieser Gesichtspunkt rechtfertigt die Normierung einer – selbstständig neben die Klagefrist des § 74 VwGO tretenden – **Ausschlussfrist von einem Monat** für die Geltendmachung von Mängeln im Prüfungsverfahren. Auf die Ausschlussfrist muss nicht durch eine besondere Rechtsbehelfsbelehrung hingewiesen werden; es genügt auch in Ansehung der Rechtsschutzgarantie, dass die fragliche Vorschrift dem Prüfling zusammen mit der Ladung zur Prüfung zur Kenntnis gebracht wird. Ein solcher Ausschluss der Rüge von Mängeln im Prüfungsverfahren erstreckt sich nicht auf die Rüge von Fehlern bei der materiellen Bewertung der von dem Prüfling erbrachten Prüfungsleistungen (so BVerwG, Urteil v. 22. 6. 1994 – 6 C 37/92, NVwZ 1995, 492). **Verfahrensfehler** sind dann zu berücksichtigen, wenn ein Einfluss auf die Prüfungsentscheidung nicht ausgeschlossen werden kann (BVerwG vom 20. 11. 1987 – 7 C 3/87, NVwZ 1988, 433).

Beim Ausstieg aus der Prüfung, also dem Rücktritt von der Prüfung oder von Prüfungsteilen aus gesundheitlichen Gründen, ist zu beachten, dass der Prüfling

- eindeutig und ohne Vorbehalt erklären muss, dass er von der Prüfung zurücktritt und
- unverzüglich die Gründe (Art der Beschwerden) für seinen Rücktritt angeben und
- rechtzeitig die Genehmigung des Rücktritts beantragen muss.

Die **Rücktrittsgründe** sind grundsätzlich durch ärztliches Attest nachzuweisen. Ist dieses unklar oder besteht der Verdacht des Missbrauchs, kann ein amtsärztliches Attest verlangt werden. Ist in der Prüfungsordnung der Nachweis durch amtsärztliches Attest vorgeschrieben, so hat der Prüfling ohnehin kurzfristig ein amtsärztliches Attest einzuholen. Dabei ist die vorherige Einholung eines Privatattestes sinnvoll, da hierdurch eine schnelle Untersuchung ermöglicht wird. Sind die Krankheitserscheinungen beim (rechtzeitigen) Besuch des Amtsarztes bereits abgeklungen, so wird das Privatattest bei dem Nachweis der Prüfungsunfähigkeit zu berücksichtigen sein (Niehues, Prüfungsrecht, Rn. 163 m.w.N.). Dies gilt jedenfalls dann, wenn der Prüfling die Begutachtung durch den Amtsarzt nicht verzögert hat. Sofern aus vom Prüfling nicht zu vertretenden Gründen eine amtsärztliche Untersuchung kurzfristig nicht möglich ist, so genügt die ärztliche Feststellung, dass die Angaben des Prüflings nach dem späteren Befund glaubhaft sind. Wann die Genehmigung des Rücktritts zu beantragen ist, beurteilt sich nach der Prüfungsordnung (z.B. unverzüglich oder im Rahmen einer Ausschlussfrist). Grundsätzlich ist nur der Teil der Prüfung zu wiederholen, der von dem Rücktritt unmittelbar betroffen ist und abtrennbar ist. Normalerweise sind die Hausarbeit, die Serie der Aufsichtsarbeiten und die mündliche Prüfung abtrennbare Teile.

4. Übersicht: Einblicksrechte und Widerspruchsverfahren

Land	Einblicksrecht	Widerspruchsverfahren oder Vorverfahren
Baden-Württemberg	§§ 45 Abs. 1, § 20 Abs. 3 JAPrO Einblicknahme möglich	§ 4a JAG BW Vorverfahren
Bayern	Keine Regelung	Vorverfahren nach der Rechtsprechung gegeben
Berlin	Einsichtnahme innerhalb von drei Monaten, § 22 JAG	Widerspruch, § 19 Abs. 5 JAG
Brandenburg	Einsichtnahme binnen eines Monats möglich, § 15 BbgJAO	Widerspruch, § 9 BbgJAG
Bremen	Ja, § 24 des Gesetzes zu der Übereinkunft über ein gemeinsames Prüfungsamt	Widerspruch, § 25 des Gesetzes zu der Übereinkunft über ein gemeinsames Prüfungsamt
Hamburg	Ja, § 24 des Gesetzes zu der Übereinkunft über ein gemeinsames Prüfungsamt	Widerspruch, § 24 des Gesetzes zu der Übereinkunft über ein gemeinsames Prüfungsamt
Hessen	Einsichtnahme, §§ 34, 12 JAO – keine Kopien	§§ 43, 12 JAO, 22 a JAG binnen eines Monats Widerspruch
Mecklenburg-Vorpommern	§ 24 JAPO M–V	Widerspruchsverfahren, § 25 JAPO M–V
Niedersachsen	§ 20 NJAG Fotokopien unzulässig	Einwendungen § 10 NJAVO, § 13 NJAG binnen eines Monats
Nordrhein-Westfalen	§§ 28, 15 JAG NW: auf Antrag Einsichtnahme und Fotokopien möglich	§§ 28, 19 JAG NW Widerspruchsverfahren
Rheinland-Pfalz	Einsicht innerhalb eines Monats möglich, § 51 Abs. 1 JAPO i.V.m. § 13 JAPO	Gegenvorstellung innerhalb eines Monats, § 5 Abs. 2 Satz 2 i.V.m. § 3 Abs. 4 JAG
Saarland	Einsicht möglich, § 41 JAO i.V.m. § 15 JAO	Widerspruch, § 32 a JAG i.V.m. § 18 a JAG

Land	Einblicksrecht	Widerspruchsverfahren oder Vorverfahren
Sachsen	Keine ausdrückliche Regelung in den Vorschriften zur Juristenausbildung	Widerspruch nach § 3 a JAG
Sachsen-Anhalt	Ja, nach § 31 JAPRO	Widerspruch, § 6 JAG LSA
Schleswig-Holstein	Ja, § 24 des Gesetzes zu der Übereinkunft über ein gemeinsames Prüfungsamt	Widerspruch, § 25 des Gesetzes zu der Übereinkunft über ein gemeinsames Prüfungsamt
Thüringen	Einsicht nach § 56 JAPO innerhalb von 2 Wochen (Ausschlussfrist) möglich, keine Fotokopien	Widerspruch nach § 4 a JAG

D. Nach dem erfolgreichen Assessorexamen

Mit bestandenem zweiten Staatsexamen, also am Tag der mündlichen Prüfung, werden Sie aus dem Vorbereitungsdienst entlassen. Hiermit ist im Regelfall der abrupte Fall aus einem öffentlich-rechtlichen Beschäftigungsverhältnis in die Arbeitslosigkeit verbunden. Die meisten Bundesländer zahlen nicht einmal mehr die Unterhaltsbeihilfe bis zum Ende des Prüfungsmonats, sondern nur bis zum Tag der mündlichen Prüfung weiter. Eine zumindest vorübergehende Arbeitslosigkeit wird angesichts der Arbeitsmarktsituation und der weiter zunehmenden Absolventenzahlen in Zukunft eher wahrscheinlicher. Wer hat schon im Rahmen des verkürzten Vorbereitungsdienstes Zeit (zudem in der Examensphase) für eine systematische Bewerbungskampagne? Lediglich diejenigen, die sich für einen nahtlosen (= urlaubsfreien) Übergang in die folgende Berufstätigkeit entschlossen haben und entsprechend erfolgreiche Bewerbungen hinter sich haben, bleiben von zumindest zeitweiliger Arbeitslosigkeit verschont. Deswegen sind die nachfolgenden Hinweise auch innerhalb des Rahmens dieses Buches als Nachbetreuung unentbehrlich.

I. Sozialversicherungsfragen

1. Meldung

§§ Drittes Buch Sozialgesetzbuch – Arbeitsförderung – SGB III

Internet

- Alle Links zum Thema, u.a. auch einen Arbeitslosengeldrechner
  http://www.rechtsreferendariat.de
- Merkblatt der Arbeitsagentur für Arbeitslose
  http://www.arbeitsagentur.de/content/de_DE/hauptstelle/a-07/importierter_inhalt/pdf/merkblatt1.pdf
- Amtlicher Leitfaden Arbeitslosengeld II
  http://www.arbeitsagentur.de/content/de_DE/hauptstelle/a-07/importierter_inhalt/pdf/Arbeitslosengeld_2_Wichtige_Hinweise.pdf
  http://arbeitslosengeld2.arbeitsagentur.de/index2.php
- Arbeitsbescheinigung und Erläuterungen
  http://www.arbeitsagentur.de/content/de_DE/hauptstelle/a-07/importierter_inhalt/zip/v_alg02_besch_arbeit.zip
  http://www.arbeitsagentur.de/content/de_DE/hauptstelle/a-07/importierter_inhalt/pdf/ausfuellhinweise.pdf
- Tipps vom Referendarrat Schleswig-Holstein
  http://www.referendarrat-sh.de/blauer_faden.htm

Die Hinweise zu Leistungen nach dem Arbeitsförderungsrecht betreffen natürlich nur die Referendare, die auch einen Anspruch auf Leistungen haben. Das wird im Regelfall bei den verbeamteten Referendaren nicht der Fall sein.

Spätestens am nächsten Morgen nach der mündlichen Prüfung sollten Sie sich bei der Arbeitsagentur melden. Nach den Änderungen des Arbeitsförderungsrechts infolge der Harztreform sind Sie nämlich gemäß § 37 b SGB III verpflichtet, sich unverzüglich, d.h. ohne schuldhaftes Zögern, persönlich bei der Agentur für Arbeit arbeitsuchend zu melden. **Zuständig ist die Arbeitsagentur, in dessen Bezirk Ihr Wohnsitz liegt (§ 327 I SGB III).**

Kenntnis erhalten Sie in der Regel mit Mitteilung des Ergebnisses des schriftlichen Teils der Zweiten Juristischen Staatsprüfung. Im Fall der Ladung zur mündlichen Prüfung ist voraussichtlicher Beendigungszeitpunkt der Tag der mündlichen Prüfung.

Rechtsreferendarinnen und Rechtsreferendare, die den juristischen Vorbereitungsdienst im Rahmen eines öffentlich-rechtlichen Ausbildungsverhältnisses absolvieren, müssen sich nach § 37b SGB III arbeitsuchend melden. Nach der Rechtsauffassung der Bundesagentur für Arbeit steht der Beendigungszeitpunkt – wie bei einem befristeten Arbeitsverhältnis – bereits bei Aufnahme in den Vorbereitungsdienst fest. Referendarinnen und Referendare müssen die **Meldung** deshalb nach Ansicht der Bundesagentur **unverzüglich**, frühestens aber drei Monate vor dem Beendigungsmonat beim Arbeitsamt vornehmen. Da Versäumnisse nach § 140 SGB III zum Eintritt einer **Sperrzeit** führen, sollten Sie diese Frist sehr ernst nehmen.

Tipp:
Senden Sie der Dienststelle bereits mit der Bitte um Zusendung der Lohnsteuerkarte eine Arbeitsbescheinigung nach § 312 SGB III mit der Bitte, diese umgehend ausgefüllt wieder zurückzusenden. Sie beschleunigen so auch die Bearbeitung Ihres Antrages bei der Arbeitsagentur. Den aktuellen Link zu einem Formular finden Sie auf www.rechtsreferendariat.de

Vergessen Sie nicht, den Personalausweis mitzunehmen.

Checkliste Arbeitsagentur
- Arbeitsbescheinigung
- Personalausweis
- drei Monate vor dem Ende des Vorbereitungsdienstes!

Die Arbeitslosmeldung ist aus vier Gründen wichtig:
- Sie erhalten Krankenversicherungsschutz über die Arbeitsagentur und die Zeiten zählen in der Rentenversicherung.
- In der Arbeitslosenstatistik zählen nur diejenigen, die auch bei der Arbeitsagentur arbeitslos gemeldet sind.
- Sie kommen selbst dann, wenn sie mangels Anspruch auf Arbeitslosengeld nicht in den Leistungsbezug kommen, in den Genuss anderer Leistungen der Arbeitsagentur.
- Die Arbeitslosmeldung wird als Antrag auf Arbeitslosengeld gewertet (§ 323 Abs. 1 Satz 2 SGB III), das Arbeitslosengeld wird ab Antrag gezahlt (§ 325 Abs. 2 SGB III).

2. Der vorübergehende Bezug von Leistungen der Bundesagentur für Arbeit

§§ Drittes Buch Sozialgesetzbuch – Arbeitsförderung – SGB III

Wer in einem öffentlich-rechtlichen Ausbildungsverhältnis karge Unterhaltsbeihilfe bezogen hat, kann jetzt erstmals (verhalten) lachen, denn bei rechtzeitiger Meldung besteht ein Anspruch auf Arbeitslosengeld I. Jene Kolleginnen und Kollegen, die das im Hinblick auf die Nettovergütung fragwürdige Vergnügen einer Beschäftigung in einem »öffentlich-rechtlichen Ausbildungsverhältnis« hatten, erhalten zumindest ein Jahr lang das höhere Arbeitslosengeld (§ 127 Abs. 2 SGB III, Beschäftigungszeit > 24 Monate = Anspruchsdauer 6 Monate). **Bemessungsgrundlage** ist die Unterhaltsbeihilfe.

Verbeamtente Juristinnen und Juristen, die nach dem Vorbereitungsdienst vorübergehend arbeitslos sind, erhalten dagegen lediglich **Sozialhilfe** (jetzt: ALG II). Auch in dieser Gruppe kann man aber ausnahmsweise einen Anspruch auf **Arbeitslosengeld** erwerben, wenn man in der der Arbeitslosigkeit vorangehenden **Rahmenfrist** von drei Jahren (2 + 1: § 124, 127 Abs. 1 Nr. 1 SGB III) 12 Monate (§ 127 Abs. 2 SGB III) beitragspflichtig gearbeitet hat. Dies wird aber kaum jemandem gelingen, da das Referendariat alleine etwas mehr als zwei Jahre in Anspruch nimmt. Selbst wenn man aber kein Arbeitslosengeld erhält, sollte man sich arbeitslos melden.

Jetzt zahlt sich aus, wenn man neben dem Vorbereitungsdienst sozialversicherungspflichtig in einer Kanzlei gearbeitet hat und auf diesem Wege zu einem Arbeitslosengeldanspruch gekommen ist.

Allerdings besteht auch für Beamte in Ausnahmefällen oder bei vorausschauender Planung der Wartezeit die Möglichkeit, Arbeitslosengeld nach dem Vorbereitungsdienst zu erhalten.

Beispiel: Die verbeamtete Referendarin C. aus W. hat nach dem ersten Staatsexamen eine auf zwölf Monate befristete Stelle beim Bundesverwaltungsamt angenommen. Zwei Monate nach Ablauf der Befristung soll sie beim Oberlandesgericht Köln, Stammdienststelle Landgericht Köln eingestellt werden. In den zwei Monaten der Wartezeit bezieht sie Arbeitslosengeld. Nach dem zweiten Staatsexamen ist sie zunächst arbeitslos.

Die Referendarin hat nach § 124 SGB III für die Zeit der Arbeitslosigkeit nach der befristeten Tätigkeit einen Anspruch auf den Bezug von Arbeitslosengeld erworben, da sie 360 Tage in einer der Beitragspflicht unterliegenden Beschäftigung gestanden hat. Die Dauer dieses Anspruchs beträgt 156 Tage (sechs Monate). Die Referendarin nimmt den Anspruch aber nur zwei Monate in Anspruch. Um diese Zeit mindert sich die Dauer des Anspruchs auf Arbeitslosengeld (§ 128 SGB III). Der einmal erworbene Anspruch auf Arbeitslosengeld ist aber nicht erloschen, sondern besteht fort, und zwar auch während des Referendariats (§ 127 SGB III). Der Anspruch auf Arbeitslosengeld kann nicht mehr geltend gemacht werden, wenn nach seiner Entstehung vier Jahre verstrichen sind (§ 147 Abs. 2 SGB III). Da die Ausbildung nur ca. 26 Monate dauert, besteht der Anspruch auf Arbeitslosengeld also für den Fall einer erneuten Arbeitslosigkeit für weitere vier Monate. Erst danach kommt nur noch das geringere Arbeitslosengeld II in Betracht.

Das Arbeitslosengeld I und das sich anschließende Arbeitslosengeld II bemessen sich im geschilderten Falle der Kollegin nicht nach den Anwärterbezügen, sondern nach der Vergütung während der letzten sechs Monate der – in unserem Beispiel befristeten – Anstellung vor dem Beginn des Referendariats. Wenn die Vergütung in der Wartezeit deutlich höher war als die Unterhaltsbeihilfe oder Bezüge während des Referendariats, lohnt sich eine Zwischenbeschäftigung in der Wartezeit richtig.

Während beim Bezug von ALG II auch Einkünfte von nichtehelichen Lebensgefährtinnen und Lebensgefährten angerechnet werden, sind ähnliche Belastungen zwischenmenschlicher Beziehungen beim Bezug von Arbeitslosengeld I wegen des Versicherungscharakters nicht zu befürchten. Auch kommt es nicht zu Nachforschungen über vorhandenes und anzurechnendes Vermögen.

Durch die Abschaffung der früher immerhin für eine gewisse Absicherung sorgenden originären Arbeitslosenhilfe durch die Änderung des § 190 I Nr. 4 SGB III und die ersatzlose Streichung des § 191 SGB III zum 1. 1. 2000 haben verbeamtete Rechtsreferendarinnen und Rechtsreferendare im Falle der Arbeitslosigkeit nach dem bestandenen Examen nur noch einen Anspruch auf Arbeitslosengeld II. Die Herausnahme der verbeamteten Rechtsreferendarinnen und Rechtsreferendare aus dem Schutz der Arbeitslosenversicherung ist vom Bundessozialgericht (Urteil vom 16. 10. 1990 – 11 RAr 103/89, NJW 1991, 1130) für **verfassungsgemäß** angesehen worden. Unter Bezugnahme auf eine Entscheidung des Bundesverfassungsgerichts aus dem Jahre 1979 (SozR 4100 § 169 Nr. 4) hat das Bundessozialgericht ausgeführt, dass ein sachgerechter Differenzierungsgrund schon darin zu sehen sei, dass Referendarinnen und Referendare im Gegensatz zu anderen Auszubildenden nach ihrer Ausbildung zu einem erheblichen Teil der Arbeitslosenversicherung nicht angehören werden, weil sie entweder als Beamtinnen und Beamte versicherungsfrei sein werden oder in ihrer großen Mehrzahl als Rechtsanwältinnen und Rechtsanwälte oder höherverdienende Angestellte der Pflichtversicherung nicht unterliegen. Das BSG hat aber auch darauf hingewiesen, dass für den Gesetzgeber verschiedene Möglichkeiten bestehen, auch die verbeamteten Rechtsreferendarinnen und Rechtsreferendare bei Arbeitslosigkeit besser zu schützen. Die früher sicher berechtigte Argumentation ist heute durch die Entwicklung des Arbeitsmarktes für Juristen überholt worden.

Während des Bezuges von Lohnersatzleistungen nach dem SGB III ist man automatisch gesetzlich krankenversichert. Dies gilt auch, wenn während des Referendariats eine private Krankenversicherung bestand. In der Regel wird man bei der gesetzlichen Krankenkasse angemeldet, bei der man zuletzt versichert war. Da seit dem 1. 1. 1996 aber freie Kassenwahl gilt, können Sie sich frei entscheiden, bei welcher Krankenversicherung Sie zukünftig versichert sein möchten.

Daneben erhält man unter bestimmten Voraussetzungen Reisekosten und Bewerbungskosten ersetzt (§§ 45, 46 SGB III). Bewerbungskosten (Papier, Porto, Fotos etc.) bekommt man unter Vorlage der Originalquittungen bis zu einer Höhe von 260 € pro Jahr ersetzt. Voraussetzung ist – wie immer, wenn man vom Fiskus Geld haben möchte –, ein entsprechender Antrag bereits zu Beginn der Arbeitslosigkeit. Nette Sachbearbeiterinnen und Sachbearbeiter weisen aber auch darauf hin. Da es sich um eine Kannleistung handelt, hängt die Gewährung von der Kassenlage und dem Sachbearbeiter ab.

Daneben besteht für alle Arbeitslosen die Möglichkeit, an einem Berufsorientierungsseminar teilzunehmen. Die Trainingsmaßnahmen nach §§ 48 I, 49 I, II SGB III dauern in der Regel zwei Wochen und enthalten die Beratung über die Möglichkeiten der Arbeitsplatzsuche in einer Kleingruppe sowie ein Bewerbungstraining.

Das Tolle daran ist, dass auch verbeamtete Referendare, die keinen Anspruch auf Arbeitslosengeld I haben, diese Leistungen beantragen können.

Zur Anrechnung von Vermögen und Leistungen Dritter beim ALG II existieren inzwischen zahlreiche Urteile. Aktuelle Informationen finden Sie dazu unter http://www.rechtsreferendariat.de.

3. Der vorübergehende Bezug von Sozialleistungen

§§ Sozialgesetzbuch Zwölftes Buch (SGB XII).

Literatur
- Rolf Winkel, Hans Nakielski, 111 Tipps zu Arbeitslosengeld II und Sozialgeld, Bund-Verlag

Internet
- http://www.rechtsreferendariat.de

Wenn Sie keinen Anspruch auf Leistungen der Arbeitsagentur haben, sollten Sie in jedem Fall Hilfe zum Lebensunterhalt beantragen. Im Zuge des sog. »Hartz-IV-Konzepts« wurde zum 1. 1. 2005 die bisherige Arbeitslosenhilfe und die bisherige Sozialhilfe nach dem BSHG zusammengefasst zum Arbeitslosengeld II (»Grundsicherung für Arbeitsuchende«). In manchen Fällen ist das Arbeitslosengeld II höher als die frühere Sozialhilfe. Familienangehörige von ALG II-Beziehern, die selbst nicht erwerbsfähig sind, z.B. Kinder, erhalten das neue Sozialgeld. Die **monatliche Regelleistung** zur Sicherung des Lebensunterhalts liegt für Alleinstehende oder Alleinerziehende bei 345 € (West) und 331 € (Ost). Daneben werden **angemessene Wohnungs- und Heizkosten erstattet**; als »angemessene Wohnungsgröße« gilt regelmäßig eine Fläche bis ca. 45 m² bei einer Warmmiete von ca. 300 € (bei einer Person), bis 60 m² für zwei Personen. Für jedes weitere Familienmitglied werden weitere 15 m² akzeptiert.

Nach der Antragstellung bekommen Sie eine Liste der beizubringenden Unterlagen und Sie werden schnell feststellen, dass es hier darum geht, in behördlichen Dingen ungeübte Menschen abzuschrecken. Sie werden die nächsten Tage jedenfalls nicht mehr arbeitslos, sondern mit der Zusammenstellung der Unterlagen beschäftigt sein.

Durch den Nachrang des Arbeitslosengeld II muss eigenes Vermögen vorrangig für den Lebensunterhalt verwendet werden.

Sie werden daher u.a. nach Familienstand, Mitgliedern der Haushaltsgemeinschaft, Einkommensverhältnissen, besonderen finanziellen Belastungen, Kosten der Unterkunft, Vermögen, Kraftfahrzeug, Grundvermögen, Ansprüchen aus Versicherungen, sonstigen Vermögenswerten, Vermögensveräußerungen, Krankenversicherungsschutz, Gesetzlicher Rentenversicherung, sonstigen Ansprüchen, Arbeitsverhältnissen, Aufenthaltsverhältnissen, Ursache der Bedürftigkeit und Bankverbindung gefragt.

Unter http://www.rechtsreferendariat.de finden Sie weitergehende Links zum Thema Wohngeld und ALG II sowie einen Wohngeldrechner und einen ALG II Rechner.

4. Ich-AG und Überbrückungsgeld

Internet

- http://www.rechtsreferendariat.de
- http://www.kanzleigruendung.de
- Degen, Gute Startchancen mit der »Ich-AG« – Existenzgründung als Rechtsanwalt http://www.boorberg.de/sixcms/media.php/72/wifue.pdf
- Bahr, Existenzgründung als Rechtsanwalt:
  Ich-AG oder Überbrückungsgeld? (Überarbeitete Fassung, Stand: 16. 12. 2003)
  http://www.freie-berufe.de/fileadmin/freie-berufe.de/pdfalt/exist/bahr.pdf
- Checkliste Kanzleigründung: Existenzgründung als Rechtsanwalt – Ich-AG oder Überbrückungsgeld?
  http://www.rakko.de/downloads/os_checkliste.pdf
- Koch, Susanne/Wießner, Frank: Ich-AG oder Überbrückungsgeld? Wer die Wahl hat, hat die Qual. IAB-Kurzbericht Nr. 2/2003. Herausgegeben vom Institut für Arbeitsmarkt- und Berufsforschung der Bundesanstalt für Arbeit. Nürnberg 2003.
  http://doku.iab.de/kurzber/2003/kb0203.pdf

Existenzgründer haben neuerdings die Qual der Wahl: Sie können seit 2003 wählen zwischen Überbrückungsgeld nach § 57 SGB III und der Ich-AG nach § 421 l SGB III. Beides zusammen geht leider nicht (§421 l Abs. 4 SGB III).

Die Ich-AG ist wegen der höheren Förderungssumme beim typischen anwaltlichen Existenzgründer sinnvoller. Schon im ersten Jahr liegt die Förderungssumme mit 7200 € (12 Monate × 600 €) höher als das Überbrückungsgeld in Höhe von etwa 6500 €. Im zweiten Jahr erhalten Sie bei der Ich-AG immer noch 360 € pro Monat und im dritten Jahr 240 € pro Monat. Aber letztlich ist es eine Frage des Einzelfalls. Sie sollten daher Ihren Fall durchrechnen und dann die für Sie günstigere Variante wählen. Sie verlieren bei der Ich-AG auch den Anspruch auf Versicherungsleistungen nicht: Arbeitslosengeld kann bis zu vier Jahre nach der Entstehung des Leistungsanspruches geltend gemacht werden (§ 147 SGB III) und Arbeitslosenhilfe immerhin bis zu drei Jahre nach dem letzten Bezugstag (§ 196 SGB III).

5. Die Rentenversicherung

§§ Sechstes Buch Sozialgesetzbuch – Gesetzliche Rentenversicherung – SGB VI

Literatur

- Luibl, Jetzt schon an die Rente denken?, REFZ 2/93, 19

Internet

- http://www.rechtsreferendariat.de

Was soll dieses Stichwort in einem Ratgeber für Rechtsreferendarinnen und Rechtsreferendare, wo es doch jetzt die Freischussregelung gibt und das verkürzte Referendariat, also der größte Teil der Assessorinnen und Assessoren den Abschluss bereits vor dem Erreichen des Rentenalters schafft?

Spaß beiseite: Auch bei der **Rentenversicherung** wirkt sich die Ungleichbehandlung angestellter und verbeamteter Rechtsreferendarinnen und Rechtsreferendare aus: Angestellte Referendarinnen und Referendare haben Beiträge zur Rentenversicherung der Angestellten (BfA) geleistet, auch wenn sie keine Arbeitnehmerbeiträge zahlen müssen. Eine **Rentenanwartschaft** entsteht aber erst, wenn mindestens 60 Monate beitragspflichtige oder sonst anzurechnende, gleichgestellte Zeiten wie Kindererziehungszeiten, Wehrdienst- oder Ersatzdienstzeiten und Zeiten des Bezuges von Lohnersatzleistungen (z.B. Arbeitslosengeld und Arbeitslosenhilfe) vorliegen. Da neben der Mindestversicherungszeit weitere Voraussetzungen für den Bezug von Altersrente zu erfüllen sind (u.a. bestimmtes Lebensalter), kommt der Rentenanwartschaft insoweit noch keine besondere Relevanz zu. Von Bedeutung ist die **allgemeine Wartezeit von fünf Jahren** indes für die Absicherung gegen **Berufs- und Erwerbsunfähigkeit** nach §§ 43 und 44 SGB VI.

Wenn Sie bisher noch keinen Versicherungsverlauf (Übersicht über die in Ihrem Sozialversicherungskonto gespeicherten Zeiten) beantragt haben, sollten Sie auch dies spätestens jetzt tun. Mit Ihrer Mitwirkung wird Ihr **Rentenkonto** auf einen aktuellen Stand gebracht. Eine regelmäßige Pflege des Rentenkontos ist auch sinnvoll: Krankenkassen zum Beispiel sind nur verpflichtet, die Unterlagen zehn Jahre aufzubewahren. Danach kann es schwierig werden, eine rentenversicherungspflichtige Beschäftigung nachzuweisen.

Das Formular können Sie nebst Erläuterungen bei der BfA herunterladen:

http://www.bfa.de/nn_5910/de/Inhalt/Formulare/Versicherung/V_20100,property=publicationFile.pdf (oder einfach auf www.rechtsreferendariat.de gehen und dort auf den Link klicken.

Im Rahmen der Rentenversicherung werden regelmäßig bis zu sieben Jahre für Schul- und Hochschulausbildung als Anrechnungszeiten (§ 58 SGB VI) anerkannt. Daneben werden Wehr- oder Ersatzdienstzeiten als Ersatzzeiten anerkannt (§ 250 Abs. 1 SGB VI). Die Zeit zwischen Abitur und Wehr- bzw. Ersatzdienst wird nach einer Entscheidung des Bundessozialgerichts (Az.: 13 RJ 5/94) nur dann auf die spätere Rentenversicherung angerechnet, wenn es sich höchstens um drei bis vier Monate handelt. Zur Überbrückung eines längeren Zeitraums sei die Aufnahme einer sozialversicherungspflichtigen Beschäftigung zuzumuten.

Sie sollten im Rahmen Ihrer Mitwirkungspflicht die erheblichen Daten angeben wie das Datum Ihres Abiturabschlusses, Wehr- oder Ersatzdienst, Lehre, Beginn und Ende des Studiums, Beginn des Referendariats und ggf. von dazwischenliegenden sozialversicherungspflichtigen Beschäftigungen und die entsprechenden Unterlagen (Bestätigung des Gymnasiums, Kopie des Studienbuchs, Examenszeugnis o.ä.) beibringen. Sie erhalten dann eine Übersicht über die anerkannten Zeiten. Diese prüfen Sie bitte kritisch, da es bei der BfA leider drüber und drunter geht. Der Bescheid des Autors z.B. war erst nach fast drei Jahren, einem Widerspruchsverfahren und einem schier unglaublichen Schriftverkehr einigermaßen ordnungsgemäß erstellt. Um so wichtiger erscheint es, sich einen Versicherungsverlauf frühzeitig erstellen zu lassen. Wer weiß, was sonst noch passiert ...

Nach Klärung des Versicherungsverlaufs werden die im Versicherungsverlauf enthaltenen Daten, die länger als sechs Jahre zurückliegen, verbindlich durch Bescheid festgestellt. Dieser Bescheid ist maßgeblich für die Berechnung Ihrer Rentenanwartschaften oder im Leistungsfalle Ihrer Berufsunfähigkeits- oder Erwerbsunfähigkeitsrente. Der Versicherungsverlauf hat auch Bedeutung für die im Folgenden behandelte Nachversicherung für die beitragsfreie Zeit der Verbeamtung während des Referendariats.

Die **Bundesversicherungsanstalt** hat ein **Servicetelefon** eingerichtet, das unter der Rufnummer (0 18 03) 33 19 19 montags bis donnerstags von 7:30–19:30 Uhr und freitags von 7:30–15:30 Uhr angerufen werden kann. Telefongebühren fallen nur in Höhe des Regionaltarifs an. Wenn Sie Ihre Rentennummer angeben, kann die Telefonberatung auch Ihre Computerakte einsehen. Mails werden unter meinefrage@bfa.de bearbeitet.

6. Die Nachversicherung für den Zeitraum des Vorbereitungsdienstes

§§ Sechstes Buch Sozialgesetzbuch – Gesetzliche Rentenversicherung – SGB VI

Literatur

- Lindenau/Schmidt-Lafleur, Die Nachversicherung von Rechtsreferendaren, AnwBl. 1998, 529 (im Internet unter http://www.jumag.de/ju3203.htm)

Internet

- http://www.rechtsreferendariat.de

In der Zeit ihres Referendariats sind Referendare im öffentlich-rechtlichen Ausbildungsverhältnis auf Grund § 5 Abs. 1 Nr. 2 SGB VI **versicherungsfrei; die verbeamteten Kolleginnen und Kollegen nach § 5 Abs. 1 Nr. 1 SGB VI**. Es erfolgen daher während des Referendariats keine Leistungen an die Rentenversicherung. Bei denjenigen, die nach dem Referendariat als Beamtin/Beamter bzw. Richterin/Richter tätig werden, wird der Vorbereitungsdienst im Staatsdienst bei der Altersversorgung berücksichtigt. Es stellt sich die Frage, was mit der Altersversorgung der anderen Referendarinnen und Referendare passiert. Für diejenigen, die weder eine Fortsetzung des Beamtendaseins noch eine Tätigkeit als Richterin bzw. Richter anstreben, würde sich aus der Versicherungsfreiheit des Anwärterverhältnisses in Bezug auf die Rentenversicherung ein Nachteil ergeben. Nach § 8 Abs. 2 SGB VI haben diese Referendarinnen und Referendare aber das Recht, sich **kostenfrei in der gesetzlichen Rentenversicherung nachversichern** zu lassen. Das Land trägt die Versicherungsbeiträge für den Zeitraum des Vorbereitungsdienstes in voller Höhe. Nach dem Ausscheiden aus dem Vorbereitungsdienst erhält man eine Bescheinigung, die die Beschäftigungszeit im Vorbereitungsdienst und die beitragspflichtigen Einnahmen enthält. Auch der zuständige Versicherungsträger erhält diese Informationen vom Besoldungsamt. Aus der Bescheinigung ergibt sich der vom jeweiligen Land zu zahlende Beitrag an den Versicherungsträger, bei dem man auf Grund der gewählten Berufstätigkeit zukünftig einzahlt. Dies können z.B. die Bundesanstalt für Angestellte oder das Rechtsanwaltsversorgungswerk sein. Nach der Durchführung der Nachversicherung erhält man von seinem Rentenversicherungsträger (BfA, Anwaltsversorgung) einen Auszug der im Rentenversicherungskonto gespeicherten Daten. Die Beiträge werden an den neuen Rentenversicherungsträger entrichtet, wenn die Assessorin bzw. der Assessor dem Besoldungsamt mitteilt, dass in den nächsten zwei Jahren kein Beamtenverhältnis oder beamtenähnliches Verhältnis aufgenommen wird.

> **Wichtig:**
> Sofern zukünftig in ein berufsständisches Werk (Rechtsanwaltsversorgung) eingezahlt wird, muss nach § 186 Abs. 3 SGB VI der Antrag auf Nachversicherung **innerhalb eines Jahres** nach dem Ausscheiden aus dem Vorbereitungsdienst an das Besoldungsamt gestellt werden. Diese Frist ist eine **Ausschlussfrist**. Die Frist ist ernst zu nehmen: Nach BSG vom 24. 4. 1996 (NJW 1997, 1461) besteht bei Fristversäumung auch auf Grund eines sozialrechtlichen Herstellungsanspruchs kein Anspruch auf Übertragung von Beiträgen auf ein berufsständisches Versorgungswerk. Wird diese Frist versäumt, wird automatisch eine Nachversicherung zugunsten der BfA vorgenommen.

Wer nach dem Referendariat erst mal ausspannen möchte, ohne in einem Beschäftigungsverhältnis zu stehen oder sich arbeitslos gemeldet zu haben, sollte eine freiwillige Nachversicherung in der Rentenversicherung bzw. Anwaltsversorgung für diesen Zeitraum prüfen. Freiwillige Beiträge in der gesetzlichen Rentenversicherung können nur bis zum 31. März des Folgejahres nachentrichtet werden.

Es gilt aber noch eine zweite Frist zu beachten: innerhalb von 3 Monaten, gerechnet vom Tag des Ausscheidens aus dem Vorbereitungsdienst, ist dem Dienstherrn mitzuteilen, bei welchem Versicherungsträger die Nachversicherung erfolgen soll (BfA, Anwaltsversorgung). Die zu entrichtenden Nachversicherungsbeiträge, sowohl Arbeitgeber- wie auch Arbeitnehmeranteil, werden von dem Land in voller Höhe getragen.

Wenn Sie in ein Angestelltenverhältnis wechseln, werden die Beiträge unmittelbar zugunsten des Trägers der Rentenversicherung (BfA) nachentrichtet. Dem Schreiben an den Dienstherrn ist eine Bescheinigung des neuen Arbeitgebers beizufügen, in dem dieser bestätigt, dass ein versicherungspflichtiges Beschäftigungsverhältnis besteht.

Wenn Sie drei Monate nach Ausscheiden aus dem Vorbereitungsdienst noch nicht absehen können, welche Tätigkeit sie ergreifen werden, gilt es einen Aufschub der Beitragszahlung nach § 184 SGB VI zu beantragen. Wird der Aufschub gewährt, können Sie sich zwei Jahre lang entscheiden, an welchen Träger die Beiträge nachentrichtet werden sollen. Geben Sie die Gründe für den Aufschub an und fügen Sie entsprechende Nachweise bei.

Während der Dauer der Arbeitslosigkeit nach der Entlassung aus dem Vorbereitungsdienst wird über die Bundesagentur für Arbeit in die gesetzliche Rentenversicherung eingezahlt. Auch während der Existenzgründung als Rechtsanwalt übernimmt die Arbeitsagentur im Falle der Zahlung von Überbrückungsgeld die Beiträge in der gesetzlichen Rentenversicherung. Auch diese oder bereits vor dem Vorbereitungsdienst gezahlte Beiträge werden vom Anwaltsversorgungswerk berücksichtigt, entsprechende Information vorausgesetzt.

Anschriften zu nachfolgendem Musterantrag:

Besoldungsämter:
Nordrhein-Westfalen:
Landesamt für Besoldung und Versorgung Nordrhein-Westfalen
Völklinger Str. 49
40192 Düsseldorf
Telefon: (02 11) 8 96-01
Telefax: (02 11) 8 96-12 43

Rechtsanwaltsversorgungswerke der Länder: im Anschriftenteil

Bundesversicherungsanstalt für Angestellte (BfA)
Berlin-Wilmersdorf
Ruhrstraße 2
10709 Berlin
Telefon: (0 30) 8 65-0
Telefax: (0 30) 8 65-2 72 40
http://www.bfa.de

7. Muster eines Antrags auf Nachversicherung an das Besoldungsamt

Briefkopf der Antragstellerin bzw. des Antragstellers

An das
(zuständige Besoldungsamt)
Anschrift/Postfach
PLZ/Ort

Nachversicherung gemäß § 8 Abs. 2 Sozialgesetzbuch VI
Personalnummer XXXX (Angabe der eigenen Personalnummer während des Vorbereitungsdienstes)

Sehr geehrte Damen und Herren,

am (Datum der mündlichen Prüfung) bin ich aus dem sozialversicherungsfreien Vorbereitungsdienst entlassen worden. Ich werde als

- Rechtsanwalt/Rechtsanwältin an das Anwaltsversorgungswerk
- Angestellte/Angestellter bei … an die Bundesanstalt für Angestellte

zukünftig Altersversorgungsbeiträge entrichten. Ich beantrage daher mit heutigem Datum meine Nachversicherung für den Zeitraum der Ausbildung im Referendariat. Bitte senden Sie mir entsprechende Antragsformulare zu.

Mit freundlichen Grüßen

– (Name Antragstellerin/Antragsteller) –

II. Der Arbeitsmarkt für Juristinnen und Juristen

Literatur

- Niedostadek, Andre/Lorenz, Jörg-Christian, Der erfolgreiche Berufseinstieg für Juristen – Orientieren – Qualifizieren – Bewerben. Ein Leitfaden. Bund-Verlag, ISBN 3766335294, € 19,90
- Arbeitsmarkt Juristen – Prädikat als Eintrittskarte, Uni-Magazin 5/95, 37
- Arbeitsmarktinformation »Juristinnen und Juristen in der Wirtschaft 1/1995« der Zentralstelle für Arbeitsvermittlung (ZAV) der Bundesanstalt für Arbeit in Frankfurt am Main
- Marquard, Juristen im Abseits, Rechtsreferendarinfo 2/95, 9 und in REFZ 5/6 1995, 7 mit zahlreichen weiteren Nachweisen
- Frantzen, Anwalt in den neuen Bundesländern? Besonderheiten und Chancen, JuS 1993, 83

Internet

- Abi-Magazin 4/04: Arbeitsmarkt Juristen- Durststrecke für angehende Anwälte
- http://www.abimagazin.de/rubrik/arbeitsmarkt20040401.jsp
- http://www.rechtsreferendariat.de

Vom so genannten »Schweinezyklus« bleiben auch die Juristinnen und Juristen nicht verschont. Durch die verbesserten Berufsperspektiven infolge der Wiedervereinigung stieg die Zahl derjenigen, die sich für die Aufnahme eines Jurastudium entschieden hatten, deutlich an (um ca. 20 %). Im Juni 1994 kamen auf eine offene Stelle rund 25 Bewerberinnen und Bewerber (1992: ca. 5 Bewerberinnen und Bewerber). Es besteht daher allgemeine Einigkeit, dass der Arbeitsmarkt schwieriger wird. 10 205 zum Jahresende arbeitslos gemeldete Juristen zählte die Bundesagentur für Arbeit im Jahr 2003, im Jahr zuvor waren es gerade mal 8992. Damit stieg die Arbeitslosenzahl bei den Juristen um 13,5 Prozent gegenüber 2002 an.

Im höheren Verwaltungsdienst werden die Einstellungszahlen in den nächsten Jahren weiter sinken. Hoffnung besteht wegen der zunehmenden Zahl von Pensionierungen einiger starker Jahrgänge, wodurch in der Justiz der Länder ca. 700 Stellen jährlich frei werden können.

Machen Sie sich daher darauf gefasst, zumindest kurzfristig arbeitslos zu werden. Aktive Arbeitslosigkeit über einen Zeitraum von bis zu einem Jahr ist bei einer Bewerbung relativ unbedenklich. Wichtig ist aber, dass Sie sich intensiv bewerben und Maßnahmen zur Verbesserung Ihrer Qualifikation ergreifen (Kurse, Spezialisierungen, Promotion etc.). Von Bedeutung für die Erfolgsaussichten eines reibungslosen Berufseinstiegs ist immer noch die **Prüfungsgesamtnote**, allerdings spielen – einem allgemeinen Trend folgend – zunehmend andere Gesichtspunkte eine starke Rolle. **Zusatzqualifikationen**, **Gesamteindruck** und **Lebenslauf** der Bewerberinnen und Bewerber gewinnen an Gewicht. Dies gilt auch für den öffentlichen Dienst, der bisher als äußerst notenorientiert galt. Allenfalls das Parteibuch oder das insoweit äußerst gesunde Vitamin B konnte hier für gewisse Aufweichungen der grundgesetzlich vorgeschriebenen Bestenauslese sorgen. Auch in Behörden und Verwaltungen hat sich herumgesprochen, dass die Noten allenfalls ein Teilkriterium für eine vernünftige Personalauswahl darstellen können. Schließlich geht es im Beruf weniger darum, Wissen zu reproduzieren, Klausuren zu schreiben oder brav auf mündlich gestellte Fragen zu antworten. Um sich auch auf einem schwierigeren Arbeitsmarkt durchzusetzen, sollten Sie daher während Ihrer Ausbildung auch auf andere Dinge Wert legen als nur auf ein gutes Examen. Aber selbst in den neuen Bundesländern sinken die Einstellungschancen im öffentlichen Dienst unterhalb von 8,5 Punkten. Jobbörsen mit Stellenangeboten finden Sie im Internet (s. die Linkliste auf http://www.rechtsreferendariat.de).

Aktuelle Informationen können Sie einer kostenlosen Broschüre der Zentralstelle für Arbeitsvermittlung der Bundesagentur für Arbeit entnehmen, die allerdings die Situation auf dem Arbeitsmarkt auf dem Stand des Jahres 2000 analysiert: http://www.arbeitsagentur.de/content/de_DE/hauptstelle/a-01/importierter_inhalt/pdf/AMS_Juristen.pdf.

Anschrift:

Zentralstelle für Arbeitsvermittlung
53107 Bonn
Telefon: (02 28) 7 13-0
Telefax: (02 28) 7 13-2 70-11 11
E-Mail: Bonn-ZAV@arbeitsagentur.de
http://www.arbeitsagentur.de

1. Rechtsanwältin bzw. Rechtsanwalt

Literatur

- Eller, Wie attraktiv ist der Anwaltsberuf?, REFZ 2/93
- Der ungeliebte Beruf? Berufsziel Rechtsanwalt!, Z.f.R. Dezember 1993, 23
- Start in den Anwaltsberuf, Rechtsreferendarinfo 2/94
- Menne, Von der Ausbildung in den Beruf – Vom Rechtsreferendar zum Rechtsanwalt, JuS 1997, 573

Internet

- http://www.kanzleigruendung.de
- http://www.rechtsreferendariat.de

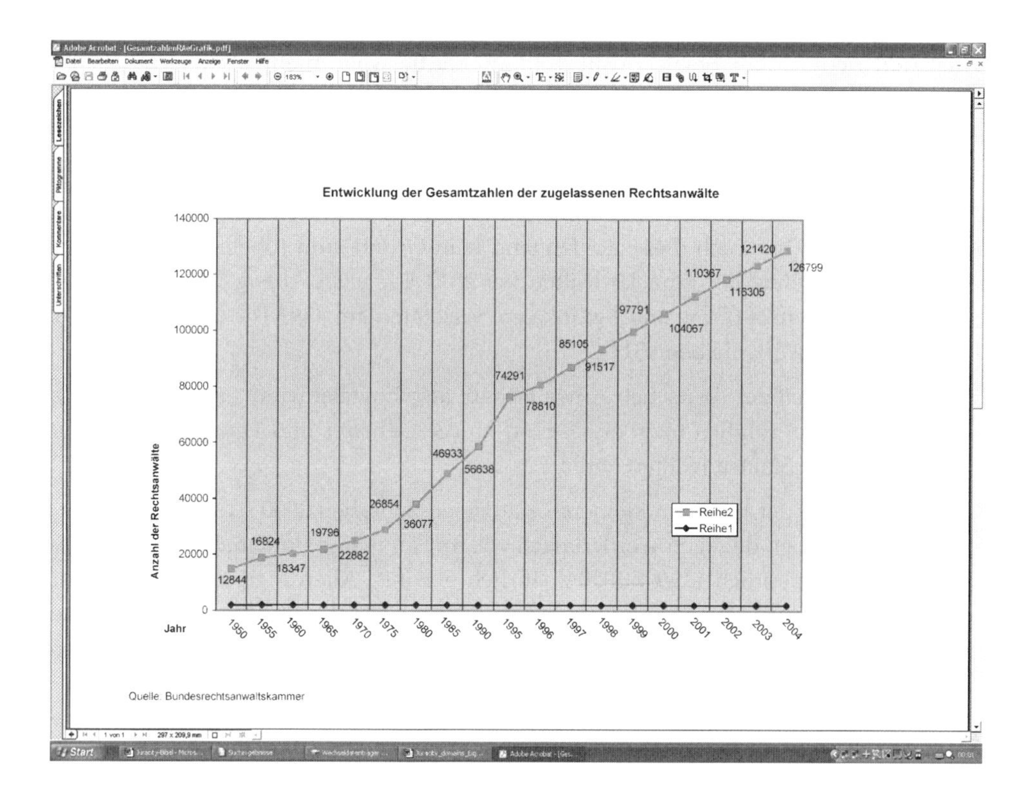

Quelle: Bundesrechtsanwaltskammer

a) Berufsperspektiven

Der größte Teil der erfolgreichen Assessorinnen und Assessoren wählt nach dem zweiten Staatsexamen den Anwaltsberuf. Es ist nicht zu verkennen, dass hierbei nicht immer der Wunschberuf gewählt wird.

In Deutschland sind bereits mehr als 125000 Anwälte zugelassen. Nicht zu Unrecht wird inzwischen von der »Anwaltsschwemme« gesprochen.

Die Mehrzahl der Anwälte arbeitet nach wie vor als Einzelanwalt (ca. 65000, darunter rund 10000 Syndikusanwälte). Auch in den USA arbeiten 45 % der Anwälte als Einzelkämpfer. Von den 125000 Anwälten ist aber ein großer Teil tatsächlich in Unternehmen und Behörden festangestellt und allenfalls sporadisch freiberuflich tätig. Die Schätzungen des Anteils der nur pro forma zugelassenen Anwältinnen und Anwälte reichen von 30 % bis 50 %.

Die Verdienstmöglichkeiten haben sich in den letzten Jahren nachhaltig verschlechtert. Nach den Zahlen aus dem BRAK-Magazin 2/2003 liegt der Median der Kanzleigewinne – also das, was mindestens 50 Prozent der Befragten erreichen – bei Einzelanwälten monatlich bei 1874 €. Davon gehen noch die Pflichtbeiträge der Versorgungswerke ab. Es verbleiben also bei einem 2/3-Pflichtbeitrag etwa 1631 €, wovon noch die private Krankenkasse und Steuern zu zahlen sind.

Jeder Amtsrichter oder Staatsanwalt verdient mittlerweile mehr als das Doppelte. Ohne sich Gedanken über die Altersvorsorge machen zu müssen, hat er monatlich einen Verdienst von über 4000 €.

Die Statistik der STAR-Untersuchung für das Jahr 2000 (BRAK-Mitteilungen 6/2002) zeigt, dass die Situation bei den Vollzeitanwälten, die extra erfasst werden, etwas besser aussieht. Aber auch diese Zahlen sind kein Grund zum Jubeln. Dort liegt der Median der Gewinne bei Einzelanwälten bei 2812 € – nach Abzug für das Versorgungswerk bleiben 2447 € – und bei lokalen Sozietäten bei 4899 € – nach Abzug für das Versorgungswerk bleiben 4314 €.

Die große Mehrheit der deutschen Anwaltschaft, also Einzelanwälte und kleine lokale Sozietäten, kommt folglich nicht annähernd an die Gehälter und Pensionsansprüche von Richtern und Staatsanwälten heran.

Die Einstiegsgehälter liegen in kleineren Kanzleien zwischen 2000 € und 3000 € brutto; in Großkanzleien dagegen werden nach wie vor an »High Potentials« Einstiegsgehälter zum Teil deutlich über 50000 € jährlich gezahlt. Allerdings muss man dazu anmerken, dass dies »die Mandanten zahlen«, also über die üblichen Stundensätze eine direkte Refinanzierung stattfindet. Davon können Kanzleien, die sich über das RVG finanzieren, nur träumen. Die Sozietäten mit mehr als 5 Anwälten dürften zwischen den genannten Vergütungskorridoren liegen. Aber auch sklavereiähnliche Zustände nehmen zu. So verdingen sich junge Anwälte als »Praktikanten« teilweise unentgeltlich, um überhaupt die Möglichkeit einer Anstellung zu erlangen. Die Vereinbarung von seinerzeit 1300,– DM (650 €) brutto monatlich für eine wöchentliche

Arbeitsleistung von 35 Stunden als Rechtsanwalt ist jedenfalls gemäß 138 I BGB nichtig (LAG Frankfurt vom 28. 10. 1999 – 5 Sa 169/99, NJW 2000, 3372). Das LAG Frankfurt hat dabei für das erste Berufsjahr 2000 €, für das zweite von 2500 € und für das dritte in Höhe von 3000 € und schließlich für das vierte Berufsjahr 3250 € brutto bei einer Arbeitszeit von 50 Stunden die Woche für angemessen erachtet. Dies ergibt Stundensätze zwischen 9,23 € (1. Berufsjahr) und 15 € (4. Berufsjahr). Dabei ist zu berücksichtigen, dass diese Zahlen für das Jahr 1998/1999 festgestellt wurden.

Spätestens jetzt sollten Sie sich auch mit der Frage befassen, wo eine Niederlassung sinnvoll und erfolgsversprechend ist. Während ersteres von privaten Faktoren abhängt, bedingt letzteres auch die Anwaltsdichte, die bundesweit noch extrem differiert.

Anwaltsdichte in den Bundesländern:

Bundesland	**Einwohner je Anwalt**
Hbg	247
Berlin	348
Hes	403
Bre	442
Bay	590
NRW	591
Bundesdurchschnitt	**651**
BW	764
SL	889
SH	894
NS	942
RP	1003
SAX	1074
MV	1214
Bbg	1289
TH	1339
SA	1486

Natürlich sagt die Dichte je Bundesland wenig aus, denn Sie werden ja nicht landesweit tätig, sondern meist in einer Stadt oder einem Ballungsraum.

Anwaltsdichte in ausgewählten Ballungszentren

Bundesland	Einwohner je Anwalt
Frankfurt	99
Düsseldorf	118
München	127
Köln	222
Stuttgart	241
Hamburg	247
Hannover	275
Leipzig	339
Berlin	348
Nürnberg	355
Bremen	363
Dresden	376
Potsdam	380
Essen	434
Dortmund	575
Bundesdurchschnitt	651

Statistiken darf man nicht ohne kritischen Blick lesen. Die Frankfurter sind weder streitsüchtiger noch als einzelner Bürger anwaltlich überversorgt, sondern vor allem Standort eines großen Flughafens und sehr zentral gelegen, was für amerikanische und englische Kanzleien wichtig ist. Die in Großkanzleien in Frankfurt tätigen Anwälte werden natürlich weder nur in Frankfurt noch ausschließlich in Hessen tätig.

Allerdings lässt sich sicher feststellen, dass z.B. in Rheinland-Pfalz und in Berlin noch Chancen bestehen. Berlin steht erst am Anfang seiner neuen Rolle im geeinten Deutschland und wird politisch, kulturell und in nicht allzu ferner Zukunft auch wirtschaftlich die Rolle einer gewachsenen Hauptstadt einnehmen. In Berlin ist ein Teil der Anwälte noch als „Briefkastenkanzlei" niedergelassen, damit eine Hauptstadtdependance auf dem Briefkopf auftaucht. Rheinland-Pfalz wiederum scheint auch im Vergleich mit ähnlichen Ländern mit Anwälten unterversorgt zu sein, selbst wenn man berücksichtigt, dass es von Frankfurt bis Mainz gerade mal eine halbe Stunde Fahrzeit mit dem PKW dauert.

Die Österreicher scheinen statistisch friedliebender zu sein, dort kommt ein Anwalt auf (traumhafte) 2076 Einwohner.

ANWALTSDICHTE – RECHTSANWÄLTE PRO EINWOHNER (BRAK-Mitt. 99/260)

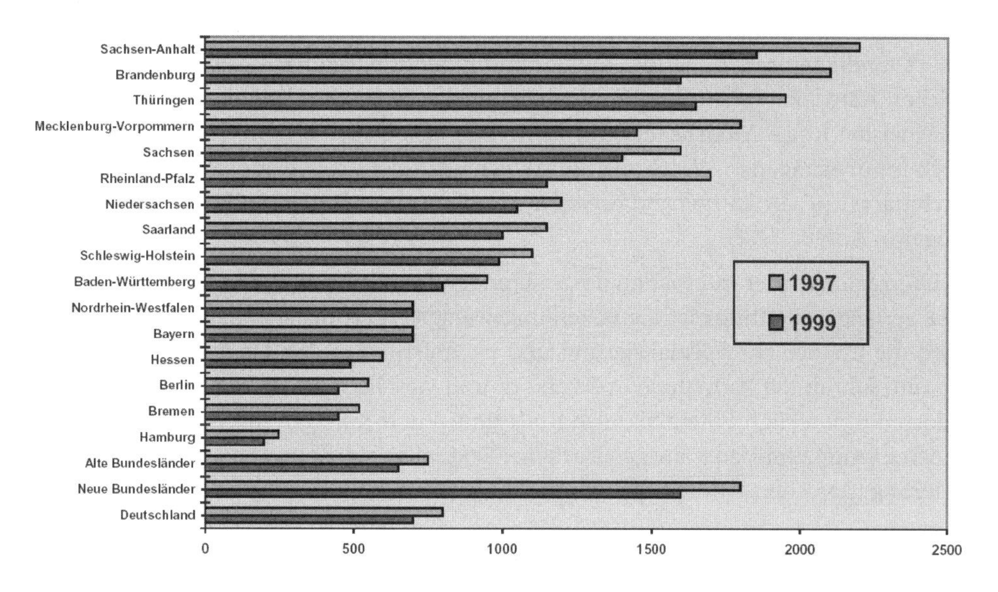

Statistisch fielen im Jahre 1999 auf einen Anwalt 839 Bürger

Neben der Frage wo eine Anwaltstätigkeit sinnvoll erscheint, muss auch die Frage beantwortet werden, wie man sich anwaltlich betätigen will. Wenn Sie sich diese Frage erst nach dem zweiten Staatsexamen stellen, haben Sie wichtige Weichen schon verpasst. Denn während des Vorbereitungsdienstes sollten Sie die von Ihnen potenziell präferierten **Kanzleitypen** schon kennengelernt haben und die Entscheidung zwischen Großkanzlei, Sozietät, Bürogemeinschaft, Einzelkanzlei angestellt oder selbstständig bereits getroffen haben. Im Vorbereitungsdienst haben Sie die Möglichkeit, die in Betracht kommenden Daseinsformen anwaltlicher Berufstätigkeit kennenzulernen. Nutzen Sie diese Chance.

Neben der selbstständigen **Existenzgründung** kann die Anwaltstätigkeit auch im geschützten Rahmen einer **Anstellung** in einer bereits bestehenden Kanzlei aufgenommen werden. Vorteilhaft soll hierbei sein, dass der Anwaltsberuf in der ersten Zeit risikofrei erlernt werden kann. Die Anwaltschaft weist zu Recht auf die erheblichen Defizite der staatlichen Ausbildung für den Anwaltsberuf hin. Die Juristenausbildungsreform hat hier zwar geringfügige Verbesserungen gebracht. Trotzdem, die Assessorinnen und Assessoren gehen in den am häufigsten gewählten Beruf nach dem zweiten Staatsexamen schlecht vorbereitet hinein. Illusionen sollte man sich über die Möglichkeiten des Lernens in einer etablierten Praxis aber auch nicht machen. Schließlich wird eine Einstellung nicht als Auszubildende oder Auszubildender vorgenommen, sondern um bisher von anderen betreute Fälle mehr oder weniger selbstständig zu bearbeiten. Es ist allgemein bekannt, dass auch Anwälte unterschiedliche Motive zur Einstellung einer Berufsanfängerin bzw. eines Berufsanfängers haben. Es gibt nicht selten die ausschließlich betriebswirtschaftlich denkenden Kolleginnen und

Kollegen, die vor allem an der effektiven Verwertung der Arbeitskraft der motivierten Berufseinsteigerinnen und Berufseinsteiger interessiert sind. Dort ist der Grad der Selbstständigkeit relativ gering, die Bezahlung niedrig, die Arbeitsbelastung hoch. In solchen Kanzleien wird dem Berufsanfänger das fehlende Know-how vorenthalten. Die meisten freien Mitarbeiter bei solchen Kanzleien sind dies auch weder rechtlich noch im übertragenen Wortsinne. Eine solche Tätigkeit sollte nur in großer Not und auch dann nur vorübergehend erwogen werden (s. zur kritischen Position des DAV: Kilger in AnwBl. 5/92).

In überregional oder international operierenden **Lawfirms** wird ähnlicher Arbeitseinsatz verlangt, allerdings ist die Bezahlung wenigstens zumeist angemessen. Geboten wird die Chance zur Spezialisierung und bei entsprechenden Leistungen nach zwei bis fünf Jahren die Aufnahme in Briefkopf und Gesellschaft. Diese Möglichkeit steht jedoch nur den High Potentials, also Kolleginnen und Kollegen mit überdurchschnittlichen Examina und/oder ausgesprochener Spezialisierung bzw. anderweitiger Qualifizierung (Sprachen, Kontakte, Promotion u.ä.) offen.

Glück hat, wer bereits während des Referendariats in verschiedene Kanzleien hineingerochen hat und die Möglichkeit einer Tätigkeit in der Praxis angeboten bekommt, in der die Arbeit am meisten Spaß gemacht hat und faire Bedingungen herrschen. Dem Glück kann selbstverständlich nachgeholfen werden, indem eine oder mehrere solcher Nebentätigkeiten bereits zu Beginn des Referendariats aufgenommen wird/werden. Die hierbei gemachten Erfahrungen nützen bei jeder Form des Berufsstarts als Anwältin bzw. Anwalt. Vom Leben verwöhnt wird schließlich auch diebzw. derjenige, die bzw. der in eine Praxis aufgenommen wird, in der die Gründerin bzw. der Gründer sich in fünf bis zehn Jahren zurückziehen will und eine Nachfolgerin bzw. einen Nachfolger sucht.

Ein Tipp: Bewerben Sie sich initiativ, warten Sie nicht auf Stellenanzeigen. Solche finden Sie in der NJW, in dem Mitgliederblatt des lokalen Anwaltvereins und in der Tagespresse.

b) Die Zulassung zur Anwaltschaft

Schlecht beraten sind diejenigen, die sich mangels anderer Alternativen oder aus Bequemlichkeit als Rechtsanwältin/Rechtsanwalt niederlassen. Der Erfolg als Anwältin/Anwalt setzt wie jeder andere Beruf auch bestimmte Eigenschaften und Fähigkeiten voraus. Wer sich nicht dazu berufen fühlt, sollte sich den Schritt in eine nicht einfache Selbstständigkeit mit hohen wirtschaftlichen Risiken überlegen. Andererseits sollten sich diejenigen, die sich zum Anwaltsberuf berufen fühlen, nicht von den üblichen Warnungen bereits etablierter Kolleginnen und Kollegen abschrecken lassen. Der **Anwaltsmarkt** ist zwar deutlich schwieriger geworden. Engagierte und pfiffige Rechtsanwältinnen und Rechtsanwälte werden sich aber auch unter erschwerten Bedingungen durchsetzen. An guten Anwältinnen und Anwälten herrscht immer ein Mangel. Dabei kommt der Examensnote sicher nicht die herausragende

Bedeutung zu. Entscheidend ist eher, ob soziale Kompetenz, Kreativität, Interesse am Anwaltsberuf und Fortbildungsbereitschaft vorhanden sind. Dem Autor sind zahlreiche unmittelbar nach dem Examen umgesetzte erfolgreiche Existenzgründungen als Einzelanwalt, in einer Bürogemeinschaft und als Sozietät bekannt.

Vor der Aufnahme der Berufstätigkeit ist zunächst die Zulassung zur Anwaltschaft zu beantragen (in Nordrhein-Westfalen beim OLG des Niederlassungsbezirks). Formulare können beim OLG angefordert werden. Die Gerichtsgebühr beträgt in NW z.Zt. 250 €. Die Zulassung nimmt (z.B. OLG Köln und OLG München) erfahrungsgemäß ca. vier bis sechs, neuerdings auch bis zu zehn Wochen in Anspruch. Daran schließt sich die Vereidigung an. Meistens wird ein Dutzend Rechtsanwältinnen und Rechtsanwälte gleichzeitig vereidigt. Nachzuweisen ist noch die neu eingeführte **Pflichtvermögenshaftpflichtversicherung**. Sind diese Hürden genommen, könnte es eigentlich losgehen. Die Gründung will jedoch in jeder Hinsicht gut geplant sein. Die Darstellung des Ablaufs einer Kanzleigründung würde allerdings den Rahmen dieses Ratgebers sprengen. Ein chronologischer Begleiter Ihrer Kanzleigründung ist das vom Autor gemeinsam mit einem erfahrenen Bürovorsteher geschriebene Handbuch »Die erfolgreiche Kanzleigründung« aus dem Bund-Verlag. Tipps können Sie auch dem Workshop des Kollegen RA Vaagt in mehreren Heften des jumag (mediaLog Fachverlag Jura) der Jahrgänge 1997 und 1998 (beginnend mit Heft 7/8-97) entnehmen.

Infos zum Zulassungsverfahren finden Sie auch auf den Internetseiten der Kammern (z.B. München: http://www.rechtsanwaltskammer-muenchen.de/anwaltservice/mitgliedschaft_Zulassung.htm).

c) Literaturtipps zur Existenzgründung oder Bewerbung als Anwältin bzw. Anwalt

Autor	Titel	Buchart	Verlag	Kurzkommentar
Felser/ Philipp	Die erfolgreiche Kanzleigründung	Handbuch	Bund-Verlag	Chronologisch geordneter Begleiter bei der Existenzgründung mit zahlreichen nützlichen und geldwerten Tipps
Verschiedene Autoren	Praktische Hinweise für junge Anwälte	Ratgeber	Deutscher Anwalt-Verein	Ratgeber für Junganwälte
Verschiedene Autoren	Die moderne Anwaltskanzlei	Handbuch	Deutscher Anwalt-Verlag	Kompendium zur Gründung, Einrichtung und rationellen Organisation einer Anwaltskanzlei

Autor	Titel	Buchart	Verlag	Kurzkommentar
Wolff	Erfolg im Anwaltsberuf	Ratgeber	Deutscher Anwalt-Verlag	Gründung und effiziente Führung einer Anwaltskanzlei
Fedtke	Das Unternehmen Anwalts- und Notarkanzlei	Ratgeber zu Organisation, Kostenstruktur, Büromanagement	Dr. Otto Schmidt Verlag	Umfangreicher Ratgeber zum Betrieb einer Praxis
Trimborn von Landenberg	Die erfolgreiche Bewerbung als Rechtsanwalt	Bewerbungsratgeber	Anwalt-Verlag	Flott geschriebener Ratgeber für den stellensuchenden Anwaltsnachwuchs

2. Juristin bzw. Jurist in der öffentlichen Verwaltung

Literatur

- Köhn, Juristen im öffentlichen Dienst, REFZ 4/92
- Windsheimer, Jurist in der Finanzverwaltung, Rechtsreferendarinfo 2/95
- Knipping, Der Jurist in der Sozialverwaltung, Rechtsreferendarinfo, 1/95
- Erhardt, Als Jurist in der Bundeszollverwaltung, Rechtsreferendarinfo 1/95
- Saumweber-Meyer, Im Bundesamt für die Anerkennung ausländischer Flüchtlinge, Rechtsreferendarinfo 1/95
- Dreher, Karrieren in der Bundesverwaltung, Voraussetzungen, Merkmale und Etappen von Aufstiegsprozessen im öffentlichen Dienst, Duncker und Humblodt

Der öffentliche Dienst nimmt traditionell (neben der Anwaltschaft) einen großen Teil der Juristinnen und Juristen auf. Über 50 % aller Juristinnen und Juristen sind im öffentlichen Dienst beschäftigt. In der öffentlichen Verwaltung sind Juristinnen und Juristen häufig in leitender Funktion in praktisch allen Bereichen zu finden. Selbst im Kultursektor ist Chefin oder Chef häufig eine Juristin oder ein Jurist. Dementsprechend haben nicht nur Verwaltungsrechtlerinnen und Verwaltungsrechtler, sondern z.B. auch Arbeitsrechtlerinnen und Arbeitsrechtler gute Aussichten (Personalverwaltung). Die Einsatzfelder sind so vielseitig, dass eine nur ansatzweise Darstellung den Rahmen dieses Ratgebers deutlich sprengen würde. Beschäftigung finden Assessorinnen und Assessoren z.B. in Kommunen, Ministerien, Bezirksregierungen, Verbänden, Körperschaften und Anstalten des öffentlichen Rechts. So vielfältig wie die Behörden, in denen man beschäftigt werden kann, sind auch die Tätigkeitsbereiche und Rechtsgebiete.

Nur knapp 10 % aller Stellenanzeigen entfallen nach Angaben der Bundesagentur für Arbeit auf Stellenangobte des öffentlichen Dienstes für Juristen. Solche Stellenanzeigen finden sich in allen großen Tageszeitungen (FAZ, DIE ZEIT, Süddeutsche und regionale Zeitungen wie Kölner Stadt-Anzeiger u.a.) und den juristischen Fachzeitschriften. Bei Spezialisierung sind häufig auch Anzeigen in den entsprechenden Fachzeitschriften wie NZA, NVwZ oder LKV u.a. zu finden.

Bei der Personalauslese werden immer häufiger auch die aus der Privatwirtschaft bekannten Verfahren der Personalauswahl eingesetzt (Assessment-Center). Wie beim Richteramt wird man zunächst auf Probe, nämlich »z.A.« (zur Anstellung) eingestellt. Daneben kommt eine Beschäftigung im Angestelltenverhältnis in Betracht. Das **Eingangsamt** für den höheren Verwaltungsdienst ist A 13.

Der Aufnahmegrad an Juristinnen und Juristen im öffentlichen Dienst wird in Zukunft nicht so hoch wie bisher bleiben. Einerseits wird auch im öffentlichen Dienst nur eine begrenzte Zahl an Stellen frei, die nicht mehr genügt, die wachsenden Absolventenzahlen aufzunehmen. Andererseits wird auch im öffentlichen Dienst zunehmend rationalisiert. Die Verwaltungen in den neuen Bundesländern z.B. sind deutlich schlanker aufgebaut. Während in Bayern über 43 % (Nordrhein-Westfalen 40,3 %) des Haushalts für Personalkosten verwendet werden, sind es in Brandenburg nur 21,1 % (Quelle: REFZ Heft 1/2, 1995). Dass dies kein Zufall ist, zeigen die entsprechenden Zahlen von Thüringen (24,4 %), Sachsen und Sachsen-Anhalt (je 24,4 %). Diese Entwicklung wird mit Sicherheit nicht auf die neuen Bundesländer beschränkt bleiben. Bereits jetzt werden die offenen Stellen in klassischen Berufsfeldern wie Justiz, Staatsanwaltschaft und Verwaltung in den neuen Bundesländern seltener. In den alten Bundesländern halten die Computer Einzug (z.B. die zentrale Verarbeitung von Mahnbescheiden in Hagen). Ferner entfallen angestammte Reviere für Juristinnen und Juristen in der Verwaltungswirtschaft, da mit dem Wegfall der traditionellen Haushaltsbewirtschaftung zunehmend Betriebswirtschaftlerinnen und Betriebswirtschaftler deren Plätze einnehmen.

Es wird daher Zeit, dass die Juristinnen und Juristen sich auch für andere Berufsfelder interessieren oder entwickeln und ihre Ausbildungsplanung an dieser Situation ausrichten. Dies bedeutet natürlich auch, dass die staatliche Ausbildung zukünftig nicht ausschließlich an der Verwendbarkeit in Justiz, Staatsanwaltschaft und Verwaltung ausgerichtet werden darf. Erste, allerdings recht zaghafte Schritte in diese Richtung sind mit der Juristenausbildungsreform unternommen worden.

Zukünftig konkurrieren Assessorinnen und Assessoren daher mit anderen Akademikerinnen und Akademikern um Stellen. Trotz der Ausbildungsmängel sind die Juristinnen und Juristen m.E. im Vergleich gut gerüstet. Trotz abnehmender Bedeutung sollen aber zunächst die traditionellen Berufsfelder angesprochen werden.

Bei einer späteren Verbeamtung zählt der Vorbereitungdienst als ruhegehaltfähige Dienstzeit. Wenn durch die Nachversicherung ein Anspruch auf eine Altersrente entsteht, wird diese auf die Pension angerechnet. Ein Anspruch auf Altersrente entsteht, wenn 60 Monate rentenversicherungspflichtige Tätigkeiten ausgeübt wurden.

Tipp:
Wenn Sie unter 60 Monaten bleiben, besteht immerhin ein Anspruch auf Erstattung der selbst eingezahlten Beiträge, allerdings ohne die Zeiten der Nachversicherung und ohne die Arbeitgeberanteile gegenüber der BfA.

3. Tätigkeiten in der Justiz

Literatur
- Die Justiz als Arbeitgeber, Rechtsreferendarinfo 1/94
- Waclaw, Berufsbild Staatsanwältin, Rechtsreferendarinfo 1/95
- Schnellenbach, Personalpolitik in der Justiz, NJW 1989, 2227

Internet
- Einstellungsvoraussetzungen Justizdienst, von **Thomas Hochstein** http://www.th-h.de/infos/jura/rista.php
- Einstellung in den Justizdienst/Ansprechpartner in den Ländern, Tabelle des Deutschen Richterbundes http://www.drb.de/doc/einstellung_justizdienst.pdf

Die Justiz ist ein klassischer, gleichwohl aber auch vielfältiger Arbeitgeber für ausgebildete Juristinnen und Juristen. In Betracht kommt eine Tätigkeit als Staatsanwältin bzw. Staatsanwalt oder Richterin bzw. Richter. Ca. 29 000 Juristen von insgesamt mehr als 185 000 sind in der Justiz als Richter und Staatsanwälte beschäftigt.

Wie in nahezu allen Bereichen des öffentlichen Dienstes sieht es für den in die Staatsanwaltschaft strebenden Nachwuchs äußerst schlecht aus. Dies gilt besonders für männliche Stellenbewerber, die wegen des **Gleichberechtigungsherstellungsgebots** ihren Kolleginnen bei gleicher Qualifikation den Vortritt lassen. Diese **positive Diskriminierung** von Frauen ist solange zulässig, bis im Arbeitsleben eine Gleichstellung erreicht ist (vgl. nur Pfarr, NZA 1995, 809 m.w.N.). Dies erscheint insbesondere auch deswegen als gerechter Ausgleich, weil die Kindererziehung immer noch von Frauen geleistet wird und die Chancen für die spätere Rückkehr in den Beruf innerhalb des öffentlichen Dienstes deutlich besser sind als in der Privatwirtschaft.

Sollte zum Zeitpunkt der Bewerbung tatsächlich eine Stelle frei sein, hat die- oder derjenige erhöhte Einstellungschancen, deren oder dessen Zeugnis aus der Staatsanwaltsstation Formulierungen wie »der Wunsch der Referendarin, den Beruf der Staatsanwältin zu ergreifen, kann von hier aus nur unterstützt werden« aufweist. Eine solche Formulierung erhält man natürlich nicht, wenn sich der Kontakt mit der Ausbilderin bzw. dem Ausbilder auf die Abholung und Abgabe von Aktenstücken zur Bearbeitung beschränkt hat. Hat man sich entsprechend bemüht, sollte man gegebenenfalls die Ausbilderin bzw. den Ausbilder auf eine entsprechende Unterstützung des Berufsziels ansprechen. Die vorstehenden Ausführungen gelten sinngemäß auch für den Beruf der Richterin bzw. des Richters entsprechend.

Sofern Sie eine entsprechende Tätigkeit anstreben, erkundigen Sie sich bereits frühzeitig vor Ort oder überregional bei den Einstellungsbehörden nach den z.Zt. bestehenden Einstellungschancen und den Voraussetzungen (Gesamtnote etc.). Bedenken

Sie dabei, dass das Examen nicht immer nach Wunsch ausgeht, und prüfen Sie auch für diesen Fall Alternativen. Auch eine Bewerbung in den jungen Bundesländern kann unter mehreren Gesichtspunkten eine lohnende Alternative sein. Dort ist die Tätigkeit teilweise interessanter und selbstständiger. Auch die Anforderungen sind noch etwas geringer. Allerdings ist zukünftig mit einer zunehmenden Angleichung der Einstellungsvoraussetzungen zu rechnen. Die meisten Bundesländer erwarten Noten oberhalt von 7,5 Punkten, mindestens ein Examen sollte »vollbefriedigend« sein. Einzelne Bundesländer haben jedoch keine Notengrenze. Das sollte aber nicht darüber hinwegtäuschen, dass im Rahmen der Bestenauslese nach Art. 32 GG der Examensnote auch dort eine hohe Bedeutung zukommt. Wenn Sie sich mit weniger Punkten Hoffnung machen sollten, müssen Sie den Punktemangel mit anderen entsprechenden Qualifikationen ausgleichen können.

Neben der Examensnote spielen – wie bereits seit längerem in der Privatwirtschaft – zunehmend auch andere Kriterien eine wichtige Rolle bei der Personalauswahl. Als solche sind hier soziale Kompetenz und berufliche Motivation (Schnellenbach, a.a.O.), aber auch Spezialisierungen, zusätzliche Qualifikationen, nebenberufliches Engagement und Übernahme von Verantwortung zu nennen. Aber auch eine vorhergehende Berufstätigkeit kann bei der Bewerbung von Vorteil sein.

4. Tätigkeiten in der Verwaltung der Europäischen Gemeinschaft

Wer mobil und euromotiviert ist, der sollte auch an die Europäische Gemeinschaft als Arbeitgeberin denken. Die Kommission bzw. die siebzehn Generaldirektionen und der Juristische Dienst bieten immer mehr Juristinnen und Juristen ein Beschäftigungsfeld. Immerhin ist die EG inzwischen Arbeitgeberin von 9000 Beschäftigten.

Voraussetzung zur Zulassung zum »Concours« ist ein abgeschlossenes Hochschulstudium. Dabei spielt die Examensnote keine Rolle. Weitere Voraussetzungen für die Teilnahme ist die Beherrschung einer zweiten Gemeinschaftssprache. Erwartet werden bei Juristinnen und Juristen gute Kenntnisse im Europarecht. Daneben dürfen Bewerberinnen und Bewerber nicht älter als 33 bzw. bei Berufserfahrung nicht älter als 36 Jahre sein. Der **Concours** beginnt mit einem Multiple-Choice-Test nebst Sprachtest als Vorauswahlverfahren. Hierdurch werden bereits 95 % der Bewerbungen ausgeschieden. Deswegen gibt es auch hier bereits private Repetitorien zur Vorbereitung auf den Test. Danach schließt sich die eigentliche eintägige Auswahlprüfung an, die aus einem mehrstündigen Aufsatz und der Bearbeitung einer Fallstudie besteht. Abgerundet wird das Verfahren nach dem Bestehen des schriftlichen Teils durch eine mündliche Prüfung. Hat man alles erfolgreich hinter sich gebracht, wird man in die Reserveliste aufgenommen. Das Einstiegsgehalt ist beachtlich. Brutto heißt hier auch netto, da die Abzüge durch die Auslands- (!) und Familienzuschläge wieder wettgemacht werden.

Die einzelnen Auswahlverfahren werden im Amtsblatt der Europäischen Gemeinschaften in der Serie C (Anhang A) veröffentlicht. Außerdem veröffentlicht die EG

die Stellenausschreibungen im Stellenmarkt der überregionalen Zeitungen oder in der jeweiligen Fachpresse.
Das jeweilige Amtsblatt mit den vorgeschriebenen Bewerbungsformularen kann entweder als Abonnement zum Preis von 30 € jährlich beim

Verlag Bundesanzeiger GmbH, Vertriebsabteilung
Amsterdamer Str 192
50735 Köln
Telefon: (02 21) 97 66 80
Telefax: (02 21) 97 66 82 78
E-Mail: vertrieb@bundesanzeiger.de

oder als Einzelausgabe kostenlos auch direkt bei den Vertretungen der Europäischen Kommission (bzw. beim jeweils ausschreibenden Organ) bei Erscheinen angefordert werden. Einen Verteiler gibt es hier bedauerlicherweise nicht.

Anschriften von Gemeinschaftsorganen, die Concours veranstalten:

Rat der Europäischen Gemeinschaften
Rue de la Loi 170
B-1048 Brüssel
Telefon: (0 03 22) 2 34-61 11

Europäisches Parlament
Einstellungen
Bâtiment Robert Schuman
Plateau du Kirchberg
L-1920 Luxemburg
Telefon: (0 03 52) 4 30 01

Gerichtshof der Europäischen Gemeinschaften
12, rue Alcide De Gasperi
L-2920 Luxemburg
Telefon: (0 03 52) 4 30 31

Rechnungshof der Europäischen Gemeinschaften
12, rue Alcide De Gasperi
L-1615 Luxemburg
Telefon: (0 03 52) 4 39 81

Wirtschafts- und Sozialausschuss der EG
Rue Ravenstein 2
B-1000 Brüssel
Telefon: (0 03 22) 5 19 90 11

5. Der Arbeitsmarkt in der freien Wirtschaft

Literatur

- Draf, Von wegen graue Mäuse – Die Jobs für Juristen bei der Allianz Versicherungs-AG, REFZ 9/10 1995 S. 6
- von Göler, Vom Juristen zum Banker, Z.f.R. Mai 95, 16
- Wolf, Eine Karriere in der Bayerischen Vereinsbank, Rechtsreferendarinfo 1/95
- Bernau, Als Jurist in der Versicherung, Rechtsreferendarinfo 1/95

Neben den klassischen Berufsfeldern bieten sich für Juristinnen und Juristen vielfältige und interessante Tätigkeiten in der Privatwirtschaft auch außerhalb der Rechtsabteilung an. Assessorinnen und Assessoren mit Wahlfach Arbeitsrecht sind für Tätigkeiten in Personalabteilungen, aber auch für die spätere Geschäftsführung gut gerüstet. Entdeckt werden die Juristinnen und Juristen zunehmend auch von Unternehmensberatungen, die die verhältnismäßig breite Einsetzbarkeit der juristischen Generalistinnen und Generalisten schätzen. Verbreitet sind Juristinnen und Juristen im Bank- und Versicherungsgewerbe. Gerne gesehen werden bei Bewerbungen Vorkenntnisse durch entsprechende Lehren. Im Unterschied zu anderen akademischen Bewerberinnen und Bewerbern haben die Juristinnen und Juristen neben dem Studium bereits ein Traineeprogramm mit praktischen Erfahrungen (Vorbereitungsdienst!) durchlaufen. Man darf sich also eher als vergleichsweise gut ausgebildet einschätzen. Da zudem das gesamte Wirtschaftsleben verrechtlicht ist, dürfte die Beschäftigung von Assessorinnen und Assessoren zukünftig eher zunehmen. Allerdings müssen die Juristinnen und Juristen **Zusatzqualifikationen** (Lehre, EDV, Praktika, Fremdsprachen, BWL-Studium oder Scheine etc.) aufweisen, die über die typische Ausbildung hinausgehen. Außerdem durchläuft man trotz Referendariat noch eine Traineeausbildung, bevor das richtige Berufsleben beginnt. Dies ist allerdings auch bei Richterinnen und Richtern (auf Probe) und im höheren Verwaltungsdienst ähnlich (z.A.). Auch hier gilt, dass nebenberufliches Engagement die Einstellungschancen deutlich erhöht. Die interessanten Bewerbungen, also diejenigen, die sich von anderen abheben, werden eher zum Vorstellungsgespräch eingeladen als typische Bewerberinnen und Bewerber mit den üblichen Lebensläufen.

Bewerbungen sind häufig erfolgreich, wenn bereits vorher mit dem Unternehmen Kontakt bestand. Neben den Kuki- und Miki-Fällen (Kundenkinder und Mitarbeiterkinder) werden sehr häufig Bewerberinnen und Bewerber eingestellt, die das Unternehmen bereits durch ein Praktikum, eine Ausbildungsstage oder eine Promotion kennen. Wählen Sie daher Ihre Zwischenbeschäftigung während der Wartezeit, das Thema Ihrer Promotion und Ihre Wahlstelle sehr sorgfältig aus. Sie können hier bereits wichtige Weichen für die Zukunft stellen.

Zahlreiche Unternehmen stellen sich im kostenlos im Internet erhältlichen Wirtschaftsführer vom Boorberg-Verlag vor. http://www.boorberg.de/sixcms/media.php/72/02_03_wifu_online.pdf

III. Die Bewerbung

Literatur
- Mürbe, Die Bewerbung, Rechtsreferendarinfo 2/94
- Theiß/Völz, Bewerbertraining, Crash-Programm für Stellensuchende, modul Verlag
- Krupp, Start in den Beruf, Bund-Verlag,
- Neubarth, Erfolgreiche Bewerbung, 5. Auflage, Bund-Verlag,
- Nasemann, Richtig bewerben, C.H. Beck,
- Hesse/Schrader, Bewerbungsstrategien für Hochschulabsolventen mit und ohne Abschluss, Fischer Taschenbuch,
- Hesse/Schrader, Die perfekte Bewerbungsmappe für Hochschulabsolventen, Eichborn,

Internet
- http://www.rechtsreferendariat.de

1. Die gelungene Bewerbung

Zur Frage, wie eine richtige Bewerbung auszusehen hat, gibt es zahlreiche Bücher. Besonders empfohlen sei hier das Buch von Theiß/Völz, das sich durch eine umfassende Bewerbungsvorbereitung auszeichnet. Anzumerken bleibt in diesem Ratgeber allenfalls, dass Sie sich bei Ihrer Bewerbung verkaufen sollen, aber nicht jemand anderen. Da Bewerbungen von Menschen gelesen und bewertet werden, sollten Sie sich auch klar machen, dass der Erfolg einer Bewerbung letztendlich auch mit dem Bewerbungsempfänger etwas zu tun hat. Art und Form der Bewerbung hängen daher auch vom Empfänger ab. Bei einem privaten Fernsehsender oder einer Marketinggesellschaft werden Sie sich anders bewerben als beim Justizministerium, einer Notarin oder einer kirchlichen Einrichtung. Es ist daher nützlich, wenn Sie viel über das »Unternehmen« wissen, bei dem Sie sich bewerben. Beschaffen Sie sich öffentlich zugängliche Informationen (Bilanzbericht, Internetseiten, Unternehmensdarstellung). Als vorteilhaft erweist sich auch, wenn Sie Informationen über die Entscheiderinnen und Entscheider haben.

Der richtige Zeitpunkt für eine Bewerbung ist sicher die Zeit vor dem Examen. Wer zu spät kommt, den bestraft das Leben. Menschen, die Sie einstellen, wünschen sich, dass Sie sich bei Ihrer Tätigkeit frühzeitig um Dinge kümmern und nicht erst dann, wenn es bereits recht spät ist. Ihre Bewerbung bereits vor dem Examensabschluss (ca. ein halbes Jahr) zeigt, dass Sie wichtige Dinge bereits frühzeitig in Angriff nehmen. Außerdem wirkt eine Bewerbung nach dem Examen weniger ausgewählt (wie oft und bei wem hat sich die Assessorin bzw. der Assessor bereits bei anderen Unternehmen, zudem offensichtlich erfolglos, beworben?), sondern eher als Notwahl. Bereiten Sie Ihre Bewerbungen daher bereits ca. ein Jahr vor dem Examensabschluss organisatorisch vor.

Wo bewerben? Zahlreiche Unternehmen stellen sich im kostenlos im Internet erhältlichen Wirtschaftsführer vom Boorberg-Verlag vor. Wissenswertes rund um die juristische Ausbildung, Tipps für den Berufsstart und gezielte Literaturempfehlungen ergänzen den nützlichen Ratgeber. http://www.boorberg.de/sixcms/media.php/72/02_03_wifu_online.pdf

2. Assessment-Center

Das joviale zweistündige Gespräch mit dem redseligen Personalchef unter vier Augen, bei dem Bewerberinnen und Bewerber selbst kaum zu Wort kommen, gehört endgültig der Vergangenheit an. **Personalauswahlverfahren** werden zunehmend von Psychologinnen und Psychologen vorbereitet und auch durchgeführt. Entspannung kommt bei mehrtägigen Auswahlverfahren kaum auf. Bei Bewerbungen werden Juristinnen und Juristen heute zunehmend mit modernen Auswahlverfahren wie den so genannten Assessment-Centern konfrontiert. Dieses Auswahlverfahren kombiniert beobachtete und ausgewertete Rollenspiele, Gruppendiskussionen, Tests, Interviews, Planspiele u.s.w. miteinander.

Assessment-Center (AC) werden nicht nur im Bereich der Privatwirtschaft (s. die lange Liste bei Beitz/Loch, a.a.O. S. 12) zur Personalauswahl eingesetzt, sondern zunehmend auch im öffentlichen Dienst (Bundeswehr, Westdeutsche Landesbank, Bundesanstalt für Arbeit etc.). Zumindest einzelne Elemente aus dem AC-Programm sind heutzutage in der überwiegenden Zahl von Bewerbungsverfahren üblich. In den meisten Fällen gehen die Bewerberinnen und Bewerber völlig unvorbereitet in diese für sie ungewohnte Situation. Dabei ist es kein Geheimnis, dass man sich darauf vorbereiten kann und im Interesse einer erfolgreichen Bewerbung auch sollte. Wenn Verlauf und Anforderungen bekannt sind, können Bewerberinnen und Bewerber strategisch darauf reagieren. Weil die Situationen nicht unbekannt sind, wird der »Auftritt« stress- und angstfrei bewältigt. Bewerberinnen und Bewerber, die angstbesetzt in eine unbekannte Situation gehen, in der Bewertungen vorgenommen werden, können ihre Fähigkeiten kaum hundertprozentig darstellen. Nicht wenige Bewerberinnen und Bewerber können sich nach eigenen Angaben nicht wie in Alltagssituationen verhalten (immerhin 39 %, siehe Jeserich, a.a.O. S. 316).

Assessment-Center sind nicht nur deswegen wie alle **Testverfahren** kritischen Einwänden ausgesetzt. Die Kritik ist auch teilweise berechtigt; wegen der notwendigen Beschränkung kann an dieser Stelle aber lediglich auf die weiterführende Literatur zu diesem Thema verwiesen werden (z.B. Hesse/Schrader, a.a.O. S. 282 ff.). Prüfungen und Tests, die ihre Bewertungsmaßstäbe letztlich kurzen Zeiträumen entnehmen, stellen in psychoanalytischer Sicht zwangsläufig »sadistische Rituale« dar (so Hesse/Schrader, a.a.O. S. 284). Für den Fall, dass man durch diese Bewerbungsverfahren hindurch muss, sollte man sich aber trotz der Lektüre dieser Kritik nicht in eine feindselige Stimmung bringen. Zweckmäßiger ist es, aus dem Hintergrundwissen eine – entspannt – kämpferische Einstellung zu gewinnen und ähnliche Situationen später als Verantwortungsträgerin oder -träger anders oder wenigstens feinfühliger zu gestalten.

Assessment-Center könnten aber auch regelrecht Spaß machen, wenn es nicht um den Ernstfall, nämlich den Arbeitsplatz ginge. Manche nehmen neue Erkenntnisse über ihre Eigenschaften, Stärken und Schwächen mit; vielfach wird das Selbstvertrauen sogar gestärkt. Voraussetzung ist eine entspannte Entfaltung der eigenen Persönlichkeit. Um frei in den Spielsituationen agieren und reagieren zu können, ist eine gründliche Vorbereitung notwendig. Im Hinblick auf Stressabbau sind wie vor der mündlichen Prüfung Entspannungstechniken sinnvoll. Darüber hinaus empfiehlt es sich, sich mit der Literatur zum Thema Assessment-Center zu befassen, um Verlauf, Übungen und Anforderungen theoretisch zu kennen. Noch besser ist es, wenn man sich zusätzlich mit Kolleginnen und Kollegen aus der Referendararbeitsgemeinschaft oder der privaten Arbeitsgemeinschaft gemeinsam durch Simulationen und Videotrainings auf die bevorstehenden Bewerbungen vorbereitet. Übungen mit vielen Beispielen aus der Praxis finden sich im Übungsbuch von Beitz/Loch.

Wer von solchen Ritualen (»Gesinnungskooptationen« nach Kompa S. 73) nach zwei Staatsexamen erst mal genug hat, lese sich die Auflistung der Anwender von Assessment-Centern in Deutschland bei Beitz/Loch (S. 12) oder Siewert (S. 23 ff.) durch, bevor die Bewerbungen geschrieben werden. Dabei lassen sich Bewerbungskosten sparen und die Energie kann auf die Unternehmen oder Behörden konzentriert werden, die solche Verfahren nicht anwenden. Nicht zu unterschätzen ist der Zeitgewinn. Bewirbt man sich bei allen Unternehmen, die mehrtägige Auswahlverfahren durchführen, ist man im Ernstfall mehr als 160 Tage auf Assessment-Centern.

Literaturhinweise

Autor(en)	Titel	Buchart	Verlag	Kurzkommentar
Hesse/ Schrader	Das neue Testtrainingsprogramm	Ratgeber	Goldmann	Bestseller – bereitet nicht nur auf Assessment-Center vor
Hesse	Assessment-Center für Hochschulabsolventen		Eichborn Verlag	Der »Hesse« speziell für ACs
Jeserich	Mitarbeiter auswählen und fördern – Assessment-Center-Verfahren	Praktiker-Handbuch		Umfassendes und nüchternes Werk zu allen Fragen des Assessment-Centers von der Gegenseite für die Gegenseite

Autor(en)	Titel	Buchart	Verlag	Kurzkommentar
Beitz/ Loch	Assessment-Center – Erfolgstips und Übungen für Bewerberinnen und Bewerber	Ratgeber und Übungsbuch	Falken	Praktisches Übungsbuch ohne Theorie und Kritik – zur Vorbereitung unerlässlich
Siewert	Spitzenkandidat im Eignungstest	Ratgeber und Übungsbuch für AC und Stressinterview	mvg	Übungsbuch ohne Theorie und Kritik zur systematischen Vorbereitung
Theiß/ Volz	Bewerbertraining	umfassender Ratgeber zur Bewerbungsstrategie mit Kontaktadressen	modul-Verlag	Didaktisch gut aufgemachtes Crash-Programm für Stellensuchende von der Bewerbung bis zum Arbeitsvertrag – äußerst nützlicher Geheimtipp
Schmacke	Die Großen 500 auf einen Blick (Jahresausgabe)	Adressen von Großunternehmen	Luchterhand	Deutschlands 500 Topunternehmen mit Anschriften und Umsätzen und Management zur Auswahl geeigneter Unternehmen und zur unternehmensspezifischen Bewerbungsvorbereitung

3. Karrieremessen

Einige findige Unternehmer haben die Juristen als Zielgruppe für Karrieremessen entdeckt. Gleichwohl scheint der Markt sich nicht allzu stürmisch zu entwickeln. Im Wesentlichen existieren drei Veranstalter:

http://www.karriere-jura.de/, ist eine Seite der von Göler Verlagsgesellschaft. Einen Bericht von einer Karrieremesse finden Sie bei Jurawelt: http://www.jurawelt.de/jobboerse/3543 und in der JUMAG: http://www.jumag.de/ju3413.htm. Allerdings scheinen zur Zeit keine Messeaktivitäten mehr geplant zu sein, auf der Homepage findet sich lediglich eine Jobbörse für Juristen und ein Jobrobot. Die Messeaktivitäten scheinen sich auf die Homepage http://www.praxis-online.com/ verlagert zu haben.

Die Juracon ist eine 1996 gegründete studentische Initiative für Qualifikation und Beruf. 2000 wird die Juristenmesse »Juracon« erstmals durchgeführt. http://www.iqb.de/. Die Seite macht einen professionellen Eindruck. Einen Bericht von der Messe 2001 finden Sie bei Juracafe unter http://www.juracafe.de/berufsstart/juracon.htm.

Die seit 2000 bestehende career networks GmbH ist mit den Juristen-Messen in den wichtigsten Universitäts- und Ballungszentren Deutschlands vertreten. 2005 finden die Juristen-Messen in Köln und München statt. http://www.juristenmesse.de/.

4. Jobbörsen und Jobrobots

Nach einer Untersuchung von Emnid halten Internetnutzer Jobbörsen für persönlich immer wichtiger. Für fast die Hälfte der Befragten war es die wichtigste Anwendung des Internets überhaupt. Na, da dürfte der Wunsch des Auftraggebers aber erhebliche Auswirkungen auf die Befragten gehabt haben: Amazon und I-Tunes wissen es besser. Nichtsdestotrotz zeigt zuletzt der Erwerb einer großen Jobbörse durch den Weltmarktführer »Monster«, dass hier ein Zukunftsmarkt liegt. Sie sollten daher die Möglichkeiten nutzen, selbst wenn das Angebot noch klein ist. Gerade Arbeitgeber, die technisch aufgeschlossene Juristen suchen, werden wohl dort als erstes nachschauen.

Die Arbeitsagentur hat zwar die größte, aber nicht die komfortabelste Jobbörse. Andere Anbieter haben es aber geschafft, die Jobvermittlung komfortabel einzubinden: http://www.meinestadt.de/deutschland/jobs.

Die interaktive Bewerberdatenbank des Deutschen Anwaltvereins und des Forums Junge Anwaltschaft mit Profiling: http://www.advojob.de/ mit 2000 Bewerbern und 470 Kanzleieneinträgen.

In der Bewerberdatenbank des Juracafes können Sie sich kostenlos eintragen: http://www.juracafe.de/jobs/index.htm.

Ein eher klassisches Listing von Bewerbungen finden Sie bei der Bundesrechtsanwaltskammer unter http://www.brak.de/seiten/08_03.php.

http://www.stepstone.de/ Stepstone ist einer der führenden Anbieter im Online-Recruitingmarkt. Bereits 1996 in Oslo gegründet, zählt StepStone heute zu den Pionieren der Branche.

Die größte Stellenbörse ist immer noch die Arbeitsagentur. Leider für sehr viel Geld ein sehr unübersichtlicher Onlineauftritt. http://www.arbeitsagentur.de/.

Die Wochenzeitschrift »DIE ZEIT« bietet mit dem Jobrobot eine Suchmaschine über Online-Stellenbörsen. Täglich werden hunderte anderer Stellenbörsen und Homepages durchsucht. Natürlich kann DIE ZEIT auch auf die Stellenangebote in der Papierausgabe zurückgreifen. 35 000 Stellenangebote täglich, 10 000 neue wöchentlich. http://www.zeit.de.

Bewerbungen finden sich ebenfalls in den kostenlosen Mitgliederzeitschriften der örtlichen Anwaltvereine. Versuchen Sie es auch dort, es ist schließlich kostenlos.

IV. Perspektiven der Juristenausbildung

Internet

- http://www.anwaltverein.de/anwaltausbildung/
- http://www.rechtsreferendariat.de

Es ist erst einmal Ruhe eingekehrt seit der letzten Reform 2003, durch die eine stärkere Orientierung der bislang justizlastigen Juristenausbildung am wahrscheinlichen Beruf, nämlich dem des Anwalts, in die Universitätsausbildung und den Vorbereitungsdienst implementiert wurde. Der Deutsche Anwaltverein hält die bisherigen Schritte sicher zu Recht für ungenügend. Auch nach der Juristenausbildungsreform ist viel Eigeninitative der Referendare erforderlich, damit sie einigermaßen auf die Herausforderungen des Anwaltsberufes vorbereitet sind.

Auch wenn das Ende der mit jeder Reform verbundenen Übergangsregelungen abzusehen ist: Der Staat wird sich auf kurz oder lang aus der Juristenausbildung verabschieden, da nur noch ein Bruchteil der Absolventen in den Staatsdienst eintritt. Das Modell des DAV zur Anwaltausbildung ist ein erster Schritt in diese Richtung.

Der Trend geht auch weiter in Richtung Kostensenkung, so dass wahrscheinlich alle Länder die Leistungen im öffentlich-rechtlichen Ausbildungsverhältnis stetig weiter herunterfahren werden. Das ist zu bedauern, aber der Referendar wird nach dem langen Marsch in Richtung Sozialhilfeniveau auch noch den Wegfall des Arbeitgeberbeitrages zu den vermögenswirksamen Leistungen überleben.

Anhang: Wichtige Adressen

1. Justizministerien (regelmäßig auch Sitz der Justizprüfungsämter)

Bundes-land	**Organisation**	**Adresse**	**PLZ Ort**	**Telefon/Telefax**
Bund	Bundesministerium der Justiz	Heinemannstr. 6	53175 Bonn	T (02 28) 58-0 F (02 28) 58-45 25 http://www.bmj.de
Baden-Württemberg	Justizministerium Baden-Württemberg	Schillerplatz 4	70173 Stuttgart	T (07 11) 2 79-22 64 F (07 11) 2 79-25 91 (LJPA)
Bayern	Bayerisches Staatsministerium der Justiz	Prielmayer-straße 7	80335 München	T (0 89) 55 97-01 F (0 89) 55 97-23 22
Berlin	Senatsverwaltung für Justiz von Berlin	Salzburger Straße 21–25	10825 Berlin	T (0 30) 78 76-0 F (0 30) 78 76-88 13
Branden-burg	Ministerium der Justiz und für Bundes- und Europaangelegenheiten	Heinrich-Mann-Allee 107	14473 Potsdam	T (03 31) 8 66-34 70 F (03 31) 8 66-30 80 und 8 66-30 81
Bremen	Senator für Justiz und Verfassung der Freien Hansestadt Bremen	Richtweg 16–22	28195 Bremen	T (04 21) 3 61-41 10 F (04 21) 3 61-25 84
Hamburg	Justizbehörde der Freien und Hansestadt Hamburg	Drehbahn 36	20354 Hamburg	T (0 40) 34 97-1 F (0 40) 34 97-42 90

Bundesland	Organisation	Adresse	PLZ Ort	Telefon/Telefax
Hamburg/ Bremen/ Schleswig-Holstein	Präsident des Gemeinsamen Prüfungsamtes		20348 Hamburg	T (0 40) 34 97-10 23
Hessen	Hessisches Ministerium der Justiz und für Europaangelegenheiten	Luisenstraße 13	65185 Wiesbaden	T (06 11) 32-0 F (06 11) 32-24 71
Mecklenburg-Vorpommern	Ministerium für Justiz und Angelegenheiten der Europäischen Union des Landes Mecklenburg-Vorpommern	Demmlerplatz 14	19053 Schwerin	T (03 85) 5 88-30 00 F (03 85) 5 88-35 50
Niedersachsen	Niedersächsisches Ministerium der Justiz und für Europaangelegenheiten	Am Waterlooplatz 1	30169 Hannover	T (05 11) 1 20-0 F (05 11) 1 20-68 11
Nordrhein-Westfalen	Justizministerium des Landes Nordrhein-Westfalen	Martin-Luther-Platz 40	40212 Düsseldorf	T (02 11) 87 92-1 F (02 11) 87 92-4 56
Rheinland-Pfalz	Ministerium der Justiz	Ernst-Ludwig-Straße 3	55116 Mainz	T (06 131) 16-0 F (06 131) 16-48 87
Saarland	Ministerium der Justiz des Saarlandes	Zähringer Straße 12	66119 Saarbrücken	T (06 81) 5 01-00 F (06 81) 5 01-58 55
Sachsen	Sächsisches Staatsministerium der Justiz	Hospitalstr. 7	01097 Dresden	T (03 51) 5 64-0 F (03 51) 5 64-15 99

Bundesland	Organisation	Adresse	PLZ Ort	Telefon/Telefax
Sachsen-Anhalt	Ministerium der Justiz des Landes Sachsen-Anhalt	Wilhelm-Höpfner-Ring 6	39116 Magdeburg	T (03 91) 5 67-01 F (03 91) 5 67-42 25
Schleswig-Holstein	Ministerium für Justiz, Bundes- und Europaangelegenheiten des Landes Schleswig-Holstein	Lorentzendamm 35	24103 Kiel	T (04 31) 9 88-0 F (04 31) 9 88-37 04
Thüringen	Thüringer Ministerium für Justiz und Europaangelegenheiten	Alfred-Hess-Str. 8	99094 Erfurt	T (03 61) 3 79-52 00 F (03 61) 3 79-51 55

2. Oberlandesgerichte/Ausbildungsbezirke

Bundesland	Organisation	Adresse	PLZ Ort	Telefon/Telefax
Baden-Württemberg	OLG Stuttgart	Ulrichstr. 10	70182 Stuttgart	T (07 11) 2 12-0 F (07 11) 2 12-30 24
	OLG Karlsruhe	Hoffstr. 10	76133 Karlsruhe	T (07 21) 9 26-0 F (07 21) 9 26-50 03
Bayern	OLG München	Prielmayerstr. 5	80335 München	T (0 89) 55 97-02 F (0 89) 55 97-35 70
	OLG Nürnberg	Fürther Str. 110	90429 Nürnberg	T (09 11) 3 21-01 F (09 11) 3 21-25 60
	OLG Bamberg	Wilhelmsplatz 1	96045 Bamberg	T (09 51) 8 33-0 F (09 51) 8 33-12 30
Berlin	Kammergericht Berlin	Witzlebenstr. 4–5	14057 Berlin	T (0 30) 3 20 92-1 F (0 30) 3 20 92-2 66
Brandenburg	OLG Brandenburg	Gertrud-Piter-Platz 11	14770 Brandenburg	T (0 33 81) 2 94-0 F (0 33 81) 2 94-3 50 (-3 60)

Bundesland	Organisation	Adresse	PLZ Ort	Telefon/Telefax
Bremen	Hanseatisches OLG in Bremen	Sögestraße 62–64	28195 Bremen	T (04 21) 3 61-0 F (04 21) 3 61-44 51
Hamburg	Hanseatisches OLG	Sievekingplatz 2	20355 Hamburg	T (0 40) 34 97-1 F (0 40) 34 97-40 97
Hessen	OLG Frankfurt am Main	Zeil 42	60313 Frankfurt	T (0 69) 13 67-01 F (0 69) 13 67-29 76
Mecklenburg-Vorpommern	OLG Rostock	Wallstraße 3	18055 Rostock	T (0 38 81) 3 31-0 F (03 81) 4 59 09 91
Niedersachsen	OLG Oldenburg	Richard-Wagner-Platz 1	26135 Oldenburg	T (04 41) 2 20-0 F (04 41) 2 20-11 55
	OLG Braunschweig	Bankplatz 6	38100 Braunschweig	T (05 31) 4 88-0 F (05 31) 4 88-26 64
	OLG Celle	Schloßplatz 2	29221 Celle	T (0 51 41) 2 06-0 F (0 51 41) 2 06-2 08
Nordrhein-Westfalen	OLG Düsseldorf	Cecilienallee 3	40474 Düsseldorf	T (02 11) 49 71-0 F (02 11) 49 71-5 48
	OLG Hamm	Heßlerstr. 53	59065 Hamm	T (0 23 81) 2 72-0 F (0 23 81) 2 72-5 18
	OLG Köln	Reichenspergerplatz 1	50670 Köln	T (02 21) 77 11-0 F (02 21) 77 11-7 00
Rheinland-Pfalz	OLG Koblenz	Stresemannstr. 1	56068 Koblenz	T (02 61) 1 02-0 F (02 61) 1 02-6 73
	Pfälzisches OLG	Schloßplatz 7	66482 Zweibrücken	T (0 63 32) 8 05-0 F (0 63 32) 8 05-3 11
Saarland	OLG Saarbrücken Im Saarland ist Ausbildungsbezirk das LG Saarbrücken, Einstellungsbehörde das Justizministerium	Franz-Josef-Röder-Str. 15	66119 Saarbrücken	T (06 81) 5 01-05 F (06 81) 5 01-52 56
Sachsen	OLG Dresden	Lothringer Straße 1	01069 Dresden	T (03 51) 4 46-0 F (03 51) 4 46-30 70

Bundes-land	Organisation	Adresse	PLZ Ort	Telefon/Telefax
Sachsen-Anhalt	OLG Naumburg	Domplatz 10	06618 Naum-burg	T (0 34 45) 28-0 F (0 34 45) 28-20 00
Schleswig-Holstein	OLG Schleswig-Holstein	Gottorfstr. 2	24837 Schleswig	T (0 46 21) 86-0 F (0 46 21) 86 13 72
Thüringen	Thüringer OLG	Leutragraben 2–4	07743 Jena	T (0 36 41) 3 07-0 F (0 36 41) 3 07-2 00

Stichwortverzeichnis

Ablauf der Ausbildung
– Überblick 105
Abschichtung
– der Prüfungsleistung 25
Agentur für Arbeit 270
AG-Fahrt
– genehmigungsfähiger Antrag 104
– Mindestteilnehmerzahl 103
– Programm 103
– Sonderurlaub 103
– Spezialanbieter 104
AG-Sprecher 187
Akteneinsicht 186
Aktenvortrag 246
– Aufbau 247
– Ausleihe 253
Aktenvortragsausleihe 252
Amtsärztliches Attest 266
Amtsgericht 115
Angst
– Abbau 26
– angstlösendes Signal 24
– Prüfung 24
– Prüfungskommission 25
Anhörung 185
Anklageschrift 119
Anstellung 285
Anwaltsausbildung des DAV 30
Anwaltsberuf
– Berufsperspektive 281
Anwaltsmarkt 286
Anwaltspraxis 123
Anwaltsstation
– Anwaltspraxis 123
– Fristenkontrolle 123
– Kanzleiorganisation 123
– Prozessregister 123
– Terminkontrolle 123
Anwaltszwang 215
Anwärterbezug 169
Anwärtergrundbetrag
– keine Vollalimentation 169
Anwärtersonderzuschlag 169
Anwärterverheirateten-
zuschlag 169
Anwesenheitspflicht 102
Arbeitnehmer
– öffentlich-rechtliches Ausbildungs-
verhältnis 165
Arbeitsgemeinschaft 102
– Aktenvortrag 103
– Klausurbewertung 103
– mündliche Beteiligung 103
– Übungsklausur 103
– Zeugnis 103
Arbeitslosengeld I 271, 272
Arbeitslosengeld II 272
Arbeitslosenzahl 280
Arbeitslosigkeit 280
Arbeitsmarkt 279
Arbeitsmittel
– Ausbildungsliteratur 148
Arbeitsuchend 270
Arbeitszeit 175
Arbeitszeitverkürzungstag 175
Assessment-Center 289, 295
Aufsichtsarbeit
– Hilfsmittel 229
Auftritt vor dem Strafgericht
– Disziplinarmaßnahme 119
– Hauptverhandlung 118
– Robe 118
– StA-Hotline 119
Ausbildungsbezirk 59

Ausbildungskapazität
– Haushaltsplan 84
Ausbildungsliteratur 148
– Aktenvortrag 152
– Dienstrecht 148
– Klausurtraining 152
– öffentliches Recht 151
– Referendariat 148
– Relationstechnik 152
– Strafrecht 150
– Zivilrecht 149
Ausbildungsmonopol
– Zulassungsbeschränkung 58
Ausbildungsort
– Kriterien für die Wahl 55
Ausbildungsplanstelle 59
Ausbildungsstation 105
Ausbildungsstätte
– freie Wahl 55
Ausbildungsverhältnis
– öffentlich-rechtliches 83
Ausland 129
Auslandsaufenthalt
– Übersicht über die Möglichkeit 135
Auslandsausbildung
– Auslandkrankenversicherung 134
– Kaufkraftausgleich 134
Auslandsstation 129
– Anwaltskanzlei 130
– Auslandsaufenthalt 130
– Auslandsinfo 133
– Außenhandelskammer 132
– Auswärtiges Amt 131
– ELSA 133
– Europäische Gemeinschaft 132
– Juristenvereinigung 132
– Kaufkraftausgleich 130
– Trennungsentschädigung 130
– USA-Bewerbungsführer 132
AZV-Tag 175

BaföG
– Antrag 31, 86
– Antragsfrist 31
– Ausschlussfrist 31
– Darlehen 32
– Darlehenserlass 32
– Darlehensrückzahlung 30
– Erlass von Darlehensbeträgen 31
– Förderungshöchstdauer 30, 31
– Freistellung 30, 85
– Grundfreibetrag 86
– Internet 30
– Musterschreiben 87
– Onlineantrag 88
– Prüfungsjahresbeste 31
– Ratenzahlung 85
– Rückzahlungsverpflichtung 85
– Teilerlass 30, 31
– Wiederholungsprüfung 31
Bankkonto 43
Beamtenbesoldung 169
Beamtenverhältnis 166
Beamter auf Widerruf 82
– Ernennungsurkunde 82
– Vereidigung 83
Beantwortungsspielraum 262
Befangenheit 263
Beihilfe 180
Berufsperspektive
– Anwaltsschwemme 282
Berufsunfähigkeit 39
– Dienstunfall 39
– Erkrankung 39
– Freizeitunfall 39
Berufsunfähigkeitsversicherung 39
– Nichtverweisbarkeitsklausel 41
– Verweisklausel 41
Berufsunfähigkeitszusatzversicherung 40
Beschäftigungszeit 47
Bestenauslese 59
Beurteilungsspielraum 262
Bewährungsaufsicht 120
Bewerbung 294
– Bewerbungsfrist 71

– Unterlagen ... 71
Bewerbungsunterlagen
– erforderliche ... 71
Bezirkspersonalrat ... 188
Bezüge ... 35
Bielefelder Kompaktkurs ... 30, 205
Blockklausurenkurs ... 241
Bundesrechtsanwaltskammer ... 298
Bundessprecherkonferenz ... 186, 196
Bürogemeinschaft ... 285

Computerreport ... 155
Concours ... 291

Deutsche AnwaltAkademie ... 202
Deutscher Beamtenbund ... 198
Deutsches Anwaltsinstitut ... 202
Dezernatsarbeit ... 114, 120
Dienstbezug ... 186
Dienstrecht ... 165
Dienstrechtlicher Status ... 165
Dienstvergehen
– rote Beiakte ... 185
Dienstweg
– Referendargeschäftsstelle ... 166
Diplomjurist ... 21
Disziplinarmaßnahme ... 184
Disziplinarverfügung ... 186
– Beschwerde ... 185
– Rechtsmittel ... 185
doppelte Haushaltsführung ... 201

EDV-Kurs ... 210
Ehrenamtliche Tätigkeit ... 189
Einblicksrecht ... 267
Einführungslehrgang ... 102
Einkaufsgenossenschaft ... 43
Einkommen ... 167
Einsichtnahme
– Einsicht in die Prüfungsakte ... 264
Einsichtsrecht ... 225
Einstellung ... 83
– in das Beamtenverhältnis ... 82
Einstellungsanspruch ... 55, 84
Einstellungsbescheid ... 84
– Rechtsmittel ... 83
– Verwaltungsakt ... 83
Einstellungskriterium ... 58
– Ausbildungskapazität ... 59
Einstellungsort ... 71
Einstellungsregelung
– Übersicht ... 60 ff.
Einstellungsunterlagen ... 71
Einstellungsverfügung ... 119
Einzelausbildung ... 102, 114
– Ausbilder ... 114
– Dezernatsarbeit ... 114
– Entscheidung ... 114
– Stationsnote ... 115
– Verhandlungstermin ... 114
Einzelkanzlei ... 285
Entfernungsanspruch ... 183
Entlassung ... 186
Ergänzungsvorbereitungsdienst ... 260
Erholungsurlaub ... 176
– Urlaubsantrag ... 177
Erkrankung während des Urlaubs ... 177
Ernennungsurkunde
– Stammdienststelle ... 82
EU-Kommission ... 49
Europäische Gemeinschaft ... 291
Europäisches Parlament ... 49
Examensangst ... 228
Examensergebnis
– Bundesländer ... 29
Examensnote
– beruflicher Erfolg ... 22
– Leistungsfähigkeit ... 23
– öffentlicher Dienst ... 22
Existenzgründer ... 274

Fachanwaltslehrgang ... 30
– Deutsche AnwaltAkademie ... 202
– Deutsches Anwaltsinstitut ... 202
– Republikanischer Anwältinnen- und Anwälteverein (RAV) ... 205

Fachlehrgang
– Arbeitsrecht 204
– Bau- und Architektenrecht 204
– Erbrecht 204
– Familienrecht 204
– Insolvenzrecht 204
– Mediation 204
– Medizinrecht 204
– Miet- und Wohnungseigentumsrecht 204
– Sozialrecht 204
– Steuerrecht 204
– Strafrecht 204
– Transport- und Speditionsrecht 204
– Verkehrsrecht 204
– Versicherungsrecht 204
– Verwaltungsrecht 204
Fairnessgebot 264
Fehlzeit
– Entschuldigung 102
FernUniversität Hagen
– Einführung in den Anwaltsberuf 207
Feststellungsklage 147
Fortbildungsangebot 198
Fremdsprachenkenntnis 209
Fremdsprachenkurs 209
Führungszeugnis 71

Gebührenrecht 123
Geldbuße 186
Gerichtstermin 124
Gerichtsverhandlung 117
Gesamtergebnis 225
Gesamtnote 256
Gesetzliche Krankenversicherung 34
Gesundheitszeugnis 71
Gleichberechtigungsherstellungsgebot 290
Großkanzlei 282, 285

Härtefall 59
Hauptpersonalrat 192
Heilpraktiker 182
Hilfsmittel 229
Hochschule für Verwaltungswissenschaften Speyer 199

Ich-AG 274
Interessenvertretung 101, 186
– Arbeitsgemeinschaftssprecherinnen und -sprecher 187
– Aufgabe des Personalrates 194
– Freistellung 189
– Personalvertretung 187
– Selbstinformationsrecht 189
– Übersicht 192
Internet 158
Internet-Wörterbuch 164

JA 154
Jobbörse 298
Jobvermittlung 298
jumag 148
Juracafe 298
Juracon 298
Jurawelt 297
JURIS-Online 210
Juristenausbildung
– Vorschriften in den Ländern 88
Juristenausbildungsgesetz 88
Juristenausbildungsreform 196
Juristenvereinigung 132
Justiz 290
Justizprüfungsamt 101
Justizvollzugsanstalt 120

Kanzleiorganisation 123
Kapitallebensversicherung 40, 41
Karrieremessen 297
kariere-jura 297
Klausur
– Vorbereitung 239
Klausurenblock 237, 259
Klausurenkurs 241
Klausurtermin 229

Krankenversicherung
- Beamtenverhältnis 34
- freiwillig gesetzlich 34
- gesetzliche 33
- öffentlich-rechtliches Ausbildungsverhältnis 33
- Zusatzversicherung 35
Krankheit 179
Krankmeldung 185
Kritzelerlass
- Anmerkung im Gesetzestext 234
Kürzung der Anwärterbezüge 260

Landeskinderprivileg 60
Landgericht 115
Laptop 156
Lawfirms 286
Lebenslauf 280
Literaturtipp
- Arbeitsorganisation 153
- Internet 153
- Zeitmanagement 153

Mandantengespräch 124
meinestadt 298
Misserfolgsquote 262
Mitteilung des Einstellungsdatums 84
Mündliche Prüfung 242
- Ablauf 247
- Länderregelungen 244
Nachversicherung 276
Nebenbeschäftigung
- Genehmigungspflicht 212
- Nebenamt 212
- privatrechtliche Beschäftigung 212
Nebentätigkeit 30, 210
Nebentätigkeitsgenehmigung
- Umfang 214
Nebentätigkeitsreferendar 215
Neubescheidung 147
Notenanhebung 136
Notenskala 255
Notenverbesserung 227

Oberlandesgericht 115
Offenbarungspflicht 36
Öffentlich-rechtliches Ausbildungsverhältnis
- Krankenversicherung 83
- pflichtversicherte Arbeitslosenversicherung 83
- Unterhaltsbeihilfe 83
- Versorgungsanwartschaft 83
Öffentlicher Dienst 288
Organisation des Vorbereitungsdienstes 29
Organisatorische Vorbereitung
- Wartezeit 46

PC 156
- Ausstattungsstandard 157
- Standardprogramm 157
Personalakte 182, 225
- Entfernungsanspruch 183
Personalauswahlverfahren 295
Personalratsmitglied 189
Personalratswahl 191
Personalversammlung 190
Personalvertretung 191
Pflichtstation 102
Pflichtwahlstation 121
- Ausland 122
- Wahlmöglichkeit 122
Plädoyer 118
Polizeistreifenfahrt 120
positive Diskriminierung 290
Privatarbeitsgemeinschaft 105
Private Krankenversicherung
- Normaltarif 37
- Sondertarif 35
Privatwirtschaft 293
Promotion 208
Protokoll 254
Prüfung 221
- Ablauf des Prüfungsverfahrens 224

– Anfechtung 265
– Hilfsmittel 225
– Klausur 225
– Ladung 225
– Personalausweis 225
– Prüfungsprogramm 222
Prüfungsakte 184
Prüfungsamt 265
Prüfungsentscheidung 243
Prüfungsgesamtnote 280
Prüfungskommission 199
Prüfungskommissionsmitglied 225
Prüfungsleistung 225, 244
Prüfungsordnung 244
Prüfungspraxis 243
Prüfungsprotokoll 254
Prüfungsverfahren 243
– Fehler 262
– Subjektivität 25

Qualifizierung 27

Ranking 257
Rechtsanwaltsstation
– Ausbildungseignung 122
– Liste 122
Rechtsreferendare
– Übersicht über die Zahl 57
RechtsreferendarInfo 155
Referendararbeitsgemeinschaft
– Arbeitsgemeinschaftsleiter 102
– Klausur 102
– mündlicher Aktenvortrag 102
Referendardezernent 101
Referendargeschäftsstelle
– Antragsformular 100
– Auskunft 100
– Fragen zur Prüfung 101
– Krankmeldung 100
– Nebentätigkeitsgenehmigung 101
– Sonderurlaubsfragen 101
– Urlaubsfragen 101
Referendariat
– Ablauf 51
– Besuch des Zivil- und Strafgerichts 51
– Checkliste zur Vorbereitung 53
– Halten von Aktenvorträgen 51
– Stoff erlernen 51
– Vorbereitung 51
– Zeitplan 52
Referendartagung 199
Referendarverein 187
Referendarzeitschrift 154
Referendarzeitung 148
REFZ 148
Reisekosten 172, 174
Remonstration 144
– Interessenvertretung 145
Rentenkonto 275
Rentenversicherung 275
Repetentenarbeitsgemeinschaft 260
Repetitorium 240
Richter 290
Risikolebensversicherung 40
– Gesundheitsprüfung 40
– Vorerkrankung 40
Robe 118

Schöffengericht 119
Schreibbehinderung 225
Schreibverlängerung 225
Schwerpunktarbeitsgemeinschaft 103
Selbstständige 212
Sitzungsvertretung 118
Sitzungsvorbereitung 119
Sonderurlaub 103, 133, 178
Sonderzuwendung 170
Sozialhilfe (ALG II) 271
Sozialversicherungsfrage 269
Sozietät 282, 285
Speyer-Semester 199
Sprecherversammlung 187
Staatsanwältin 290
Staatsanwaltschaft 119

Stationsnote 115
Stationszeugnis 137
– Verwaltungsaktqualität 147
Statusfrage 56
Stellenangebot 211
Stepstone 298
Steuererklärung 212
Steuern 217
Steuerpflicht 123
Steuerrecht 123
Strafgericht 117, 119
Strafstation
– Gürteltier 118
– Hauptverhandlung 118
– Plädoyer 118
– Sitzungstermin 118
– Sitzungsvertretung 118
– Staatsanwaltsstation 117
– Strafgericht 117

Terminvertretung 215
Testverfahren 295
Traditionelles Prüfungsverfahren
– Kritik 23
Trennungsentschädigung 134, 172, 200

Überbrückungsgeld 274
Übertragung 177
Übungsklausur 241
Unterhaltsbeihilfe 167
Urlaub 176
Urlaubsantrag 177
Urlaubsgeld 170
Urlaubsjahr 176

Verbeamtung 29
Verbesserungsklage 265
Verbesserungsversuch 25
Vereinigte Dienstleistungsgewerkschaft 197
Vergünstigung für Angehörige des öffentlichen Dienstes 42
Vergütung
– Nebentätigkeit 125
Verhandlung 124
Vermögenswirksame Leistungen 171
Verpflichtungsklage 147
Verschwiegenheitspflicht 116, 123
Versicherung 42, 44
Verwaltung 288
Verwaltungsstation 199
– Anwesenheitspflicht 120
– Behörde 121
– Landschaftsverband 121
– Rechtsabteilung von Behörden 121
– Universität 121
– Verwaltungsgericht 121
– Verwaltungshochschule in Speyer...121
Verweis 186
Vollalimentation 26, 35
Vollstreckungsrecht 124
Vorbereitungsdienst
– Bewerbung zur Einstellung 71
– Organisation 29
– Übersicht Auswahlkriterien und Wartezeiten 69
Vorerkrankung 36
Vorermittlung 186

Wahlfachgruppe
– Schwerpunkt 127
– Schwerpunktgebiet 127
– Übersicht Wahlmöglichkeit 127
Wahlstation
– Wahlfach 125
Warnung 186
Wartezeit
– befristete Tätigkeit im öffentlichen Dienst 47
– befristetes Beschäftigungsverhältnis 27
– Berufstätigkeit 49
– Praktika 49
– Promotion 27, 48
– Qualifizierung 27
– Sprachkurs/Auslandsaufenthalt 48

Widerspruchsverfahren 267
Wiederholer 22
Wiederholung 227
Wiederholungsprüfung 244
Wohngeld
– Antrag 45
– Dauer 45
– Unterlagen 46
– Wohngeldrechner 46

Z.f.R. 154
Zeitplan
– Station 52
Zeugnis 186
– Arbeitsgemeinschaftszeugnis 137
– Bedeutung 136
– Berichtigungsmöglichkeit 144
– bestimmte Formulierung 138
– Inhalt 136
– Remonstration 145
Zivilstation 115
– Ausbildung am Amtsgericht 116
– Beschluss 116
– Entscheidungsentwurf 116
– Landgericht 116
– Oberlandesgericht 116
– Relation 116
– Teilnahme an Gerichtsverhandlungen 117
– Urteil 116
Zulassung 286
Zusatzqualifikation 25, 30
Zustellungsbevollmächtigter 134

Jura Professionell

Ralf Krämer
Michael Rohrlich

Juristische Haus- und Examensarbeiten mit Word

2005. 146 Seiten, kartoniert

Der geübte Umgang mit Microsoft Word spart kostbare Zeit bei juristischen Haus- und Seminararbeiten. Hier setzt das Werk an: Der Leser erhält allgemeine Tipps zum Umgang mit dem PC, außerdem eine umfassende Anleitung zum Erstellen einer Formatvorlage, die er – einmal sachgerecht erstellt – für alle Haus- und Seminararbeiten verwenden kann. Grundkenntnisse in Word sind übrigens nicht erforderlich – die liefert das Buch gleich mit.

Schritt für Schritt wird der Leser durch die einzelnen Arbeitsschritte geführt – anschaulich ergänzt durch Screenshots und Schriftbeispiele.
Hinweise zum Einrichten der Seitenränder, zum Zeilenabstand, den richtigen Schriftgrößen sind ebenso enthalten wie Anleitungen zum automatischen Erstellen eines Inhaltsverzeichnisses. Kurzreferenzen erläutern das schrittweise Bearbeiten für alle Word-Versionen ab Word 97.

Die wichtigsten Inhalte:
• Vorlage erstellen – Schritt für Schritt
• Tipps und Tricks für Seitenränder, Zeilenabstand, Schriftgröße
• die Kurzreferenzen